文溯閣四庫全書提要

金毓黻等 編

一

經部

中華書局

圖書在版編目(CIP)數據

文溯閣四庫全書提要:全6册/金毓黻等編. —北京:中華書局,2014.7(2021.11重印)

ISBN 978-7-101-10181-2

Ⅰ.文… Ⅱ.金… Ⅲ.《四庫全書》-内容提要 Ⅳ.Z89

中國版本圖書館CIP數據核字(2014)第105267號

責任編輯:張繼海

文溯閣四庫全書提要
(全六册)
金毓黻等 編
*
中 華 書 局 出 版 發 行
(北京市豐臺區太平橋西里38號 100073)
http://www.zhbc.com.cn
E-mail:zhbc@zhbc.com.cn
北京市白帆印務有限公司印刷
*
920×1250毫米 1/32・144⅝印張・2500千字
2014年7月第1版 2021年11月北京第2次印刷
印數:1001-1400册 定價:598.00元

ISBN 978-7-101-10181-2

出版説明

清乾隆時修《四庫全書》，每種書前皆有提要。後來把這些提要分類編排，彙成一書，由紀昀（一七二四—一八〇五）總其成，就是《四庫全書總目》。各書前面的提要在編入《總目》時經過較大的修改補充，有些甚至是完全重寫。後來《總目》大行於世，而書前提要由於深藏館閣，獲睹者少。到民國初年，七部《四庫全書》中，完整存世的僅剩三部，即文淵閣本、文津閣本和文溯閣本。民國十六年（一九二七），北京學者倡起影印《四庫全書》原本提要，在「緣起」中講到影印原本提要有「七善」，其中兩條尤爲重要：

現行《四庫全書總目》，本擷取各書提要而成，後經文達筆削，以歸一貫。其間排列次第，與閣中所庋出入固多，而尤以提要原文相差太甚（原注：原本提要與現行《總目》相對，無有一篇無異同者，其通篇不同，各類皆有，與《總目》互校異同詳略，亦不勝其列舉也。）蓋文達《總目》原離本書而孤行，復與各類相呼應脗合，提要原文，雅非所計。今者擬取原本《四庫全書》，經史子集都三千四百七十部，抽取其原本各書提要，一一景印，排列次序一依閣中所藏，學者手此一編，以讀全書，不虞相紊，其善一也。

現行《四庫總目》本爲家弦戶誦之書，今再得此原本提要取以對校，則文達筆削之權衡，與諸儒專精之所在，皆躍然紙上，辨章學術，推尋類例，其善三也。

特别指出了原本提要的價值。可惜中經變故，影印原本提要之舉並未成功。

上世紀三十年代初，著名史學家金毓黻先生（一八八七—一九六二）主持僞滿奉天圖書館時，組織人力將該館藏文溯閣《四庫全書》中的每篇提要輯出，成《文溯閣四庫全書提要》一書，於一九三五年由遼海書社排印出版。在爲此書撰寫的長篇「解題」中，金毓黻以《周易正義》、《周易本義》、《史記》等書爲例，詳細比較了原本提要與《總目》的差異，甚至比對了邵晉涵（一七四三—一七九六）的《四庫全書提要分纂稿》（金氏稱爲「初稿」），指出：

《總目》經一度改削，故其文每增於原本。至原本之文，亦多有經文達節删而實可並存者，況覈之兩書，文字幾無一同者間亦有之（原注：如《尚書詳解》、《書經集傳》，即其顯例），必有彙刊之原本提要與《總目》對勘，始能得其異同之故，所謂「文達筆削之權衡，與諸儒專精之所在，皆躍然紙上」是也。現行《總目》印行在後，已將原本提要（引者按：指《周易正義》）改易，幾於十無一存。自以改本爲勝，然原本甄叙簡明，多爲改本所無，亦有不可廢者。

自常例言之，修改之稿自勝於初稿，第後日修改之稿既非出於原撰者之手，則其意趣精神自不必盡如原撰者之意，故邵（晉涵）翁（方綱）諸氏寧取原稿而別藏之。後人亦諒其用力之勤，或爲之刊行，或爲之保存，不敢輕易一字。依此例之，初稿提要既可與原本提要並行不悖，則原本提要應與印本《總目》抗顔並行，又不待言矣。

正是基於上述研究，他主持抄校編印了這部《文溯閣四庫全書提要》，且曰：

茲編悉以文溯閣本爲主，故於版心下方注明「文溯閣」三字。其有文溯閣本原缺提要，間從文淵、文津兩本補入者，則爲注以明之。區區之意，欲使散見各書之提要燦然具於一編，供學者之檢閲，可與印本《總目》互證其得失，此又印行本書之旨趣也。

從中可見金先生的一番良苦用心。

三年之後（一九三八年），奉天圖書館還編輯出版了一本《文溯閣四庫全書要略及索引》。

由於歷史原因，上述二書流傳甚少，學者鮮有引用。一九九九年，中華全國圖書館文獻縮微複製中心將前者縮小影印，列爲「中國公共圖書館古籍文獻珍藏本彙刊·史部」之一，共印一百三十套。由於印數很少，該書只有大型圖書館有收藏，且多列爲保存本，借閱不便。此種狀況，既與原本提要的價值極不相稱，也與前輩學者付出艱辛努力的輯印初衷相去甚遠。

爲此，我們決定重新影印《文溯閣四庫全書提要》，並且將《文溯閣四庫全書要略及索引》一併收入。中華書局圖書館收藏有上述二書，我們即以之爲影印的底本。《文溯閣四庫全書提要》原爲綫裝，四函三十二册，版刻清晰。扉頁書名爲晚清遺老楊鍾羲（一八六五—一九四〇）所題。《文溯閣四庫全書要略及索引》原爲平裝一册，版權頁顯示出版時間爲「僞滿洲國」康德五年，「興亞印刷株式會社」印刷。

爲了讀者查檢方便，我們爲原有的兩套書名索引新編了書名首字的筆畫檢字和漢語拼音檢字，附於全書之末。每册之前新編了目録。

本書内容豐富。除了全部原本提要及書名索引外，還有《文溯閣四庫全書提要與總目異同表》、《聚珍版本提要與四庫本提要異同表》，以及文溯閣的沿革介紹、文溯閣全書函架册數表、抄補書名表等。

爲了能使讀者直接閲讀提要，此次影印不作縮放，與原本一致。我們在工作時偶然發現原書有三四處明顯誤植或誤倒的字，已予修正，其他地方未作任何改動。另外，集部的部分頁面原書印刷效果較差，雖然經過調校，仍難令人非常滿意，特請諒解。

本書卷首所載的金毓黻《解題》一文原無標點，鑒於其對於讀者瞭解本書非常重要，特爲之斷句，不當之處，敬請指正。

中華書局編輯部

二〇一四年三月

總目

補遺

第六册

本册目録

文溯閣四庫全書提要

鍾羲謹署

四庫全書提要解題

金毓黻撰

纂修四庫全書之議。創於大興朱筠。乾隆三十八年正月。筠官安徽學政。奏請開館校書。凡陳四事。其一曰當急搜舊本鈔本。用廣前史藝文之闕。以備我朝儲書之全。其二曰先定中祕書籍目錄。宣示外廷。並擇永樂大典中古書。分別繕寫。各自爲書。以備著錄。其四曰收書之外。兼收金石圖譜。凡直省所存鐘銘碑刻。宜拓取校錄。其第三事則謂著錄當與校讎並重。其說曰。

前代校書之官。如漢之白虎觀。天祿閣。集諸儒校論異同。及殺青。唐宋集賢校理。官選其人。以是劉向劉知幾曾鞏等並著專門之業。歷代若七略集賢書目崇文總目。其書具有師法。臣請詔下儒臣。分任校書之選。或依七略。或準四部。每一書上。必校其得失。撮舉大旨。敍於本書首卷。並以進呈。恭俟乙夜之披覽。

筍河文集卷一

按朱氏所陳四事。即爲後日纂書之本。而其第三事則又四庫全書提要之所由作也。

當在廷諸臣議覆之日。高宗於此亦略有指示云。

朱筠所奏每書必校其得失。撮舉大旨敘於本書卷首之處。若欲悉仿劉向校書序錄成規。未免過於繁冗。但向閱內府所貯康熙年間舊藏書籍。多有摘敘簡明略節附夾本書之內者。於檢查洵爲有益。應俟移取各省購書全到時即令承辦各員將書中要指檃括總敘厓略。粘開卷副頁右方。用便觀覽。乾隆三十八年二月上諭

至翌年七月。始見提要二字於諭旨中。其略如下。

四庫全書處進呈總目。於經史子集中分晰應刻應鈔及應存書目三項。各條下俱經撰有提要。將一書原委撮舉大凡。幷詳著書人世次爵里。可以一覽了然。較之崇文總目。蒐羅既廣。體例加詳。自應如此辦理。中略至現辦四庫全書總

目提要。多至萬餘種。卷帙甚繁。將來鈔刻成書。繙閱已頗爲不易。自應於提要之外另刋簡明書目一編。祗載某書若干卷。注某朝某人撰。則篇目不繁而檢查較易。俾學者由書目而尋提要。由提要而得全書。嘉與四海之士考鏡源流。用昭我朝文治之盛。乾隆三十九年七月二十五日上諭

按當日所謂應刻者。即後來刋印之武英殿聚珍版叢書是也。所謂應鈔者。即將其書鈔入四庫全書者是也。所謂應存者。即不鈔其書。僅存其目於四庫全書總目是也。實則應刻之書亦俱收入四庫。未嘗遺而不取。今之四庫全書蓋兼應刻應鈔二者而言。其所遺而不收者。祗應存一項耳。當日纂修諸臣於此三項之書俱經撰有提要。試檢前載諭旨可以知之矣。其後所編刋頒行之四庫全書總目。即集錄應刻應鈔應存之三項書目提要而成一帙。故於著錄諸書之外兼載存目。其本末之序固可考也。

四庫全書凡例於總目提要之分合論列頗晰。迻錄於左。

劉向校理祕文。每書具奏。曾鞏刊定官本。亦各製序文。然鞏好借題抒議。往往冗長。而本書之始末源流轉從疏略。王堯臣崇文總目晁公武郡齋讀書志陳振孫書錄解題稍具厓略。亦未詳明。馬端臨經籍考薈萃羣言較爲賅博而兼收並列。未能貫串折衷。今於所列諸書各撰爲提要。分之則散弁諸篇。合之則共爲總目。每書先列作者之爵里。以論世知人。次考本書之得失。權衆說之異同。以及文字增刪篇帙分合。皆詳爲訂辨。巨細不遺。而人品學術之醇疵。國紀
朝章之法戒。亦未嘗不各昭彰癉。用著勸懲。

昔者劉向校書。每一篇已。輒條其篇目。撮其指意。錄而奏之。子歆復總羣書而奏七略。所謂略者。即諸書之提要也。宋陳振孫之直齋書錄。稱曰解題。亦即條其篇目。撮其指意之謂。清臣撰四庫全書易稱解題爲提要。又昌黎韓氏記事者必提其要之義也。夫既謂之提要。即應分冠各篇之前。俾於展卷之際。先知書中厓略。庋藏各閣之四庫全書及刊印之武英殿聚珍版叢書。皆以提要冠前。即以便讀

者之考索也。至若撮取諸書提要。離析原本。別爲一帙。雖異撰述之本旨。然自王氏崇文總目以來。多離析原書而自成新錄。此亦爲便於學者取閱。而爲事勢之所順衍者。四庫凡例謂分之則散弁諸編。合之則共爲總目。詎非兼二者之用而並行不悖者乎。且離析原書而自成新錄。其用有不僅如上述者。四庫全書分庋七閣。天府祕籍非可易窺。且卷帙既富。檢取殊難。雖有提要。等於束閣。一也。四庫著錄之書爲數雖夥。究有斷限。其未收者之卷數作者以及內容得失。正賴有存目提要以存梗槩。若任散見。豈易盡窺。二也。必以提要別爲一書。著錄與存目並載。然後本末具。源流明。此四庫全書總目所以單出而別行也。

六七年前。舊京人士倡印四庫全書原本提要。撰爲緣起。以諗當世。其言頗有本末。顧以工費浩大。久而寂然。玆迻錄其緣起全文。以見斯舉之不可緩。

近年景印四庫全書一事。久爲中外人士所注目。徒以程工浩繁。蹉跎未果。瀛寰學子。渴望愈殷。同人等因思先印四庫全書原本提要。以爲先路之導。諝言其概有七善焉。現行四庫全書總目。本擷取各書提要而成。後經文達筆削。以歸一貫。其間排列次第與閣中所庋出入固多。而尤以提要原文相差太甚。原本提要與現行總目相對無有一篇無異同者其通篇不同各類皆有與總目互校異同詳略亦不勝其列舉也蓋文達總目原離本書而孤行。復與各類相呼應現行總目中某人某書已著錄其人爵里行事即不再詳脗合提要原文。雅非所計。今者擬取原本四庫全書經史子集都三千四百七十部。經部六百九十五部史部五百六十三部子部九百三十部集部一千二百八十二部抽取其原本各書提要。一一景印。排列次序一依閣中所藏。學者手此一編。以讀全書。不虞相紊。其善一也。有清學術之盛。當以乾隆時代爲重心。其時編纂諸儒。又極一時之選。戴東原主經部邵南江主史部周書昌主子部紀文達主集部各盡其長。探賾索隱。可以窺見專家批評之精神。亦可考覽各人文章之箇性。其善二也。現行四庫總目本爲家弦戶誦之書。四庫總目卷口版心並無提要二字承學之士未見原本提要漫以其名假之今再得此原本提要取以對校。則文達筆削之權衡。與諸儒專精之所在。皆躍然紙上。辨章學術。推尋類例。其善三也。從前總目兼載存目。有目無書。

卷帙浩繁。繙紹不易。而簡明目錄僅明概略。源流不詳。本書卷册視總目纔五分之三。媲簡明溢二倍以上。本末賅備。繁簡適中。其善四也。景印次第按照天然次序。分經史子集四次出書。並擬分部零售。學者各就專門肄業。隨類而購。分時而治。其善五也。外間石印總目。割併篇章。紊亂卷帙。此次景印原書但略小其匡。而不併其葉。故册小而字大。可供點治。又便取攜。更無排印譌誤之虞。且乏鈔胥脫落之弊。其善六也。四庫全書天壤間乃僅七部。而提要者又附此七部以行。圓明園文源一部早付劫灰。江蘇兩部（揚州文匯、鎮江文宗）又燬於兵燹。浙江文瀾鈔配僅完。禁中三閣（文溯一部現庋奉天都下僅有文淵文津兩部一藏故宮博物院一藏教育部圖書館）實爲全書中之善本。而提要者又爲全書之精華。眞面廬山。譌誤自少。其善七也。綜此七善具於一書。萬本流傳。計日可待。同人等久客京華。躬窺延閣。讎對總目。遘此勝緣。否則雖胸羅晁陳。亦末由覩此秘也。抑同人卷卷之愚。尚願附此俱陳者。景印四庫全書。雅非甚難之事。雖所需貲本太多。工料太夥。但獲羣公贊助。

大力提倡。分類而出。經史子集四門內分子目四十八類積時自成。儻不果行。則先其所急。取四庫書中世無傳本從永樂大典輯出者。永樂大典輯出者三百八十五種武英殿叢書已刊一百種守山閣函海經苑海山仙館墨海金壺學雅堂借月山房指海宜稼堂學津討源珠叢別錄知不足齋讀書齋常州先哲遺書永嘉叢書湖北先正遺書各叢書收入者一百餘種尙有一百七十八種世無刊本及卷帙浩繁世無副本者。如經部沈廷芳十三經注疏正字八十卷史部宋鄭居中政和五禮新儀二百二十卷子部譜錄類倪濤六藝之一錄四百六卷集部宋魏齊賢葉芳五百家播芳大全一百十卷黃宗羲明文海四百八十二卷明賀復徵文章辨體彙選七百八十卷清內府本皇清文穎二百八十八卷擇要印行。用爲昌洋文化之助。則今之景印提要乃爲嚆矢。同人之幸何以加茲。所願邦人君子連袂偕來。襄此盛舉。快覩成書。至於選紙之精。製裝之雅。定價之廉。分購之便。另備樣本。附載預約取供淸裁。

右論原本提要與現行總目之異同。雖屬綦詳。然尙有待於舉例比較者。其例如下。

其一。總目本之周易正義云。

周易正義十卷。內府刊本魏王弼晉韓康伯註。唐孔穎達疏。易本卜筮之書。故末派寖流於讖緯。王弼乘其極敝而攻之。遂能排擊漢儒。自標新學。然隋書經籍志載晉揚州刺史顧夸等有周易難王輔嗣義一卷。册府元龜又載顧悅之（案悅之即顧夸之字）難王弼易義四十餘條。京口閔康之又申王難顧。是在當日已有異同。王儉顏延年以後。此揚彼抑。互詰不休。至穎達等奉詔作疏。始專崇王註。而衆說皆廢。故隋志易類稱鄭學寖微。今始絶矣。蓋長孫無忌等作志之時。在正義既行之後也。今觀其書。如復彖七日來復。王偶用六日七分之說。則推明鄭義之善。乾九二利見大人。王不用利見九五之說。則駁詰鄭義之非。於見龍在田時舍也。則曰經但云時舍。註曰必以時之通舍者。則輔嗣以通解舍。舍是通義也。而不疏舍之何以訓通。於天元而地黃。則曰恐莊氏之言非王本意。今不所取。而不言莊說之何以未允。如斯之類。皆顯然偏袒。至說卦傳之分陰分陽。韓註二四爲陰。三五爲陽。則曰輔嗣以爲初上無陰陽定位。此註用王之說。帝出乎震。韓氏無註。則曰益卦六二王用享于帝吉。輔嗣註云帝者生物之主。興益之宗。出震而齊巽者也。則輔嗣之意以此帝爲天帝也。是雖弼所未註者。亦委曲旁引以就之。然疏家之體主於詮解註文。不欲有所出入。故皇侃禮疏或乖鄭義。穎達至斥爲狐不首丘葉不歸根。其墨守專門固通例然也。至於詮釋文句。多用空言。不能如諸經正義根據典籍。源委粲然。則由王註掃棄舊文無古義之可引。亦非考證之疏矣。此書初名義贊。後詔改正義。然卷端又題曰兼義未喻其故。序稱十四卷。唐志作十八卷。書錄解題作十三卷。乃此本十卷與王韓註本同。殆後人從註本合併歟。

四庫原本以周易正義作周易注疏。其提要云。

臣等謹案周易注疏十三卷。晉王弼注。唐孔穎達疏。穎達與顏師古司馬才章王恭王琰受詔撰五經易訓。凡百餘篇。號義贊。詔改爲正義。永徽中復命于志寧等就加增損。書始布下。周易正義舊唐志中興書目作十四卷。新唐志玉海並作十六卷。今卷蓋本明監板也。易自王弼以後。江南義疏祖尚虛無。穎達辨析音義。頗爲當時所宗。張唐英稱其發明三聖之旨。通貫萬化之蘊。不無溢美。而胡一桂以爲大概因王弼韓康伯注爲之解釋敷衍。於義理象數之學未能卓然有所見。亦未免過刻。蓋穎達苦心訓詁。功同馬鄭。亦有未可輕議者。我皇上表章彝訓。乾隆四年重刊十三經注疏。特詔儒臣悉取援據原書。參互勘訂。卷爲考證。以附其後。不獨遠過明刻。亦非潭建諸本所得擬也。乾隆四十七年四月恭校上。

按。現行總目印行在後。已將原本提要改易。幾於十無一存。自以改本爲勝。然原本甄叙簡明。多爲改本所無。亦有不可廢者。

其二。總目本之周易本義云。

周易本義十二卷。附重刻周易本義四卷。（內府校刊宋本）宋朱子撰。是書以上下經爲二卷。十翼自爲十卷。顧炎武日知錄曰。洪武初。頒五經天下儒學。而易兼用程朱二氏。亦各自爲書。永樂中。脩大全。乃取朱子卷次割裂附程傳之後。而朱子所定之古文仍復淆亂。如彖即文王所繫之辭。傳者孔子所以釋經之辭。後凡言傳仿此。乃彖上傳條下義。今乃削去彖上傳三字。而附於大哉乾元之下。象者卦之上下兩象及兩象之六爻。周公所繫之辭也。乃象上傳條下義。今乃削去象上傳三字。而附於天行健之下。此篇申彖傳象傳之義。以盡乾坤二卦之蘊。而餘卦之説因可以例推云。乃文言條下義。今乃削去文言二字。而附於元者善之長也之下。其象曰象曰文言曰皆朱子本所無。復依程傳添入。後來士子厭程傳繁多。棄去不讀。專用本義。而大全之本乃朝廷所頒。不敢輒改。遂即監版傳義之本刊去程傳。而以程之次序爲朱之次序。又曰今四書坊本每張十八行。每行十七字。而注皆小字。書詩禮記竝同。惟易每張二十二行。每行二十三字。而本義皆作大字。與各經不同。凡本義中言程傳備矣者。又添一傳曰而引其文。皆今代人所爲。云云。其辨最爲明晢。然割裂本義以附程傳。自宋董楷已然。不始於永樂也。（詳董楷周易傳義附錄條）此本爲咸淳乙丑九江吴革所刊。内府以宋槧摹雕者。前有革序。每卷之末題敷原後學劉宓校正。文字行欵及象傳履夬二卦不載程傳。一一與炎武所言合。卷端惟列九圖。卷末係以易贊五首。筮儀一篇。與今本升筮儀於前而增列卦歌之類者。亦迥乎不同。彖上傳標題之下注從王肅本四字。今本删之。又雜卦傳咸速也恆久也下。今本惟注咸速恆久四字。讀者恆以爲疑。考驗此本。乃是感速常久。經後人傳刻而譌。實爲善本。故我聖祖仁皇帝御纂周易折中。即用此本之次序。復先聖之舊文。破俗儒之陋見。洵讀易之家所宜奉爲彝訓者矣。至成矩重刻之本。自明代以來。士子童而習之。歷年已久。驟令改易。慮煩擾難行。且其本雖因永樂大全。實亦王韓之舊本。唐用之以作正義者。是以國朝試士。惟除其爻象之合題。而命題次序則仍其舊。內府所刊袖珍五經。亦復因仍。考漢代論語凡有三本。梁皇侃論語義疏序稱。古論分堯曰下章子張問更爲一篇。合二十一篇。篇次以鄉黨爲第二篇。雍也爲第三篇。齊論題目長問王知道二篇。合二十二篇。魯論有二十篇。即今所講是也。云云。是自古以來。經師授受不妨各有異同。即祕府儲藏。亦各兼存衆本。苟其微言大義本不相乖。則篇章分合未爲大害於宏旨。故今但著其割裂本義之失。而仍附原本之後。以備參考焉。

原本於兩種周易本義分撰提要各一。其十二卷本云。

謹案。周易本義十二卷。宋朱子撰。以上下經爲二卷。十翼自爲十卷。顧炎武日知錄。曰洪武初頒五經天下儒學。而易兼用程朱二氏。亦各自爲書。永樂中修大全。乃取朱子卷次割裂附程傳之後。而朱子所定之古文仍復淆亂。此本爲咸淳乙丑九江吳革所刊。内府以宋槧摹雕者。前有革序。每卷之末題敷原後學劉宓校正。文字行欵及象傳履夬二卦不載程傳。一一與炎武所言合。卷端惟列九圖。卷末係以易贊五首。筮儀一篇。與今本升筮儀於前而增列卦歌之類者。亦迥乎不同。象上傳標題之下註從王肅本四字。今本删之。又雜卦傳咸速也。恒久也。下今本惟註咸速恒久四字。讀者恒以爲疑。考驗此本。乃是感速常久。經後人傳刻而譌。實爲善本。故我聖祖仁皇帝御纂周易折中。即用此本之次序。復先聖之舊文。破俗儒之陋見。洵讀易之家所宜奉爲彝訓者矣。乾隆四十七年十一月恭校上。

其四卷本云。

謹案。周易本義四卷。宋朱子撰。易自費直康成王弼輩變亂次序。取傳附經。古本茫昧。朱子始考正之。分上下經二篇。十翼十篇。爲十二卷。乃復古本之舊。明永樂中修大全。割裂本義附於程傳之後。而朱子所定之古文復亂。削去各傳標目。而彖上傳象上傳文言傳諸條下發凡之詞。無可附麗。則移載於首節之下。其彖曰象曰文言曰字。皆朱子本所無。復依程傳增入。後來士子又厭程傳之多。棄去不讀。於是奉化教諭成矩專刻本義。分爲四卷。其九圖筮儀亦如宋本附入。而獨削五贊。數百年來家沿戸習。易之古本益廢矣。今鄉會試命題次第。並據以爲準。故內府雕本亦依之。茲因取以繕錄。而宋本亦別著於錄焉。乾隆四十七年十一月恭校上。

今覈比兩本異同。頗多。而總目增於原本。自爲擅勝。惟四庫原本以兩書並列。故各撰一提要以冠之。而改本則以四卷本附於十二卷本之後。故合撰一文以賅之。其原本之尤謬者。如耿南仲宋史有傳。而周易新講義誤作耿仲南撰。然提要文內又稱南仲是說云云似又知應作南仲者馮應京徐問二氏明史皆有傳。而詩名物疏誤作馮復京撰。讀書劄記誤作徐門志撰。又如吳炯之作吳坰。謝釆伯之作謝伯釆。曾益謙覺慈之作覺範。若此者不一而足。至卷數之有異同者。如遼史原本爲一百十六卷。末卷爲國語解。試檢元丞相阿魯圖進書表可以知之。而著錄四庫時削去國語解。作一百十五卷。今五局本遼史亦作一百十五卷並擅改進書表以從之蓋沿四庫本之誤尤爲鉅謬。凡此。於彙編提要爲總目時。皆經一一改正。可謂後來居上矣。大抵編纂庫書程期促廹。諸臣撰進提要。無暇細檢原書。徵論書中要旨。未能盡量闡發。即此原編之卷數。作者之姓名。亦未能一一審確。其有待於彙編時之補綴改正。又不待論也。

以上疏舉各事。即景印緣起所謂經文達筆削以歸一貫者也。現行總目既經一度筆削。謂其勝於原本則可。若因此遂謂原本可廢。則又不然。景印緣起列舉七善。固屬言之鑿鑿。然不得謂爲詳盡。其例如總目本禹貢長箋此書作於胡渭之前一語。即下接如解治梁及岐等語。而原本提要則云。

此書作於胡渭之前。雖不及渭之薈萃精博。而旁引曲證。亦多創獲。如解碣石。取袁黃及永平志之說。謂在撫寧縣西南海中。頗爲確核。視胡渭取文穎說以爲在盧龍之南者。轉若勝之。又解浮于濟漯。以爲從濟入漯。從漯入河。雖本鄭曉舊說。而執之頗有定識。又于濰淄二水。則辨東南西北之分途。于沱潛。則辨是江漢之別流。而非谿谷之水。正項安世之誤。于涇屬渭汭。力主汭爲水曲。於漆沮。取程大昌雍地四漆沮而三派之說。皆有所見。惟解治梁及岐。力主狐岐爲冀州之境。則于理未合。本書卷八

總目經一度改削。故其文每增於原本。至原本之文。亦多有經文達節刪而實可

並存者。況彀之兩書文字幾無一同者間亦有之。如尚書詳解書經集傳即其顯例必有彙刊之原本提要與總目對勘。始能得其異同之故所謂文達筆削之權衡與諸儒專精之所在。皆躍然紙上是也。

抑考原本提要之改削。非自彙編爲總目時始也。當乾隆三十八年議纂四庫全書之際。已有提要之撰集。分纂官邵晉涵有四庫全書提要分纂稿三十七篇。刊入紹興先正遺書。又易稱南江書錄刊入聚學軒叢書其文不惟大殊於總目。亦與原本提要多所異同。是即提要之初稿也。姑舉一例。以概其餘。

四庫提要分纂稿之史記提要云。

史記一百三十卷。漢司馬遷撰。遷自序凡百三十篇。五十二萬六千五百字。爲太史公書。漢書藝文志作太史公百三十篇附於春秋家。東平思王傳亦作太史公書。自漢以後乃稱史記焉。遷自言繼春秋而論次其文後之學者疑辨相屬。以今考之。其敍事多本左氏春秋。所謂古文也。秦漢以來故事次第增敍焉。

其義則取諸公羊春秋。辨文家質家之同異。論定人物多寓文與而實不與之意。皆公羊氏之法也。遷嘗問春秋於董仲舒。仲舒故善公羊之學者。遷能伸明其義例。雖未必盡得聖經之傳。要可見漢人經學各有師承矣。其文章體例則參諸呂氏春秋而稍爲通變。呂氏春秋爲十二紀八覽六論。此書爲十二本紀十表八書三十世家七十列傳。篇帙之離合先後不必盡同。要其立綱分目節次相成。首尾通貫。指歸則一而已。世嘗譏史遷義法背經訓。而稱其文章爲創古獨製。豈得爲通論哉。史記注傳於後者三家。裴駰集解司馬貞索隱張守節正義。其初各爲一書。後人併附分注。以便檢覽。明監本史記亦三家並列也。遷引六經之文。間易以訓詁。皆本西漢諸儒之舊說。裴駰引徐廣音義。多識古文奇字。復取經傳訓釋。以爲集解。扶微學而闡隱義。賴以不墜。是遷能述經典之遺文。而駰能存先儒之軼說。考諸經古義者必歸焉。不僅史法爲後人所遵守也。貞守節復推廣集解所未備。而申以辨論。如謂夏本紀失載有窮后羿之事。

衞世家宜考武公受命之年。陳陀五父一人而分爲二。闕止宰我二事而合爲一。互引衆語以折衷其是非。視顔師古之注漢書專宗班氏者爲一變焉。三家注間有脱落。明震澤王氏刻本較爲完善。監本取以校定字句。並存三家之注。惟索隱有單行本云。

至四庫原本提要則云。

臣等謹案史記一百三十卷。雖班固譏其尚黄老。傳游俠貨殖爲悖於道。鄭樵以爲上下數千年。跼蹐於七八書中。博雅猶有所未足。而紀傳表書之體。百世莫能易焉。第其詞旨古奥。又年月地理間多疎舛。晉徐廣有音義三十卷。宋裴駰作集解合八十卷。唐司馬貞有索隱三十卷。張守節有正義三十卷。向來雖多合刻。絶少校勘。我皇上以明南北監板漸就漫漶。釐正付梓。卷附考證。一如十三經之例。而史記爲諸史冠冕。校讐精審。皆非以前官私諸刻所得比也。乾隆四十七年四月恭校上。

據此。則曩所謂原本提要尙經一度之修改。而非原撰之舊明矣。

聞大興翁方綱亦有四庫提要書稿一百五十冊。現歸吳興劉氏嘉業堂。其文亦與原本提要及總目多所異同。

武英殿聚珍版叢書經始乾隆三十八年。是即四庫全書中所謂應刻之書也。其書多輯自永樂大典。每種之前大抵冠以提要。考其校上年月。始於乾隆三十八年四月。亦多在四庫本所著年月之前。此亦可謂最初撰擬之提要矣。第詳校其字句。或同於原本提要。或同於總目。其異同之處甚少。絕不類邵氏初撰之稿。此蓋於校印時又據原本提要及總目加以修改。惟其校上年月不復改易。若不詳爲考校。尟有不以爲初稿者。

自常例言之。修改之稿自勝於初稿。第後日修改之稿既非出於原撰者之手。則其意趣精神自不必盡如原撰者之意。故邵翁諸氏寧取原稿而別藏之。後人亦諒其用力之勤。於其原稿或爲之刋行。或爲之保存。不敢輕易一字。依此例之。初稿提要既可與原本提要並行不悖。則原本提要應與印本總目抗顏並行。又不待言矣。

現行之總目既與原本提要多所異同。而外間刊行之書。所錄提要亦不一致。如南昌李之鼎氏所刊之宋人集十九著錄於四庫。如都官崧庵北湖濟南祖英勿齋諸集。皆用原本提要。其他則錄總目。此外各叢書之采自四庫者。大抵如是。蓋諸氏刊書時多半得自傳鈔。無法與庫書對校。其無提要之本。則自總目迻錄以彌其闕。此又可考而知者。

第考四庫總目凡例。又有所謂總序小序及案語。三者皆原本提要所無也。其言曰。

四部之首各冠以總序。撮述其源流正變。以挈綱領。四十三類之首。亦各冠以小序。詳述其分併改隸。以析條目。如其義有未盡。例有未該。則或於子目之末。或於本條之下。附注案語。以明通變之由。

文達彙編提要爲總目。整齊類例。非製序無以明之。勢使然也。若夫四庫本書以書爲主。因書而撰提要。有名從主人之勢。所謂總序小序案語皆無從附麗。今既取其散見者合爲一書。各從其類。自不必强其無者而使之有。且總目之書具在。可資覈比。不待他求。而類例自明。本書各類之首不錄總序小序及案語者。其故在是。

景印緣起謂總目兼載存目。卷帙浩繁。繙帋不易。本書卷册視總目纔五分之三。繁簡適中。詡爲一善。未爲得也。四庫之取舍。未爲盡善。前人已有議其後者。正賴存目以窺梗概。且著錄之籍。固屬易求。而存目之書則不可盡見。故吾人之重視存目。尤過於正錄。且存目之提要已於進呈本書時一一撰就。粘附卷首。而四庫中既未著錄其書。則其提要亦患無所附麗。其後彙纂總目爲別行本。於是向之未經著錄之提要。得藉存目以並存。此正其立法之善。試觀四庫簡明目錄。亦未兼載存目。曷嘗不繁簡適中。然讀者每以過略爲病。而邵氏懿辰遂有簡目標注之作。竊謂校理羣書。條其指意與其略也。寧詳與其闕也。寧備。四庫原本提要視簡明目錄爲詳。尙矣。而刋本總目兼錄存目。視原本提要爲尤詳。自便於校讐家之研討。故謂原本提要其中分併去取別存精意。與刋本總目並行不廢則可。專就不載存目之一節。謂其勝於總目。詡爲精善。則未敢以爲然也。

往者錢大昕氏謂。自四庫館開。士大夫始重經史之學。言經學則推戴吉士震。言史學則推邵學士晉涵。潛研堂文集 此不過謂戴精於經。邵深於史。爲人推重而已。至李慈銘氏。乃云四庫總目雖紀文達陸耳山總其成。然經部屬之戴東原。史部屬之邵南江。子部屬之周書昌。皆各集所長。文達雖名博覽。而於經史之學實疏。集部尤非當家。故頗漏略乖錯。多滋異議。越縵堂日記 此景印緣起中東原主經南江主史書昌主子文達主集之說所由出也。茲考原本提要每種之後。祇署總纂官紀昀陸錫熊孫士毅總校官陸費墀四氏之姓名者。格於通例故也。惟聚珍本提要皆著分纂官姓名於總纂官之後。於是撰文者之姓名藉此略可考見。東原所撰提要。如儀禮集釋。儀禮釋宮。儀禮識誤。大戴禮記方言注。固屬於經部矣。然如水經注則屬於史。項氏家說孫氏算經五曹算經五經算術夏侯陽算經則屬於子。是東原未嘗專主經部也。次考邵氏四庫全書提要分纂稿。凡正史各提要皆南江所撰。固居其大部矣。然其中尚有七種不屬於史。聚珍版之融堂書解提要亦爲南江所撰。則屬於經。是南江亦不專主史部也。又聚珍版之老子道德經注屬於子部。公是彭城浮溪諸集屬於集部。其提要皆爲書昌所撰。章實齋爲書昌作傳。亦祇稱其自永樂大典中輯出劉氏公是公非諸集十有餘家。由是言之。書昌亦不專主子部明矣。至於紀氏專主集部。更無明證。且職居總纂。無所不賅。更不能專任一部。自限衡裁。蓋當日分纂諸公各就所長分任其事。李氏所謂某部屬某氏者。不過約略之辭。緣起據之遽謂戴邵周紀四氏分主四部。非定論也。

盛京文溯閣庫書居內廷四閣之一。中間因有遷徙。不無缺帙。近年始得補齊。惟經部之鄭敷文書說。子部之虞荔鼎錄。趙璘因話錄。集部之司空圖詩品。俱著錄文瀾閣。亦著錄簡明目錄惟文淵文津兩本尚待考察而文溯閣本無之。又文溯閣本史部之南巡盛典。八旗通志子部之性理大全皆闕提要。殆因抽換改繕而致遺漏。乾隆五十七年嘉慶十一年時將此三書抽換改繕見盛京舊檔不知文淵文津文瀾諸本是否皆闕。凡此皆未暇旁考。茲就文溯閣本鈔冣成編。付諸排印。具體而微。未為精覈。至景印緣起所云抽取原本提要一一景印。但略小其匡而不併其葉者。茲以借景非易。且費時耗款。未敢率爾。讀書貴乎實用。價廉尤便寒畯。用意如此。讀者諒之。

印本總目凡二百卷。除去存目不數。凡九十九卷尚百餘卷。凡百十三卷內附存目者十二卷原本提要不載存目。原訂卷次自不適用。茲經釐為一百十四卷。其次第壹依四庫之舊。仍注總目卷數於每卷之下。以便尋檢。並別撰書名索引。殿於卷末。又郝君慶柏所撰文溯閣四庫全書提要與總目異同表聚珍販本提要與四庫本提要異同表並附於卷末涵芬樓近印總目。於大題中增入提要二字。稱曰四庫全書總目提要。雖曰醒豁。殊非官本之舊。本書大名祇稱提要。用示別於總目。亦不從舊京人士之議。加入原本二字。又茲編悉以文溯閣本為主。

故於版心下方注明文溯閣三字。其有文溯閣本原缺提要。間從文淵文津兩本補入者。則爲注以明之。區區之意。欲使散見各書之提要。燦然具於一編。供學者之檢閱。可與印本總目互證其得失。此又印行本書之旨趣也。

是書之刋。應校其得失。撮舉大旨。敍於卷首。爰有此篇之作。是可稱爲提要。然本書已以提要爲大名。故取則於陳氏直齋書錄。易稱解題。具述如上。便省覽焉。

解題終

欽定四庫全書提要目錄

卷七十一　子部二十三　雜家類七　總目卷一百二十三
卷七十二　子部二十四　類書類一　總目卷一百三十五
卷七十三　子部二十五　類書類二　總目卷一百三十六
卷七十四　子部二十六　小說家類一　總目卷一百四十
卷七十五　子部二十七　小說家類二　總目卷一百四十一
卷七十六　子部二十八　小說家類三　總目卷一百四十二
卷七十七　子部二十九　釋家類　總目卷一百四十五
卷七十八　子部三十　道家類　總目卷一百四十六
卷七十九　集部一　楚辭類　總目卷一百四十八
卷八十　集部二　別集類一　總目卷一百四十九
卷八十一　集部三　別集類二　總目卷一百四十九
卷八十二　集部四　別集類三　總目卷一百五十

卷九十五　集部十七　別集類十六　總目卷一百六十三
卷九十六　集部十八　別集類十七　總目卷一百六十四
卷九十七　集部十九　別集類十八　總目卷一百六十五
卷九十八　集部二十　別集類十九　總目卷一百六十六
卷九十九　集部二十一　別集類二十　總目卷一百六十七
卷一百　集部二十二　別集類二十一　總目卷一百六十八
卷一百一　集部二十三　別集類二十二　總目卷一百六十九
卷一百二　集部二十四　別集類二十三　總目卷一百七十
卷一百三　集部二十五　別集類二十四　總目卷一百七十一
卷一百四　集部二十六　別集類二十五　總目卷一百七十二
卷一百五　集部二十七　別集類二十六　總目卷一百七十三
卷一百六　集部二十八　總集類一　總目卷一百八十六

目終

欽定四庫全書提要卷一

經部一

易類一

子夏易傳

臣等謹案子夏易傳十一卷舊本題曰卜商撰按說易之家最古者莫若是書其僞中生僞至一至再而未已者亦莫若是書唐會要載開元七年詔子夏易傳近無習者令儒官評定劉知幾議曰漢志易有十三家而無子夏作傳者至梁阮氏七錄始有子夏易六卷或云韓嬰作或云丁寬作然據漢書韓易十二篇丁易八篇求其符合事殊隳刺司馬貞亦據舊說駁之是唐以前所謂子夏傳已爲僞本晁說之曰今號爲子夏傳者唐張弧之易也弧唐大理評事不詳何時人是唐時又一僞本並行故宋國史志以假託子夏易傳與眞子夏易傳兩列其目今證以陸德明經典釋文李鼎祚周易集解所引皆今本所無猶曰

二家之書在張弧之前至王應麟困學紀聞引子夏易傳帝乙歸妹一條今本亦無之然則應麟所見又非今本故趙汝楳以爲世有兩書程逈晁公武以爲近時人所作是張弧之外宋人又一僞本也然則今世所行不但非子夏書亦併非張弧書矣又尤袤遂初堂書目載有張弼所作子夏易傳解弼北宋末人不知所注爲何本今亦不傳惟明人所刋本尚存通志堂經解又重刋之流傳既久未可遽廢姑存以備一家可也乾隆四十七年五月恭校上　總纂官臣紀昀

臣陸錫熊臣孫士毅總校官臣陸費墀　以下俱同從略

周易鄭康成注

臣等謹案周易鄭康成注一卷宋王應麟編案隋志鄭康成周易註九卷又稱鄭康成王弼二註梁陳列于國學齊代惟傳鄭義至隋王注盛行鄭學寖微新唐書著錄十卷是唐時其書猶在故李鼎祚集解多引之宋崇文總目僅載一卷所存者惟文言序卦說卦雜卦四篇餘皆散佚至中興書目始不著錄則亡

於南北宋之間故晁說之朱震尙能見其遺文而淳熙以後諸儒即罕所稱引應麟始掇拾諸書所載鄭注分綴經文之下裒爲此編經文異字亦皆並列其無經文可綴者則總錄於末簡又以鄭氏注易主互體併取左傳禮記周禮正義中論互體者八條以類附載昔宋顔延年爲祭酒始黜鄭崇王齊陸澄與王儉書曰王弼注易玄學之所宗今若崇儒鄭注不可廢其論最篤至宋儒崇尙易理沿波王學鄭注遂棄不復省其書遂亦散亡應麟蒐羅遺逸以存古易之一線可爲篤志經學毅然不牽於流俗者所引皆不著出典又小有舛漏近時惠棟更爲補完釐爲二卷今亦别著於錄以兩存其功焉乾隆四十七年十月恭校上

鄭氏周易

臣等謹案鄭氏周易三卷宋王應麟舊本國朝惠棟補輯棟字定宇長洲人鄭康成易注久佚應麟採掇諸書輯爲一卷其後人附刻玉海之末雖斷句殘

章尙頗考見漢儒易學於經籍頗爲有功然皆不著所出之書又次序先後閒與經文不同亦有遺漏未載者棟因其原本重爲補正凡應麟書所載一一注其出自某書明其信而有徵極爲詳核其次序亦從經文釐定復搜採羣籍上經補二十八條下經補十六條繫辭傳補十四條說卦傳補二十二條序卦傳補七條雜卦傳補五條移應麟所附易贊一篇於卷端删去所引諸經正義論互卦者八條又嘗據康成周禮太師注作十二月爻辰圖據康成月令注作爻辰所值二十八宿圖別爲論說以駁朱震漢上易傳之誤雖因人成事而考核精密實勝原書應麟固鄭氏之功臣棟之是編亦可云王氏之功臣矣乾隆四十七年四月恭校上

陸氏易解

臣等謹案陸氏易解一卷明姚士粦所輯吳陸績周易注也吳志載績所著有易注不言卷數隋經籍志有陸績周易注十五卷經典釋文序錄作陸績周易

述十三卷會通一卷新舊唐書志所載卷數與釋文同原本久佚未詳孰是也此本爲鹽邑志林所載凡一百五十條朱彝尊經義考以爲鈔撮陸氏釋文李氏集解二書爲之然此本採京氏易傳注爲多而彝尊未之及又稱其經文異諸家者履帝位而不疚疚作疾明辨晳也晳作逝納約自牖牖作誘三年克之憊也憊作備此本又皆無之豈所見別一本歟然彝尊明言鹽邑志林其故則不可詳矣彝尊又言曹溶曾見有三卷者然諸家著錄並無三卷之本殆京房易傳三卷舊本題曰陸績注溶偶觀之未審因誤記誤說也昔宋王應麟輯鄭氏易注爲學者所重士粦此本雖不及應麟搜討之勤博而掇拾殘賸存什一於千百亦可以見陸氏易注之大略矣績字公紀吳郡人官至鬱林太守加偏將軍事蹟具吳志士粦字叔祥海鹽人世傳其少微賤生十三而孤年二十猶目不識丁寓居德清姜氏家姜始授以句讀晚乃卓然自立蓋亦奇士云乾隆四十七年十一月恭校上

周易註

臣等謹案周易註十卷魏王弼撰弼字輔嗣山陽高平人官尚書郎年二十四而卒事蹟具三國志本傳所注惟周易上下經又别作周易略例發明宗旨後東晉太常潁川韓康伯始續注繫辭說卦序卦雜卦四傳隋書經籍志以王韓之書各著録故易注作六卷略例作一卷繫辭注作三卷新舊唐書載弼注七卷則合略例計之今本十卷則併韓書計之也自鄭氏傳費直之學始析易傳以附經至弼又更定之說者謂鄭本如今本之乾卦其坤卦以下又弼所割裂然鄭氏易注至北宋尚存一卷崇文總目稱存者爲文言說卦序卦雜卦四篇則鄭本文言尚各自爲傳今本乾卦之後即附文言知全經皆弼所更非復鄭氏之舊矣北宋以前學者皆宗弼本自晁說之以後始漸爲刊正朱子據吕祖謙本作本義乃復其舊至明永樂中修周易大全又改從弼本坊刻遂沿之至今所謂積重者不可返歟乾隆四十七年十一月恭校上

周易注疏

臣等謹案周易注疏十三卷魏王弼注唐孔穎達疏穎達與顔師古司馬才章王恭王琰受詔撰五經義訓凡百餘篇號義贊詔改爲正義永徽中復命于志寧等就加增損書始布下周易正義舊唐志中興書目作十四卷新唐志玉海竝作十六卷今卷蓋本明監板也易自王弼以後江南義疏祖尙虛無穎達辨析音義頗爲當時所宗張唐英稱其發明三聖之旨通貫萬化之藴不無溢美而胡一桂以爲大概因王弼韓康伯注爲之解釋敷衍於義理象數之學未能卓然有所見亦未免過刻蓋穎達苦心訓詁功同馬鄭亦有未可輕議者我皇上表章彝訓乾隆四年重刊十三經注疏　特詔儒臣悉取援據原書參互勘訂卷爲考證以附其後不獨遠過明刻亦非潭建諸本所得擬也乾隆四十七年四月恭校上

周易集解

臣等謹案周易集解十七卷唐李鼎祚撰鼎祚唐書無傳始末未詳惟據序末結銜知其官爲祕書省著作郎據袁桷清容居士集載資州有鼎祚讀書臺知爲資州人耳朱睦㮮序稱爲祕閣學士不知何據也其時代亦不可考舊唐書經籍志稱錄開元盛時四部諸書而不載是編知爲天寶以後人矣其書新唐書藝文志作十七卷晁公武讀書志曰今所有止十卷而始末皆全無所亡失豈後人併之耶經義考引李燾之言則曰鼎祚自序止云十卷無亡失也朱睦㮮序作于嘉靖丁巳亦云自序稱十卷與燾說同今所行毛晉汲古閣本乃作一十七卷序中亦稱王氏略例附于卷末凡成一十八卷與諸家所說截然不同殊滋疑竇今考序中稱至如卦爻彖象理涉重元經注文言書之不盡別撰索隱錯綜根萌音義兩存詳之明矣云云則集解本十卷附略例一卷爲十一卷尙別有索隱六卷共成十七卷唐志所載蓋併索隱略例數之實非舛誤至宋而索隱散佚刊本又削去略例僅存集解十卷故與唐志不符至毛氏刊本

始析十卷爲十七卷以合唐志之文又改序中一十卷爲一十八卷以合附錄略例一卷之數故又與朱睦㮮序不符蓋自宋以來均未究序中別撰索隱一語故疑者誤疑改者誤改即辨其本止十卷者亦不能解唐志稱十七卷之故致愈說愈訛耳今詳爲考正以祛將來之疑至十卷之本今既未見則姑仍以毛本著錄蓋篇帙分合無關宏旨固不必一一追改也乾隆四十七年十月恭校上

周易口訣義

臣等謹案周易口訣義六卷唐史徵撰崇文總目曰河南史徵不詳何代人晁公武讀書志曰田氏以爲魏鄭公撰誤陳振孫曰三朝史志有其書非唐則五代人避諱作證字宋史藝文志又作史文徽蓋二字相近而訛別本作史之徵則又以之文二字相近而訛耳今定爲史徵從永樂大典定爲唐人從朱彝尊經義考也永樂大典載徵自序云但舉宏機纂其樞要先以王注爲宗後約孔

疏爲理故崇文總目及晁氏讀書志皆以爲直鈔注疏以便講習考之實不盡
然如乾彖引周氏說大象引宋衷說屯彖引李氏說訟彖引周氏說師彖引陸
績說六五引莊氏說謙六五引張氏說觀大象引鄭衆說賁大象引王廙說頤
大象引荀爽說坎大象引莊氏說上六引虞氏說咸大象引何妥說萃彖引周
氏說升彖引褚氏說大象引何妥說井大象引周氏說革彖引宋衷說鼎彖引
何妥說震九四引鄭衆說漸大象引侯果說九五引陸績說歸妹彖引虞翻說
兌大象引鄭衆說諸家原書今並亡佚惟孔疏及李鼎祚周易集解間有存其
說者是書所引則多出二家所載之外又如賁大象所引王氏說頤大象所引
荀爽說雖屬集解所有而其文互異坎上六虞翻說則集解删削過略此所載
獨詳蓋唐去六朝未遠隋志所載諸家之書猶有存者故徵引以旁蒐博引近
時惠棟作九經古義余蕭客葺古經解鉤沈于唐以前經義單辭隻字搜采至
詳而此書所載均未之及信爲難得之祕本雖其文義間涉拙滯傳寫亦不免

訛脫而唐以前解易之書子夏傳既屬僞撰王應麟所輯鄭康成注姚士粦所輯陸績干寶二家注亦非完書其實存于今者京房王弼孔穎達李鼎祚四家及此書而五耳固好古者所宜寶重也自序作六卷諸家書目並同今僅缺豫隨无妄大壯晉睽蹇中孚八卦所佚無多仍編爲六卷存其舊焉乾隆四十七年十月恭校上

周易舉正

臣等謹案周易舉正三卷舊本題唐郭京撰京不知何許人崇文總目稱其官爲蘇州司戶參軍據自序言御注孝經删定月令則當爲開元後人序稱曾得王輔嗣韓康伯手寫眞本比校今世流行本及國學鄉貢學人等本舉正其謬凡所改定以朱墨書別之其書崇文總目始著錄書錄解題於宋咸易補注條下稱咸得此書於歐陽修是天聖慶歷間乃行於世也洪邁李燾並以爲信晁公武則謂以繇彖相正有闕漏可推而知託言得王韓手札及石經趙汝楳亦

詆其挾王韓之名以更古文王應麟又援後漢書左雄傳職斯祿薄句證其改旅卦斯字爲㒋之非近時惠棟作九經古義駁之尤力今考是書唐志不載李燾以爲京開元後人故所爲書不得著錄（案燾說見文獻通考）然但可以解舊書經籍志耳若新書藝文志則唐末之書無不具列豈因開元以後而遺之疑其書出宋人依託非惟王韓手札不可信併唐郭京之名亦在有無疑似之間也顧其說推究文義往往近理故晁公武雖知其託名而所進易解乃多引用即朱子本義於坤象傳之履霜堅冰賁象傳之剛柔交錯震彖傳之不喪匕鬯亦頗從其說則亦未嘗無可取矣晁公武讀書志載原序自稱所改正者一百三十五處二百七十三字而洪邁容齋隨筆趙汝楳易序叢書皆作一百三處今本所載原序亦稱差謬處一百三節則晁氏所云殆爲疎舛又原本稱别以朱墨蓋用經典釋文之例今所行本已全以墨書蓋非其舊以非宏旨之所繫故仍從近刻焉乾隆四十七年四月恭校上

欽定四庫全書提要卷一

欽定四庫全書提要卷二

經部二

易類二

易數鉤隱圖

臣等謹案易數鉤隱圖三卷附遺論九事一卷宋劉牧撰牧字長民其墓志作字先之未詳孰是或有兩字也彭城人仕至太常博士宋志載牧有新注周易十一卷圖一卷晁公武讀書志及中興書目皆作三卷與今本同漢儒言易多主象數至宋而象數之中復歧出圖書一派牧與邵子其職志也牧之學出於种放放出於陳摶其源流與邵子之出於穆李者同而以九爲河圖十爲洛書則與邵異其學盛行於仁宗時黄黎獻作略例隱訣吳秘作通神程大昌作易原皆發明牧說而葉昌齡則作圖義以駁之宋咸則作王劉易辨以攻之李覯復有刪定易圖論至蔡元定則以爲與孔安國劉歆所傳者不合而以十爲河

圖九爲洛書朱子從之著易學啟蒙自是以後若胡一桂董楷吳澄之書皆宗朱蔡牧之圖幾於不傳此本爲通志堂所刊乃自道藏錄出者幸而僅存亦足廣異聞也南宋時劉敏士嘗刻於浙右漕司前有歐陽修序吳澄曰修不信河圖而有此序殆他人所僞爲而牧之後人誤信之者俞琰亦曰序文淺俚決非修作其言有見今據而削之云乾隆四十七年十月恭校上

周易口義

臣等謹案周易口義十二卷宋倪天隱述其師胡瑗之說也瑗字翼之泰州如皐人用范仲淹薦由布衣拜校書郎歷太學博士致仕歸事迹具宋史本傳天隱始末未詳葉祖洽作陳襄行狀稱襄有二妹一適進士倪天隱殆即其人董棻嚴陵集載其桐廬縣令題名碑記一篇意其嘗官睦州也其說易以義理爲宗邵伯溫聞見前錄記程子與謝湜書言讀易當先觀王弼胡瑗王安石三家三原劉紹攽周易詳說曰朱子謂程子之學源於周子然考之易傳無一語及

太極於觀卦彖詞云予聞之胡翼之先生居上爲天下之表儀於大畜上九云
予聞之胡先生曰天之衢亨誤加何字於夬九三云安定胡公移其文曰壯于
頄有凶獨行遇雨若濡有愠君子夬夬無咎於漸上九云安定胡公以陸爲逵
考伊川年譜稱皇祐中游太學海陵胡翼之先生方主教導得先生試文大驚
即延見處以學職意其時必從而受業焉世知其從事濂溪不知講易多本於
翼之也其說爲前人所未及今核以程傳良然朱子語類亦稱胡安定易分曉
正當則是書在宋時固以義理說易之宗也宋志載瑗易解十卷周易口義十
卷朱彝尊經義考引李振裕之說云瑗講授之餘欲著述而未逮其門人倪天
隱述之以非其師手著故名曰口義後世或稱口義或稱易解實無二書其說
雖古無明文今考晁公武讀書志亦云胡安定易傳蓋門人倪天隱所纂非其
自著故序首稱先生曰其說與口義合而列於易傳條下亦不另出口義一條
然則易解口義確爲一書宋志誤分爲二明矣乾隆四十七年十一月恭校上

溫公易說

臣等謹案溫公易說六卷宋司馬光撰考蘇軾撰光行狀載所作易說三卷注繫辭二卷宋史藝文志作易說一卷又三卷又繫辭說二卷晁公武讀書志云易說雜解易義無詮次未成書朱子語類又云嘗得溫公易說於洛人范仲彪盡隨卦六二其後缺焉後數年好事者於北方互市得版本喜其復全是其書在宋時所傳本已往往多寡互異其後遂漸失傳朱彝尊經義考亦以爲久佚今獨永樂大典中有之而所列實不止於隨卦蓋即朱子所稱後得之全本其釋每卦或三四爻或秖一二爻且有全無說者惟繫辭差完備而說卦以下僅存二條亦與晁公武之言相合又以陳友文集傳精義馮椅易學胡一桂會通諸書所引光說核之一一具在知爲宋代原本無疑其解義多闕者蓋光本撰次未成如所著潛虛之類轉以不完者爲眞書而並非有所殘佚也光傳家集中有答韓秉國書謂王輔嗣好以老莊解易非易之本指不足爲據蓋其持論

在深闢虛無玄渺之說而惟本實理以爲詮發故於古今事物之情狀無不貫徹疏通推闡深至如解同人之彖曰君子樂與人同小人樂與人異君子同其遠小人同其近坎之大象曰水之流也習而不止以成大川人之學也習而不止以成大賢咸之九四曰心苟傾焉則物以類應之故喜則不見其所可怒怒則不見其所可喜愛則不見其所可惡惡則不見其所可愛大都不襲先儒舊說而粹然有德之言要如布帛菽粟之切於日用洵可與程傳朱義相爲表裏有非楊時以下所能及者惜其沈湮滋久說經家竟不獲覩其書今幸際聖朝表章典籍之時復得從故簡搜羅編排成帙亦可知名賢著述其精義所在自有不終泯沒者謹校勘釐訂略仿宋史原目定爲六卷著之於錄庶讀易者咸有所考見焉乾隆四十年十一月恭校上

橫渠易說

臣等謹案橫渠易說三卷宋張載撰上經一卷下經一卷繫辭傳以下至雜卦

爲一卷末有總論十一則是書隨條劄記似乎未成之本其文較之程傳尤簡往往經文數十句中一無所說末卷内遂不復全載經文載其有說者而已蓋儒者之言必眞有得而記之不以多寡計也其說乾彖用迎之不見其首隨之不見其後語說文言用谷神語說鼓萬物而不與聖人同憂用天地不仁以萬物爲芻狗語皆借老子之言而實異其義非如魏晉人合老易爲一者也惟其解后不省方爲繼體守成之主富庶優暇不甚省事則於義似乎未安此又不必以載之故而曲爲之詞已乾隆四十七年四月恭校上

易傳

臣等謹案易傳九卷宋蘇軾撰軾事迹具宋史蘇籀欒城遺言記蘇洵作易傳未成而卒屬二子述其志軾書先成轍乃送所解於軾今蒙卦猶是轍解則此書實蘇氏父子兄弟合力爲之題曰軾撰要其成也籀又稱洵晚歲讀易玩其爻象得其剛柔遠近喜怒逆順之情故朱子謂其惟發明愛惡相攻遠近相取

情僞相感之義而議其麤疎胡一桂記晁說之之言謂軾作易傳自恨不知數學而其學又雜以禪故朱子謂其閃爍滉漾不可捕捉然朱子嘗謂其物理上亦有看得著處則亦未嘗竟廢之也今觀其書如解乾卦彖傳性命之理誠不免杳冥恍惚淪於異學至其他掃除象數推闡理勢言簡意明往往足以達難顯之情而深得曲譬之旨蓋大體近於王弼之說而弼之說惟暢玄風軾之說則多切人事又文詞博辨足資啟發雖不足以盡易之理而亦未嘗非易理之所有也故李衡之義海撮要丁易東之索隱董眞卿之會通皆有取焉陸游謂其書初遭元祐黨禁不敢顯題軾名故稱毘陵先生以軾終常州故也明焦竑初得舊本刻之烏程閔齊伋以朱墨板重刻頗爲工緻而無所校正毛晉又刻入津逮祕書中三本之中毛本最舛如漸卦上九併經文皆改爲鴻漸于逵則他可知矣今以焦本爲主猶不甚失其眞焉乾隆四十七年十月恭校上

伊川易傳

臣等謹案伊川易傳四卷宋程子撰程子事蹟具宋史道學傳卷首有元符二年自序考程子以紹聖四年編管涪州元符三年遷峽州則當成於編管涪州之後王偁東都事略載是書作六卷宋史藝文志作九卷二程全書通作四卷考楊時跋語稱伊川先生著易傳未及成書將啟手足以其書授門人張繹未幾繹卒故其書散亡學者所傳無善本謝顯道得其書於京師以示余錯亂重複幾不可讀東歸待次毘陵乃始校正去其重複踰年而始完云云則當時本無定本故所傳各異耳其書但解上下經及彖象文言用王弼注本以序卦分置諸卦之首用李鼎祚周易集解例惟繫辭傳說卦傳雜卦傳無注董真卿謂亦從王弼今考程子與金堂謝湜書謂易當先讀王弼胡瑗王安石三家謂程子有取於弼不爲無據謂不注繫辭說卦雜卦以擬王弼則似未盡然當以楊時草具未成之說爲是也程子不信邵子之數故邵子以數言易而程子此傳則言理一闡天道一切人事蓋古人著書務抒所見不妨各明一義守門戶之

見者必堅護師說尺寸不容踰越亦異乎先儒之本旨矣乾隆四十七年九月恭校上

易學辨惑

臣等謹案易學辨惑一卷宋邵伯温撰伯温字子文邵子之子也南渡後官至利路轉運副使事蹟具宋史儒林傳按沈括夢溪筆談載江南鄭夬字揚庭曾爲一書談易後見兵部員外郎秦玠論夬所談玠駭然曰何處得此法嘗遇一異人授此歷數推往古興衰運歷無不皆驗西都邵雍亦知大略云云蓋當時以邵子能前知故引之以重其術伯温謂邵子易受之李之才之才受之穆修修受之陳摶平時未嘗妄以語人惟大名王天悅滎陽張子望嘗從學又皆蚤死秦玠鄭夬嘗欲從學皆不之許天悅感疾且卒夬賂其僕於臥内竊得之遂以爲學著易傳易測明範五經明用數書皆破碎妄作穿鑿不根因撰此書以辨之宋史邵子本傳頗採其說考書錄解題有鄭夬易傳十三卷宋史藝文志

有鄭夬時用書二十卷明用書九卷易傳詞三卷易傳詞後語一卷今並佚司馬光集有進鄭夬易測劄子稱其不泥陰陽不涉怪妄專用人事指明六爻求之等倫誠難多得與伯溫所辨褒貶迥殊光亦知易之人不應背馳如是以理推之夬竊邵子之書而變化其說以陰求駕乎其上所撰易測必尚隨爻演義不涉術數故光有不泥陰陽不涉怪妄之薦至其時用書之類則純言占卜之法故伯溫辭而闢之其兼易測言之者不過憎及儲胥之意耳朱彝尊經義考載此書註曰未見此本自永樂大典錄出蓋明初猶存宋史藝文志但題辨惑一卷無易學字永樂大典則有之與書錄解題相合故今仍以易學辨惑著錄焉乾隆四十五年十月恭校上

了翁易說

臣等謹案了翁易說一卷宋陳瓘撰瓘字瑩中延平人元豐二年進士甲科建中靖國初爲右司諫嘗移書責曾布及言蔡京蔡卞之姦章數十上除名編隸

合浦以死事蹟具宋史本書了翁其自號也此本爲紹興中其孫正同所刊馮椅謂嘗從其孫大應見了翁有易全解不止一卷多本卦變與朱子發之說相類胡一桂則謂尙見其初刊本題云了翁易說並未分卷此本蓋即一桂所見也邵伯溫聞見錄稱瓘晚得康節之學沈作喆寓簡則曰陳瑩中嘗以邵康節說易講解象數一切屛絶質之劉器之器之曰易固經世之用若講解象數一切屛絶則聖人設卦立爻復將何用惟知其在象數者皆寓也然後可以論易故曰得意忘象得象忘言方其未得之際而遽絶之則吉凶與民同患之理將何以兆恐非筌蹄之意云云然則瓘之易學又嘗質之劉安世不全出邵子矣其造語頗詰屈故陳振孫書錄解題病其詞旨深晦然晁公武讀書志謂其以易數言天下治忽多驗則瓘于易實有所得非徒以艱深文淺易者正未可以難讀廢矣乾隆四十七年十月恭校上

吳園周易解

臣等謹案吳園周易解九卷宋張根撰根字知常德興人年二十一登進士第大觀中官至淮南轉運使以朝散大夫終于家事跡具宋史本傳是書末有其孫垓跋稱爲先祖太師者其子燾孝宗時爲參知政事追贈官也根所撰述甚多垓跋稱有宋朝編年數百卷五經諸子皆爲之傳註晁公武讀書志載有春秋指南十卷今亦未見惟此易解僅存明祁承㸁家有其本此爲徐氏傳是樓所鈔自說卦傳乾健也節以下蠹蝕殘缺末有康熙壬申李良年跋亦稱此本不易得然通志堂經解之中遺而不刻豈得本于刻成後耶書中次第悉用王弼之本詮義理而不及象數不襲河洛之談註文簡略亦無支蔓之弊末有序語五篇雜說一篇皆論繫辭乂泰卦論一篇專論泰卦于經義頗有發明而泰卦一篇于人事三致意焉蓋作于徽宗全盛時也亦可云識微之士矣乾隆四十九年十月恭校上

臣等謹案周易新講義六卷宋耿南仲撰南仲字希道開封人靖康間以資政殿大學士簽書樞密院與吳議幷戰守之說力主割地南渡後遷謫以終是書舊本或題進周易解義疑爲侍欽宗於東宮時經進之本前有南仲自序曰易之道有要在旡咎而已要在旡咎者何善補過之謂也又曰拂乎人情是爲小過拂乎天道是爲大過南仲是說蓋推衍尼山無大過之旨然孔子作文言傳稱知進退存亡而不失其正作象傳稱雲雷屯君子以經綸行止斷以天理所以教占者之守道艱險濟以人事所以教占者以盡道其曰無大過者蓋論是非非論禍福也如僅以旡咎爲主則聖賢何異於黃老僅曰無拂天道則唐六臣輩亦將謂之知運數哉南仲畏戰主和依違遷就即此知求旡咎與無拂天道之說有以中之是則經術之偏禍延國事者也然大致因象詮理隨事示戒亦往往切實有裨究勝於高語元虛晦蝕作易之本旨者節取所長可矣乾隆四十七年十月恭校上

紫巖易傳

臣等謹案紫巖易傳十卷宋張浚撰紫巖者浚自號也其曾孫獻之跋云忠獻公潛心於易嘗爲之傳前後兩著稿親題第二稿云此本改正處極多紹興戊寅四月六日某書始爲定本矣獻之嘗錄之附以讀易雜説而通爲十卷藏之於家據此則今書十卷乃獻之就其稿本所定也其書立言醇粹凡説陰陽動靜皆適道理之正于易學頗深胡一桂以專主劉牧病之然不過河圖一條耳外此皆不用劉説不得以是爲詬厲也乾隆四十七年二月恭校上

讀易詳説

臣等謹案讀易詳説十卷宋李光撰光字泰發上虞人崇寧五年進士官至叅知政事謚莊簡事迹具宋史本傳光爲劉安世門人學有師法紹興庚申以論和議忤秦檜謫嶺南自號讀易老人因攄其所得以作是書故于當世之治亂一身之進退觀象玩詞恒三致意如解坤之六四云大臣以道事君苟君有失

德而不能諫朝有闕政而不能言則是冒寵竊位豈聖人垂訓之義哉故文言以括囊爲賢人隱之時而大臣不可引此以自解又解否之初六云小人當黜退之時往往疾視其上君子則窮通皆樂未嘗一日忘其君解蠱之初六云天下蠱壞非得善繼之子堪任大事曷足以振起之宣王承厲之亂修車馬備器械復會諸侯于東都卒成中興之功可爲有子矣故考可以無咎然則中興之業難以盡付之臣蠱卦特稱父子者以此其因事抒忠依經立義大旨類如此史載其紹興中奏疏云淮甸咫尺了不經營長江千里不爲限制晉元帝區區草創猶能立宗社修宮闕保江浙未聞專主避敵如今日也其退而著書蓋猶此志矣光嘗作胡銓易解序曰易之爲書凡以明人事學者泥於象數易幾爲無用之書邦衡說易眞可與論天人之際又曰自昔遷貶之士率多怨懟感憤邦衡流落瘴鄉而玩意三畫可謂困而不失其所亨非聞道者能之乎其序雖爲銓作實則自明其著述之旨也書中于卦爻之詞皆卽君臣立言證以史事

或不免間有牽合然聖人作易以垂訓將使天下萬世皆知所從違非徒使上智數人矜談妙悟如佛家之傳心印道家之授丹訣自好異者推闡性命鉤稽奇偶其言愈精愈妙而於聖人立教牖民之旨愈南轅而北轍轉不若光作是書切實近理爲有益于學者矣自明以來久無傳本朱彝尊經義考亦云未見兹從永樂大典薈萃成編原缺豫隨无妄睽蹇中孚六卦及晉卦六三以下其復與大畜二卦永樂大典本不缺而所載光解復卦缺大象及後四爻大畜則一字不存繫辭傳以下亦無解其爲原本如是或傳寫佚脱均不可知姑仍其舊其書宋史作易傳諸家書目或作讀易老人解說或作讀易詳說殊不畫一而十卷之數則並同殆一書而異名也今從永樂大典題爲讀易詳說析爲十卷存其舊焉乾隆四十六年三月恭校上

易小傳

臣等謹案易小傳六卷宋沈該撰該字守約吳興人該之說易既以正體發明

爻象之旨又以變體擬議變動之意以求合於觀象玩辭觀變玩占之義其占則純用春秋左氏傳之法雖亦時有得失要非無稽而臆說也自王弼以後論易者多以談理爲宗然聖人緣理以示象後人因象以窮理象之不明理于何見該獨發明爻象之正變力追三代以上占筮之指而又不雜糅於飛伏納甲一切讖緯術數之說愈於空談者遠矣是書紹興時曾進於朝降詔褒美後林至嘗議其拘攣非篤論也陳振孫書錄解題謂該又有繫辭補注十餘則附於卷末今本無之蓋已久佚矣乾隆四十七年九月恭校上

漢上易集傳

臣等謹案漢上易集傳十一卷卦圖三卷叢說一卷宋朱震撰震字子發荆門軍人政和中登進士第南渡後趙鼎薦爲祠部員外郎官至翰林學士事蹟具宋史本傳是書題曰漢上蓋因所居以爲名其說以象數爲宗推本源流包括異同以救莊老虛無之失陳善捫蝨新語詆其妄引說卦分伏羲文王之易將

必有據雜卦反對造孔子易圖者晁公武讀書志以爲多采先儒之說然頗舛

謬馮椅厚齋易學述毛伯玉之言亦譏其卦變互體伏卦反卦之失然朱子曰

王弼破互體朱子發用互體互體自左氏已言亦有道理只是今推不合處多

魏了翁曰漢上易太煩卻不可廢胡一桂亦曰變互伏反納甲之屬皆不可廢

豈可盡以爲失而詆之觀其取象亦甚有好處但牽合處多且文詞繁雜使讀

者茫然看來只是不善作文爾是得失互陳先儒已有公論矣惟宋世皆以九

數爲洛書十數爲河圖獨劉牧以十數爲洛書九數爲河圖震此書亦用牧說

與諸儒互異然古有河圖洛書不云十數九數大衍有十數見於繫辭太乙九

宮見於乾鑿度不云河圖洛書黑白奇偶八卦五行是後來推演之學楚失齊

得正亦不足深詰也乾隆四十七年十月恭校上

欽定四庫全書提要卷三

經部三

易類三

周易竊餘

臣等謹案周易竊餘十五卷宋鄭剛中撰剛中字亨仲金華人紹興二年進士及第官至禮部侍郎出爲川陜宣撫副使謫居桂陽軍又責授濠州團練副使復州安置徙封川卒後追復原官謚忠愍事迹具宋史本傳王應麟困學紀聞稱鄭剛中有周禮解義考王與之周禮訂義首列諸家姓氏有三山鄭鍔字剛中淳熙中進周禮全解蓋别自一人字與剛中名偶同或混而一之非也剛中所著易解十五卷見于陳振孫書錄解題宋史藝文志者卷目並合惟乾坤二卦及繫辭以下原缺不解振孫以爲或于乾坤之際有所避然其自序有云自屯蒙而往以象求爻因爻識卦萬一見其髣髴則沿流尋源乾坤之微可得而

採據此則振孫之言非也自序有云伊川易傳漢上易傳二書頗彌縫于象義之間但易道廣大有可窺之餘吾則窺之窺餘之名蓋取諸此明初文淵閣書目葉盛菉竹堂書目尚著于錄其後傳本殆絶朱彝尊經義考亦以爲未見惟永樂大典内尚存其文今採掇裒輯依經編次其七卦爲原本所闕者則但錄經文或其說别見他書者亦蒐錄補入依仿原目仍定爲十五卷自唐人以王弼注定爲正義于是學者專言名理惟李鼎祚集解不主弼義博爲搜羅以爲刊輔嗣之野文補康成之逸象而當時經生不能盡從其學宋儒若胡瑗程子其言理精粹自非晉唐諸儒所可及然于象亦多有缺失剛中是書始兼取漢學凡荀爽虞翻干寶蜀才九家及同時朱震之說皆參互考稽不主一家其解義間異先儒而亦往往有當于理如訟之九二以不克訟歸爲句而逋其邑人三百戸爲句以爲聖人所以必使逋其邑人三百戸者恐其恃衆憑險以成亂所以謹上下之分也比之初六終來有它吉朱子謂不可曉剛中以爲相比之

道以信爲先積之旣久昔之未比者皆自外至故曰有它吉皆能自出新意不爲成說所拘至于解泰之九二大有之大象議論尤正大精切通于治體雖其始因秦檜以進身依附和議捐棄舊疆頗不見滿于公論其闡發經義則具有理解要爲說易家所不廢也乾隆四十六年三月恭校上

易璇璣

臣等謹案易璇璣三卷宋布衣吳沆撰沆字德遠崇仁人政和中與弟澥獻書於朝旣不用歸隱環溪著書自樂其易學先求之象以次而求之卦求之爻爲論二十七始法天終廣演名曰璇璣者沆以爲象者統論一卦之體象明而易理皆通猶天地之大運於璇璣由璇璣以觀天地則天地之道皆可得也故其逐篇推究頗足補傳疏之缺失談易者至今稱之沆生平著述最多蓋亦好學深思之士今惟此書及環溪詩話尚傳於世焉乾隆四十七年五月恭校上

易變體義

臣等謹案易變體義十二卷宋都絜撰絜字聖與丹陽人紹興中官吏部郎中知德慶府絜父郁字子文嘗爲惠州教官平生留心易學絜因以所聞于父者爲是書大旨謂卦爻辭義先儒之論已詳故專明變體今考左傳載周易諸占所謂某卦之某卦者凡十事似乎因其動爻隨機斷義不必盡易之本旨然王子伯廖論鄭公子曼滿稱其在周易豐之離游吉論楚子稱周易有之在復之頤曰迷復凶荀首論邲之戰稱周易有之在師之臨曰師出以律否臧凶蔡墨論龍見于絳稱周易有之在乾之姤曰潛龍勿用其同人曰見龍在田其大有曰飛龍在天其夬曰亢龍有悔其坤曰見羣龍无首吉坤之剝曰龍戰于野云云皆未嘗卜筮而咸稱變體知古來周易原有此一義矣但古書散佚其說不傳而絜以義理揣摩求其崖略其中巧相符合者如坤之初六履霜堅冰至則曰此坤之復也月令孟冬水始冰仲冬冰益壯始則薄而未堅壯則堅而難泮

故爻曰履霜以坤爲十月之卦又曰堅冰至者則變體爲復乃十一月之卦也家人上九有孚威如終吉則曰此家人之既濟也雜卦曰既濟定也彖曰正家而天下定天下之本在國國之本在家家之本在身反身而誠孰敢不聽父子夫婦兄弟莫不安分循理而天下化之無事而定矣故變體爲既濟而曰有孚威如反身之謂也如此之類皆不事傅會而自然貫通立義亦皆正大亦有涉于牽强者如家人六四富家大吉則曰此乾之同人也自道以觀身家皆爲我累而富乎其有家也姑以同乎人而已不以家爲累也其家之富亦以同乎人而已不以富爲累也蓋極高明而道中庸所以爲中人法凡如此類則務爲穿鑿以求合乎卦變之説而義亦不醇又多引老莊之辭以釋文周之經則又王弼韓康伯之流弊一變而爲王宗傳楊簡者矣然宋人遺籍傳者日稀是書雖瑜不掩瑕亦瑕不掩瑜分別觀之以備言變體者之一家亦無不可也宋志作十六卷玉海引續書目曰自乾之姤至未濟之解以意演之爻爲一篇凡三百

八十四篇馮椅易學附錄曰都氏易先以理而次以象義每卦終又有統論今

考永樂大典所載爻義皆分載于各爻之下而無所謂卦終之統論與玉海合

意應麟所見即緝永樂大典時所據之本非其全矣今永樂大典又缺豫隨大

畜大壯睽蹇中孚等七卦及晉卦後四爻謹裒合排比編爲十二卷又其書單

明爻義不及彖與大小象故經文亦不全載從綦之舊焉乾隆四十六年三月

恭校上

周易經傳集解

臣等謹案周易經傳集解三十六卷宋林栗撰栗字黄中福清人紹興二十年

進士官至兵部侍郎者朱子論易及西銘不合遂上疏論朱子時太常博士葉

適侍御史胡晉臣皆助朱子劾栗因罷知泉州又移明州卒諡簡肅是書淳熙

十二年四月嘗進於朝當時與朱子所爭今不可考朱子語類中惟載繫辭一

條謂栗以太極生兩儀兩儀包四象四象包八卦與聖人所謂生者意思不同

其餘則無所排斥朱彝尊經義考引董眞卿之言謂其說每卦必兼互體約象覆卦爲太泥時楊敬仲有易論黃中有易解或曰黃中文字可毀朱子曰卻是楊敬仲文字可毀是朱子倂不欲廢其書考陳振孫書錄解題曰其與朱侍講有違言以論易不合今以事理推之於時朱子負盛名駸駸嚮用而栗之登第在朱子前七年旣以前輩自居又朱子方除兵部郎官而栗爲兵部侍郎正其所屬詞色相軋兩不肯下遂互激而成訐奏蓋其釁始於論易而其故不全由於論易故振孫云然後人以朱子之故遂廢栗書似非朱子意矣昔劉安世劾伊川程子究各爲一代偉人其元城語錄盡言集亦不以嘗劾程子而竟廢耿南仲媚敵誤國易祓依附權姦其所撰易解今亦並行栗雖不得比安世視南仲與祓則有間矣故仍錄其書而倂存彝尊之論焉乾隆四十七年十一月恭校上

易原

臣等謹案易原八卷宋程大昌撰大昌字泰之休寧人紹興二十一年進士歷官權吏部尚書龍圖閣直學士謚文簡大昌學術湛深於諸經皆有論說以易義自漢以來糾紛尤甚因作是書以貫通之苦思力索四年而成宋藝文志文獻通考皆著於錄陳振孫稱其首論五十有五之數參之圖書大衍爲易之原而卦變揲法皆有圖論往往斷以己見出先儒之外今考其所論分爻值日乃京焦卦氣其始于中孚本用太初法與夫子所謂乾坤之策當期之日者不合復姤生卦說始邵子但乾坤生六子說卦傳有明文不得先有六畫之卦後有三畫之卦鄭康成用十日十二辰二十八宿以應大衍五十之數本於乾鑿度與馬融之增北辰荀爽之增用九用六不過以意決擇傅會初無不易之理張行成別立二十五數以推大衍則是五十有五數之外別有二十五數更非孔子所嘗言其參互折衷皆能根據大傳旁通交推於易義實有所闡發不徒文詞之辨博已也其書久無傳本惟程敏政新安文獻志載有三篇故朱彝尊經

義考以爲已佚今散見於永樂大典中者採掇得百有餘篇尙爲完整謹釐訂編次分爲八卷大昌禹貢圖說嘗刻入通志堂經解中脫佚不完已從永樂大典考輯補止今是書復爲裒綴成編數百年諸儒未見之本重得表章傳世庶俾大昌撰述之苦心藉以不泯焉乾隆三十九年十月恭校上

周易古占法

古周易章句外編

臣等謹案周易古占法一卷古周易章句外編一卷宋程迥撰迥字可久初家寧陵之沙隨後徙餘姚受經于嘉興聞人茂德嚴陵喻樗隆興元年舉進士官德興縣丞事迹具宋史儒林傳此書世無刊本凡藏書家所傳寫者均作二卷前卷題曰周易古占法上凡十一篇後卷雜論易說及記古今占驗題曰周易古占法下又題曰古周易章句外編中有一條云迥作周易古占法其序引云云顯非占法之下卷矣考宋史藝文志載迥古易占法周易外編二書均止一

卷然則止前十一篇者爲周易古占法其後卷自爲周易章句外編後人誤合爲一書因妄標卷上卷下字耳然陳振孫書錄解題以逈周易下曰程逈可久撰其論占法雜記占事尤詳則通爲一編自宋已然傳寫淆亂固亦有由矣其說本邵子加一倍法據繫辭說卦發明其義用逆數以尚占知來大旨備見於自序後朱子作啟蒙多用其例吳澄謂逈於朱子爲丈人行朱子以師禮事之云乾隆四十七年十一月恭校上

周易本義

臣等謹案周易本義十二卷宋朱子撰以上下經爲二卷十翼自爲十卷顧炎武日知錄曰洪武初頒五經天下儒學而易兼用程朱二氏亦各自爲書永樂中修大全乃取朱子卷次割裂附程傳之後而朱子所定之古文仍復淆亂此本爲咸淳乙丑九江吳革所刊　内府以宋槧摹雕者前有革序每卷之末題敷原後學劉𡸣校正文字行款及象傳履夬二卦不載程傳一一與炎武所言

合卷端惟列九圖卷末係以易贊五首筮儀一篇與今本升筮儀於前而增列卦歌之類者亦迥乎不同彖上傳標題之下註從王肅本四字今本删之又雜卦傳咸速也恒久也下今本惟註咸速恒久四字讀者恒以爲疑考驗此本乃是感速常久經後人傳刻而訛實爲善本故我　聖祖仁皇帝御纂周易折中即用此本之次序復先聖之舊文破俗儒之陋見洵讀易之家所宜奉爲彝訓者矣乾隆四十七年十一月恭校上

周易本義

臣等謹案周易本義四卷宋朱子撰易自費直康成王弼輩變亂次序取傳附經古本茫昧朱子始考正之分上下經二篇十翼十篇爲十二卷乃復古本之舊明永樂中修大全割裂其義附於程傳之後而朱子所定之古文復亂削去各傳標目而彖上傳象上傳文言傳諸條下發凡之詞無可附麗則移載於首節之下其彖曰象曰文言曰字皆朱子本所無復依程傳增入後來士子又厭

程傳之多棄去不讀於是奉化教諭成矩專刻本義分爲四卷其九圖筮儀亦如宋本附入而獨削五贊數百年來家沿戶習易之古本益廢矣今鄉會試命題次第並據以爲準故　內府雕本亦依之茲因取以繕錄而宋本亦别著於錄焉乾隆四十七年十一月恭校上

郭氏傳家易說

臣等謹案易說十一卷宋郭雍撰雍字子和洛陽人父忠孝受學於程子著兼山易解靖康中爲永興軍路提刑死難其書散逸雍遭亂後隱居峽川長楊山谷著爲此書乾道中守臣薦於朝旌召不起賜號沖晦處士後更賜稱頤正先生遺官受所欲言乃以傳家易說進雍是書雖云本其父說而實多出于自得朱子云兼山易溺於象數之學今觀雍書大抵剖析義理與程傳相似非溺象數者也雍之言曰易之爲書其道其辭皆由象出未有忘象而知易者如首腹馬牛之類或時可忘此象之末也其說如此殆與其父意不必盡同雍又不以

卦辭爲彖而謂觀乎彖辭者即孔子自謂其彖傳是說爲世所非蓋循王弼本之誤不識古本故至于此要其學爲程子之支流而其平生自處亦有合幽人坦坦履道之吉可謂無媿于立言者已乾隆四十七年三月恭校上

周易義海撮要

臣等謹案周易義海撮要十二卷宋李衡輯衡字彥平江都人先是熙寧間蜀人房審權病談易諸家或泥陰陽或拘象數或推之互體或失之虛無乃斥去雜學異說摘取專明人事者編爲一集名曰周易義海共一百卷衡因其義意重複文詞冗瑣刪削而爲此書故名曰撮要其所收自鄭康成至王安石外又益以程頤蘇軾朱震三家之說僅存房本十之三四而精整則過之衡乾道中官祕閣修撰尋改除起居郎是書序稱紹興庚辰十一月則成於高宗時也自唐以來惟李鼎祚周易集解合漢以後三十五家之說略稱該備繼之者審權義海而已今義海全書久佚惟幸是編之僅存則衡之功亦不可沒矣又是書

陳振孫以爲十卷今本實十二卷蓋書錄解題傳寫多訛不盡足據也乾隆四十七年二月恭校上

南軒易說

臣等謹案南軒易說三卷宋張栻撰案曹學佺蜀中廣記載是書十一卷以爲張浚所作考浚紫巖易傳其本猶存與此別爲一書學佺殊誤朱彝尊經義考亦作十一卷註云未見又引董眞卿說已闕乾坤二卦此本乃嘉興曹溶從至元壬辰贛州路儒學學正胡順父刊本傳寫並六十四卦皆佚之僅始于繫辭天一地二一章較眞卿所見彌爲殘缺然卷端題曰繫辭上卷下而順父序稱魯人東泉王公分司廉訪章貢等路公餘講論嘗誦伊川易傳特闕繫辭留心訪求因得南軒解說易繫繕寫家藏儻合以併傳斯爲完書乃出示知事吳將仕刊之學宮以補遺缺使與周易程氏傳大字舊本同傳于世云云是初刊此書亦僅託始于繫辭溶所傳寫僅佚其上卷之上耳序末有鈎摹舊本三小印

一作謙卦一曰贛州胡氏知順父即贛人一曰和卿蓋其字也乾隆四十七年十一月恭校上

復齋易説

臣等謹案復齋易説六卷宋宗室趙彦肅撰彦肅字子欽景國公叔夏之曾孫也宋人説易義理與象數往往相爭彦肅是書詞意簡易隨文説義沈心靜氣務求合于聖人之旨而不務標新領異可謂篤實之士矣朱子嘗稱其爲人不易得而至論是書則曰爲説太精取義太密豈以爲不足存歟蓋易教雖微而理則簡易朱子恐學者流于穿鑿故責備賢者以防其漸殆與論呂祖謙之註尚書同一意旨耳非謂是書竟可廢也乾隆四十七年十一月恭校上

楊氏易傳

臣等謹案楊氏易傳二十卷宋楊簡撰簡字敬仲慈谿人乾道五年進士官至寶謨閣學士太中大夫是書爲明劉日升陳道亨所校刻案朱彝尊經義考載

慈湖易解十卷又已易一卷書名卷數皆與此本不合所載自序一篇與此本原載題語相同而無其前數行亦爲小異明人凡刻古書必以私意竄亂之萬曆以後尤甚此或日升等所妄改歟其書前十九卷皆解經文第十二卷則皆泛論易學之語亦間有與序文相複者今既不睹簡之原本亦莫詳其何故也簡之學出陸九淵故其解易惟以人心爲主至象數事物皆在所略甚至謂繫辭中近取諸身一節爲不知道者所僞作非孔子之言故明楊時喬作傳易考竟斥爲異端而元董眞卿論林栗易解亦引朱子語錄稱楊敬仲文字可毁云云豈非簡之騖談高遠有以致之乎考自漢以來以老莊說易者始魏王弼以心性說易者始王宗傳及簡宗傳淳熙中進士簡乾道中進士皆孝宗時人也顧宗傳人微言輕其書僅存不甚爲學者所誦習簡則爲象山弟子之冠如朱門之有黄幹又歷官中外政績卓有可觀在南宋爲名臣尤足以籠罩一世故至於明季其說大行紫溪蘇濬解易遂以冥冥篇爲名而易全入禪矣夫易之

爲書廣大悉備聖人之爲教精粗本末兼該心性之理未嘗不蘊易中特簡等專明此義遂流於恍惚虛無耳昔朱子作儀禮經傳通解不删鄭康成所引讖緯之說謂存之正所以廢之蓋其名既重不存其說人無由知其失也今錄簡及宗傳之易亦猶是義云乾隆四十七年五月恭校上

周易玩辭

臣等謹案周易玩辭十六卷宋項安世撰安世字平甫江陵人淳熙二年進士安世之學原本伊洛但程氏言理略數安世則兼而有之故其自述以爲讀程易三十年此書無一字與之合世之君子以易傳之理觀吾書則本末條貫以易傳之文觀吾書則未免有西河疑汝于夫子之怒也是書馬端臨虞集輩皆盛稱之陳振孫曰安世當慶元時謫居江陵杜門不出諸書皆有論説而易爲全書董眞卿曰又有項氏家說十卷第一卷亦言易餘及諸經史大略安世之於易謂繫辭稱君子觀其象而玩其辭不識其象無以求其辭既通其辭然後

識其象兩者尤以玩辭爲先故以是名書焉乾隆四十七年五月恭校上

易說

臣等謹案易說四卷宋宗室趙善譽撰善譽字靜之乾道五年試禮部第一累遷大理丞潼川路提刑轉運判官事蹟見宋史是編載陳振孫書録解題振孫稱其每卦爲論一篇蓋爲潼川漕時進呈之本今考其書於各卦名義之相似者多參互以求其義如云頤井鼎皆有養人之義豈非養人之利溥故多取象以示人耶又云三卦義雖不同皆以上爻爲吉故頤之由頤井之勿幕鼎之玉鉉皆在上爻也至於各卦之六爻亦往往比類以觀之如乾卦云初九之辭決戒之切也九四之辭疑則與之進也九三之辭詳猶可勉也上九之辭直則不可爲也聖人之言纖悉委曲一至於此亦惟恐其陽剛之或偏而已論坤卦云乾坤二卦惟二五兩爻爲善而他爻皆有戒之之辭又云履霜戒于一陰之生括囊戒于多懼之位三猶可以含章而從事上則至於龍戰而道窮亦乾卦爻

辭不同之意論頤卦云頤以養正而不妄動爲善下卦震體有動而求養之象

故三爻皆凶上卦艮體有靜而知止之象故三爻皆吉論革卦云内明則見理

必盡外說則無拂于人情不如是而能革者未之有也論節卦云六四一陰柔

而應于初又上承九五之陽能安則無所往而不通故曰亨承上道也九五居

尊得位剛健中正節之當者也當則無所往而不可故曰甘節吉往有尙以其

在臣故曰安曰亨言己能安之則亨也以其在君故曰甘曰吉言施之天下人

皆美之然後爲吉也其論皆明白正大朱子謂其能擴先儒之未明馮椅易學

亦多取之謂其能本畫卦命名之意參稽卦爻彖象之辭以貫通六爻之義而

爲之說蓋不虛美也自明以來外間絕少傳本故朱彝尊經義考注云已佚今

永樂大典具載於各卦之後僅缺豫隨旡妄大壯晉睽蹇中孚八卦因搜緝成

編貪說易家之參考宋史藝文志本作一卷今以其文頗繁釐爲四卷焉乾隆

四十六年九月恭校上

誠齋易傳

臣等謹案誠齋易傳二十卷宋楊萬里撰萬里字廷秀自號誠齋吉水人官至寶謨閣學士致仕韓侂胄召之不起聞開禧間聞北伐啟釁憂憤不食卒後謚文節事蹟具宋史儒林傳是書大旨本程氏而多引史傳以證之初名易外傳後乃改定今名宋代書肆曾與程傳並刊以行謂之程楊易傳新安陳櫟極非之以為足以聳文士之觀瞻而不足以服窮經士之心吳澄作跋亦有微詞然聖人作易本以吉凶悔吝示人事之所從舍人事而談天道正後儒說易之病未可以引史說經病萬里也理宗嘉熙元年嘗給札寫藏祕閣其子長孺進狀稱自草創至脫稿閱十有七年而後成亦可謂盡平生之精力矣元胡一桂作易本義附錄纂疏博采諸家乃獨不錄此書一字蓋以其文士輕之然萬里文章氣節自足千古此書亦不可磨滅至今猶在人間區區門戶之見亦何足為萬里輕重歟乾隆四十七年三月恭校上

大易粹言

臣等謹案大易粹言七十三卷宋方聞一編聞一舒州人淳熙中爲郡博士時温陵曾穜守舒州命聞一輯爲是書舊序甚明朱彝尊經義考承宋志之誤以爲穜作非也其書宋志作十卷經義考作七十卷又總論五卷蓋原本每卦每傳皆名爲一篇刊板不相聯屬故從其分篇之數稱七十有五然宋刻明標卷一至卷十則經義考誤也所采凡二程子張載楊時游酢郭忠孝及穜師郭雍七家之說今忠孝之書已不傳惟賴是書以存穜初刊板置郡齋後摹印漫漶張嗣古陳造先後修之此本出蘇州蔣曾瑩家即嗣古嘉定癸酉所補刻佚穜自序一篇而移嗣古之跋冠其首今從經義考補錄穜序仍移其跋於卷末焉

乾隆四十七年三月恭校上

易圖說

臣等謹案易圖說三卷宋吳仁傑撰仁傑字斗南崑山人宋史藝文志載仁傑

有古周易十二卷易圖說三卷集古易一卷今古周易世罕傳本僅永樂大典尙有全文此書其圖說也其說謂六十四正卦伏羲所作也故首列八純卦各變八卦圖又謂卦外六爻及六十四覆卦文王所作也故有一卦變六十四卦圖有六爻皆變則占對卦皆不變則占覆卦圖又謂序卦爲伏羲雜卦爲文王今之爻辭當爲繫辭傳繫辭傳當爲說卦傳於諸家古易之中其說特爲新異迥與先儒不合然證以史記引同歸殊途二語爲大傳不名繫辭傳隋志謂說卦三篇今止一篇爲後人亂其篇題所言亦時有依據錄而存之備古易一家之說可也乾隆四十七年十月恭校上

古周易

臣等謹案古周易一卷宋呂祖謙編祖謙事迹具宋史古易上下經及十翼本十二篇漢書儒林傳稱費直治易徒以彖象繫辭文言解說上下經故論者謂以傳附經自直始三國志又載高貴鄉公幸太學博士淳于俊言康成合彖象

于經欲使學者尋省易了故論者又謂費直所附如今本之乾卦鄭玄所附如今本之坤卦以下其後王弼因之作注孔穎達因之作正義而古易十二篇之次遂不可復宋呂大防始考驗舊文作周易古經二卷晁說之作錄古周易八卷薛季宣作古文周易十二卷程迥作古易考一卷李燾作周易古經八篇吳仁傑作古周易十二卷大致互相出入祖謙此書與仁傑書最晚出而較仁傑爲有據凡分上經下經彖上傳彖下傳象上傳象下傳繫辭上傳繫辭下傳文言傳說卦傳序卦傳雜卦傳爲十二篇宋志作一卷書錄解題作十二卷蓋以一篇爲一卷其實一也朱子嘗爲之跋後作本義即用此本其書與呂大防書相同而不言本之大防尤袤與吳仁傑書嘗論之然祖謙非竊據人書者胡一桂以爲偶未之見理可信也乾隆四十七年十月恭校上

易傳燈

臣等謹案易傳燈一書諸家書目俱不著錄朱彝尊經義考亦不載其名惟永

樂大典散見於各卦之中題其官曰徐總幹而不著名字又載其子子東序謂其父嘗師事吕祖謙唐仲友考宋史徐僑嘗受業于祖謙著讀易記尚書括旨等書祖謙門人又有徐侃徐倬序無明文不能定其爲誰也傳燈本釋氏之語乃取之以名經解殊爲乖剌又謂繫辭下傳易之爲書三章皆漢儒易緯之文訛爲夫子之作以誑後世亦沿歐陽修之誤又謂聖人觀河圖有數有象以從横十五之妙配乾坤九六之數白紫者吉黃黑者凶是直以易數爲五行家言尤未免於駁雜然其八卦總論十六篇參互以求頗能得易之類例如曰大壯大有夬乾乾在乾兑離震之下者也乾九三曰君子而餘卦九三皆有君子小人之詞以君子在重剛中君子則吉小人則凶故分别言之也其處于巽坎艮坤之下者曰小畜大畜需泰凡九三上遇陰爻皆有畏敬之義剖析更爲微細又謂易之取象該三代制度如比九五言王用三驅見王田不合圍三面而驅之禮巽九二言史巫紛若見古有太史男巫女巫之制論易禮之相通亦有證

據蓋一知半解可取者亦頗不乏雖有絲麻無棄菅蒯固說易者之所旁采爾

乾隆四十六年九月恭校上

易稗傳

臣等謹案易稗傳二卷宋林至撰林至字德久松江人書錄解題作檇李人未詳孰是淳熙中登進士第官至祕書省正字朱子集中有答林德久書即其人也是書宋史藝文志作一卷文獻通考於二卷之外又有外篇一卷此本爲元至正間陳泰所刊總爲二卷蓋泰所併也凡三篇一曰法象一曰極數一曰觀變自序稱法象本之太極極數本之天地數觀變本之卦揲十有八變皆據易大傳之文凡論太極者惑于四象之說而失卦畫之本論天地之數者惑于圖書之文而失參兩之宗論揲蓍者惑于掛扐之閒而失陰陽之變各釐而正之其外篇則論反對相生世應互體納甲卦變動爻卦氣八事自序稱謂其非易之道則不可謂易盡在于是則非今觀其書雖未免有主持稍過之處而所論

多中說易之弊其謂易道變化不窮得其一端皆足以爲說尤至論也乾隆四十七年十一月恭校上

厚齋易學

臣等謹案厚齋易學五十卷宋馮椅撰椅字儀之一作奇之號厚齋南康都昌人宋史馮去非傳云父椅家居授徒所著易書詩語孟輯說等書共二百餘卷今多不傳惟所輯易說尚散見永樂大典中考胡一桂啟蒙翼傳引宋中興藝文志云寧宗時馮椅爲易輯注輯傳外傳猶以程迥朱熹未及盡正傳名義乃改彖曰象曰爲贊又以隋經籍志有說卦三篇改繫辭傳上下爲說卦上中俞琰讀易舉要所說亦同今檢永樂大典所載但有輯注輯傳而無所謂外傳者與舊說殊不相合以椅自序核之當日蓋各爲一書輯注止解彖象輯傳則尊彖象爲經而退十翼爲傳外傳則以十翼爲經各附先儒之說而斷以己意永樂大典編纂不出一手割裂其文雜附於各卦爻下遂併外傳之名而沒之今

反覆參校釐爲輯注四卷輯傳三十卷外傳十八卷仍分三書以還其舊輯注多用古文如坤卦黄裳之裳作常蒙卦瀆蒙之瀆作黷屯卦磐桓之磐作般邅如之邅作亶師卦丈人作大人旅卦資斧作齊斧雖異今本而皆根舊義至如履否同人諸卦以爲舊脱卦名宜補姤彖女壯勿用取下以爲衍女字之類則椅之自抒所見者也輯傳各卦皆分卦序卦義彖義爻義象占諸目縷析條分至爲詳悉其蒐採亦頗博洽如王安石張汝明李椿年李元量李舜臣閭邱昕毛樸馮時行蘭廷瑞諸家其全書今皆不傳尚藉是以存梗槩外傳薈粹羣言亦多所闡發其以繫辭爲説卦宗吴仁傑之本董眞卿周易會通駁之良是明楊時喬周易古今文乃以合於隋志取之斯好奇之過矣然合觀三書元元本本淹貫宏通要不以一二微瑕掩也啟蒙翼傳又云鄱陽汪標手編諸家易解爲一鉅集名經傳通解以椅易解爲底本求古今解增入蓋宋元之際甚重其書今標書亦不傳則此書彌可寶貴矣董眞卿胡一桂皆稱是書爲易輯宋史

藝文志作易學文獻通考則作厚齋易學考王湜先有易學宜有所別故今從
通考之名焉乾隆四十六年十二月恭校上

童溪易傳

臣等謹案童溪易傳三十卷宋王宗傳撰宗傳字景孟寧德人淳熙八年進士
官韶州教授董眞卿以爲臨安人朱彝尊經義考謂是書前有寧德林焞序稱
與宗傳生同方學同學同及辛丑第則云臨安人者誤矣宗傳之說大概祧梁
孟而宗王弼故其書惟憑心悟力斥象數之弊至譬於誤註本草之殺人焞序
述宗傳之論有性本無說聖人本無言之語不免涉於異學與楊簡慈湖易傳
宗旨相同蓋弼易祖尙元虛以闡發義理漢學至是而始變宋儒掃除古法實
從是萌芽然胡程祖其義理而歸諸人事故似淺近而醇實宗傳及簡祖其元
虛而索諸性天故似高深而窈窅考沈作喆作寓簡第一卷多談易理大抵以
佛氏爲宗作喆爲紹興五年進士其寓簡在淳熙元年正與宗傳同時然則以

禪言易起於南宋之初特作詁無成書宗傳簡則各有成編顯開門戶耳春秋之書事檀弓之記禮必謹其變之所始錄存是編俾學者知明萬曆以後動以心學說易流別於此二人亦說周禮者存俞庭椿邱葵意也乾隆四十七年三月恭校上

周易總義

臣等謹案周易總義二十卷宋易祓撰南宋館閣續錄載祓字彥章潭州寧鄉人淳熙十一年上舍釋褐出身慶元六年八月除著作郎九月知江州周密齊東野語則載其諂事蘇師旦由司業躐擢左司諫師旦敗後貶死蓋館閣續錄但記其入院出院之事密所記則其究竟也祓人不足重其書世亦不甚傳故朱彝尊經義考註曰未見然其說易兼通理數折衷衆說每卦先括爲總論復于六爻之下各爲詮解于經義實多所發明與耿南仲之新講義均未可以人廢言也前有祓門人陳章序稱祓侍經筵日嘗以是經進講又稱祓別有易學

舉隅四卷裒象與數爲之圖說與此書可以參考今未見傳本惟所撰周禮總

義尚散見永樂大典中耳樂雷發有謁山齋詩曰淳熙人物到嘉熙聽說山齋

亦白髭細嚼梅花讀總義只應姬老是相知蓋指此二書山齋祓别號也則當

時亦頗重其書矣乾隆四十七年十一月恭校上

西谿易說

臣等謹案西谿易說十二卷宋李過撰過字季辨興化人董眞卿周易會通稱

此書有過自序在慶元戊午謂幾二十年而成此本佚去其序而書中亦多闕

文蓋傳鈔訛脫又非眞卿所見之舊矣其書首爲序說一卷分上下經依文講

解而不及繫辭以下馮椅易學稱其多所發明而議其以毛漸三墳爲信又多

割裂經文如乾卦初爻初九潛龍勿用以下即接以象曰潛龍勿用陽在下也

又接以文言曰潛龍勿用下也潛龍勿用陽氣潛藏初九曰潛龍勿用何謂也

至是以君子勿用也汨亂顛倒殆不可訓亦大爲胡一桂所譏其論爻辭爲文

王作謂先儒以西山等字指文王者爲鑿而說明夷一卦以上三爻爲箕子事下三爻爲文王事則仍不免自亂其例蓋過晚而喪明冥心默索不能與師友相訂正意所獨造或不免毅然自爲而收視返聽用心刻摯亦往往發先儒所未發其亂經之罪與詁經之功固約略可以相當也乾隆四十七年九月恭校

上

丙子學易編

臣等謹案丙子學易編一卷宋李心傳撰原書本十五卷今佚不傳此則俞琰所節錄僅存什一者也心傳字微之隆州人寶慶二年以布衣召補從政郎差充祕閣校勘紹定四年特賜進士出身官至工部侍郎兼祕書監是書博采諸家而大旨以程朱之説爲圭臬又多引其父舜臣之説舜臣號隆山嘗著易本傳爲洪邁所稱者也俞琰號石㵎金泰定時人後終於元自云借是書于聞德坊書肆而錄其可取者今心傳全書不可見琰去取果當與否不復可稽然就

其所取者觀之多有可采嘗鼎一臠亦可以知其大略矣乾隆四十七年九月

恭校上

易通

臣等謹案易通六卷宋趙以夫撰以夫字用父宋宗室子居於長樂登嘉定十年進士歷官資政殿學士閩書稱以夫著易通莆田黄績相與上下其論則是書實績所參定以夫自序皆自稱臣末有不敢自祕將以進於上庶幾仰裨聖學緝熙之萬一云云則擬進之本也胡一桂云易通六卷或問類例圖象四卷朱彝尊經義考曰宋志十卷又注曰聚樂堂書目作六卷蓋宋志連或問類例圖象言之聚樂堂本則惟有易通此本亦止六卷而無或問類例圖象其自聚樂堂本傳寫歟其書大旨在以不易變易二義明人事動静之準故其説曰奇偶七八也交重九六也卦畫七八不易也爻畫九六變易也卦雖不易而中有變易是謂之亨爻雖變易而中有不易是謂之貞洪範占用二貞悔貞即静也

悔即動也故靜吉動凶則勿用動吉靜凶則不處動靜皆吉則隨遇而皆可動靜皆凶則無所逃於天地之間於聖人作易之旨可謂深切著明矣乾隆四十七年四月恭校上

周易卦爻經傳訓解

臣等謹案周易卦爻經傳訓解二卷宋蔡淵撰淵字伯靜號節齋建安人朱彝尊經義考稱是書僅存三卷而載其弟沈之後序云舊分四卷今此本止上下二篇又無沈之後序其以大象置卦辭下以彖傳置大象後以小象置各爻辭後皆低一字以別卦爻與董楷所言相合然楷又言其繫辭文言說卦序卦雜卦亦皆低一字則此本無之又沈之後序云易有太極之說知至知終之義正直義方之語皆義理之大原爲後學之至要實發前賢之所未發云云皆繫辭文言中文則是書之有繫辭文言諸卷確有明證蓋楷所見者四卷之全本彝尊所見佚其一卷此本又佚其一卷也舊本皆稱經傳訓解而此本乃稱卦爻

經傳訓解明爲殘缺以後改題是名然淵於易理最深所作易象意言已從永樂大典裒輯刊行此書雖非完帙而梗槩略具尙足以資考證故姑從原本錄之焉乾隆四十七年十一月恭校上

易象意言

臣等謹案易象意言一卷宋蔡淵撰淵蔡元定之子蔡沈兄也嘗從學於朱子故闡易理者居多而不廢漢儒互體之說則兼言象數又其家學矣夫易卽象數以寓理京焦諸家流爲術數占候之學固失聖人之本旨自王弼之易旣行儒者遂置象數於不講而所謂理者亦漸流爲空談矣淵是書以易象爲名而所言皆卽象以窮理蓋易學之能酌其中者世無傳本故朱彝尊經義考以爲已佚永樂大典所載首尾完具猶當時祕府舊本謹錄而傳之俾學易者有考焉乾隆四十七年四月恭校上

周易要義

臣等謹案周易要義十卷宋魏了翁編了翁字華父臨邛人慶元己未進士官至參知政事僉書樞密院事學者稱鶴山先生宋史有傳了翁以說經者但知誦習成言不能求之詳博因取諸經注疏正義之文據事別類而錄之謂之九經要義而其生平於易爲尤精嘗言辭變象占易之綱領而繇彖爻之辭書爻位虛之別互反飛伏之說乘承比應之例一有不知則義理闕焉蓋能上本漢學下逮濂洛流派會而通之以折衷於微旨者故其周易要義所錄雖止注疏之說閒及釋文而採掇精醇大義昭揭使讀者可以尋蹊徑而探其本原尤學易者所必資王禕云孔穎達作正義往往援引緯書之說歐陽公嘗欲刪去之不果行迨鶴山魏氏作要義始加黜削而其言絕焉洵有功於聖經者矣明萬曆中張萱重編內閣書目載九經要義尚存儀禮七册禮記三册周易二册尚書一册春秋二册論語二册孟子二册又類目六卷後多缺佚錢曾讀書敏求記但有毛詩要義四十卷今所見惟此書及尚書要義儀禮要義猶爲完本云

乾隆四十七年五月恭校上

易翼傳

臣等謹案易翼傳二卷宋鄭汝諧撰汝諧字舜舉號東谷處州人仕至吏部侍郎其言易宗程子之說所謂翼傳者翼程傳也然亦時有異同其最甚者如程子解艮其背不獲其身行其庭不見其人以爲外物不接內欲不萌郭忠恕得其說而守之遂自號兼山以是爲儒者之至學也朱子所解雖微異然亦以是爲克己復禮之義獨汝諧以爲艮其背者所謂不見可欲使心不亂也不見而後不亂見則亂矣故僅爲先咎而已說者或大其事以爲聖人之事非也所見迥乎相左又如解困井爲性命之卦其說亦別然朱子解經於程子亦多所改定蓋聖賢精義愈闡愈深沈潛先儒之說其有合者疏通之其未合於心者別抒所見以發明之於先儒乃爲有功是固不必守一先生之言徒爲門戶之見也乾隆四十七年十一月恭校上

文公易說

臣等謹案文公易說二十三卷宋朱鑑編鑑字子明朱子孫也朱子詁易之書爲目有五曰易傳曰易本義曰易學啟蒙曰古易音訓曰蓍卦考誤皆有成書其朋友之論難與及門之辯說則散見於語錄中鑑彙而輯之以成是編使讀者參互考訂以與五書相發明可謂能世其家學矣後董正叔胡廷芳董季眞等俱有採輯皆是書爲之權輿也鑑以蔭補迪功郎官至湖廣總領乾隆四十七年三月恭校上

易學啟蒙小傳

臣等謹案易學啟蒙小傳一卷宋稅與權撰蓋暢發邵子之說以補朱子所未及者也朱子作易本義釐正上下經與十翼各還其舊其伏羲先天理數之原則於啟蒙發之而於後天之圖則自云終不得文王所以安排之意不敢輕爲之說與權從魏了翁游講明邵氏諸書迺於觀物篇得後天易上下經序

卦圖因博徵之揚雄孔穎達諸說引而伸之著爲是編大旨謂先天皆兩卦相對合爲十八卦後天上下經皆爲十八卦始終不出九數明此兩義先後天之奥旨盡矣其于邵子之學蓋亦有所得者故發揮頗爲明暢史子翬爲作跋其推許亦甚至云乾隆四十七年十一月恭校上

周易輯聞

臣等謹案周易輯聞六卷易雅一卷筮宗一卷宋宗室趙汝楳撰汝楳父善湘亦精於易汝楳述其家學著此書袁桷言汝楳有易敘叢書而不詳其目以所言考之即是三書也是書不盡用程朱之說而亦不顯違程朱之說筮宗一卷參考詳至具得要領宋人言易諸家中卓然可觀者也其自序稱善湘自始至末於易凡六稿曰進曰益末稿題曰補過今考善湘之書見於宋史本傳者有約說或問續問指要補過五種於六稿之數不合蓋史家遺漏應以汝楳之言爲據也惜其今不可見矣乾隆四十七年十一月恭校上

用易詳解

臣等謹案用易詳解十六卷宋李杞撰杞字子才號謙齋眉山人仕履未詳考宋有三李杞其一爲北宋人官大理寺丞與蘇軾相唱和見烏臺詩案一爲朱子門人字良仲平江人即嘗錄甲寅問答者與作此書之李杞均非一人或混而同之者誤也其書原本二十卷焦竑經籍志作謙齋詳解朱彝尊經義考作周易詳解考杞自序稱經必以史證後世歧而爲二尊經太過反入於虛無之域無以見經爲萬世有用之學故取文中子之言以用易名編其述稱名之意甚詳竑及彝尊蓋未見原書故傳聞訛異歟外間久無傳本惟永樂大典尚散見各韻中採掇裒輯僅缺豫隨无妄大壯睽蹇中孚七卦及晉卦後四爻其餘俱屬完善謹排次校核釐爲十六卷書中之例於每爻解其辭義復引歷代史事以實之如乾初九稱舜在側微乾九二稱四岳薦舜之類案易爻有帝乙高宗之象傳有文王箕子之詞是聖人原非空言以立訓故鄭康成論乾之用九

則及舜與禹稷契咎陶在朝之事論隨之初九則取舜賓于四門之義明易之切於人事也宋世李光楊萬里等更博採史籍以相證明雖不無稍涉氾濫而其推闡精確者要於立象垂戒之旨實多所發明杞之說易猶此志矣其中不可訓者惟在於多引老莊之文如蒙之初六則引老子終日嗥而不嗄云云以爲童蒙之義履之彖則引莊子虎與人異類而媚養己者云云以爲履虎尾之義夫老莊之書其言雖似近易而其强弱攻取之機形就心和之論與易之旡方旡體而定之以中正仁義者指歸實判然各殊自葉夢得巖下放言稱易之精藴盡在莊列程大昌遂著爲易老通言杞作是編復引而伸之是則王弼輩掃除漢學流弊無窮之明驗矣别白存之亦足爲崇尚清談之戒也乾隆四十六年十月恭校上

淙山讀周易

臣等謹案淙山讀周易二十一卷宋方實孫撰實孫爵里無考此書自序題寶

祐戊午則理宗時人也舊本但題曰讀周易案朱彝尊經義考作淙山讀周易記蓋此本傳寫脱訛經義考又引曹溶之言曰宋志八卷澹生堂目作十卷聚樂堂目作十六卷今本不分卷不知孰合之此本凡上經八卷下經八卷繫辭二卷序卦說卦雜卦各一卷又不知誰所分也其書取朱子卦變圖别爲易卦變合圖以補易學啟蒙所未備其說多主于爻象不涉空談自序有曰易者道也象數也言道則象數在其中矣道果有耶繫辭曰易無體道果無耶繫辭曰易有太極是道自無而有也可以識其宗旨矣其據隨上六爻王用亨于西山升六四爻王用亨于岐山明夷彖文王以之革彖湯武革命證爻彖非文王作自爲確義其據大有六三爻公用亨于天子解上六爻公用射隼于高墉之上小過六五爻公弋取彼在穴證爻辭非周公作則必不然說易者本不云公周公也然其大旨則較諸家爲淳實矣乾隆四十七年十一月恭校上

周易傳義附録

臣等謹案周易傳義附錄十四卷宋董楷撰合程子之傳朱子本義爲一而兼采二子之說附錄其下意在理數兼通又引程朱之說以羽翼程朱亦愈於逞臆鑿空務求奇於舊說之外者惟程子傳用王弼本而朱子本義用古本楷以程子在前遂割裂朱子之書散附程傳之後沿及明代遂誤以程本爲朱本迄今專刻本義者亦用程傳之次序實楷肇其端也然楷本以經文平寫而十翼之文則下一格書之其本義無所附麗者則仿諸經疏文某句至某句之例朱書其目以明之猶爲有別今本經傳一例平寫并本義亦意爲之割綴則愈失愈遠又非楷所及料矣楷字正叔台州臨海人寶祐四年進士官至吏部郎中其學距朱子僅再傳故於言易獨以洛閩爲宗焉乾隆四十七年十一月恭校

上

易學啟蒙通釋

臣等謹案易學啟蒙通釋二卷宋胡方平撰方平字師魯號玉齋婺源人據董

眞卿周易會通載是書有方平至元己丑自序則入元已十四年矣然考熊禾跋稱己丑春讀書武夷山中有新安胡君庭芳來訪出其父書一編曰易學啟蒙通釋又劉涇跋亦稱一日約退齋熊君訪雲谷遺蹟適新安胡君庭芳來訪出易學啟蒙通釋一編謂其父玉齋平生精力盡在此書輒爲刻置書室云云則己丑乃禾與涇刊書作跋之年非方平自序之年眞卿誤也方平之學出於董夢程夢程之學出於黄榦榦朱子婿也故方平及其子一桂皆篤守朱子之說此書即發明朱子易學啟蒙之旨易之爲道理數並存不可滯於一說朱子因程傳專主明理故兼取邵子之數以補其偏非脫略易理惟著此書以言數也後人置本義不道惟假借此書以轉相推衍至於支離轇轕而不已是豈朱子之本旨乎方平此書雖亦專闡數學而根據朱子之書反覆詮釋所採諸書凡黄榦董銖劉爚陳埴蔡淵蔡沈六家皆朱子門人又蔡模徐幾翁詠三家模蔡淵子幾詠皆淵之門人故所衍說尚不至如他家之竟離其宗是亦讀啟蒙

者所當考矣乾隆四十七年十一月恭校上

三易備遺

臣等謹案三易備遺十卷宋朱元昇撰其子士立補葺元昇字日華里貫未詳惟卷首載咸淳八年兩浙提刑家鉉翁進書狀稱承節郎差處州龍泉遂昌慶元及建寧松溪政和巡檢朱元昇卷末士立跋稱咸淳庚午備遺成帙則堂家先生用聞于朝三載先子歿云云疑其即終于是官庚午爲咸淳六年而狀署八年殆傳寫誤六爲八歟其書本河圖洛書一卷連山三卷歸藏三卷周易三卷元昇自序亦兼言三易而鉉翁進狀特備其著中天歸藏書數萬言未詳其故豈以先天後天皆儒者所傳述而中天之說元昇創之故標舉見異耶然干寶周禮註稱伏羲之易小成爲先天神農之易中成爲中天黄帝之易大成爲後天則中天實亦古名非新義也元昇學本邵子其言河圖洛書則祖劉牧其言連山以卦位配夏時之氣候其言歸藏以干支之納音配卦爻其言周易則

闡反對互體之旨雖未必眞合周官太卜之舊而冥心求索以求一合亦可謂
好學深思者過而存之或亦足備說易者之參考耳乾隆四十七年十一月恭
校上

周易集說

臣等謹案周易集說四十卷元俞琰撰琰字玉吾吳人讀易三十餘年未嘗倦
輟其書創始于至元甲申迨至大辛亥凡四易稿始成同時漢東孟淳單父李
克寬錢唐白珽西秦張瑛同郡顏堯煥干文傳諸輩皆推而重之琰嘗與孟淳
講坤之六二謂六二旣中且正是以其德直方惟從乾陽之大不習坤陰之小
故無不利又謂彖傳剛柔上下言來不言往皆以兩卦相並而取義其發諸儒
所未發多類于此琰又有讀易須知易圖纂要易經考證易傳考證六十四卦
圖古占法卦爻象占分類易圖合璧連珠易外傳諸書今皆不傳然其自爲後
序稱諸編皆舊所作將毀之而兒輩以爲可惜又略加改竄而存於後則舊刻

本附此數書今佚之也乾隆四十七年十一月恭校上

讀易舉要

臣等謹案讀易舉要四卷宋俞琰撰是書文淵閣書目焦竑經籍志朱睦㮮授經圖皆著於錄然外間傳本殊稀故朱彝尊經義考亦云未見今惟永樂大典尚散見于各韻之中可以採輯謹裒合編次仍定爲四卷考琰之集說以朱子爲宗而此書論剛柔往來則以兩卦反對見義例以泰否二卦彖辭較朱子卦變之說更近自然其易圖多本邵子而此書論象數之學則駁張行成以元亨利貞爲周易起數於四之證蓋不爲苟同者至於田疇謂積乾坤屯蒙需訟之策至于師而六軍之數皆全史璿謂革居四十九應大衍之數故云天地革而四時成節居六十而甲子一周故云天地節而四時成皆以偶合之見窺聖人作易之意琰顧取之則殊非本旨然琰於易苦思力索積平生之力爲之意所獨契亦往往超出前人所列諸家著述雖多本於晁公武陳振孫兩家而名字

爵里間有異同亦可資考證固宜與所撰集說並行也琰別有六十四卦圖易圖合璧聯珠易圖纂要諸書舊與此書合刻修永樂大典之時割裂龐雜淆其端緒惟八分爲十六十六分爲三十二兩圖猶標俞琰纂圖之目其餘諸圖盡冒讀易舉要之名合併爲一殊爲瞀亂今悉考訂汰除以還其舊焉乾隆四十六年四月恭校上

易象義

臣等謹案易象義十六卷宋丁易東撰易東字漢臣武陵人仕至朝奉大夫太府寺簿兼樞密院編修官入元不仕教授鄉里以終是編因易象以明義故曰象義其取象之例凡十有二曰本體即乾天坤地之類曰互體即雜物撰德之旨曰卦變彖所謂大往小來傳所謂柔來文剛剛上文柔是也曰正應傳所謂剛柔內外之應是也曰動爻陽老則變爲陰陰老則變爲陽是也曰變卦左傳所載古人占筮之法曰乾之姤乾之同人是也曰伏卦乾則伏坤震則伏巽說

卦所謂天地定位雷風相薄是也曰互對即漢儒之旁通卦義與伏通而有本體全體之巽曰反對損之與益五二之詞同夬之與姤四三之辭同可以類推者是也曰比爻初比二二比三是也曰原畫陽皆屬乾陰皆屬坤是也曰納甲蠱之先甲後甲巽之先庚後庚是也其于前人之舊說大抵以李鼎祚周易集解朱震漢上易傳爲宗而又謂李失之泥朱傷于巧故不主一家如卦變之說則取邵子朱子變卦之說則取沈該都潔筮占之說則取朱子蔡淵馮椅遠紹旁搜要歸於變動不居之旨亦言象者所當考也諸家著錄多作十卷惟朱睦㮮授經圖作易傳十一卷焦竑經籍志作易傳十四卷考易東所著別無易傳之名蓋即此編朱氏併其論例一卷數之爲十一卷焦氏又併其大衍索隱三卷數之遂爲十四卷耳朱彝尊經義考作十卷註曰存然世僅存十之二三又非彝尊之所見惟散見永樂大典中者排比其文僅缺豫隨无妄大壯睽蹇中孚七卦及晉卦之後四爻餘皆完具與殘本互相參補遂還舊觀以篇頁頗繁

謹析爲一十六卷以便循覽原本附有大衍策數諸圖多已見大衍索隱中今不復錄其論例一卷自述撰著之旨頗備今仍錄以弁首焉乾隆四十六年十月恭校上

易圖通變

易筮通變

臣等謹案易圖通變五卷易筮通變三卷宋雷思齊撰思齊字齊賢臨川人宋亡之後棄儒服爲道士居烏石觀後終於廣信事蹟具袁桷所撰墓志銘是編前有揭傒斯序稱所著有老子本義莊子旨義數十卷及和陶詩三卷吳全節序又稱其有文集二十卷今皆未見惟此二書存其易圖通變自序謂河圖之數以八卦成列相盪相錯參天兩地參伍以變其數實爲四十而以其十五會通于中所述河圖洛書參天兩地倚數之圖錯綜會變等圖及河圖遺論大旨以天一爲坎地二爲坤天三爲震地四爲巽天七爲兌地六爲乾天九爲離地

八爲艮而五十則爲虛數其說雖與先儒不同而按以出震齊巽之義亦頗相脗合林至易裨傳序所謂易道變化不窮得其一端皆足以爲說者也其易筮通變凡五篇一曰卜筮二曰立卦三曰九六四曰衍數五曰命蓍亦多自出新意不主舊法白雲霽道藏目錄載二書于太元部若字號中蓋圖書之學實出道家思齊又本道士衍說之以附于易固亦有由云乾隆四十七年十一月恭校上

欽定四庫全書提要卷四

經部四

易類四

讀易私言

臣等謹案讀易私言一卷元許衡撰衡字平仲河內人官至集賢殿大學士兼國子祭酒謚文正事迹具元史其書論六爻之德位大旨多發明繫辭傳同功異位柔危剛勝之義而又類聚各卦畫之居於六位者分別觀之蓋健順動止入說陷麗之吉凶悔吝又視乎所值之時而必以正且得中爲上孔子彖象傳每以當位不當位得中行中爲言衡所發明蓋本斯旨此書本在衡文集中元蘇天爵文類明劉昌中州文表皆載之　國朝曹溶採入學海類編通志堂刋九經解遂從舊本收入而何焯校正九經解目錄以爲即元李簡之書今考簡所撰學易編其書具在未嘗與此書相複且永樂大典所載亦作許衡則非李

簡書明甚焯之所校不知何以云然也乾隆四十七年五月恭校上

周易本義附錄纂註

臣等謹案周易本義附錄纂註十四卷元胡一桂撰一桂字庭芳號雙湖婺源人景定甲子領鄉薦試禮部不第教授鄉里以終事迹具元史儒學傳是編以朱子本義爲宗取文集語錄之及於易者附之謂之附錄取諸儒易說之合於本義者纂之謂之纂註其去取別裁惟以朱子爲斷元史稱其受易源流出於朱子殆以啟蒙翼傳及是書歟陳櫟稱一桂此書於楊萬里易傳無半字及之今檢其所引櫟說信然蓋宋末元初講學者門戶最嚴而新安諸儒於授受源流辨別尤甚萬里易傳雖遠宗程子而早工吟詠與范成大陸游齊名不甚以講學爲事故雖嘗薦朱子拒韓侂胄而慶元黨禁獨不列名一桂蓋以詞人擯之未必盡以其書也乾隆四十七年十一月恭校上

周易啟蒙翼傳

臣等謹案周易啟蒙翼傳四卷元胡一桂撰一桂之父方平嘗作易學啟蒙通釋一桂更推闡而辨明之故曰翼傳是書一曰舉要以發明變占之義二曰明筮以考史傳卜筮卦占之法三曰辨疑以辨河圖洛書之同異皆發明朱子說者也外篇一卷則易緯候諸書以及京房飛候焦贛易林揚雄太玄司馬光潛虛以至邵子皇極經世諸法亦附錄其概以其皆易之支流故別之曰外大致與其父之書互相出入而方平主於明本旨一桂主於辨異學故體各殊焉乾隆四十七年十一月恭校上

易纂言

臣等謹案易纂言十二卷元吳澄撰澄字幼清號草廬崇仁人宋咸淳末舉進士不第入元以薦擢翰林應奉文字官至翰林學士卒諡文正事迹具元史本傳是書用呂祖謙古易本經文每卦先列卦變主爻每爻先列變爻次列象占十翼亦各分章數其訓解各附句下音釋考證則經附每卦之末傳附每章之

末間有文義相因即附辨於句下者偶一二見非通例也澄於諸經好臆爲點竄惟此書所改則有根據者爲多不比師心變亂其澄所自改正者不過數條而已惟以繫辭傳中說上下經十六卦十八爻之文定爲錯簡移置於文言傳中則悍然臆斷不可以爲訓矣然其解釋經義詞簡理明融貫舊聞亦頗賅洽在元人說易諸家固終爲巨擘焉乾隆四十七年十一月恭校上

易纂言外翼

臣等謹案易纂言外翼八卷元吳澄撰澄所著易纂言義例散見各卦中不相統貫卷首所陳卦畫亦粗具梗概未及詳言因復作此書以暢明之纂言有通志堂刻本久行於世此書則傳本漸罕近遂散佚無存朱彝尊經義考注云見明崑山葉氏書目載有四册而亦未睹其書今惟永樂大典尙分載各韻之下考澄所作小序原書蓋共十二篇一曰卦統以八經卦之純體合體者爲經六十四卦之雜體者爲緯乃上下經篇之所由分二曰卦對以奇偶反易成二卦

或上下篇相對三曰卦變言奇偶復生奇偶其用無窮四曰卦主因旡妄傳而推之以明一經之義五曰變卦言剛柔交相變而一卦可爲六十四卦六曰互卦言中四爻復具二卦以爲一卦七曰象例凡經之取象皆類聚之以觀其通八曰占例言元亨利貞吉凶旡咎其義皆本于天道九曰辭例乃象例占例所未備而可以互見者十曰變例言揲著四營十八變之法十一曰易原明河圖洛書先後天圖十二曰易流備舉揚雄以下擬易之書今缺卦變變卦互卦三篇易流缺半篇易原疑亦不完然餘尚首尾整齊無所遺失自唐定正義易遂以王弼爲宗象數之學久置不講澄爲纂言一決於象數謂其能盡破傳註之穿鑿故言易者多宗之是編類聚區分以求其理之會通如卦統卦對二篇言經之所以釐爲上下乃程朱所未及象例諸篇闡明古義尤非元明諸儒空談妙悟者可比雖稍有殘缺而宏綱巨目尚可推尋謹依原目編次析爲八卷俾與纂言相輔而行焉乾隆四十六年四月恭校上

易源奥義

臣等謹案易源奥義一卷周易原旨八卷元寶巴撰（案寶巴舊本作保八今改正）寶巴字普菴色目人居於洛陽是書前有進太子牋結銜稱太中大夫前黃州路總管兼管內勸農事又有任士林序稱貳卿寶公不知其終於何官也牋末不題年月黃虞稷千頃堂書目稱舊有方回牟巘二序回巘皆宋末舊人則寶巴爲元初人矣是書原分三種統名易體用本程子之說即卦體以闡卦用也朱彝尊經義考載易源奥義一卷存周易原旨六卷存周易尚占三卷佚考陳繼儒彙祕笈中有周易尚占三卷書名與卷數並符書前又有大德丁未寶巴序人名亦合然序稱爲螢蟾子李淸菴撰不云寶巴自作其書乃用錢代蓍之法以六爻配十二時五行六親六神合月建日辰以斷吉凶亦非尚占之本義序文鄙陋尤不類讀書人語蓋方技家傳有是書與寶巴佚書其名偶合明人喜作僞本遂撰寶巴序文以影附之不知寶巴說易並根柢宋儒闡義發理無一字涉京

焦識緯之說其肯以此書當古占法哉今辨明其妄別存目於術數類中而寶巴原書則仍以所存二種著錄庶闕而眞猶勝於全而僞焉乾隆四十七年十一月恭校上

周易程朱傳義折衷

臣等謹案周易程朱傳義折衷三十三卷元趙采撰采字德亮號隆齋潼川人其書用注疏本節錄程子易傳朱子本義之說益以語錄諸書列之於前而各以己說附於後所謂折衷也所注僅上下經殆以程子所傳不及繫辭以下歟前有采自序稱有康節邵子推明羲文之卦畫而象數之學著有伊川程子推衍夫子之意而卦畫之理明洎武夷朱文公作本義釐正上下經十翼而還其舊作啟蒙本邵子而發先天雖本義專主卜筮然於門人問答又以爲易中先儒舊說皆不可廢但互體飛伏納甲之類未及致思耳愚以爲今時學者之讀易當由邵程朱三先生之說泝而上之云云故其書雖以程朱爲主而兼及象

數變互之說蓋併存邵學其識見猶爲明通固非墨守一家者比也顧炎武謂割裂本義以入程傳始於胡廣之修大全然采與董楷已用程子本而析本義以附之則其來有漸矣炎武專罪胡廣殆未見此二書歟乾隆四十七年十一月恭校上

周易衍義

臣等謹案周易衍義十六卷元胡震撰震自署曰廬山深溪又題將仕佐郎南康路儒學致仕教授書前有自序作於大德乙巳蓋成宗九年也又有其子光大識語稱幾成書而下世後十年始克纂集成編則其書實成於光大之手矣書中於乾坤二卦卦辭下接彖傳繼以釋彖之文言次大象次爻詞下接小象繼以釋爻之文言又置雜卦於序卦之前序次頗爲顛倒昔李過作西谿易說改乾坤二卦經文次第割裂文言分附卦爻胡一桂譏其混亂古經此書實同其病前後脫簡亦不一而足或傳寫者失其原次故錯紊若此歟其於經文訓

詁大都皆舉史事以發明之不免太涉泛濫非說經家謹嚴之體然議論尙爲平正所引諸儒之解亦頗詳賅多可以備參考視言理而空談元妙言數而曼衍奇耦爲差善焉乾隆四十七年十月恭校上

易學濫觴

臣等謹案易學濫觴一卷元黃澤撰澤字楚望資州人家於九江大德中嘗爲景星書院山長又爲東湖書院山長年逾八十乃終故趙汸生於元末猶及師事之其易與春秋之學皆受之於澤者也澤垂老之時欲注易春秋二經恐不能就故作此書及春秋指要發其大凡卷首有延祐七年吳澄題詞據其所言二書蓋合爲一帙今春秋指要已無傳本惟此書僅存朱彝尊經義考載此書註曰已佚則彝尊亦未及見知爲稀遘之本矣其說易以明象爲本其明象則以序卦爲本其占法則以左傳爲主大旨謂王弼之廢象數遁于元虛漢儒之用象數亦失于繁碎故折中以酌其平其中歷陳易學不能復古者一曰易之

名義一曰重卦之義一曰逆順之義一曰卦之名義一曰卦變之義一曰卦名一曰易數之原一曰易之詞義一曰易之占詞一曰蓍法一曰占法一曰序卦一曰脱誤疑字凡十三事持論皆有根據雖未能勒爲全書而發明古義體例分明已括全書之宗要因其説而推演之亦足爲説易之圭臬矣乾隆四十七年十月恭校上

大易緝説

臣等謹案大易緝説十卷元王申子撰申子字巽卿邛州人隱居慈利州天門山垂三十年始成此書反覆設問取十數爲河圖分緯之以畫先天九數爲洛書錯綜之以位後天同時吳澂李琳諸人咸稱其殫思之精程子有云説卦所説卦位亦不能使人曉然朱子云文王八卦不可曉處極多蓋皆缺所疑也至河出圖洛出書其文見于易大傳而相傳五位九宮則朱震序其授受源流謂陳摶以先天圖傳种放放傳穆修修傳李之才之才傳邵雍放以河圖洛書傳

李溉溉傳許堅堅傳范諤昌諤昌傳劉牧據此則劉牧之河圖洛書與邵之先天圖同本諸希夷然范諤昌以五位九宫之圖爲伏羲所造劉牧以九爲圖十爲書及平蔡元定乃反易之朱子引大戴禮記明堂鄭注云法龜文證元定之說爲確王應麟據北史證大戴禮記實宇文周時盧辨注非康成今考康成注易于五位相得而各有合顯陳一六等數相配之方其注乾鑿度言八卦九宫亦甚詳而不以爲圖書惟關朗易傳與元定符合然關朗易傳朱子嘗斥爲僞書項安世亦云阮逸所作逸皇祐間人則又在之才諤昌後矣蓋千有餘年莫知所謂圖書即五位九宫之數迨陳希夷出始指以實之宜後人辨論紛紛也是書旁通互貫足以自達其所見一家之說固亦有未可廢者耳乾隆四十七年五月恭校上

周易本義通釋

臣等謹案周易本義通釋十二卷元胡炳文撰炳文字仲虎婺源人新安文獻

志以爲篤志朱子之學者也羲文先後天之易邵子於先天明其畫程子於後天演其辭然邵程同時並地其說絕不相謀自朱子比而合之理數始備炳文復取朱子之書折衷是正參以諸家易解以互相發明初名精義後病其繁冗而約之改名通釋說者謂非本義無以見易非通釋亦無以盡本義之旨主一先生之言以盡廢諸家雖未免於太狹然宋儒說易其途至雜言數者或失之巧言理者或失之鑿求其平正通達顯有門徑可循者終以朱子爲得中則炳文羽翼之功亦未可沒矣乾隆四十七年十一月恭校上

周易本義集成

臣等謹案周易本義集成十二卷元熊良輔撰良輔字任重南昌人有易傳集疏及是書今集疏不傳惟是書存耳良輔自序曰會丁巳以易貢同志信其僭說閔其久勤出工費鋟梓考元舉鄉試始於延祐元年甲寅丁巳蓋其第二舉也其時條制漢人南人試經疑二道經義一道易用程氏朱氏而兼用古注疏

故其書以本義爲主而諸家之說附見然今核其說與本義異者亦頗多良輔自述其學得於遙溪熊氏泉峯龔氏其作是編蓋有各尊所聞者又不必盡以一家之說律之矣乾隆四十七年十月恭校上

大易象數鉤深圖

臣等謹案大易象數鉤深圖三卷元張理撰理字仲純清江人延祐中官福建儒學提舉是書上卷太極圖即周子之圖其八卦方位圖則本乎說卦又有乾知大始坤作成物參天兩地及大衍五十五數諸圖又有仰觀俯察剛柔相摩八卦相盪諸圖而皆溯源于河洛中卷天地數萬物數二圖仍即大衍策數又有元會運數乾坤大父母復姤小父母八卦生六十四卦八卦變六十四卦圖又有反對變與不變諸卦圖以下則六十四卦之圖分見于中下二卷而參伍錯綜序卦雜卦皆爲之圖蓋純主陳摶先天之學朱子所謂易外別傳者也其書初少傳本通志堂經解所刻與劉牧之書均從道藏錄出諸家著錄卷帙亦

復不同朱睦㮮授經圖載理之書有周易圖三卷易象數鉤深圖六卷易象圖說六卷焦竑經籍志書目與授經圖同而鉤深圖則作三卷朱彝尊經義考止載易象圖說六卷而不載此書蓋由未見其本但據書目傳鈔故輾轉歧誤白雲霽道藏目錄以易數鉤隱圖與理此書並屬之劉牧亦由但據標題繕錄未及核作者之異同今以徐氏刻本定著爲三卷併詳考舛異之故以袪來者之疑焉乾隆四十七年十一月恭校上

學易記

臣等謹案學易記九卷元李簡撰所採自卜商易傳以逮其同時張特立劉肅之說凡六十四家一一各標其姓氏其集數人之說爲一條者亦注曰兼采某某其不注者乃所獨見也大抵取于先儒者多出于新意者少故體例頗爲簡潔而所言亦淳實不支自序發端即引程子之言則其宗旨可見矣夫易本卜筮之書而自晉以來往往遺數而言理故趙紫芝謂輔嗣易行無漢學也然自

北宋以後起而矯爲數學者又往往遺棄龜蓍盛談河洛方圓奇耦圖象日增使後人如讀纖緯之文而披律算之譜其說愈精而愈無益于人事是又別爲一家而非所謂漢儒之易者似又不如是書之因象明理因理示教于學者尚爲有裨矣且所稱楊彬夫五十家解單渢三十家解者今既不能舉其目而所列六十四家今亦不能盡見其遺書因簡所輯猶有什一之傳焉是亦李鼎祚集解之亞也又烏可以廢耶乾隆四十七年十月恭校上

周易集傳

臣等謹案周易集傳八卷元龍仁夫撰仁夫字觀復廬陵人吉安府志作永新人官湖廣儒學提舉是書成于至治辛酉董眞卿周易會通稱其有自序一篇此本無之朱彝尊經義考于舊序例皆全錄而亦無是篇則其佚已久矣吉安府志云仁夫周易集傳十八卷立說主本義每卦爻下各分變象辭占今觀所注雖根據程朱者多而意在卽象詁義于卦象爻象互觀析觀反覆推闡頗能

抒所心得非如胡炳文等墨守舊文徒博尊朱之名者也吉安府志又稱其謂雜卦爲占筮書引春秋傳屯固比入坤安震殺皆以一字斷卦義爲證其說似創而有本亦異乎游談無根元史稱仁夫所著周易多發前儒之所未發殆不誣矣原書十八卷今僅存八卷然其上下經及彖象傳皆已全具朱彝尊曝書亭集有是書跋謂通志堂刻經解時以其殘缺故未開雕云云夫傳錄古書當問其義理之是非不當論其篇頁之完闕殘編斷簡古人尚且蒐輯仁夫是書上下經裒然俱完而以不全棄之何其傎也況傅寅禹貢說斷程大昌禹貢圖說林之奇三山書傳今以永樂大典校之皆非完帙而徐氏仍登梨棗是又何說歟今特錄存之俾重著于世庶于經學有所裨焉乾隆四十七年十月恭校

上

讀易考原

臣等謹案讀易考原一卷元蕭漢中撰漢中字景元泰和人此書成于泰定中

凡三篇一論分卦一論合卦一論卦序不敢顯攻序卦傳而亦不用序卦之說大旨以圓圖乾坤坎離居四正爲上經之主卦兌艮巽震居四隅爲下經之主卦復案圖列說申明上經三十卦下經三十四卦多寡分合之不可易及乾坤之後受以屯蒙屯蒙之後受以需訟次序之不可紊卷後論三十六宫陰陽消長之機以互明其義漢中書不甚著明初朱升作周易旁注始采錄其文附于末卷升自記稱謹節縮爲上下經二圖于右而錄其原文于下以廣其傳則是書經升編輯不盡漢中之舊今升書殘缺而漢中書反附以得存此本即從升書中錄出別行者朱彝尊經義考作三卷蓋以一篇爲一卷實無別本也其說雖亦出于邵氏而推闡卦序頗具精理蓋猶依經立義者以視黑白奇偶蔓衍而不可極者固有殊焉乾隆四十七年十一月恭校上

易精藴大義

臣等謹案易精藴大義十二卷元解蒙撰蒙字求我吉水人江西通志作字來

我蓋字形相近而誤也中天歷乙巳江西鄉試與兄子侚字觀我者並以善易名于時子侚所著周易義疑通釋久無傳本朱彝尊經義考載蒙此書亦註曰佚今檢永樂大典所引蒙書尚多自豫隨無妄大壯睽中蹇孚七卦及晉卦之後四爻外其他皆文義完備釐然具存其例于彖爻之下採輯先儒之說而末乃發明以己意各以蒙謂二字别之雖原爲場屋經義而作而薈萃羣言頗能得其精要凡所自註亦皆簡明如頤六三云頤養之道以安靜爲無失二三動體故顚拂而凶四五靜體故顚拂亦吉震三爻凶艮三爻吉可見恒彖云恒有二義利貞者不易之恒所以體常利有攸往者不已之恒所以盡變天地聖人所以能恒者以其能盡變也其義雖多根柢前人而詮釋明晰亦殊有裨于後學至所引諸家之説往往不署名氏蓋用朱子詩集傳例雖不能盡考其由來要皆宋元以前諸經師之緒論也謹依文排比正其僞舛釐爲十二卷著之于錄解縉春雨堂稱是書爲易經精義經義考稱是書爲周易精蘊考永樂大典

所題實作解蒙周易精藴大義二人皆偶誤記也今據爲斷庶不失其本名焉
乾隆四十六年三月恭校上

易學變通

臣等謹案易學變通六卷元曾貫撰貫字傳道泰和人天歷辛巳舉于鄉官紹興府照磨元季兵亂棄官家居鄉人推率義軍禦龍泉寇戰敗抗節死事蹟見江西通志所著四書類辨學庸標旨諸書俱湮沒不傳惟朱彝尊經義考載有周易變通之名亦以爲已佚今檢永樂大典所錄周易各卦下收入貫說尚多其標題實作易學變通知彝尊未見原書故稱名小誤矣謹裒輯彙次釐爲六卷其豫隨无妄大壯晉睽蹇中孚八卦爲永樂大典所原闕者今無可校補亦姑仍其舊是書純以義理說易其體例每篇統論一卦六爻之義又舉他卦辭義之相近者參互以求其異同之故如乾卦云乾六爻不言吉無往而非吉也初九處之以勿用即初九之吉上九處之以无悔即上九之吉二之見五之

飛三四之旡咎皆然蓋位或過于中而聖人處之則無不中位或失于正而聖人處之則無不正所謂剛健中正純粹精者吉有大于此乎坤卦云或疑六三王事爲六五之事然乾主君道坤主臣道王事乃九五大人之事故坤卦三五聖人皆有戒辭者其所以正人臣之體爲慮深矣艮卦云敦臨敦艮皆吉何也曰敦者厚道也厚于治人則人無不服者臨是也厚于治己而已無不修者艮是也人之自處容可處於薄乎凡此諸條立義皆爲醇正其他剖析微細往往能出前儒訓解之外間取互體立說兼存古義尤善持平在說易諸家可謂明白而篤實且其成仁取義無愧完人而元史忠義傳失于紀載殊傷漏略今蒐緝遺文著之于錄非惟其書足重亦因以表章大節發潛德之幽光焉乾隆四十六年四月恭校上

周易會通

臣等謹案周易會通十四卷元董眞卿撰眞卿字季眞鄱陽人嘗受業于胡一

桂斯編實本一桂之纂疏而廣及諸家初名曰周易經傳集程朱解附録纂註蓋其例編次伏羲文王周公之經而翼以孔子之傳各爲標目使不相雜而相統其無經可附之傳則總附于六十四卦之後是爲經傳又取程子之傳朱子之本義夾註其下是爲集解其程子經説朱子語録各續于傳義之後是爲附録又取一桂纂疏而增以諸説是爲纂註其後定名會通者則以程傳用王弼之本本義用吕祖謙本次第既不同而或主義理或主象占本旨復殊先儒諸説亦復見智見仁各明一義斷斷爲門戸之爭眞卿以爲諸家之易途雖殊而歸則同故兼收博採不主一説務持象數義理二家之平即蘇軾朱震林栗之書爲朱子所不取者亦並録焉視胡一桂之排斥楊誠齋易傳不肯録其一字者所見之廣狹謂之青出于藍可也惟其變易經文則不免失先儒謹嚴之意可不必曲爲之辭耳乾隆四十七年十月恭校上

周易圖説

臣等謹案周易圖說二卷元錢義方撰義方字子宜湖州人嘗舉進士是書成于至正六年上卷爲圖者七下卷爲圖者二十其說謂河圖爲作易之本大傳云河出圖洛出書聖人則之乃聖人即理推數二者可以兼通故並言之非謂作易兼取洛書又引朱子之說謂圓圖有造作且欲挈出方圖在圓圖之外又謂朱子易本義于先天後天卦位必歸其說于邵子似歉然有所未足是以不揆其陋而有所述圖書之說愈推衍而愈不可窮此又其一種矣其謂自漢以來惟孟喜本易緯稽覽圖推易離坎震兌各主一方餘六十卦每卦主六日七分爲有圖之始寥寥千載至陳摶乃有横圓大小四圖傳穆李以及邵子又爲後天圓圖否泰反類方圖不似他家務神其說直以爲古聖之制作亦可謂皎然不欺者也乾隆四十七年十一月恭校上

周易爻變義藴

臣等謹案周易爻變義藴八卷元陳應潤撰應潤天台人仕履未詳黄溍集有

是書序稱其字曰澤雲又稱其延祐間由黄巖文學起爲郡曹掾數年調明掾至正乙酉調桐江賓幕卷首應潤自序題至正丙戌則是書成于桐江也其書大旨謂義理元妙之談墮于老莊先天諸圖雜以參同契爐火之說皆非易之本旨故其論八卦惟據說卦傳帝出乎震一節爲八卦之正位而以天地定位一節邵氏指爲先天方位者定爲八卦相錯之用謂文王演易必不顛倒伏羲之卦致相矛盾其論太極兩儀四象以天地爲兩儀以四方爲四象謂未分八卦不應先有揲蓍之法分陰陽太少周子無極太極二氣五行之說自是一家議論不可釋易蓋自宋以後紛然破圖書之派者自應潤始所注用王弼本惟有上下經六十四卦據春秋傳某卦之某卦如乾之姤曰潛龍勿用乾之坤曰見羣龍无首吉之類故名曰爻變其稱一卦可變六十四卦六爻可變三百八十四爻即漢焦贛易林之例蓋亦因古占法而推原其變通之義非臆說也每爻多證以史事雖不必其盡合而因卦象以示吉凶以決進退實聖人作易之

旨以視黑白奇偶順逆縱横闔之如算書如奕譜自謂微妙通神而于人事無

裨者固相去遠矣乾隆四十七年十一月恭校上

周易參義

臣等謹案周易參義十二卷元梁寅撰寅字孟敬新喻人元末辟集慶路儒學

訓導以親老辭明年兵起遂隱居教授明初徵修禮樂書將授以官復以病辭

歸結屋石門山學者稱曰梁五經著有詩書演義周禮考註春秋考義諸書此

乃所作周易義疏成於至元六年其大旨以程傳主理本義主象稍有異同因

融會參酌合以爲一又旁采諸儒之説以闡發之其分上下經十翼一依古易

篇次即朱子所用吕祖謙本其詮釋經義平易近人言理而不涉虚無言象而

不涉附會大都本日用常行之事以示進退得失之機故簡切詳明迥異他家

之轇轕雖未能剖析精微論其醇正要不愧爲儒者之言焉乾隆四十七年三

月恭校上

周易文詮

臣等謹案周易文詮四卷元趙汸撰汸字子常休寧人師事黄澤受易象春秋之學隱居著述作東山精舍以奉母洪武二年召修元史不願仕乞還未幾卒此書大旨主于略數言理然其門人金居敬稱其契先天内外之旨且悟後天卦序之義則亦未嘗置數也經義考載八卷此本舊鈔止四卷然首尾完具疑出後人所合併原書上方節節標題細字詳其詞意不類汸筆或後來讀者所題記于經義亦鮮所闡發今併從删削焉汸平生爲學工夫于春秋最深所著說春秋之書亦最多並已别著于録其說易祇有此本流傳頗罕其中詮釋義理大旨本宋儒緒論爲多不及其春秋諸書之深造自得然其於天道人事吉凶悔吝之際反覆推闡極爲明暢頗有合于通德類情之本旨于易義不可謂無所發明以之羽翼程朱固亦足備一家矣乾隆四十七年九月恭校上

欽定四庫全書提要卷四

欽定四庫全書提要卷五

經部五

易類五

周易傳義大全

臣等謹案周易傳義大全二十四卷明胡廣等奉勅撰考明成祖實錄永樂十二年十一月甲寅命行在翰林院學士胡廣待詔楊榮金幼孜修五經四書大全十三年九月告成成祖親製序弁之卷首命禮部刊賜天下賜胡廣等鈔幣有差仍賜宴於禮部此其六種之一也纂修諸臣自廣榮幼孜外尚有翰林編修葉時中等三十九人朱彝尊經義考謂廣等就前儒成編雜爲鈔錄而去其姓名易則取諸天臺鄱陽二董氏雙湖雲峯二胡氏於諸書外未寓目者至多今覈驗全書良非苛論當時胡廣等奉詔編集不能旁搜博採以勒成一家之言乃剿襲舊文茍且塞責誠不免于後人之訾議然所本之董楷傳義附錄胡

一桂纂疏胡炳文通釋董眞卿會通諸書類皆廣博精詳足以依據故微言大義亦略備大凡且其時頒在學官懸諸令甲天下儒生傳習惟有是書故錄而存之以見有明一代取士之制焉乾隆四十七年四月恭校上

易經蒙引

臣等謹案易經蒙引十二卷明蔡淸撰淸字虛齋泉州人成化甲辰進士官南京國子監祭酒是書專以發明朱子本義爲主故其所釋本義之語皆於每行之首書之與經文無異但加一圈於句首爲別蓋尊之亞於經也然實多與本義異同如經分上下朱子云以其簡袠重大故分爲上下二篇蔡氏規之云六十四卦何以不三十二卦爲上經三十二卦爲下經而乃上經三十卦下經三十四卦也用九見羣龍旡首朱子云用九是諸卦百九十二陽爻之通例見羣龍旡首是此卦六爻皆用九者之占詞蔡氏云孔子象傳及文言傳節節皆是主六爻皆用九者言但本義不主此說又曰若依朱子之說則於用九之下又

當添六爻皆用九者一句知至至之知終終之朱子說上句知字重下句終字重蔡氏云此未必是本文之意本文下句一知字豈偶然哉豈姑以對上句而無所當哉其他不苟附和率類此可謂善讀本義者原本行款頗雜如以釋本義者夾註於本義之下則易於循覽惜其編次未爲精審今亦姑仍之焉乾隆四十七年八月恭校上

讀易餘言

臣等謹案讀易餘言五卷明崔銑撰銑字仲鳧一字子鍾安陽人弘治乙丑進士官至南京禮部侍郎卒贈尚書諡文敏事蹟具明史儒林傳是書以程傳爲主而兼采王弼吳澄之說與朱子本義頗有異同大旨舍象數而闡理故謂陳摶所傳圖象皆衍術數與易無干諸儒卦變之說亦支離無取其上經卦略下經卦略大象說皆但標卦名不載經文繫辭輯說卦訓則備錄傳文然刪說卦廣象八章而別以蔡清之說增損之又序卦雜卦文言三傳一槪從删皆未免

改經之嫌而其闡發精蘊直抉理奧取自來圖書家紛紜轇轕之說悉舉而掃除之亦頗能撥去葛藤自尋門徑銑平生學問一宗洛閩獨于說易乃不免小異蓋各抒所見不欲苟同雖其言時有出入要與株守門戶者相去遠矣朱彝尊經義考載銑讀易餘言五卷又載銑易大象說一卷考此書第三卷即大象說彝尊複出之誤矣乾隆四十七年四月恭校上

易學啟蒙意見

臣等謹案易學啟蒙意見四卷明韓邦奇撰邦奇字汝節朝邑人正德戊辰進士官至南京兵部尚書謚恭簡事蹟具明史本傳是編因朱子易學啟蒙而闡明其說一卷曰本圖書二卷曰原卦畫皆演邵子朱子之說詳爲圖解三卷曰明蓍策亦發明古法而附論近世後二變不掛之誤四卷曰考占變述六爻不變及六爻遞變之舊例五卷曰七占凡六爻不變六爻俱變及一爻變者皆仍其舊其二爻三爻四爻五爻變者别立新法以占之所列卦圖皆以一卦變六

十四卦與焦延壽易林同蓋純爲象數之學者邦奇于天文地理樂律術數兵法無不通究所撰志樂尤爲世所稱是書雖多自出新意而推闡詳盡確有所得亦可爲說易家備一解焉乾隆四十七年十一月恭校上

易經存疑

臣等謹案易經存疑十二卷明林希元撰希元字茂貞號次崖同安人正德丁丑進士官至廣東提學僉事見自序及王慎中序泉州府志稱官至大理寺丞誤也明史儒林傳附載蔡清傳中是書用注疏本其解經一以朱子本義爲主多引用蔡清蒙引故楊時喬周易古今文謂其繼蒙引而作微有異同其曰存疑者洪朝選序謂存朱子之疑以羽翼程朱之傳義也自序謂今必下視程朱則吾之說焉能有易于彼無已則上宗鄭賈案鄭康成注易賈公彥未嘗注易此語有誤謹附訂于此鄭賈之說其可施于今乎蓋其書本爲科舉之學故主于祧漢而尊宋然研究義理持論謹嚴比古經師則不足要猶愈于剽竊庸膚爲時文弋獲之術者蓋正嘉

以前儒者猶近篤實也原刻漫漶此本爲乾隆壬戌其裔孫廷玠所刻舊有王愼中洪朝選二序載朱彝尊經義考廷玠删之所言皆無大發明今亦不復補錄焉乾隆四十七年十月恭校上

周易辨錄

臣等謹案周易辨錄四卷明楊爵撰爵字伯修富平人嘉靖己丑進士歷官山東道監察御史以上疏極論齋醮下詔獄長繫七年始得釋事蹟具明史本傳前有小序題嘉靖二十四年乙巳蓋即其建言下獄與周怡劉魁切劘講論時所作故取繫辭困德之辨一語以名其書本傳作周易辨其名與此小異書中所釋惟六十四卦每卦惟載上下經卦辭然其訓解則六爻及彖傳大小象皆兼及之特不列其文耳篇中所論多以人事爲主深切著明蓋以正直之操處杌棿之會幽居深念寄托深遠有未可以經生常義律之者書以人重此之謂矣乾隆四十七年五月恭校上

易象鈔

臣等謹案易象鈔十八卷明胡居仁撰居仁字叔心餘干人絕意仕進以布衣終其身後追謚文敬事迹具明史儒林傳是書前有居仁自序稱讀易二十年有所得輒鈔積之手訂成帙又取先儒圖書論說合于心得者錄之三卷以下則皆與人論易往復劄記及自記所學復爲隱括歌辭以舉其要居仁之學其源雖出吳與弼而篤實則遠過其師故在明代與曹端薛瑄具號醇儒所著居業錄至今稱道學正宗其說易亦簡明確切不涉支離元渺之談考萬歷乙酉御史李頤請以居仁從祀孔子廟庭疏稱居仁所著有易傳春秋傳今頗散佚失次朱彝尊經義考載有居仁易通解注曰未見而不載此書豈此書一名易通解歟然李頤時已稱散佚失次何以此本獨完疑後人裒其緒言重爲編次非居仁所手著也乾隆四十七年十月恭校上

周易象旨決錄

臣等謹案周易象旨決錄七卷明熊過撰過字叔仁號南沙富順人嘉靜己丑進士官至禮部祠祭司郎中據過自序是書初名易象旨後遂加決錄之名案三輔決錄名始趙岐而命名之義古無傳説以意推之蓋定本之謂也自序又稱初聞閩人蔡淸善爲易購得其書惟開陳宗義不及象于是稍記疑者爲贅言辛丑謫入滇晤楊愼愼始勸成此書蓋初讀宋易覺不合乃去而爲漢易故其説以象爲主考左傳韓起適魯見易象春秋古人旣以象名知象爲易之本旨故大傳曰易也者象也象也者像也王弼以下變而談理陳摶以下變而言數所謂各明一義者也後人併而一之概稱象數于是喜爲杳冥之説者併而掃之惡言象數明人之易言數者入道家言理者入釋氏職是故矣過作此書雖未能全復漢學而義必考古實勝支離恍惚之談其據舊説以證今文者凡證字一百有一證音三十有八證句二十有六證脱字七十有九證衍文三十證當移置者三十有二證舊以不誤爲誤者三所據之書如郭京之僞托舊本

吳澄之妄改古經槩用援引不免輕信又如坤卦小象但知魏志之作初六履霜不知後漢書之實作履霜堅冰亦間有未審然皆援據前聞非由臆造又但注某字據某書當作某亦不敢擅改經文猶屬謹嚴在明人易說之中固卓然翹楚矣乾隆四十七年十月恭校上

易象鉤解

臣等謹案易象鉤解四卷明陳士元撰士元字心叔應城人嘉靖甲辰進士是編專闡經文取象之義前有士元自序稱朱晦菴張南軒善談易者皆謂互體五行納甲飛伏之類俱不可廢蓋文周彖爻雖非後世緯數瑣碎而道則無不冒焉傳註者惟以虛元之旨例之有遺論矣其履卦註又曰京房之學授受有自今之學士大夫擯斥不取使聖人不因卜筮而作易惟欲立言垂訓則卦畫揲蓍何爲哉朱子曰易之取象固必有所自來而其爲說必已具于太卜之官今不可復考亦不可謂象爲假設然則京氏之學安知非太卜所藏者耶所言

不爲無見故其論雖或不免穿鑿而犂然有當者爲多蓋主理之説言其當然

主象之説則言其所以然各名一義不妨並存也又是書每卷標目之下皆題

歸雲别集卷數自五十八至六十一其序又稱往爲彙解二卷括其大凡則士

元别有全集兹蓋其中一種耳乾隆四十七年四月恭校上

周易集註

臣等謹案周易集註十六卷明來知德撰知德字矣鮮梁山人嘉靖壬子舉人

萬歷三十年總督王象乾巡撫郭子章薦授翰林待詔知德以老疾辭詔以所

授官致仕事蹟具明史儒林傳知德自鄉舉之後即移居萬縣深山中精思易

理自隆慶庚午至萬歷戊戌閲二十九年而成是書其立説專取繫辭中錯綜

其數以論易象而以雜卦治之錯者陰陽對錯如先天圓圖乾錯坤坎錯離八

卦相錯是也綜者一上一下如屯蒙之類本是一卦在下爲屯在上爲蒙載之

文王序卦是也其論錯有四正錯有四隅錯論綜有四正綜有四隅綜有以正

綜隅有以隅綜正其論象有卦情之象有卦畫之象有大象之象有中爻之象有錯卦之象有綜卦之象有爻變之象有占中之象其註皆先釋象義字義及錯綜義然後訓本卦本爻正義皆由冥心力索得其端倪因而參互旁通自成一說當時推爲絶學然上下經各十八卦本稅與權之舊說而所說中爻之象亦即漢以來互體之法特知德縱横推闡專明斯義較先儒爲詳盡耳其自序乃高自位置至謂孔子没後而易亡二千年有如長夜豈非伏處村塾不盡覩遺文祕籍之傳不盡聞老師宿儒之論師心自悟偶有所得遽夜郎自大哉故百餘年來信其說者頗多攻其說者亦不少然易道淵深包羅衆象隨得一隙而入皆能宛轉關通有所闡發亦不必盡以支離繁碎斥也乾隆四十七年十月恭校上

讀易紀聞

臣等謹案讀易紀聞六卷明張獻翼撰獻翼字幼于崑山人後更名敉此其早

年讀書上方山中所著也獻翼放誕不羈言行詭異卒以沉湎野宿遇盜隕身其人殆有狂易之疾而其說易乃平正通達篤實不支祧莊老之元虛闢程朱之義理凡吉凶悔吝進退存亡足爲人事之鑒者多所發明得聖人示戒之旨殆難理解所謂能言而不能行者歟朱彝尊經義考載獻翼易注凡五種惟讀易韻考存其讀易約說三卷易雜說二卷讀易臆說二卷及此書六卷均注曰未見今蒐採遺編惟得讀易韻考及此書韻考紕漏殊甚如盲談黑白聾辨宮商已別爲存目此書不載經文但逐節拈說有如劄記之體其言足采固不至以其人廢矣乾隆四十七年五月恭校上

葉八白易傳

臣等謹案葉八白易傳十六卷明葉山撰山字八白里貫未詳朱彝尊經義考引張雲章之言曰八白本末無所考見詳其自序當是一老諸生是書屢易其稿自序凡四其略云子十歲讀周易越十年能厭學究語又十四年爲嘉靖丁

卯又六年從鹿田精舍見楊誠齋易傳又九年爲今壬子云云再序題癸丑六月三序題丁巳三月四序題嘉靖三十九年七月考壬子爲嘉靖三十一年由壬子逆數十六年當爲丁酉嘉靖無丁卯序云丁卯者蓋傳寫誤也書始於壬子迄於嘉靖三十九年爲庚申凡九年而成以自序年月考之山當生於弘治十七年甲子至庚申書成時爲五十七歲其書專釋六十四卦爻辭而於彖象文言十翼皆不之及大旨以誠齋易傳爲主出入子史佐以博辨蓋借易以言人事而不盡爲經義之所有易道廣大無所不包即其所言固往往可以昭法戒也乾隆四十七年四月恭校上

讀易述

臣等謹案讀易述十七卷明潘士藻撰士藻字去華號雪松婺源人萬歷癸未進士官至尚寶司少卿其書上下經十卷繫辭至雜卦七卷每條皆先發己意而采綴諸儒之説於後焦竑嘗稱主理莫備於房審權言數莫詳於李鼎祚士

藻裒而擇之則所據舊說惟宋周易義海周易集解二書然大旨多主於義理故取義海者較多集解所載如虞翻干寶諸家涉於象數者率置不錄蓋以房書爲主而李書輔之也案義海一百卷久佚今所存者乃李衡撮要十五卷非其舊本焦竑所云豈萬歷中舊本猶存耶然宋志已不著錄陳振孫書錄解題亦云惟見四卷其一百卷者未見士藻安得而見之竑殆夸飾之詞然衡所編者其源亦出房氏而士藻排比鉤貫敘述尚爲簡明於學易家要不爲無助焉

乾隆四十七年五月恭校上

像象管見

臣等謹案像象管見九卷明錢一本撰一本字國瑞武進人萬歷癸未進士官至福建道監察御史以建言罷歸天啟初追贈太僕寺卿事迹具明史本傳一本研究六經尤邃於易是書不取京焦管郭之說亦不取陳摶李之才之義惟即卦爻以求象即象以明人事故曰像象象者天道像其象者盡人合天之道

也大旨謂由辭得象而後無虛懸說理之病知象爲像而後有神明默成之學而深闢言象遺理言理遺象彷彿其象而仍不知所以爲象之弊雖閒有支蔓而篤實近理者爲多自稱用力幾二十年亦可謂篤志矣乾隆四十七年九月恭校上

周易劄記

臣等謹案周易劄記三卷明逯中立撰中立字與權號確齋聊城人萬歷丙戌進士由行人擢給事中以建言貶陝西按察使司知事是書明史藝文志不著錄朱彝尊經義考亦不載蓋當時編次無法與其兩垣奏議合爲一書故錄經解者無自而著其名也其書首爲啟蒙集略次分上經爲一卷下經爲一卷繫辭以下爲一卷不載經文但標卦名篇名隨筆記錄采之諸家者爲多其以己意論著者僅十之四五然去取頗爲精審大旨以義理爲主不失純正至中孚復姤諸卦亦參用易緯卦氣起中孚及一卦值六日七分之說蓋平心論義不

立門戶之見者也乾隆四十七年五月恭校上

周易易簡說

臣等謹案周易易簡說三卷明高攀龍撰攀龍字雲從無錫人萬歷己丑進士官至左都御史贈太子少保兵部尚書謚忠憲事蹟具明史本傳是書詮解易義每條不過數言自序云其知易知其能簡能易簡而天下之理得又曰五經注於後儒易注於夫子說易者明夫子之言而易明矣是其著書大旨也攀龍之學出入朱陸之間故以心言易然其說曰天下有非易之心而無非心之易是故貴于學也學也者知非易則非心非心則非易易則吉非易則凶悔吝云云則其說主於學易以檢心非如楊簡王宗傳等引易以歸心學引心學以歸禪學務屏棄象數離絕事物遁於恍惚窅冥以爲不傳之祕也是固不得謂以心言易爲攀龍咎矣乾隆四十七年十一月恭校上

易義古象通

臣等謹案易義古象通八卷明魏濬撰濬字蒼水松溪人萬歷甲辰進士累官至右僉都御史巡撫湖廣是書前有明象總論八篇一曰原古象二曰理傳象三曰八卦正象四曰六爻位五曰卦爻畫六曰卦變七曰互體八曰反對動爻大旨謂文周之易即象著理孔子之易以理明象又於漢魏晉唐諸人所論象義取其近正者故名古象通而冠以易義言即象以通義也朱彝尊經義考失載易義二字之名而改曰周易古象通則與濬名書之義不合矣其中徵引多爲精審間折衷以己說亦能獨抒所見研析頗深非勦襲雷同者比也乾隆四十七年九月恭校上

周易像象述

臣等謹案周易像象述十卷明吳桂森撰桂森字叔美無錫人嘗從顧憲成高攀龍講學東林又從武進錢一本學易一本嘗著像象管見諸書桂森本其意而推闡之以成是書名曰像象述明師承也經文用註疏之本惟删其卦首六

畫卷首列像象金鍼一篇標舉大旨卷中所註皆一字一句究尋義理頗有新意可參據桂森自序是書成于天啟乙丑其原本上方有朱字評語稱景逸高先生批者爲攀龍不署名者皆出一本考攀龍之卒在天啓丙寅當猶及見一本在萬歷中爲御史建言黜死天啓辛酉已贈太僕寺少卿不應及見蓋桂森以萬歷丁巳從一本于龜山已草創此書隨時商定自序所謂間有所述以呈先生先生爲面訂之惜未半而先生曳杖者是也然則桂森是書具有淵源非師心自用者矣乾隆四十七年五月恭校上

易用

臣等謹案易用六卷明陳祖念撰祖念字修甫連江人陳第子也第所著毛詩古音考屈宋古音考發明引證以洗吳棫諸家之謬於韻學爲大有功而所作伏羲圖贊則支離穿鑿一無可取祖念學不及其父而說易乃勝其父其書不載經文但每卦條論其義繫辭諸傳則各標章目而詮釋之其每卦之論皆逐

爻尋理務以切於人爲主故名曰用前有原序曰易理無窮非言所能盡故傳註於漢疏義於唐議論於宋日起而日變而易之用則隨時隨事可以自察是以君子居則觀象玩辭動則觀變玩占聖人所以言易者如是而已傳曰精易入神以致用也利用安身崇德也朱文六言人能取易一卦若一爻熟讀而深玩之推於事而反於身則吉凶消長之理進退存亡之道無所求而不得事父事君亦無處而不當此則致用利用之義也云云其序後半佚脱不知誰作然一書大旨具在於斯矣每卦之末率總論取象之義多探互體之說蓋其學於漢儒宋儒無偏附云乾隆四十七年九月恭校上

易象正

臣等謹案易象正十四卷明黄道周撰道周字幼元一字螭若漳浦人天啟壬戌進士崇禎中官至少詹事明亡後事唐王聿鍵官至禮部尚書督師出婺源師潰被執不屈死事迹具明史本傳乾隆乙未　賜謚忠端此書孟應春謂崇

禎庚辰道周在西庫始創爲之成二十四圖逮過北寺毒痛之下指節初續又爲六十四象正劉履丁則云三十年前道周即有易本象八卷疇象八卷蓋是書之稿本也道周初作三易洞璣以卦圖推休咎而未及于諸爻之變象是編則于每卦六爻皆即之卦以觀其變蓋即左氏內外傳所列占法雖其以大傳所釋十一爻俱爲明之卦而作未免附會朱朝瑛亦曰易象正道周之自爲易也孔子之所不盡言言之不盡意者也然引伸觸類要亦易之一隅宋儒沈該之易傳都絜之易變體義皆發明之卦與是書體例相似而是書則每爻之下先列本卦之彖辭次列卦之象辭然後列本爻之象辭及夫子之象辭與沈氏都氏之書又各不同存之以爲二家之外傳亦無不可也乾隆四十七年十一

月恭校上

兒易內外儀

臣等謹案兒易內儀六卷兒易外儀十五卷明倪元璐撰元璐字玉汝上虞人

天啟壬戌進士歷官戶部尚書兼吏部尚書翰林學士崇禎甲申殉國難　世

祖章皇帝賜諡文貞是書內儀專以大象釋經每卦列卦爻辭至大象而止外

儀則有原始正言能事盡利曲成申命六目而又別爲小目以紀之皆取繫辭

中字義名篇其名兒易者蔣雯階謂公作兒易兒者姓也然元璐實作孩始之

義雯階不免於附會萬歷中紫溪蘇濬已先有兒易豈亦寓姓乎元璐是書作

於明運阽危之日故其說大抵憂時感世借易以抒其意不必盡爲經義之所

有然易與於中古作易者有憂患其書不盡言其言不盡意而引伸觸類其理

要無所不包元璐此書蓋與黃道周三易洞璣等九書同爲依經立訓者其人

足並傳其言亦足並傳必以章句訓詁核其離合則細矣乾隆四十七年十月

恭校上

卦變考略

臣等謹案卦變考略二卷明董守諭撰守諭字次公鄞縣人天啟甲子舉人是

書成於崇禎癸未大旨以卦變之說出於漢學程子始廢斥之朱子謂伊川不信卦變故於柔來文剛等處無依據於是兼采其說又以意變之凡十九卦今本義第九圖是也然朱子上經釋變卦者九惟訟卦與卦變圖同餘則如隨自困噬嗑未濟來據圖則自否泰來下經釋變卦者十惟晉卦與圖同餘則如復變師姤變同人之類例以復初上爲師之二復二下爲師之初姤初爲同人之二姤二下爲同人之初及與初九變爲初爻之八初六變爲初爻之七皆不免前後異例於是上考鄖顗京房蜀才虞翻諸家之說定爲此圖每卦皆參列古法斷以己意宋元諸儒以及明來知德之屬亦參考焉其言率有所根據不同他家之穿鑿卦變之說不可謂非易之一義亦不可謂爲本義漢以來儒者相傳要必有取並存以備參考可矣乾隆四十七年十月恭校上

古周易訂詁

臣等謹案古周易訂詁十六卷明何楷撰楷字元子漳州人天啟乙丑進士官

至吏科給事中唐王聿鍵稱號于閩以爲禮部尚書旋爲鄭芝龍所軋憤恚而卒是書成于崇禎癸酉蓋其筦榷吳中時所作卷末附以答客問一篇借詁經以言時事也觀其自序論分經合傳之非古然又引魏淳于俊對高貴鄉公語則又未始不以分附爲便故其前分上下經爲六卷而彖象繫辭諸傳之文仍隨卦分列猶祖費直之說七卷以後則仍列十翼原文以還田何之舊蓋分經所以存古本而經下所列十翼之文則引以互證故皆低一格書之以别于後之正文其仍以古易周易標目蓋以是也惟于上下經内又别立初中終諸名則自我作古耳楷之學雖博而不精然取材宏富漢晉以來之舊説雜采並陳不株守一家言又詞必有據亦不爲懸空臆斷穿鑿附會之談每可以見先儒之餘緒明人經解空疎者多棄短取長楷書猶足備采擇者正不可以駁雜廢矣乾隆四十七年十一月恭校上

周易玩辭困學記

臣等謹案周易玩辭困學記十五卷明張次仲撰次仲字元岵海寧人天啟辛酉舉人是書前有自序謂賦性顓愚不敢侈談象數又雅不信讖緯之説惟於語言文字間求其諦當有益身心者輒便疏録歲久成帙經二十餘年凡六七易稿而後成持論最爲篤實於乾卦遵用王弼本以便解詁而仍列鄭康成本於簡端前集諸儒之論及己論數十條爲讀易大意其所辨論如謂八卦因重之法自十六三十二以至六十四卦變某卦自某卦而來皆夫子之所不言河圖洛書之外别無他圖後人依託夫子之言而支離蔓衍又謂一卦六爻如主伯亞旅無此以爲君子彼以爲小人反背錯雜之理蓋掃除轇轕之説獨以義理爲宗者雖盡廢諸家義例未免開臆斷之門然其盡廢諸圖則實有剷削榛蕪之力且大旨切於人事於學者較爲有裨視繪畫連篇徒類算經奕譜而易理轉置不講者勝之遠矣乾隆四十七年五月恭校上

欽定四庫全書提要卷六

經部六

易類六

易經通注

臣等謹案易經通注九卷 國朝大學士傅以漸左庶子曹本榮奉 勅撰首載順治十三年十二月十五日 諭旨次載順治十五年十月以漸等進書表次爲以漸恭撰序文恭繹 世祖章皇帝聖訓謂自魏王弼唐孔穎達有注與正義宋程頤有傳朱熹本義出學者宗之明永樂間命儒臣合元以前諸儒之說彙爲大全皆於易理多所發明但其中同異互存不無繁而可删華而寡要且迄今幾三百年儒生學士發揮經義者亦不乏人當並加採擇折衷諸論簡切洞達輯成一編昭示來兹仰見 聰明天亶 睿鑒高深 萬幾餘閒游心經術洋洋 謨訓發四聖之精微衡諸儒之得失斟酌乎象數義理折以大中

非儒生株守專門斤斤一家之言者所能窺見萬一以漸等恪遵　指授亦能
鎔鑄衆説薈稡徵言詞簡理明可爲説經之圭臬緣其書上備　乙覽外間莫
得而窺僅有原稾尊藏曹本榮子孫之家今奉　皇上求書　明詔湖北廵撫
陳輝祖乃繕録進　呈原本未標書名恭閲　五朝國史傳以漸舊傳有順治
十三年十月纂修易經通注之文謹據以補題伏思此書推闡聖經發明精義
雖編摩於衆手實稟受於　聖裁允宜寶軸瑶函昭示無極俾天下萬世共仰
世祖開天明道之功且以見　國家文治超邁古今本本元元一皆欽奉
祖訓故重熙累洽百有餘年而有　今日之極盛焉乾隆四十七年十月恭校
上

日講易經解義
臣等謹案　日講易經解義十八卷　聖祖仁皇帝欽定總裁臣牛鈕等奉
勅編纂康熙二十二年　製序頒行易自漢以後象數義理之説分而讖緯空

虛之弊起朱子集諸家之成作爲本義簡而能該我　聖祖仁皇帝服膺朱子之書而　悦心研慮訂爲斯編於諸儒注疏傳義悉爲參考擇要取精仍　詔講幄諸臣日以進講蓋　心契三聖之微言以闡造化之功用　序所云以經學爲治法者崇德廣業咸基於此矣乾隆四十七年四月恭校上

御纂周易折中

臣等謹案周易折中二十二卷康熙五十四年　御纂大學士臣李光地等奉命修校自來講易之家主理主數人自爲書明永樂中所修大全採摭不越宋元殊爲陋略我　聖祖仁皇帝別擇羣言於數則六甲飛伏之謬必斥於理則老莊空虛之旨必破觸類引伸罔非精義至二經十翼次序悉還本義之舊蓋理數之説至朱子而合朱子之傳至是書而大備云乾隆四十七年十一月恭校上

御纂周易述義

臣等謹案周易述義十卷乾隆二十年御定從朱子本義用晁氏本以二經十翼爲次大要主乎探求三聖之辭以著觀象玩占之實用本諸卦德證之人事非義理象數偏主一說者所能窺見也自來講易之書不啻充棟而闡求奥義莫精於聖祖仁皇帝周易折中一書我皇上志篤紹聞體會微言復成是編雖體例不同而參合程邵酌中理數蓋如符契之合矣乾隆四十七年四月恭校上

讀易大旨

臣等謹案讀易大旨五卷國朝孫奇逢撰奇逢字啟泰號鍾元又號夏峰容城人前萬歷庚子舉人國初移居河南蘇門山聚徒講學以終是書即在河南所作自云至蘇門始學易年老才盡偶據見之所及撮其體要以示門人子弟原非逐句逐字作解故曰大旨門人耿極爲之校訂末附兼山堂問答及與三無道人李蒓論易之語别爲一卷蒓雄縣人奇逢所從學易者也後其曾孫

用正復取其論易之語散見他著述者五條彙冠卷首題曰義例跋稱原本序文凡例皆闕故以是補之奇逢説易不顯攻圖書亦無一字及圖書大意發揮義理切近人事以象傳通一卦之旨由一卦通六十四卦之義凡所訓釋先列己説而後附以諸説其平生之學主於實用故所言皆關法戒固非鉤棘奇偶繪畫黑白使聖人垂教之書化爲星圖奕譜象表算經者所可髣髴焉乾隆四十七年四月恭校上

周易稗疏

臣等謹案周易稗疏四卷附考異一卷　國朝王夫之撰夫之字而農號薑齋漢陽人前明舉人是編乃其讀易之時隨筆劄記故每條但舉經文數字標目不全載經文又遇有疑義乃爲考辨故不逐卦逐爻一一盡爲之説大旨不信陳摶之學亦不信京房之術於先天諸圖緯書雜説皆排之甚力而亦不空談元妙附合老莊之旨故言必徵實義必切理於近時説易之家爲最有根據其

中如解訟卦鞶帶云帶無鞶名鞶者鞶纓車飾也帶所以繫佩縌及芾者考左傳后之鞶鑑杜預訓鞶爲帶說文鞶字許慎亦註爲大帶安得曰帶無鞶名又何天之衢梁武帝解何爲荷見于經典釋文夫之雖亦以爲負荷之義乃引莊子負雲氣爲證而不援梁武之說亦偶然失考至于舊井無禽訓禽爲獲尤不免于穿鑿附會然如引禮人君至命士黃裳下士雜裳以證黃裳之美引左傳班馬證乘馬班如當讀乘爲去聲引兵法前左下後右高證師左次與論帝乙非紂父王用亨於西山非文王以及臨之八月復之七日易之逆數河圖蓍策之辨皆具有條理卷帙雖少固不失爲徵實之學焉乾隆四十七年五月恭校上

易酌

臣等謹案易酌十五卷　國朝刁包撰包字蒙吉祁州人前明天啟辛卯舉人是書用注疏本以程傳本義爲主雖亦偶言象數然皆河洛之學非漢以來相

傳之法也前有包自序又有其孫承祖序稱陸隴其官靈壽時欲爲刊行不果雍正初其孫顯祖又以己意附益之卷首凡例雜卦諸圖及卷中稱謹案者皆出顯祖之筆又稱此書爲經學之津梁亦舉業之準的考包在國初與諸儒往來講學其著書一本於義理惟以明道爲主絕不爲程試之計是書推闡易理亦無不明白正大純粹無疵足以羽翼程朱雖未能上追古人而融會貫通於易學實有所裨益承祖欲其易行乃以利於科名歆動學者殊非包之本意矣乾隆四十七年五月恭校上

田間易學

臣等謹案田間易學十二卷國朝錢澄之撰澄之原名秉鐙字飲光桐城人前明諸生家世學易又嘗問易于黃道周初撰一書曰易見因避兵閩地失其本又追憶其意撰一編曰易火傳既而歸里復得易見舊稿乃合併二編删其重複益以諸家之說勒爲此書其學初從京房邵康節入故于象數言之頗詳

後乃兼求義理參取王弼注孔穎達疏程子傳朱子本義而大旨以朱子爲宗其說不廢圖書而以陳摶先天圖及河洛二圖皆因易而生非易果因此而作圖中奇偶之數乃揲蓍之法非畫卦之本持論最爲平允故卷首圖象雖繁而不涉支離附會之弊獨其周易雜考一條旣深慨今本非朱子之舊而徒以彖傳象傳篇首之注推其說竟不能更其次第以復古本蓋劉宏舊刻國初尚未得見故知其誤而不能改仍用注疏本之次第也乾隆四十七年八月恭校

上

易學象數論

臣等謹案易學象數論六卷　國朝黃宗羲撰宗羲字太沖號棃洲餘姚人前明御史尊素之子康熙初薦修明史以老疾未赴是書之意大指以易廣大無所不備自九流百家借之以行其說而易之本義反晦世儒過視象數以爲絕學故爲所欺今一一疏通之知其于易本了無干涉而後反求程傳亦廓清之

一端又稱王輔嗣注簡當而無浮義而病朱子添入康節先天之學爲添一障蓋易至京房焦延壽而流爲方術至陳摶而歧入道家學者失其初旨彌推衍而轇轕彌增宗羲病其末派之支離先糾其本原之依託大旨謂聖人以象示人有八卦之象六爻之象象形之象爻位之象反對之象方位之象互體之象七者備而象窮矣後爲僞象者納甲也動爻也卦變也先天也四者雜而七者晦矣故是編崇七象而斥四象而七者之中又必求其合于古以辨學數之訛其持論皆有依據蓋宗羲究心象數故一一能洞曉其始末因而盡得其瑕疵非但據理空談不中窾要者比也乾隆四十七年十一月恭校上

周易象辭

臣等謹案周易象辭二十卷附周易尋門餘論二卷圖學辨惑一卷國朝黃宗炎撰宗炎字晦木餘姚人宗羲之弟也其說易力闢陳摶之學故其解釋爻象一以義理爲主如釋坤彖曰乾既大矣坤能配乎乾而與之齊是乾之大坤

亦至焉故曰至哉蓋乾以元施而坤受之即爲坤之元非别有元也其義爲前人所未發而於承天時行之旨無成有終之道皆分明融洽其他詮釋大都類此皆可備易家之一解至於歸妹以須爲女之賤者舊解本無可易而宗炎謂須附頤以動則以爲須髮之須未免傷于好奇又於易之字義多引篆文以釋之亦不免王氏新義務用字説之弊當分别觀之可也後附尋門餘論二卷圖學辨惑一卷宗旨大略相同二書各有分本單行然考周易象辭目録實列此書謂之附録則非别自爲編也今仍合之俾相輔而行焉乾隆四十七年九月恭校上

周易筮述

臣等謹案周易筮述八卷　國朝王宏撰撰宏撰字無異號山史華陰人康熙己未薦舉博學鴻詞宏撰以朱子謂易本卜筮之書故作此編以述其義其卷一曰原筮曰筮儀曰蓍數筮儀本朱子並參以汴水趙氏其卷二曰揲法其卷

三曰變占尊聖經黜易林稽之左傳與朱子大同小異其卷四曰九六曰三極曰中爻中爻即互體其卷五曰卦德曰卦象曰卦氣卦氣本邵子朱子幷附太乙祕要其卷六曰卦辭其卷七曰左傳國語占曰餘論其卷八曰推驗采之陸氏其涉於太異可駭者弗載其書雖專爲筮蓍而設而大旨闢焦京之術闡文周之理悉推本於經義較之方技小數固區以別焉乾隆四十七年五月恭校上

仲氏易

臣等謹案仲氏易三十卷　國朝毛奇齡撰奇齡一名甡字大可號秋晴一曰初晴又郡望稱西河蕭山人康熙己未以廩監生　召試博學鴻詞授翰林院檢討初奇齡之兄錫齡邃於易而未著書惟時時口授其子文輝後奇齡乞假歸里錫齡已卒乃摭文輝所聞者以己意潤飾之而成是書或傳奇齡假歸之後僦居杭州一日著一卦凡六十四日而書成雖以其兄爲辭實即奇齡所自

解以理斷之或當然也大旨謂易兼五義一曰變易一曰交易是爲伏羲之易猶前人所知一曰反易謂相其順逆審其向背而反觀之如屯轉爲蒙咸轉爲恒之類一曰對易謂比其陰陽絜其剛柔而對觀之如上經需訟與下經晉明夷對上經同人大有與下經夬姤對之類一曰移易謂審其分聚計其往來而推移上下之如泰爲陰陽類聚之卦移三爻爲上爻三陽往而上陰來則爲損否爲陰陽類聚之卦移四爻爲初爻四陽來而初陰往則爲益之類是爲文王周公之易實漢晉以來經師所未知故以序卦爲用反易以分篇爲用對易以演易繫辭爲用移易其言甚辨雖不免牽合附會以詞求勝之失而大致引據古人不同於冥心臆測純用空言遂謂能契畫前之易者是亦可備一家之説也乾隆四十七年二月恭校上

推易始末

臣等謹案推易始末四卷　國朝毛奇齡撰奇齡既述其兄之説作仲氏易復

取漢唐宋以來言易之及於卦變者別加綜核以爲是書其名推易蓋本繫辭傳剛柔相推一語仍仲氏易移易義也大旨謂朱子本義雖載卦變圖於卷首而止以爲孔子之易未著其爲文周之易因上稽干寶荀爽虞翻諸家凡有卦變卦綜之說與宋以後相生反對諸圖具列於卷而以推易折衷之圖系於後朱子謂卦變乃易中之一義而奇齡則以爲演畫繫辭之本旨易義廣大觸類旁通見智見仁各明一理亦足與所撰仲氏易互相發明也乾隆四十七年五月恭校上

春秋占筮書

臣等謹案春秋占筮書三卷　國朝毛奇齡撰其曰春秋者摭春秋傳所載占筮以明古人之易學實爲易作不爲春秋作也自漢以來言占筮者不一家而取象玩占存于世而可驗者莫先于春秋傳奇齡既于所著仲氏易推易始末諸書發明其義因復舉春秋内外傳中凡有得于占筮者彙記成書俾後之言

筮者知觀玩之概而漢晉以下占筮有合于古法者亦隨類附見焉易本卜筮之書聖人推究天下之理而即數以立象後人推究周易之象而即數以明理羲文周孔之本旨如是而已厥後象數理歧爲三家又易道廣大無所不包而天下之事亦無出象數理外者于是百家技術皆從而牽引推闡之亦皆足以自成其說故六經之學惟易最雜春秋內外傳所記雖未必無所附會而要其占法則固古人之遺軌譬之史書所載是非褒貶或未盡可憑至其一代之制度則固無僞撰者也奇齡因春秋諸占以推三代之筮法可謂能探其本而足闢諸家之喙者矣乾隆四十七年十一月恭校上

易小帖

臣等謹案易小帖五卷　國朝毛奇齡說易之語而其門人編次成書者也奇齡所著經解諸書惟仲氏易及春秋傳二種是其自編餘皆出其門人之手故中間有附入門人語者此小帖凡一百四十三條皆講易之雜說與仲氏易相

爲引伸朱彝尊載之經義考云皆西河氏紀説易之可議者今觀其書徵引前人之訓詁以糾近代説易之失於王弼陳摶二派攻擊尤力其間雖不免有强詞漫衍以博濟辨之處而自明以來伸明漢儒之學使儒者不敢以空言説經實奇齡開其先路其論子夏易傳及連山歸藏尤詳核第五卷所記皆商榷仲氏易之語初稿原附載仲氏易末後乃移入此編舊目本十卷今本五卷蓋其門人編錄有所刊削考盛唐所爲西河傳又稱易小帖八卷蓋十卷刪爲八卷又刪爲五卷也儒者尊奉其師無一字一句不奉爲蓍蔡多以未定之説編入語錄故二程遺書朱子有疑朱子語類又每與四書章句集註或問相左皆失於簡汰之故若奇齡之門人可謂能愛其師矣乾隆四十七年五月恭校上

易俟

臣等謹案易俟十八卷　國朝喬萊撰萊字石林寶應人康熙己未　召試博學鴻詞官至翰林院侍讀是書雜采宋元以後論易諸家舊説而參以己意前

列諸圖不主邵子河洛先天後天方圓横直之說于變卦亦不取虞翻以下諸家而取來知德之反對其解經多推求人事證以古今之治亂得失如謂履卦六三爲成卦之主而引莽卓安史解咥人之凶謂三百八十四爻惟離九四最凶而引燕王旦建成元吉高煦爲證謂小畜九三爲小人籠絡君子而引溫體仁文震孟近事爲說蓋參取于伊川易傳誠齋易傳之間不爲杳冥之談者雖未必一一盡合而理關法戒勝于空言天道心體遁入老莊者多矣惟觀卦六四象下備引顧炎武方音之說則非未見音學五書者而象傳協韻仍從吳棫之舊則爲不可解耳經文用王弼之本惟解上經下經而繫辭以下則一槩闕如蓋宗旨主于隨爻闡義故餘不及焉非脱佚也乾隆四十七年十一月恭校

上

讀易日鈔

臣等謹案讀易日鈔八卷　國朝張烈撰烈字武承大興人康熙庚戌進士己

未舉博學鴻詞歴官左春坊左贊善是書一以朱子本義爲宗謂易者象也言有盡象無窮伏羲畫爲奇偶再倍而三因重而六文周逐卦繫彖逐畫繫爻全是假物取象不言理不指事而萬事萬理畢具大旨在因象設事就事陳理猶說易家之切實者前有其子益孫升孫紀實云此稿已刪潤四十餘過至易簀前數日尚合蒙引通典存疑諸書考訂知來藏往二義旋加改補云云則其用力亦可謂勤矣烈之沒也門人私謚曰志道先生楊允長作私謚義一篇冠于此書之首昔宋儒張載之沒門人欲爲作私謚司馬光力言其非當時手帖猶載張子全書之首古人以禮處人不欲妄相尊重干國家易名之典其謹嚴如是允長等豈未之聞乎今錄是書而削除此議用杜虛聲標榜之漸焉乾隆四十七年十一月恭校上

周易通論

臣等謹案周易通論四卷　國朝李光地撰光地字厚菴安溪人康熙庚戌進

士官至大學士諡文貞是書綜論易理各自爲篇一卷二卷乃發明上下經大旨三卷四卷則發明繫辭說卦序卦雜卦之義冠以易本易敎二篇次及卦爻象彖時位反覆辨說詳盡無遺光地於易學最爲深邃得其傳者如楊名時等諸人各有著述皆以光地爲宗而終不及其師之純粹雖其言專主義理而略象數未免沿襲宋儒流派尚未能求之漢學以參伍而折衷之然平正通達不爲艱深奧渺之談於四聖之精微實能確有所見其論復旡妄離中孚四卦爲聖賢之心學尤發前人所未發而鬼神之情狀繼善成性之說亦與中庸論語相爲表裏正非村塾講章剽竊庸腐之家所可得而擬議矣乾隆四十七年三月恭校上

周易觀彖

臣等謹案周易觀彖十二卷　國朝李光地撰光地字厚菴安溪人康熙庚戌進士官至文淵閣大學士諡文貞光地嘗奉　命纂修周易折中請復朱子古

本是編仍用註疏舊第蓋成書在前其語錄及榕村全集所載頗申明先天諸圖而是編惟解說卦傳天地定位一章附舉此義而不竟其說餘皆發明易理兼證以易象而數則略焉蓋亦從朱子謂邵氏之學爲易外之別傳也其解繫辭傳知者觀其彖辭則思過半矣二句曰彖辭所取或有直用其爻義者或有通時宜而爻義吉凶準以爲決者故以是觀之不中不遠惟其合始終以爲質故時物不能外云云觀彖之名蓋取諸此其解九四重剛而不中句不以重字爲衍文解履霜堅冰陰始凝也句不從魏志作初六履霜解後得主而有常句不從程傳增利字解蓋言順也句不以順爲愼以及比吉也句比之匪人句同人曰句小利有攸往天文也句震驚百里驚遠而懼邇也句漸之進也句上九鴻漸於陸句繫辭傳與地之宜句皆不從本義脫誤之說惟能研諸侯之慮句從本義耳（案光地謂諸爲侯之合音想因古經旁註字切而誤增不知反切始自孫炎古經安得註字切其說殊誤謹附訂於此）蓋尊經而不信傳猶有先儒謹嚴之意然其旨則與程朱二家雖遞有出入而理足相

明有異同而無背觸在近代說易諸家可謂語簡而義深矣乾隆四十七年四

月恭校上

周易淺述

臣等謹案周易淺述八卷　國朝陳夢雷撰夢雷字省齋閩縣人康熙庚戌進

士官翰林院編修緣事謫戍後蒙　恩召還校正銅板復緣事謫戍卒于戍所

是編成于康熙甲戌乃其初赴尚陽堡時所作大旨以朱子本義爲主而參以

王弼注孔穎達疏蘇軾傳胡廣大全來知德注諸家所未及其所見與本義互

異者則別抒己意以明之蓋行篋乏書故所據止此其凡例稱解易數千家未

能廣覽道其實也然其說謂易之義蘊不出理數象占故數不可顯理不可窮

故但寄之于象知象則理數在其中而占亦可即象而玩故所解以明象爲主

持論多切于人事無一切言心言天支離幻冥之習其詮理雖多尊朱子而不

取其卦變之說取象雖兼採來氏而不取其錯綜之論亦頗能掃除轇轕唯卷

末所附三十圖乃其友楊道聲所作穿鑿煩碎實與夢雷書不相比附以原本所載且說易原有此一家故仍其舊存之置諸不論不議可矣乾隆四十七年十一月恭校上

易原就正

臣等謹案易原就正十二卷　國朝包儀撰儀字羽修邢臺人拔貢生其始末無考觀其自序稱早年聞有皇極經世而無由求得其書自順治辛卯至康熙己酉七經下第貧不自存薄遊麻城乃得其書於王可南家至江寧寄食僧寺玩求其旨者一年始有所得蓋亦孤寒之士刻志自立者也儀之學既從邵子入故於陳摶先天圖信之甚篤其凡例並謂行世易說種不勝數要皆未嘗讀皇極經世無怪乎各逞私智而總非立象盡意觀象繫辭之本旨其持論尢膠於一偏然其書發揮明簡詞意了然乃非拋荒經義排比黑白徒類算經者可比其謂洛書無與于易則差勝他家之繳繞每爻皆註所變之卦亦尙用左氏

筮法頗爲近古蓋其學雖兼講先天而發易理明易象者爲多其盛推圖學特
假以爲重焉耳乾隆四十七年四月恭校上

大易通解

臣等謹案大易通解十五卷　國朝魏荔彤撰荔彤字念庭柏鄉人大學士裔
介之子官至江常鎮道是編乃其罷官後所作其論畫卦謂與河圖洛書祇可
謂其理相通不必穿鑿傅會又以爲乾一兌二離三震四巽五坎六艮七坤八
非生卦之次序其論爻則兼變爻言之謂占法二爻變者以上爻爲主五爻變
者占不變爻四爻變者占二不變爻仍以下爻爲主餘占本爻與象辭至論上
經首乾坤中間變之以泰否下經首咸恒中間變之以損益尤得二篇之樞紐
皆頗有所見惟不信先儒扶陽抑陰之說反覆辨論大意謂陰陽之中皆有過
不及皆有中正平和德皆有美凶品皆有邪正非陽定爲君子陰定爲小人則
未免有意立異然其他探索微至于易理亦多所發明者焉乾隆四十七年十

一月恭校上

易經衷論

臣等謹案易經衷論二卷　國朝張英撰英字敦復桐城人康熙丁未進士官至文華殿大學士兼禮部尚書謚文端是書乃所作易義專釋六十四卦之旨而不及繫辭以下每卦各爲一篇詮解大意而不列經文其立說以朱子本義爲宗各爲闡發其藴而於坎卦之貳用缶句則又以本義爲未安而依程傳以樽酒簋貳爲句其斟酌盡善不爲苟同非世之遷就傅會者所可及其解乾彖元亨利貞云文王繫辭本與諸卦一例解乾坤文言云聖人舉乾坤兩卦示人以讀易之法應如此擴充體會亦皆見地明達無紛紜轇轕之病其他本乘承比應之理以直抉夫吉凶悔吝之所以然大都言簡意該不以象數穿鑿白生枝節猶說易家之平正篤實者也乾隆四十七年三月恭校上

易圖明辨

臣等謹案易圖明辨十卷　國朝胡渭撰渭原名渭生字朏明號東樵德淸人是書專爲辨定圖書而作初陳摶推闡易理衍爲諸圖其圖本準易而生故以卦爻反覆研求無不符合傳者務神其說遂歸其圖于伏羲謂易反由圖而作又因繫辭河圖洛書之文取大衍算數作五十五點之圖以當河圖取乾鑿度太乙九宮法造四十五點之圖以當洛書其陰陽奇偶亦一一與易相應傳者益神其說又眞以爲龍馬神龜之所負謂伏羲由此而有先天之圖實則唐以前書絕無一字之符驗而突出于北宋之初由邵子以及朱子亦但取其數之巧合而未暇究其太古以來從誰授受故易學啟蒙及易本義前九圖皆沿其說同時袁樞薛季宣皆有異論然考宋史儒林傳易學啟蒙朱子本屬蔡元定創稿非所自撰晦菴大全集中載答劉君房書曰啟蒙本欲學者且就大傳所言卦畫蓍數推尋不須過爲浮說而自今觀之如河圖洛書亦不免尚有賸語至于本義卷首九圖王懋竑白田雜著以文集語類鉤稽參考多相矛盾信其

爲門人所依附其說尤明則朱子當日亦未嘗堅主其說也渭此書卷一辨河圖洛書卷二辨五行九宫卷三辨周易參同先天太極卷四辨龍圖易數鉤隱圖卷五辨啓蒙圖書卷六卷七辨先天古易卷八辨後天之學卷九辨卦變卷十辨象數流弊皆引據書文互相參證以解依托者之口使學者知圖書之説雖言之有故執之成理乃修煉術數二家旁分易學之支流而非作易之根柢視所作禹貢錐指尤爲有功于經學矣乾隆四十七年十一月恭校上

合訂删補大易集義粹言

臣等謹案合訂删補大易集義粹言八十卷　國朝納喇性德編性德字容若正黄旗滿洲康熙丙辰進士官至頭等侍衛是書乃取宋陳友文大易集義曾穜大易粹言二書而合輯之者也友文書本六十四卷所集諸儒之説凡十八家又失姓名兩家穜書本七十卷所集諸儒之説凡七家以二書相校重複外集義視粹言實多得十一家惟粹言有繫辭説卦序卦雜卦而集義止于上下

經故所引未能賅備性德因于十一家書中擇其講論繫辭以下相發明者一一采集與粹言合編都爲一書又爲之删其繁蕪補其闕漏勒成八十卷刋入通志堂經解之末今粹言尚有傳本已著于録集義流播較稀惟藉此以獲見其槩其中理數兼陳不主一説而宋代諸儒之微言精義實已蒐採無遺朱彝尊嘗謂其擇焉精語焉詳庶幾有大醇而無小疵雖揄揚不無稍溢要其網羅排比釐然有章實便于後學之循覽固可與本書並行而不廢也乾隆四十七年五月恭校上

周易傳註

臣等謹案周易傳註七卷周易筮考一卷　國朝李塨撰塨字剛主號恕谷蠡縣人康熙庚午舉人官通州學正是編大旨謂聖教罕言性天乾坤四德必歸人事以下屯建侯蒙初筮每卦亦皆以人事立言陳摶劉牧皆使易道入于無用參同契三易洞璣諸書皆異端方技之傳其説適足以亂易即五行勝負分

卦直日與一世二世三世四世諸說亦皆於三聖所言之外再出枝節故其說頗爲明切質實不涉支離恍惚之談其駁卦變之說發例于訟卦彖辭下駁河圖洛書之說發例于繫辭傳駁先天八卦之說發例于說卦傳其餘則但明經義不復駁正舊文其凡例謂先儒辨難卷不勝載惟甚有關者始不得已而辨之也乾隆四十七年十一月恭校上

周易劄記

臣等謹案周易劄記二卷　國朝楊名時撰名時字賓實江陰人康熙辛未進士官至禮部尚書諡文定是編乃其讀易所記前後無序跋未詳其成書年月觀書中所引證蓋猶在　欽定周易折中之後也名時本李光地所取士故其易學多得之光地雖說卦傳及附論啟蒙之類頗推衍先天諸圖尚不至於支離附會至其詮解經傳則純以義理爲宗不涉象數大抵於程朱之義不爲苟異亦不爲苟同在宋學之中可謂明白而篤實矣名時爲雲南巡撫時夏宗瀾

嘗從之問易所作易說皆質正於名時其問答具載宗瀾書中然宗瀾所說如漸禦寇證以孤雁打更之類頗爲膚淺不及名時所論猶有光地之遺也乾隆四十七年九月恭校上

周易傳義合訂

臣等謹案周易傳義合訂十二卷　國朝朱軾撰軾號可亭高安人康熙甲戌進士官至大學士謚文端是編因程子易傳朱子易本義互有異同爲參校以歸一是不復兩可其說以滋歧貳惟兩義各有發明可以並行不悖者仍俱錄焉而附以諸儒之論其諸儒之論有實勝傳義者則竟舍傳義以從之軾所見亦各附于後其書軾存之日未及刊行乾隆丁巳兩廣總督鄂彌達始爲校付剞劂恭呈　御覽蒙　皇上篤念舊學　親灑宸翰弁于編首　天藻表揚昭垂日月非惟是書仰托以不朽即天下萬世伏繹　聖謨亦均能得讀易之津梁窺畫卦之閫奧曉然知所向方也又豈獨軾一人之幸哉乾隆四十七年十

一月恭校上

周易玩辭集解

臣等謹案周易玩辭集解十卷　國朝查愼行撰愼行字初白號悔餘海寧人康熙癸未進士官翰林院編修愼行受業黃宗羲故能不惑於圖書之學卷首河圖說二篇一謂河圖之數聖人非因之以作易乃因之以用蓍自漢唐以下未有列於經之前者一謂圖出於讖緯而附以朱子亦用河圖生蓍之證次爲橫圖圓圖方圖說論其順逆加減奇偶相錯之理次爲卦變說謂卦變爲朱子之易非孔子之易次爲天根月窟考列諸家之說凡六而以爲老氏性命雙修之學無關於易次爲八卦相錯說謂相錯是對待非流行又謂相錯只八卦非六十四卦相錯次爲羣卦說二一謂十二月自然之序一論陰陽升降不外乾坤次爲中爻說以孔穎達用二五者爲是次爲中爻互體說謂正體則二五居中互體則三四居中三四之中由變而成次爲廣八卦說謂說卦取象不盡可

解當闕所疑其言皆明白篤實足破外學附會之疑經文次序用注疏本乾卦之末有注曰按胡雲峰本義通釋乾坤二卦自文言起至末別爲一卷編在說卦之前竊意本義原本當如是而通釋遵之今原本不復見矣云云蓋未見劉宓刻本者宓之舊刻　聖祖仁皇帝特命開雕愼行侍直　內廷何以未見頗不可解然其說經則大抵醇正而簡明在近時講易之家特爲可取焉乾隆四十七年四月恭校上

易說

臣等謹案易說六卷　國朝惠士奇撰士奇字仲孺吳縣人康熙己丑進士官至翰林院侍讀是書雜釋卦爻專宗漢學以象爲主然有意矯王弼以來空言說經之弊故徵引極博而不免稍失之雜如釋訟卦引荀爽說訟之言凶也則以丹朱之嚚訟爲嚚凶釋弟子輿尸引左傳彘子尸之以尸爲軍中元帥釋觀國之光引聘禮請觀及左傳季札觀樂韓宣子觀書以證觀國皆失之拘釋繫

於苞桑以桑爲喪亡之喪而無所考據釋先張之弧後説之弧以下弧字改爲壺引昏禮壺尊太元壺婦爲證皆愛博嗜奇至編端論乾彖傳大明終始引莊子在宥篇我爲女遂於大明之上矣至彼至陽之原也爲女入於窈冥之門矣至彼至陰之原也謂莊周精於易故善道陰陽先儒説易者皆不及尤未免失之不經然士奇博極羣書學有根柢其精研之處實不可磨非明以來説易之家暖暖姝姝守一先生之言者所可髣髴一二微瑕固不足累其大體也乾隆四十七年五月恭校上

周易函書

臣等謹案周易函書約存十八卷約註十八卷别集十六卷　國朝胡煦撰煦字曉滄光山人康熙壬辰進士官至禮部侍郎是書原本一百十八卷其詮釋經文者四十九卷冠以原圖八卷用解伏羲之易原卦三卷用解文王之易原爻三卷用解周公之易又取先儒論説集爲原古三十六卷謂之首傳共九十

九卷爲周易函書正集外有函書約三卷易學須知三卷易解辨異三卷篝燈約旨十卷共十九卷爲別集別集先已刊板正集因卷帙浩繁艱于剞劂乃取詮釋經文之四十九卷約爲十八卷名曰函書約註又取首傳五十卷約爲十六卷附以續約旨二卷共十八卷刊之名曰續集皆煦所訂也其正集原本煦門人李學裕欲爲校刊攜其稿去會學裕病卒遂散佚後別集續集板並漫漶其子季堂重爲校訂因正集未刊續集之名無所緣起且續集之原圖原卦原爻原古即刪取正集之要語非別有所增未可目之以續而別集內之函書約三卷亦即正集之原圖原卦原爻撮其　義更不可附入別集遂以續集編爲十五卷取函書約三卷弁首共十八卷名爲約存蓋以正集既佚其大義僅存于是也又以續約旨二卷依篝燈約旨原目散附各篇之內合易學須知三卷易解辨異三卷仍爲別集其釋經文之十八卷仍名約註共爲五十二卷即此本也煦研思易理平生精力盡在此書其持論酌于漢學宋學之間與朱子頗

有異同陸游渭南集有朱氏易傳跋曰易道廣大非一人所能盡堅守一家之說未爲得也元晦尊程氏至矣然其爲說亦已大異讀者當自知之斯可謂天下之通論矣乾隆四十七年十月恭校上

易箋

臣等謹案易箋八卷　國朝陳法撰法字定齋貴州安平人康熙癸巳進士官至直隸大名道其書大旨以爲易專言人事故彖爻之詞未嘗言天地雷風諸象亦並不言陰陽考震彖言震驚百里即象震雷諸卦彖言利涉大川即象坎水法所云彖辭不言象者未爲盡合然其持論之大旨則切實不支至來知德以伏卦爲錯反對之卦爲綜法則謂大傳所云錯綜者以揲蓍而言錯綜其七八九六之數遂定諸卦之象今以錯綜諸卦定象是先錯綜其象也又以錯綜言數是錯綜其象以定數也先儒雖卦變未有易其陰陽剛柔之實顛倒其上下之位者今以乾爲坤以水爲火以上爲下混淆汨沒而易象反自此亡矣其

辨最爲明晰又論筮法云傳所謂掛者懸之四揲之外原以象三而非與奇數同歸於扐以象閏也其曰再扐而後掛是三變之中有不掛者矣夫一變之中初扐之掛不待言矣惟再扐不掛故曰再扐而後掛故知再扐爲指第二變第三變而言也其說與郭朱逈異而前一變掛一後二變不掛其掛一之策不入歸奇之中則三變皆以四八爲奇偶不用五九借象與經義似有發明固亦可存備一解也乾隆四十七年四月恭校上

學易初津

易翼宗

易翼說

臣等謹案學易初津二卷易翼宗六卷易翼說八卷　國朝晏斯盛撰斯盛字一齋新喻人康熙辛丑進士官至湖北巡撫是書以學易初津爲全書之宗旨謂今所傳圖書乃大衍之數因大傳之言而圖之不取河洛奇偶之說又謂辭

占不遺彖詞而不取卦變互體之說皆能絶諸家之葛藤易翼宗以經文爲主而割十翼散附於句下意在以經解經頗傷破碎又每爻之首畫一全卦而間以一動爻奇作⚊偶作⚋亦自我作古易翼說全解十翼而先繫辭次說卦次序卦次雜卦次彖傳次文言次象傳非古非今更不知所據何本然不廢象數而不爲方技術數之曲說不廢義理而不爲理氣心性之空談在近日說易之家猶可云篤實近理者矣乾隆四十七年十月恭校上

周易孔義集說

臣等謹案周易孔義集說二十卷　國朝沈起元撰起元字子大太倉人康熙辛丑進士官至光祿寺卿是書大旨以十翼爲夫子所手著又未經秦火其書獨完故學易者必當以孔傳爲主因取明高攀龍周易孔義之名別加纂集于古今說易諸書無所偏主惟合于孔傳者即取之其篇次則仍依今本以彖傳象傳繫于經文之下謂易之亡不亡不係于古本之復不復王氏以傳附經亦

足以資觀玩惟大象傳往往別自起義文言則引伸觸類以闡易藴皆無容附于本卦故別出之前列三圖一爲八卦方位圖一爲乾坤生六子圖一爲因重圖皆據繫辭說卦之文至于河圖洛書先天後天方圓諸圖則謂此陳邵之易非夫子所本有概從删薙頗能掃除紛紜轇轕之習其中亦多能推驗舊說引伸新義如乾彖傳大明終始王注程傳朱子皆未確解起元獨取侯行果大明日也之說而證以晉彖傳之順而麗乎大明禮所云日生于東于經義頗有根據觀六三九五上九之觀我生觀其生自孔疏以動出爲生而後儒遂以動作施爲解之俱不免于牽强起元獨取虞翻生謂坤生民也之說尤有合于九五象傳觀民之旨其釋大象傳比類求義于字句相似而義不同者推闡更爲細密在近來說易家中亦可云有本之學矣乾隆四十七年五月恭校上

周易述

臣等謹案周易述二十三卷　國朝惠棟撰棟字定宇號松崖元和人其書主

發揮漢儒之學以荀爽虞翻爲主而參以鄭康成宋咸干寶諸家之說皆融會其義自爲註而自疏之其目錄凡四十卷自一卷至二十一卷皆訓釋經文二十二卷二十三卷爲易微言皆雜采經典論易之語二十四卷至四十卷凡載易大義易例易法易正訛明堂大道錄禘說六名皆有錄無書其註疏尚缺下經十四卷及序卦雜卦兩傳蓋未完之書其易微言二卷亦皆雜錄舊說以備參考他時蕆事則此爲當棄之糟粕非欲別勒一篇附諸註疏之末故其文皆隨得隨書未經詮次棟沒之後其門人過尊師說併未定殘稿而刻之實非棟本意也自王弼易行漢學遂絕宋元儒者類以意見揣測去古寖遠中間言象數者又歧爲圖書一派其說愈衍愈繁莫不言之有故執之成理而未必皆四聖之本旨故說經之家莫多于易與春秋而易尤叢雜棟獨一一原本漢儒推闡考證雖掇拾散佚未能備睹專門授受之全要其引據古義具有根柢視空談說經者則相去遠矣乾隆四十七年十月恭校上

易翼述信

臣等謹案易翼述信十二卷　國朝王又樸撰又樸字介山天津人雍正癸卯進士改庶吉士官至廬州府同知是編經傳次序悉依王弼舊本而冠以讀易之法終以所集諸儒雜論其大旨專以象彖文言諸傳解釋經義自謂篤信十翼述之爲書故名曰易翼述信而以朱子所云不可便以孔子之說爲文王之說者爲非是其闡發理藴徵引諸家獨李光地之言爲最夥而於本義亦時有異同蓋見智見仁各明一義易道廣大無所不該自不能執一說以限天下萬世又樸所論固不爲無因至其詮釋各卦如解乾大明終始謂畫卦之聖人於畫此六陽爻而仍名爲乾之時已爲明白指示解坤初六謂陽行而陰隨之以行又引來知德說以爲證此類皆爲失之牽强蓋其意以爲每爻必取變氣坤初六變復故立說如此不知周易尚畫變象然使每爻必取變體爲解則紛紜破碎將致拘執而不可通終不免於自生荆棘惟其於河圖洛書及先天後天

皆不列圖而敘其說於雜論之末義例明簡較爲有識又第一卷內時位德大小應比主爻諸論皆能恪遵御纂周易折中之旨而申闡其義詞意明暢亦頗有可取者焉乾隆四十七年十月恭校上

周易淺釋

臣等謹案周易淺釋四卷國朝潘思榘撰思榘字補堂陽湖人雍正甲辰進士官至福建巡撫是書皆即卦變互體以求象而即象以明理每卦皆註自某卦來謂之時來蓋經以漢儒之法而緯以宋人之義然卦變與互體皆易中之一義盡廢之者失之悍盡主之者失之鑿固亦得失互陳者也思榘之爲此書本取通志堂所刊易解四十二家參互紬繹而時以己見發明之其用力頗深尚闕乾坤二卦未註而沒故此本所說惟六十二卦其彖傳象傳則以用註疏本附經併釋而文言繫辭說卦序卦雜卦則未之及蓋主理者多發揮十翼主象主數者多研索卦爻其宗派然也後有松江沈大成與其門人福唐林迪光

二跋迪光述思架之言曰彖多言象而變在其中爻多言變而象在其中不明時來不知卦之來處不求爻變不知卦之去處爻無所不包舊説一槩講人身心政治上去遺卻許多道理不如就其淺處説而深處亦可通也是固可括此書之大旨矣乾隆四十七年四月恭校上

周易洗心

臣等謹案周易洗心九卷　國朝任啟運撰啟運字翼聖荆溪人雍正癸丑進士官至宗人府府丞是編大旨謂讀易者當先觀圖象故于卷首備列諸圖自朱子邵子而外如　國朝李光地胡煦所傳之圖皆爲採入又有據己見而繪爲圖者其自序謂以至一馭至繁以至常待至變非洗心莫由故以名其書又謂其要不外論語五十以學易之言文周卦畫自義圖出義圖自河洛出五十者圖書之中也學易不以五十失其本矣其説未免新奇至其闡繹經義多發前人所未發而字義句讀多從馬鄭王弼王肅諸家之本其所不從者亦必著

某本作某字蓋其說主于觀象以玩詞要不爲空虛剽竊之學也乾隆四十七年十一月恭校上

豐川易說

臣等謹案豐川易說十卷　國朝王心敬撰心敬字爾緝鄠縣人其所注諸經大抵支離穿鑿敢爲異論書及春秋爲尤甚殊無一長之可取惟此編推闡易理最爲篤實而明晰與他經如出二手其言曰學易可以無大過是孔子明易之切於人身即是可以知四聖人繫易之本旨並可以識學易之要領又曰易是道人事之書陰陽消長只是借來作影子耳故曰易者象也象者像也於陰陽消長處看得不明是影子不眞若徒泥陰陽消長而無得於切己之人事亦屬捕風捉影又曰置象言易是謂懸空執象舍義是爲泥迹象義雙顯則體用一源顯微無間又曰中庸一書是子思爲當日之言道者視爲高深元遠故兩引中庸之說以明道易翼十篇是孔子爲當日之言易者視爲高深元遠故重

中易簡之說以明易後儒多索諸隱深欲以張皇易妙而不知反失其本旨又曰若易不關象不知義於何取不屬卜筮不知設蓍何爲又曰學者讀易不知求設教之本旨讀書不知洪範經世之宏猷每於河圖洛書穿鑿附會何切於實事實理又曰大抵漢唐之易祇成訓詁宋明之易多簸弄聰明訓詁非易而易在聰明亂易而易亡又曰義言象占同體共貫縣一不得泥一不得後儒紛紛主象主數主理主卜筮主錯綜之變是舍大道而入旁蹊云云其說皆明白正大故其書皆切近人事於學者深爲有裨至於互卦之說老陰老陽始變之訴錯綜之說卦變之說皆斥而不信併左氏所載古占法而排之雖主持未免太過然較之繪圖列說連篇累牘以聖經爲算譜者則勝之萬萬矣乾隆四十七年三月恭校上

易漢學

臣等謹案易漢學八卷　國朝惠棟撰是編乃追考漢儒易學掇拾緒論以見

大凡凡孟長卿易二卷虞仲翔易一卷京君明易二卷干寶易附見鄭康成易一卷荀慈明易一卷其末一卷則棟發明漢易之理以辨正河圖洛書先天太極之學其以虞翻次孟喜者以翻別傳自稱五世傳孟氏易以鄭元次京房者以後漢書稱元通京氏易也荀爽別爲一卷則費氏易之流派矣考漢易自田王孫後始歧爲施孟梁邱三派大義略同惟京氏爲異黨則漢學之有孟京亦猶宋學之有陳邵均所謂易外別傳也夫易本爲卜筮作而漢儒多參以占候未必盡合周孔之法然其時去古未遠要必有所受之棟採輯遺聞鉤稽考證使學者得略見漢儒之門徑于易亦不爲無功矣孟京兩家之學當歸術數然費氏爲象數之正傳鄭氏之學亦兼用京費之說有未可盡目爲讖緯者故仍列之經部焉乾隆四十七年十一月恭校上

易例

臣等謹案易例二卷　國朝惠棟撰棟所作周易述目錄列有易微言等七書

惟易徵言二卷已附刊卷末其餘並闕此易例二卷即七書中之第三種近始刊板於潮陽皆考究漢儒之傳以發明易之本例凡九十類其中有錄無書者十三類原跋稱爲未成之本今考其書非惟採摭未完即門目亦尚未分意棟欲鎔鑄舊說作爲易例先搠草本採摭漢儒易說隨手題識筆之於册以儲作論之材其標目有當爲例而立一類者亦有不當爲例而立一類者有一類爲一例者亦有一類爲數例者如既有扶陽抑陰一類又有陽道不絶陰道絶義一類又有陽無死義一類此必欲作扶陽抑陰一例而雜錄於三處者也曰中和曰詩尚中和曰禮樂尚中和曰君道尚中和曰建國尚中和曰春秋尚中和分爲六類已極繁複而其後又出中和一類君道中和一類卷末更出中和之本一類此亦必欲作易尚中和一例而散見於九處者也古者有聖人之德然後居天子之位一類徵引繁蕪與易例無關而題下注曰即二升坤五義此必摭爲乾升坤降之佐證而偶置在前者也如初爲元士一類即貴賤類中之一

乾爲仁震爲車艮爲言三類即諸例中之三天地之始一類即卦無先天一類之複出皆由未及排貫遂似散錢滿屋至於史記讀易之文漢書傳易之派更與易例無與亦必存爲佐證之文傳寫者誤爲本書也如此者不一而足均不可據爲定本然棟於諸經深窺古義其所掊摭大抵老師宿儒專門授受之微旨一字一句具有淵源苟汰其蕪雜存其菁英因所錄而排比參稽之猶可以見聖人作易之大綱漢代傳經之崖略正未可以殘缺少緒竟棄其稿矣乾隆四十七年三月恭校上

易象大意存解

臣等謹案易象大意存解一卷　國朝任陳晉撰陳晉字似武號後山亦曰以齋興化人乾隆己未進士官徽州府教授是編不載經文惟折衷諸家之說明易象之大意故以爲名考左傳韓起聘魯見易象春秋則易之主象古有明文陳晉以象爲宗實三代以來舊法卷首標凡例七則多申尚象之旨書中首論

太極五行兼談河洛先天諸圖然發揮明簡惟標舉其理所可通凡一切支離推衍布算經而繪奕譜者翦除殆盡凡例有曰後之言象數者流入藝術之科其術至精而其理亦無奧澀然偏於一隅似反涉形下之器可云篤論次論彖論爻論象不廢互體之說蓋以雜卦傳爲據次論六十四卦各括其大旨亦大抵切人事立言終以繫辭序卦說卦雜卦其文頗略蓋著書之意在於六十四卦餘皆互相發明耳在近時說易諸家猶可謂刊除枝蔓者矣乾隆四十七年九月恭校上

大易擇言

臣等謹案大易擇言三十六卷　國朝程廷祚撰廷祚字縣莊號靑溪上元人是編因桐城方苞緒論以六條編纂諸家之說一曰正義諸說當於經義者也二曰辨正訂異同也三曰通論謂所論在此而義通於彼與別解之理猶可通者也四曰餘論單詞片言可資發明者也五曰存疑六曰存異皆舊人訛舛之

文似是者謂之疑背馳者謂之異也六條之外有斷以己意者則以愚案別之其闡明爻象但以説卦健順動入陷麗止説八卦義爲八卦眞象八者之得失則以所値之重卦爲斷其明爻義則惟求之本爻而力破承乘比應諸舊解其稽六位則專據繫辭辨貴賤者存乎位之旨凡陽爻陰位陰爻陽位之説亦盡芟除蓋力排象數之學惟以義理爲宗者也乾隆四十七年八月恭校上

周易辨畫

臣等謹案周易辨畫四十卷 國朝連斗山撰斗山字叔度潁州人是書大旨謂一卦之義在于爻爻畫有剛有柔因剛柔之畫而立之象即因剛柔之畫而繫以詞其道先在於辨畫故以爲名末有輯圖一卷則即朱子舊圖而略爲損益之其説專主卦畫立義如屯之大象云四偶以次條列如絲中貫一奇如梭上互艮手下動震足如織絍然經綸之象未免穿鑿太甚然其逐卦詳列互體剖析微渺亦頗有合于精理者蓋即爻論爻乃能以易詮易雖間有附會之失

而錯綜變化之本旨猶可藉以參觀固與高談性道以致惝恍無歸者尚較有實際焉乾隆四十七年十月恭校上

周易圖書質疑

臣等謹案周易圖書質疑二十四卷　國朝趙繼序撰繼序號易門休寧人乾隆辛酉舉人其書以象數言易而不主陳邵河洛之説謂作圖者本于易而反謂作易者本于圖其言明確可決千古之疑原本不分卷數首爲古經十二篇次逐節詮釋經義而不載經文但標卦爻用漢儒經傳别行之例次爲圖三十有二各系以説而終以大衍象數考春秋傳論易考易通歷數周易考異卦爻類象又一篇辨吴仁傑本費直本而不立標題列于周易考異前疑即考異之末簡傳寫顛倒也今以類相從排比後先定爲二十四卷全書宗旨多從卦變起象而兼取漢宋之説持論頗爲平允惟以帝出乎震爲夏之連山坤以藏之爲殷之歸藏本程智之説而推衍之未免曲解夫子所贊周易也豈忽攙説舊

法自亂其例乎乾隆四十七年十一月恭校上

周易章句證異

臣等謹案周易章句證異十一卷　國朝翟均廉撰均廉字春沚仁和人官內閣中書是編取周易上下經古今本同異之處互相考證如李鼎祚卦辭前分冠序卦周燔卦辭前列大象卦辭後列彖傳趙汝楳卦辭前列大象卦辭後列彖傳次文言次爻辭李過方逢辰乾卦卦辭後列彖傳次文言釋彖處次大象次爻辭蔡淵卦辭後列大象次彖傳文言别爲一傳傳低一字王洙於經中不載卦辭别爲一篇之類此篇章之同異也如乾卦三爻孟喜作夕惕若夤句厲无咎句荀爽虞翻王弼作夕惕若厲句邵子朱震朱子作夕惕若句此句讀之同異也逐卦逐爻悉爲臚列間或附以己意以廉案二字别之古今本異同之處校勘頗爲精密雖近時之書而所言皆有依據轉勝郭京舉正以意刊改託言於王韓舊本也乾隆四十七年五月恭校上

易緯乾坤鑿度

臣等謹案乾坤鑿度二卷隋唐志崇文總目皆未著錄至宋元祐間始出紹興續書目有蒼頡注鑿度二卷後以鄭氏所注乾鑿度有別本單行故亦稱此本爲巛鑿度程龍謂隋焚讖緯無復全書今行於世惟乾坤二鑿度是也其書分上下文各爲一篇上篇論四門四正取象取物以至卦爻蓍策之數下篇謂坤有十性而推及於蕩配凌配又雜引萬形經地形經制靈經著成經含靈孕諸緯文詞多聱牙不易曉故晁公武疑爲宋人依托胡應麟亦以爲元包洞極之流而胡一桂則謂漢去古未遠尙有祖述有裨易教評騭紛然眞僞莫辨伏讀

御製題乾坤鑿度詩定作者爲後於莊子而舉應帝王篇所云儵忽混沌分配乾坤太始以推求鑿字所以命名之義援據審核所衷至當臣等因考列子白虎通博雅諸書皆以太易太初太始太素爲氣形質之始與鑿度所言相合

獨莊子於外篇天地畧及泰初有無之語而其他名目槩未之見則儵忽混沌實即南華氏之變文作鑿度者復本其義而緣飾之耳仰蒙　聖明剖示精確不刊洵永爲是書定論矣按七經緯皆佚於唐存者獨易逮宋末而盡失其傳今永樂大典所載易緯具存多宋以後諸儒所未見而此書實爲其一謹校定訛缺釐勘審正冠諸易緯之首而恭疏其大旨於簡端

易緯乾鑿度

臣等謹案乾鑿度鄭康成注與乾坤鑿度本實二書晁公武並指爲蒼頡修古籀文誤併爲一永樂大典遂合加標目今考宋志有鄭康成注易乾鑿度三卷而不及乾坤鑿度則知宋時固自單行也說者稱其書出於先秦自後漢書南北朝諸史及唐人撰五經正義李鼎祚作周易集解徵引最多皆於易旨有所發明較他緯獨爲醇正至於太乙九宮四正四維皆本於十五之說乃宋儒戴九履一之圖所由出朱子取之列於本義圖說故程大昌謂漢魏以降言易老

者皆宗而用之非後世所託爲誠稽古者所不可廢矣原本文字斷缺多有譌舛謹依經史所引各文及旁採明錢叔寶舊本互相校正增損若干字其定爲上下二卷則從鄭樵通志之目也

易緯稽覽圖

臣等謹案稽覽圖二卷案後漢書樊英傳注舉七緯之名以稽覽圖冠易緯之首隋志鄭康成注易緯八卷唐志宋均注易緯九卷皆不詳其篇目宋志有鄭康成注稽覽圖一卷通志七卷而馬氏經籍考載易緯七種亦首列鄭注稽覽圖二卷獨陳振孫書錄解題別出稽覽圖三卷稱與上易緯相出入而詳略不同似後人掇拾緯文依托爲之者非即鄭康成原注之本自宋以後其書亦久佚弗傳今永樂大典載有稽覽圖一卷謹以後漢書郎顗楊賜傳隋書王劭傳所見文緯及注參校無不符合其爲鄭注原書無疑惟陸德明釋文引無以教之曰蒙太平御覽引五緯各在其方之文此本皆闕如則意者書亡僅存已不

免于脫佚矣其書首言卦氣起中孚而以坎離震兌爲四正卦六十卦卦主六日七分又以自復至坤十二卦爲消息餘雜卦諸侯公卿大夫候風雨寒溫以爲徵應蓋即孟喜京房之學所出自漢世大儒言易者悉本于此最爲近古至所稱軌析之數以及世應遊歸乃兼通于日家推步之法考唐一行推大衍之策以算術本于易故其本議言代軌德運及六卦議言一月之策九六七八發斂術言中節候卦議皆與稽覽圖相同獨所云天元甲寅以來至周宣帝宣政元年則甄鸞所推甲寅元歷之術而又有云太初癸巳則古無以此爲元者其他雜引宋永初元嘉魏始光唐上元先天貞元元和年號紛錯不倫蓋皆六朝迄唐術士先後所附益非稽覽圖本文今審覈詞義隨文附書以爲區別並援經注史文是正訛舛依馬氏舊錄析爲上下二卷庶言易學者或有所考見焉

易緯坤靈圖

臣等謹案坤靈圖孫瑴謂配乾鑿度名篇馬氏經籍考著錄者一卷今僅存論

乾旡妄大畜卦辭及史注所引日月連璧數語則其闕佚者葢已夥矣考後漢書注易緯坤靈圖第三在辨終備是類謀之上而王應麟玉海謂三館所藏有鄭注易緯七卷稽覽圖一辨終備四是類謀五乾元序制記六坤靈圖七二卷三卷無標目永樂大典篇次亦然今略依原第編脅蓋從宋時館閣本也

易緯乾元序制記

臣等謹案乾元序制記後漢書注七緯名並無其目馬氏經籍考始見一卷陳振孫疑爲後世術士附益之書今考此篇首簡文王比隆興始霸云云孔穎達詩疏引之作是類謀疏又引坤靈圖法地之瑞云云今坤靈圖亦無此文而與此篇文義相合又隋書王劭傳引坤靈圖泰姓商名宮之文今亦在此篇至其所言風雨寒溫消息之術乃與稽覽圖相近疑本古緯所無而後人於各緯中分析以成此書者晁公武謂其出於李淑本當亦唐宋閒人所妄題爾

易緯是類謀

臣等謹案是類謀一作筮類謀馬氏經籍考一卷鄭康成注其書通以韻語綴輯成文古質錯綜別爲一體藝文類聚太平御覽諸書引其文頗多與此本參校並合蓋視諸緯略稱完備其間多言禨祥推驗並及於姓輔名號之說與乾鑿度所引易歷者義相發明而隋書律歷志載周太史上士馬顯所上表亦有玉羊金雞之語則此書固自隋以前言術數者所必及也今訂其譌複第錄如左

易緯通卦驗

臣等謹案通卦驗馬端臨經籍考宋史藝文志俱載其名黄震日鈔謂其書大率爲卦氣發朱彝尊經義考則以爲久佚今載於說郛者皆從類書中湊合而成不逮什之二三蓋是書之失傳久矣經籍考藝文志舊分二卷此本卷帙不分核其文義似於人主動而得天地之道則萬物之精盡矣以上爲上卷曰凡易八卦之氣驗應各如其法度以下爲下卷上明稽應之理下言卦氣之徵驗

也至其中訛脱頗多注與正文往往相混其字句與諸經注疏續漢書劉昭補注歐陽詢藝文類聚徐堅初學記宋白太平御覽孫㲄古微書等書所徵引亦互有異同第此書久已失傳當世並無善本可校類書所載亦輾轉傳訛不盡可據謹於各條下擬列案語其文與注相混者悉爲釐正脱漏異同者則詳加參校與本文兩存之蓋通其所可知缺其所不可知亦闕疑仍舊之義也

易緯辨終備

臣等謹案辨終備一作辨中備後漢書樊英傳注易緯凡六爲稽覽圖乾鑿度坤靈圖通卦驗是類謀而終以此篇馬氏經籍考皆稱爲鄭康成注而辨終備著錄者一卷今永樂大典所載僅寥寥數十言已非完本且其文頗近是類謀而史記正義所引中備孔子與子貢言世應之説與此反不類或其書先佚而後人雜取他緯以成之者亦未可定也然别無可證姑仍舊題云乾隆四十七年十一月恭校上

欽定四庫全書提要卷六

欽定四庫全書提要卷七

經部七

書類一

尚書注疏

臣等謹案尚書注疏十九卷漢孔安國傳唐孔穎達疏漢初惟傳伏生今文尚書二十八篇後安國得壁中書較多於伏生所傳又其字體與漢隸異是爲古文永嘉之亂古文中絕晉梅賾乃上古文尚書四十五篇並安國所作傳識者疑之穎達作正義專主安國翻疑康成等所見古文爲僞書何也晁公武謂其因梁費甝疏廣之蓋六朝諸家尚書義疏世多不傳惟是書猶存其崖略云乾隆四十七年四月恭校上

洪範口義

臣等謹案洪範口義二卷宋胡瑗撰瑗有周易口義已著錄是書文獻通考作

洪範解朱彝尊經義考註云未見今其文散見永樂大典中尚可排纂成書周易口義出倪天隱之手舊有明文晁公武讀書志謂此書亦瑗門人編錄故無銓次首尾蓋二書同名口義故以例推其爲瑗所自著與否固無顯證至其說之存于經文各句下者皆先後貫徹條理整齊非雜記語錄之比與公武所說不符豈原書本無次第修永樂大典者爲散附經文之下轉排比順序歟抑或公武所見又別一本也洪範以五事配庶徵本經文所有伏生大傳以下逮京房劉向諸人遽以陰陽災異附合其文劉知幾排之詳矣宋儒又流爲象數之學圖書同異之見辨經義愈不能明瑗生於北宋盛時學問最爲篤實故其說惟發明天人合一之旨不務新奇如謂大錫洪範爲錫自帝堯不取神龜負之瑞謂五行次第爲箕子所陳不辨洛書本文之多寡謂五福六極之應通於四海不當指一身而言俱駁正註疏自抒心得又詳引周官之法推演八政以經註經特爲精確其要皆歸於建中出治定皇極爲九疇之本辭雖平近而深得

聖人立訓之要非讖緯術數者流所可同日語也宋史本作一卷今校定字句析爲二卷乾隆四十五年十月恭校上

書傳

臣等謹案書傳二十卷宋蘇軾撰尙書所載皆帝王大政軾究心經世之學明于事勢而又長于議論故其詮解經義于治亂興亡之故披抉明暢較他經獨爲擅長其釋禹貢三江定爲南江中江北江本諸鄭康成遠有端緒但未嘗詳審經文考覈水道而附益以味別之說遂以啟後人之譏議至于以羲和曠職爲貳于羿而忠于夏則林之奇宗之以康王之誥服冕爲非禮引左傳叔向之言爲證則蔡沈取之朱子亦稱其解呂刑篇以荒度作刑爲句甚合于理則皆卓然具有特見朱子雖有惜其太簡之說然漢代訓詁文多簡質自孔賈以後徵引始繁軾文如萬斛源泉隨地涌出非不能曼衍其詞當以解經之體詞貴典要故斂才就範但取詞達而止未可以繁省爲優劣也乾隆四十七年九月

恭校上

尚書全解

臣等謹案尚書全解四十卷宋林之奇撰之奇字少穎號拙齋侯官人少從呂居仁遊累官宗正丞辭祿家居潛心著述博考前後諸儒之說以成是書脫稿之初爲門人呂祖謙持去諸生傳錄僅得其半書肆急於刋鬻遂以僞本足之故朱子謂洛誥以後非林氏所解夏僎尚書解徵引之奇之說亦止及洛誥以前蓋當時麻沙婺州諸刻皆非其書之舊至其孫畊始訪得建安余氏所存眞本又得葉學錄家藏寫本參互考覈去僞存眞之奇書解於是始有全帙自宋迄今流傳日久又佚其第三十四卷多方一篇通志堂刋九經解竭力購之弗能補也惟永樂大典修自明初其時猶見舊刻故所載之奇書解此篇獨存今錄而補之乃得復還舊觀之奇是書頗多異說如以放勳爲推而放之陽鳥爲地名三俊爲常伯常任準人皆自抒心得未嘗依傍前人至其辨析同異貫串

史事覃思積悟原始要終自有宋諸儒之釋尚書未有能過之者屢經散佚而卒能完善亦其精神刻摯有足以自傳者矣乾隆四十七年四月恭校上

禹貢指南

臣等謹案禹貢指南四卷宋毛晃撰宋晃史無傳其始末未詳世傳其增注禮部韻略於紹興三十二年表進自署曰衢州免解進士蓋高宗末年人也是書宋史藝文志不著錄焦竑經籍志載禹貢指南一卷宋毛晃撰朱彝尊經義考云未見又云文淵閣書目有之不著撰人疑即晃作則舊本之佚久矣今考永樂大典所載與諸家注解散附經文各句下謹綴錄成篇釐爲四卷以世無傳本其體例之舊不可見謹以經文次第標列其無注者則經文從略焉其書大抵引爾雅周禮漢書水經注九域志諸書而旁引他說以證古今山水之原委頗爲簡明雖生于南渡之後僻處一隅無由睹中原西北之古蹟一一統核其眞而援據考證獨不泥諸儒附會之說故後來蔡氏集傳多用之亦言地理者

所當考證矣乾隆四十七年十月恭校上

禹貢論

臣等謹案禹貢論二卷後論一卷山川地理圖二卷宋程大昌撰大昌有易原已著錄宋史藝文志載大昌禹貢論五卷後論一卷又禹貢論圖五卷陳振孫書錄解題則謂論五十二篇後論八篇圖三十一王應麟玉海則謂淳熙四年七月大昌上禹貢論五十二篇後論八篇詔付祕閣不及其圖蓋偶遺也今諸篇皆存其圖據歸有光跋稱吳純甫家有淳熙辛丑泉州舊刻則嘉靖中尚有傳本今已久佚故通志堂經解惟刻其前後論而所謂禹貢山川地理圖者則僅刻其敘說今以永樂大典所載校之祇缺其九州山水實證及禹河漢河對出之圖而其餘二十八圖巋然並在誠世所未覩之本今依通志堂圖序原目併爲二卷而大昌之書復完大昌喜談地理之學所著雍錄及北邊備對皆刻意冥搜考尋舊蹟是書辨析尤詳其前論于江水河水淮水漢水濟水弱水黑

水皆糾舊傳之誤後論則專論河水汴水之患陳振孫譏其身不親歷鳥保其皆無牴牾歸有光亦證其以鳥鼠同穴指二山之非要其援據釐訂實爲博洽至今注禹貢者終不能廢其書也乾隆四十七年十月恭校上

尚書講義

臣等謹案尚書講義二十卷宋史浩撰浩字直翁鄞縣人紹興十四年進士孝宗爲建王時浩以司封郎中兼直講即位後遷翰林學士知制誥累官右丞相致仕事蹟具宋史本傳此書宋史藝文志作二十二卷文淵閣書目一齋書目並載其名而藏書家已久無傳本故朱彝尊經義考亦注云未見惟永樂大典各韻中尚全錄其文謹依經文考次排訂釐爲二十卷案宋館閣書目云淳熙十六年正月太傅史浩進尚書講義二十二卷詔藏祕府蓋本當時經進之本故其說皆順文演繹頗近經幄講章之體其說大抵以注疏爲主參考諸儒而以己意融貫之當張浚用兵中原時浩方爲右僕射獨持異論論者責其沮恢

復之謀今觀其解文侯之命一篇亦極美宣王之勤政復讎而傷平王之無志

恢復則其意原不以用兵爲非殆以浚未能度力量時故不欲僥倖嘗試耶朱

子語類嘗稱史丞相説書亦有好處如命公後衆説皆云命伯禽爲周公之後

史云成王既歸命周公在後看公定予往矣一言便見得周公且在後之意云

云其後命蔡沈訂正書傳實從浩説則朱子固于此書有所取孫應時燭湖集

有上史越王書云書傳多所發明帝王君臣精微正大之藴剖決古今異同偏

見開悟後學心目使人沛然飽滿者無慮十百條又云欲以疑義請教者一一

疏諸下方則浩此書實與應時商搉之則亦非率爾苟作矣乾隆四十六年四

月恭校上

尚書詳解

臣等謹案尚書詳解宋夏僎撰僎字元肅號柯山浙之龍游人與周升繆景仁

爲友皆以明經教授時稱三俊僎嘗舉進士少治尚書老而益精因博採衆説

以爲是解淳熙間麻沙書坊劉氏刊板印行時瀾爲之序稱其義論淵深詞氣超邁參於前則有光顧於後則絶配其傾挹甚至考宋南渡以後爲尚書之學者毋慮數百家而三山林之奇集解尤見稱於世僎作是書所採雖兼取二孔王蘇陳程張氏之説而折衷於之奇者什之六七當時呂祖謙受業之奇之門而時瀾爲祖謙高弟增修東萊書説即出其手顧於是編獨多所推許宜春李公凱治經不專一家於詩宗東萊讀詩記於書亦舍呂氏而獨取柯山詳解是其書雖陳振孫以爲便於舉子而作要其淵源之正議論之醇一時亦未有能過之者明洪武間初定科舉之式詔習尚書者並用夏氏蔡氏兩傳後永樂中大全出蔡傳始獨立於學官而夏氏書寖微今觀其薈粹衆説舍短取長參求其是而斷以己意較諸九峯書傳固不免略冗之嫌然其反覆條暢深究詳繹使唐虞三代之大經大法有以曲折而會其通其用心實出蔡傳之右洵説書者之善本也其書惟鈔帙僅存多有脱誤今浙江所進本檢勘自堯典至禹謨

全闕中又闕泰誓中泰誓下牧誓三篇後又闕秦誓末簡謹以永樂大典參校惟秦誓原闕外其餘所載並全謹據以補輯遂成完帙至其他文義則以永樂大典本及浙本彼此互校擇所長而從之亦庶幾詳善勝舊原本分十六卷經文下多附錄重言重意乃宋代坊本陋式最爲俚淺今悉删去而重加釐定爲二十六卷不復準其原目云乾隆四十二年十月恭校上

禹貢說斷

臣等謹案禹貢說斷宋處士金華傅寅撰朱彝尊經義考有寅所著禹貢詳解二卷通志堂嘗刊入九經解中而永樂大典載其書則題曰禹貢說斷並無詳解之名又經解所刊本稱原缺四十餘簡今檢永樂大典本不獨所缺咸在且其五服辨三千餘言九州辨千數百言較原缺目更多至數倍又喬行簡序稱寅著羣書百考事爲之圖禹貢說特其一種是編當先以山川總會及九河三江九江四圖而次及諸家之說今經解四圖俱誤編入程大昌禹貢論中與其

書絶不相比附而永樂大典獨系之說斷篇內蓋當時所見實宋時原本足以依據而經解刊行之本則已爲後人傳寫錯漏致幷書名而竄易之非其舊矣書中博引衆說斷以已意具有特解不肯蹈襲前人其論孟子決汝漢排淮泗而注之江爲古溝洫之法尤爲諸儒所未及洵卓然能自抒所見者呂祖儉謂其集先儒之大成唐仲友謂職方輿地盡在腹中深爲名流所推重信不虛也今取經解刊本謹依永樂大典本詳加校定譌者正之闕者補之析爲四卷仍題說斷舊名而於補缺之起訖各加注語以別之庶幾承學之士得以復見完書焉乾隆四十七年十月恭校上

增修東萊書說

臣等謹案增修東萊書說三十五卷宋呂祖謙撰其門人時瀾增修通考云十卷趙希弁讀書附志云六卷悉與此不合蓋彼乃祖謙原書未經時瀾所補者其時尚未成編傳鈔者隨意分卷故二家亦互異耳祖謙原書始洛誥終秦誓

其召誥以前堯典以後則門人雜記之語錄頗多俚俗瀾始删潤其文成二十二卷又編定原書爲十三卷合成是編王應麟玉海稱林少穎書說至洛誥而終呂成公書說自洛誥而始蓋之奇受學於呂居仁祖謙又受學于之奇本以終始其師說爲一家之學而瀾之所續則又終始祖謙一人之說也瀾婺州清江人厲鶚宋詩紀事收其詩一篇而不能舉其仕履考周必大平園集有祭瀾文稱從政郎差充西外睦宗院宗學教授而瀾自序則稱以西邸文學入三山監丞蓋作是書時爲監丞其後則以教授終也吳師道曰清江時鑄字壽卿呂成公同年進士與弟鏘率羣從弟子十餘人悉從公遊若澐若瀾若涇尤時氏之秀成公輯書說瀾以平昔所聞纂成之今所行書傳是也然則是書一名爲書傳矣又朱彝尊經義考是書三十五卷之外又別出時瀾增修書說三十卷並註曰存今三十卷者未見不知所據何本也乾隆四十七年四月恭校上

臣等謹案尚書說七卷宋黄度撰度字文叔新昌人登紹興間進士爲御史劾韓侂胄寧宗時累官禮部尚書龍圖閣學士卒謚宣獻度篤學窮經老而不倦于易詩周禮俱有撰述是編其尤著者也陳振孫稱度晚年制閫江淮著述不輟時得新意往往晨夜叩書塾爲友朋道之可見其學之勤矣平日與朱子葉適陳傅良等相善周禮詩說皆爲適所稱許是編雖但因孔傳而發明之然指論三代興衰治亂之迹與推明執中建極等旨皆深得理要非徒治章句之學者也乾隆四十七年八月恭校上

五誥解

臣等謹案五誥解四卷宋楊簡撰簡有慈湖易傳已著録昔韓愈稱周誥殷盤佶屈聱牙宋儒如呂祖謙書說亦先釋周誥而後及虞夏商書蓋先通其難通者則其餘易於究尋簡作是書惟解康誥以下五篇亦是意也簡受學於陸九淵如舉新民保赤之政推本於心學又當字說盛行之後喜穿鑿字義爲新奇

之論措辭亦迂曲委重未能暢所欲言然如康誥言惠不惠懋不懋則歸重君身服念旬時則疑孔傳三月爲過久酒誥厥心疾狠指民心而言召誥顧畏於民碞謂民愚而神可畏如碞險洛誥公無困哉謂困有倦勤之意皆能駁正舊文自抒心得至如先卜黎水用鄭康成顧彪之說封康叔時未營洛邑用蘇氏書傳之說復子明辟之訓詁圻父薄違之句讀用王氏書義之說又能兼綜羣言不專主一家之學矣此書世久失傳文淵閣書目作一册焦竑經籍志作一卷朱彝尊經義考以爲未見今從永樂大典各韻中按條薈萃唯闕梓材一篇餘皆章句完善謹依經文前後釐爲四卷乾隆四十五年十月恭校上

絜齋家塾書鈔

臣等謹案絜齋家塾書鈔十二卷宋袁燮撰燮字和叔絜齋其自號也鄞縣人淳熙辛丑進士官至顯謨閣學士謚正獻事迹具宋史本傳燮之學出陸九淵是編大旨在於發明本心反覆引申頗能暢其師說而於帝王治迹尤參酌古

今一一標舉其要領王應麟發明洛閩之學多與金谿殊軌然於燮解儆戒無虞諸條特採入困學紀聞中蓋其理至足則異趣者亦不能易也其書宋史藝文志作十卷陳振孫書錄解題稱燮子喬錄其家庭所聞至君奭而止則當時本未竟之書且非手著紹定四年其子甫刻置象山書院蓋重其家學不以未成完帙而廢之明葉盛菉竹堂書目尚存其名而諸家說尚書者罕聞引證知傳本亦稀故朱彝尊作經義考注云未見今

聖代博採遺編珍笈祕文罔不畢出而竟未睹是書之名則其佚久矣謹從永樂大典所載採輯編次俾復還舊觀以篇帙稍繁釐爲一十二卷蠹殘膸簡復顯于湮沒之餘亦可云燮之至幸矣喬字崇謙嘗爲溧陽令與燮相繼而卒未顯於世故宋史但有其弟甫傳而不立喬傳據眞德秀所作燮行狀稱燮有子四人喬其伯子甫則其叔子云

乾隆四十六年九月恭校上

書經集傳

臣等謹案書經集傳六卷宋蔡沈撰沈字仲默號九峯建陽人父元定以理學名家所稱西山先生者也沈與其父並受業于朱子之門朱子晚年于諸經多有訓傳獨尚書未就遂以屬沈十年而成自序謂二典禹謨先生蓋嘗是正則此傳融貫諸家實多本師說也其子奉議郎杭表進于朝元時頒之學宮明制士子以書經入試者皆用其說迄今因之按其書于太甲自周有終金縢居東洛誥二卣明禋無逸祖甲呂刑格命休畏及高宗肜日諸條間與舊說不同我

聖祖仁皇帝欽定傳說彙纂悉爲折衷而禹貢山川道里尤多駁正蓋宋時幅隕故狹沈生南渡後于北方水道未能灼見固無足怪至其考序文之誤訂諸儒之說以發明帝王用心之要洵有如眞德秀所云者宜其垂諸令甲與朱子所注易詩並重矣古刻卷首尚有綱領數條末有序一卷問答一卷今雕本從省蓋始于明時坊刻取便帖括云乾隆四十七年九月恭校上

臣等謹案尚書精義五十卷宋黄倫撰宋史藝文志載有是書十六卷陳振孫書録解題亦著於録稱爲三山黄倫彝卿所編知其閩人此本有余氏萬卷堂刊行小序稱爲釋褐黄君則又曾舉進士然閩書及福建通志已均不載其仕履則莫能詳矣其刊書之余氏亦不知何時人案岳珂九經三傳沿革例稱世所傳九經本以興國于氏及建安余仁仲本爲最善又林之奇尚書全解亦惟建安余氏刊本獨得其眞見之奇孫畊所作跋語中此編所稱余氏當即其人是在宋時坊刻中猶爲善本也其書薈萃諸説依經臚載不加論斷間有同異亦兩存之其所徵引自漢迄宋亦極賅博惟編次不依時代每條皆首列張九成之説似即本九成所著尚書詳説而推廣之故陳振孫頗疑其出於僞托然九成詳説之目僅見宋志久經湮晦即使果相沿襲亦未嘗不可藉是書以傳九成書也其他如楊氏繪顧氏臨周氏範李氏定司馬氏光張氏沂上官氏公裕王氏日休王氏當黄氏君俞顔氏復胡氏伸王氏安石王氏雱張氏綱孔氏

武仲孔氏文仲陳氏鵬飛孫氏覺朱氏震蘇氏洵吴氏孜朱氏正大蘇氏子才等當時著述並已散佚遺章賸句猶得存什一於是編體裁雖稍涉氾濫其裒輯之功要亦未可盡沒其書傳本久絶朱彝尊經義考亦曰已佚今從永樂大典各韻中採撮編綴梗槩尚存惟永樂大典之例凡諸解已見前條者他書再相援引則僅註某氏曰見前字其爲全録摘録無由參校今亦不復補録姑就所現存者釐訂成帙分爲五十卷存宋人書說之梗概備援證焉乾隆四十六年十月恭校上

尚書詳解

臣等謹案尚書詳解五十卷宋陳經撰經字顯之一云字正甫安福人慶元中進士官至奉議郎泉州泊幹所著有詩講義存齋語録諸書已佚不傳是編載于宋史藝文志者五十卷今鈔帙尚存檢勘卷目並同無所闕失蓋亦流傳僅完之本也經生于寧宗之世正蔡氏傳初出之時而此書多取古疏間參以新

意與蔡傳頗有同異中間每采後世之事以證古經雖本程氏說易之例然如解說築傅巖條引伊川訪董五經事似爲非體又論舜放四凶云欲安其居止俾無所憂愁則于聖人懲惡之義亦有未協前有自序云今日語諸友以讀此書之法當以古人之心求古人之書吾心與是書相契而無間然後知典謨訓誥誓命皆吾胷中之所有亦吾日用之所能行云云尤近于陸九淵六經注我之說殆傳金谿之學派者然其句梳字比議論正大疏證詳明往往得先儒所未發之旨可與林之奇夏僎諸家相爲羽翼于經義固殊有補焉乾隆四十七年四月恭校上

融堂書解

臣等謹案融堂書解二十卷宋錢時撰時字子是淳安人受學于楊簡熙寧中以丞相喬行簡薦授祕閣校勘遷史館檢閱所著惟兩漢筆記尚存于世而此書尚尠傳本故黃震日鈔明胡廣等書經大全俱未徵引其說朱彝尊經義考

亦云未見今據永樂大典中散見各韻者依經文前後次第裒綴編輯中惟伊訓梓材秦誓三篇全佚說命呂刑亦間有闕文餘皆篇帙完善時之意主于表章書序每篇之首皆條其大旨其逸書之序則參考史記核其時事以釋篇題復采經典釋文史記集解史記索隱所引馬融鄭康成諸說引伸其義其旁搜遠紹之意亦可謂勤且篤矣唐人解經多墨守注疏宋儒始好出新說每不免于穿鑿支離時所解如義和曠職則本諸蘇軾康叔封衞在成王時則仍用孔安國傳康王之誥則兼采張九成書說信能擇善而從不專主一家之學者至以秦誓爲告西岐師旅牧誓爲告遠方諸侯自抒心得未嘗依傍前人又謂武成本無脫簡中述武王告師之辭後爲史臣紀事之體康誥首節以周公初基定爲東都未營洛邑封康叔以撫頑民不當移置于洛誥尤爲卓然有見不惑于同時諸儒之曲說其取材博而精其樹義新而確蓋宋人經解中僅見之書也葉盛水東日記載嘉熙二年知嚴州萬一薦準尚書省劄取進時所著書奏

狀一通首列尚書演義三十册而永樂大典所載實名融堂書解疑爲晚年删削更定之本今從永樂大典所稱書名題之而仍以原劄狀二通録冠于前又經義考作八卷未知何據今考定篇第釐爲二十卷詮次如左乾隆四十七年三月恭校上

洪範統一

臣等謹案洪範統一一卷宋趙善湘撰善湘字清臣濮安懿王五世孫仕至資政殿大學士封文水郡公贈少師事迹具宋史本傳據其子汝楳周易輯聞序善湘於易學用力至深而所著易說五種皆不傳此書藏弆之家亦罕著録故朱彝尊經義考註曰未見今從永樂大典繕録復爲完編書成於開禧時宋史謂之洪範統論文淵閣書目又作統紀今據善湘謂漢儒解傳祇以五事庶徵爲五行之驗而五行八政爲疇散而不知所統徵引事應語多傅會因采歐陽修唐志蘇洵洪範圖論遺意定皇極九疇之統每疇之中如五行則水火木金

皆統於土五事則貌言視聽皆統於思得其統而九疇可一以貫之矣云云則

永樂大典題曰洪範統一爲名實相應矣考朱子與陸九淵論皇極之義往復

辨難各持一說此書以大中釋皇極本諸註疏與陸氏合復謂九疇運於君心

發爲至治又合於朱子建極之旨蓋能通懷彼我兼取兩家之說者生當分朋

講學之時而介然不預于門戶是難能也乾隆四十五年十月恭校上

尚書要義

臣等謹案尚書要義二十卷宋魏了翁撰了翁謫居靖州時著九經要義凡二

百六十三卷皆摘注疏中精要之語標以目次以便簡閱其周易要義已著錄

此其所摘尚書注疏也孔安國傳本出依託循文衍義無大發明亦無大瑕纇

故宋儒說詩排小序說春秋排三傳而說書則不甚排孔氏孔穎達正義雖詮

釋傳文不肯稍立同異而原原本本考證粲然故朱子語錄亦謂尚書名物典

制當看疏文然尚書文既聱牙注疏又復浩汗學者卒業爲艱了翁汰其冗文

使後人不病於蕪雜而一切考證之實學已精華畢擷是亦讀註疏者之津梁矣是書傳寫頗稀此本有曠翁手識一印山陰祁氏藏書一印澹生堂經籍記一印猶明末祁彪佳家所藏也原目二十卷中第七卷第八卷第九卷第十二卷第十三卷第十四卷並佚無別本可以校補今亦姑仍其闕焉乾隆四十七年五月恭校上

書集傳或問

臣等謹案書集傳或問二卷宋從仕郎陳大猷撰大猷東陽人登紹定二年進士官至六部架閣宋史無傳藝文志亦不載其名自序稱既集書傳復因同志問難記其去取曲折以成此編則此編本因集傳而作然集傳惟葉氏菉竹堂書目載之後不復見則明季已佚矣存者獨此二卷耳其書采摭羣言反復辨駁雖朱蔡二家之說亦無所遷就可謂卓然自立者至其過執己見捂擊前人如謂堯典非虞書之類亦時時有之要不以一眚廢也同時又有都昌陳大猷

著書傳會通其人乃陳澔之父受學于雙峰饒魯者世或誤稱爲一人非也乾隆四十七年四月恭校上

尚書詳解

臣等謹案尚書詳解十三卷宋胡士行撰士行廬陵人官臨江軍軍學教授是編焦竑國史經籍志作書集解朱彝尊經義考又作初學尚書詳解稱名互異其實一書也其解經多以孔傳爲主而存異說於後孔傳有未善則引楊時林之奇呂祖謙夏僎諸說補之諸說復有所未備則以己意解之堯典星辰之伏見列爲四圖以驗分至洪範初一曰五行則補繪太極圖以釋初字見五行生尅之有本雖皆根據舊說要能薈萃以成一家言猶解經之篤實者也所引漢晉人訓詁間有異字如益稷篇引鄭康成云黹紩也紩以爲繡也與註疏所載不同凡斯之類亦見其留心古義不但空談名理矣乾隆四十七年九月恭校上

尚書表注

臣等謹案尚書表注二卷宋金履祥撰履祥字吉父號仁山蘭溪人從學於王柏德祐初以史館編修召不赴入元隱居教授以終事跡具元史儒學傳初履祥作尚書注十二卷柳貫所撰行狀稱早歲所著尚書章釋句解已有成書是也朱彝尊經義考稱其尚存今未之見惟此書刻通志堂經解中前有自序稱擺脫衆說獨抱遺經復讀玩味爲之正句畫段提其章指與其義理之微事爲之概考證文字之誤表諸四闌之外蓋其晚年定本也其書於每頁之上下左右細字標識縱横錯落初無行款於古來著經之家别爲一體大抵攟摭舊說折衷己意與蔡沈集傳頗有異同其徵引伏氏孔氏文字同異亦確有根原所列作書歲月則與所作通鑑前編悉本胡宏皇王大紀參考後先雖未必一一盡確然要非盡無據而作也至于過爲高論求異先儒如欲以康誥之敘冠于梓材篇首謂前爲周公咸勤之事後即洪大誥治之文集庶邦則營東都以均

四方朝貢之道里先後迷民則所謂毖殷遷洛以密邇王化其説甚辨而于篇首王曰封三字究無以解因復謂王字當作周公封字因上篇酒誥而衍則未免于竄改經文以就己意矣是則其瑜不掩瑕者也乾隆五十四年四月恭校

上

欽定四庫全書提要卷八

經部八

書類二

書纂言

臣等謹案書纂言四卷元吴澄撰古文尚書自貞觀勅作正義以後終唐之世無異說宋人稍疑之朱子尤三致意焉然言性言心言學之語宋人據以立教者其端皆發于古文故亦無敢輕議者其毅然專釋今文則實自澄始夫古文之傳以孔安國之傳也安國生于西漢而所釋禹貢乃有魏晉地名則傳之依託不待辨孔傳既僞則古文誠不免于可疑澄之專釋今文未可槩以蔑古譏也惟其顛倒錯簡而不明言竄易之故于闕疑之義有所未安澄所註諸經皆然亦一瑕也然較之王柏書疑詩疑悍然無顧畏者則相去遠矣乾隆四十七年五月恭校上

書集傳纂疏

臣等謹案書集傳纂疏六卷元陳櫟撰櫟字壽翁號定宇新安人昔朱子以書傳屬蔡沈朱子沒後十年其書乃成惟二典三謨曾經親爲訂正然全書大旨則固皆本師說也櫟生朱子之鄉亦篤信朱子之學故作此書以發明之昔毛萇詩傳鄭康成因而箋之附註之體實始于斯櫟之所作蓋亦此例以疏通蔡氏之意故命曰疏以纂輯諸家之説故命曰纂第一卷特標朱子訂正之目以正淵源每條之下必以朱子之説冠于諸家之前以尊師授間附己意則題曰愚謂以別之其書於蔡傳有所增補而無所駁正亦猶孔氏正義于古註莫敢異同蓋專門之學例如是也説尚書者唐以前諸家皆不傳孔安國傳復多異議宋人所著朱子亦罕所許可後之儒者不能不以蔡氏爲宗主則櫟闡明之功亦不可沒矣乾隆四十七年四月恭校上

臣等謹案讀書叢說六卷元許謙撰謙字益之金華人延祐中以講學名一時儒者所稱白雲先生是也事蹟具元史儒學傳自蔡沈書集傳出解經者大抵樂其簡易不復參考諸書謙獨博覈事實不株守一家故稱叢說如舊說洛誥我乃卜澗水東瀍水西爲王城據召誥洛誥周公皆乙卯至洛在召公得卜經營攻位五日位成之後是王城無庸再卜謙謂此時王城已定但卜處殷民之地故先河朔黎水以近殷舊都民遷之便次及澗東瀍西次及瀍東皆以洛與此地相對定墨而皆惟洛食瀍澗流至洛所經已遠不知周公所卜者何處又呂刑稱惟作五虐之刑曰法稱爰始淫爲劓刵椓黥舊說以爲其刑造自有苗謙謂苗乃專以刑爲治國之法始過用其刑非創造刑也如此之類亦頗不爲習聞所囿宋末元初說經者多尚虛談而謙於詩考名物於書考典制猶有先儒篤實之遺是足貴也是書與詩名物鈔四書叢說並刊於至正六年其版久佚此本爲浙江吳玉墀家所傳鈔第二卷中脫四頁第三卷中脫二頁第五卷

第六卷各脱四頁勘驗别本亦皆相同今亦無從校補姑仍其舊焉乾隆四十七年十月恭校上

書傳輯錄纂注

臣等謹案書傳輯錄纂注六卷元董鼎撰鼎字季亨鄱陽人朱子之學授於黄榦鼎族兄夢程嘗從榦游鼎又從夢程聞緒論故自謂得朱子之再傳是編雖以蔡沈集傳爲宗而集傳之後皆續以朱子語錄又博采諸説附列於末自序稱集傳既爲朱子所訂定則與自著無異又稱蓍稡成朱子之一經則仍以朱子爲主也考蔡沈書集傳序惟稱二典三謨嘗經先生點定故陳櫟作書集傳纂疏惟虞書首標朱子而夏書以下則不然吴澄作是書序亦稱朱子訂定蔡傳僅至百官若帝之初而止鼎乃全歸之朱子頗爲假借然陳櫟作書説折衷序稱集傳宗師説者固多異之者亦不少澄序又稱集傳自周書洪範以後寖覺疎脱師説甚明而不用者有焉疑其著述未竟而人爲增補或草稾初成而

未及修改所舉金縢召誥洛誥諸條皆顯相舛異又稱鼎作是書有同有異俱有所裨如解西伯戡黎則從吳棫解多士則從陳櫟解金縢則兼存鄭孔二義不以蔡傳之從鄭爲然然則鼎於集傳蓋不免有所未愜恐人以源出朱子爲疑故特引朱子之說補其闕失其舉集傳而歸之朱子猶曰以朱翼朱則不以異蔡爲嫌耳非其考之不審也乾隆四十七年九月恭校上

尚書通考

臣等謹案尚書通考十卷元黄鎮成撰鎮成字元鎮邵武人以薦授江南儒學提舉未上而卒其書徵引舊說以考四代之名物典章而間附以論斷頗爲詳備其中如論閏月而牽及後代司天之書論律而旁引京房之法論樂而臚陳自漢至宋之樂名皆與經義無關失之汎濫其他四仲五品五教九疇六府三事之類皆經有明文而複登圖譜别無發明亦失之冗瑣又全書皆數典之文而曰若稽古一條獨參訓詁尤爲例不純似乎隨筆記錄之稾未經刊潤成書

者然朱子嘗言欲作書說如制度之類祇以疏文爲本是書雖涉繁蕪固即朱子之志矣與蔡傳旁通並錄存之以備考證於經義亦未必無補焉乾隆四十七年十一月恭校上

書傳旁通

臣等謹案書傳旁通六卷元陳師凱撰師凱家彭蠡故自題曰東滙澤昔朱子欲註尚書而不果以屬蔡沈其二典三謨朱子併爲之勘定故沈之義即朱子之義而宗朱子之學者既不得朱子之書亦遂因朱子而宗沈此蔡氏傳之所以行而後之儒者又著書以羽翼其說也昔毛萇詩傳康成箋之雖專門一家之學而于經義多所闡發師凱是編自序稱爲初學小子設于蔡氏傳外無所發明其考核偶誤之處亦未能舉正然于名物度數之間則引證頗詳足補蔡氏所未備自明以來蔡氏書列于學宫則是書宜與並存矣乾隆四十七年七月校恭上

讀書管見

臣等謹案讀書管見二卷元王充耘撰充耘字耕野以書義登進士二甲授承務郎同知永新州事後棄官養母著書以授徒乃成是編自宋末迄元言書者率宗蔡氏充耘所說皆與蔡氏多異同觀其辨傳授心法一條可知其戛然自別矣其中如謂堯典乃舜典之緣起本爲一篇故曰虞書謂象以典型爲仍象其罪而加之非垂象之意謂逆河以海潮逆入而得名皆非故爲異說者至于洪範錯簡之說伊訓改正不改月之辨尙未能糾正而所附周不改月惟魯史改月一條尤爲强詞分別觀之棄短取長可也又禹貢篇內嶧陽孤桐一條語不可解原跋稱此書得之西皋王氏寫者草草其末尤甚此條疑當時訛脫今無從是正矣乾隆四十七年四月恭校上

書義斷法附作義要訣

臣等謹案書義斷法六卷附作義要訣一卷書義斷法元陳悅道撰其自題曰

鄙次不知何許人書首冠以科舉備用四字蓋亦當時坊行之本爲科舉經義而設者也其于經文不全錄僅摘其可以命題者載之而逐句加以詮解大抵標舉本旨所在以爲作文竅要而于諸家異同之説别無所參究發明蓋王充耘書義矜式如今之程墨而此則如今之講章自明以來經義變爲八股村塾講章之書剽竊改竄日增月益坊間利其速售學者亦喜其簡陋而易從于是習俗相沿抱殘守闕幾于不見全經若此書者實爲濫觴所自始特以其流傳既久錄而存之亦以見風會變遷其所由來者漸矣書末原附作義要訣一卷乃新書倪士毅仲宏所輯分冒題原題講題結題四則前有作文訣數則專論場屋行文之法亦足見當時舉業之式今以其篇帙不多無可附麗姑仍其舊併錄之焉乾隆四十七年五月恭校上

尚書纂傳

臣等謹案尚書纂傳四十六卷元王天與撰大旨以朱子爲宗而以眞德秀説

爲羽翼朱子考論羣經以書屬蔡沈故天與以蔡氏傳爲據德秀則書說精義以外復有大學衍義一書所言與虞夏商周之大經大法多相出入故天與亦備采之其孔安國以下凡數百家之解則取醇汰駁務求精當勒而成一家之言或病其但闡義理而訓詁名物多所未詳夫訓詁名物之不明則先不知古人之言與古人之事自無從而得其義然考據既明以後無以折衷其是非抑亦末矣是二途者恒如左右佩劍之相笑其實各明一義無可偏廢讀天與是書取其義理可矣若夫考據之學則又別成爲一家存而不論可也乾隆四十七年十月恭校上

尚書句解

臣等謹案尚書句解十三卷元朱祖義撰祖義字子由廬陵人於諸經皆有句解今多散佚惟尚書僅存元延祐中定經義取士之制尚書以蔡沈集傳爲宗故爲科舉之學者童而習之莫或出入祖義是書專爲啟迪幼學而設雖多宗

蔡義未嘗別有發明於訓詁名物之閒亦罕所考證然隨文詮釋詞意簡明使殷盤周誥詰屈聱牙之句皆可於展卷之下了然於心口其亦離經辨志之意歟以視附會穿鑿浮文妨要反以晦蝕經義者猶爲彼善末可以其淺近廢也

乾隆四十七年三月恭校上

書傳會選

臣等謹案書傳會選六卷明翰林學士劉三吾等奉勅撰案宋蔡沈作書傳惟二典及大禹謨經朱子點定至成書之日朱子沒已十年矣當時以其源出朱子遂奉爲定論迨宋末年張葆舒作尙書蔡傳訂誤黃景昌作尙書蔡氏傳正誤程直方作蔡傳辨疑余芑舒作讀蔡傳疑始稍稍敢言其失及元仁宗延祐二年議復貢舉之法定尙書義遵用蔡氏于是葆舒等之書盡佚不傳而蔡傳遂孤行于天下至明太祖考驗天象始知蔡傳多出臆斷因博徵績學定爲此編凡蔡傳之合者存之不預立意見以曲肆詆排其不合者則改之亦不堅守

門戶以巧爲回護計所糾正凡六十六條考明太祖實録與羣臣論蔡傳之失在洪武十年三月其詔修是書則在二十七年四月丙戌而成書以九月己酉僅五閲月觀劉三吾序稱臣三吾備員翰林屢嘗以其説上聞皇上允請乃召天下儒士倣石渠虎觀故事與臣等同校定之則是十七年間三吾已考證講求先有定見特參稽衆論以成之耳惟實録所載纂修諸臣姓名與此本卷首所列不符朱彝尊經義考謂許觀景清盧原質戴德彝等皆以死建文之難删去其説是已然胡季安門克新王俊華等十一人何以併删且靳觀吴子恭宋麟三人此書所不載又何以增入蓋永樂中重修太祖實録其意主於誣惠帝君臣以罪明靖難之非得已耳其餘草草非所注意故舛謬百出不足爲據此書爲當時舊本當以所列姓名爲定可也乾隆四十七年十月恭校上

書傳大全

臣等謹案書傳大全十卷明胡廣等奉勅撰書以蔡沈集傳爲主自延祐貢舉

條格已然然元制猶兼用古注疏故王充耘書義矜式得本孔傳立義也明太祖親驗天象知蔡傳不盡可據因命作書傳會選參攷古義以糾其失頒行天下是洪武中尚不以蔡傳爲主其專主蔡傳定爲功令者則始自是書其説雖不似詩經大全之全鈔劉瑾詩傳通釋春秋大全之全鈔汪克寬胡傳纂疏而實亦非廣等所自纂故朱彝尊經義攷引吳任臣之言曰書傳舊爲六卷大全分爲十卷大旨本二陳氏二陳氏者一爲陳櫟尚書集傳纂疏一爲陳師凱書蔡傳旁通纂疏皆墨守蔡傳旁通則于名物度數攷證特詳雖回護蔡傳之處在所不免然大致較劉氏説詩汪氏説春秋爲有根柢故是書在五經大全中尚爲差勝云乾隆四十七年九月恭校上

尚書考異

臣等謹案尚書考異五卷明梅鷟撰鷟有古易考原已著録是編辨正古文尚書其謂二十五篇爲皇甫謐所作蓋據孔穎達疏引晉書皇甫謐傳案穎達作正義時今

本晉書尚未成此蓋臧榮緒晉書之文稱謐姑子外弟梁柳得古文尚書故作帝王世紀往往載孔傳五十八篇之書云云然其文未明未可據爲謐作之證至謂孔安國序并增多之二十五篇悉雜取傳記中語以成文則指摘皆有依據又如謂瀍水出穀城縣兩漢志並同晉始省穀城入河南而孔傳乃云出河南北山積石山在西南羌中漢昭帝始元六年始置金城郡而孔傳乃云積石山在金城西南孔安國卒于漢武時載在史記則猶在司馬遷以前安得知此地名乎其爲依託尤佐證顯然陳第作尚書疏衍乃以譸張爲幻詆之過矣明史藝文志不著錄朱彝尊經義考作一卷此爲范懋柱家天一閣所藏不題撰人姓名而書中自稱鷟按則出鷟手無疑原稿未分卷數而實不止于一卷今約略篇頁釐爲五卷鷟又別有尚書譜持論略同不及此書之精核今別存其目不復錄焉乾隆四十七年九月恭校上

尚書疑義

臣等謹案尚書疑義六卷明馬明衡撰明衡字子莘莆田人正德丁丑進士官至監察御史事迹附見明史朱淛傳是編成於嘉靖壬寅前有自序云凡於所明而無疑者從蔡氏其有所疑於心而不敢苟從者輒錄爲篇書中如六宗從祭法輯五瑞謂是朝覲之常非爲更新立異治梁及岐謂爲蔡傳勝孔氏洪範日月之行取沈括之說於金縢頗有疑辭皆能參酌衆說不主一家非有心與蔡氏立異者惟三江必欲連震澤而於所其無逸之所字亦不從蔡傳則未免意見之偏又往往闌人時事亦稍失解經體例蓋不免醇駁互存然明人經解冗濫居多明衡是編尚能研究於古義固不以瑕掩瑜也史稱閩中學者率以蔡清爲宗至明衡獨受業於王守仁閩中有王氏學自明衡始考明衡當嘉靖三年世宗尊所生而薄所後於興國太后誕節詔命婦入賀於慈壽皇太后誕辰乃詔免朝時盈庭附和新局而明衡惓惓故君與朱淛力爭皆遘禍幾殆坐是終身廢棄可謂不愧於經術更不必以門戶之見論是書之醇疵矣乾隆四

十七年三月恭校上

尙書日記

臣等謹案尙書日記十六卷明王樵撰樵字明逸金壇人嘉靖丁未進士官至南京右都御史謚恭簡是編不載經文惟案諸篇原第以次詮釋大旨仍以蔡傳爲宗制度名物蔡傳有所未詳者則采舊說補之又取金氏通鑑前編一書有關於當時事蹟者悉爲采入如微子抱器箕子受封周公居東致辟諸條皆考據詳明折衷精當其書乃樵自山東乞歸時所作又有書帷日記一書互相參證晚年復手自增删以別記附入合爲一書明代以蔡傳立學官著於令甲於是解書者遂有古義時義之分自書傳會選以下數十家是爲古義而經生科舉之文不盡用書經大全以下主蔡氏而爲之說坊肆所盛行是爲時義樵是書雖爲舉業而設而於經旨實多所發明可謂斟酌於古今之間而得其通者固非剿剟淺說家所能及也乾隆四十七年十月恭校上

尚書砭蔡編

臣等謹案尚書砭蔡編一卷明袁仁撰仁字良貴號蔆波蘇州人與季本同時相善故解經亦往往似本是編糾蔡沈書傳之誤所論如粤若越若之前後異訓三百六旬有六日乃宋歷非古歷方命當從蜀志晉書所引梅賾事不出晉書宣夜有漢郗萌所傳非無師說并州不在冀東醫無閭即遼東不得既爲幽州又爲營州鳥鼠同穴實有其事用爽厥師爽訓失說築傅巖爲版築遯于荒野爲甘盤西伯戡黎爲武王四輔非三輔之義洪舒通作洪荼虎賁不掌射御荒度作刑不連耄字爲句皆確有所據至謂史記索隱南譌不作爲字則但據今本不格姦爲不止其姦鮮食非肉食怪石爲貢服餌汨陳之訓陳爲舊則有意立異不可爲訓矣朱彝尊經義考載此書註曰未見此本載曹溶學海類編中題曰尚書蔡註考誤案沈道原序亦稱砭蔡編則經義考所題爲是溶輯學海類編多改易舊名以示新異不足爲據也乾隆四十七年十月恭校上

尚書疏衍

臣等謹案尚書疏衍四卷明陳第撰第字季立連江人以諸生從軍官至薊鎮遊擊是書前有第自序稱少受尚書讀經不讀傳註口誦心維得其意於深思者頗多後乃參取古今注疏而以素得於深思者附著之然第學問淹博所著毛詩古音考屈宋古音義諸書皆援據該洽具有根柢其作是書雖其初不由訓詁入而實非師心臆斷以空言說經者比如論舜典五瑞五玉五器謂不得以周禮釋虞書斥注疏家牽合之非其理確不可移論武成無錯簡洪範非龜文亦足破諸儒穿鑿附會之習惟篤信梅賾古文以朱子疑之爲非於梅鷟尚書考異尚書譜二編排詆尤力蓋今文古文之辨至閻若璩疏證始明自第以前如吳棫之書稗傳陳振孫之書說吳澄之書纂言歸有光之尚書敘錄均不過推究於文字難易之間未能援引諸書得其確證梅鷟尚書考異雖多所釐訂頗勝前人而其尚書譜則蔓語枝詞徒爲嫚罵亦不足以關辨者之口第之

堅持舊說蓋由於此經師授受自漢代已别戸分門各尊所聞亦聽其並存可矣乾隆四十七年五月恭校上

尙書註考

臣等謹案尙書註考一卷明陳泰交撰朱彝尊經義考載陳氏泰來尙書註考一卷註曰未見又註泰來字長水平湖人萬歷丁丑進士官至禮部精膳司員外郞案明吳永芳嘉興府志載陳泰交字同倩萬歷中國子監生所著有尙書註考與經義考迥異然經義考引項皋謨之說稱同倩治尙書作註考云云明出泰交之字當是彝尊未見其書誤以泰交爲泰來故也其書皆考訂蔡沈書傳之訛謂有引經註經不照應者三條又有同字異解者三百六十二條皆直錄註語不加論斷其同字異解者一字或有數義抉摘未免過嚴其不照應三條如凡厥正人引惟厥正人爲證曰若稽古帝堯引越若來爲證德懋懋官引時乃功懋哉爲證則前後顯相矛盾誠爲蔡氏之疏略矣馬明衡尙書疑義袁

仁砭蔡編頗以典制名物補正蔡傳之闕誤泰交此書則惟較量于訓詁之間而所謂訓詁異詞者又皆以矛攻盾亦未及博援古義證以舊文故爲少遜于二家然釋事釋義二者相資均謂之有功蔡傳可也乾隆四十七年九月恭校

上

洪範明義

臣等謹案洪範明義二卷明黃道周撰道周有三易洞璣別著錄是編乃崇禎十年官左諭德掌司經局時纂集進呈之書其自序曰上卷言天人感召性命相符及好德用人之方下卷言陰隲相協彝論條貫旁及陰陽歷數之務初終兩卷乃正定篇章分別倫序道周之學深于天文律呂其以水火金木土之汩敘類集歷代災異意存鑒戒不免沿襲伏生董仲舒劉向相傳之說于改農用爲晨用衍忒爲衍成六極爲六殛俱屬臆說其章段次第自蘇軾洪邁張九成葉夢得王柏吳澄金履祥胡一中歸有光皆疑其舛錯各爲更定道周兼採衆

說參以己見亦未見其必然惟其論天人相應之理意存鑒戒較王安石之解洪範以天變爲無與于人事者固爲勝之讀者取其立言之大旨可也乾隆四十七年十月恭校上

日講書經解義

臣等謹案日講書經解義十三卷康熙中總裁臣庫勒納葉方藹等奉敕彙集經筵講義編次成書始事於康熙十七年春告成於十九年夏御製序文頒行仰惟我聖祖仁皇帝契精一之傳敷蕩平之極於二帝三王之道集其大成猶命儒臣排日進講凡精微之奧諸臣所不能盡窺者天語諄詳親爲闡繹日積歲稡以成此書其於漢唐以後諸儒之說掇其菁華亦若涓塵之益海岳焉洵乎君師統一萬古爲昭矣乾隆四十七年五月恭校上

欽定書經傳說彙纂

臣等謹案書經傳說彙纂二十一卷聖祖仁皇帝御定大學士臣王頊齡等

奉　命修校尚書自孔安國據壁藏古文爲全經作傳後惟蔡沈親受朱子之傳著爲集傳義最該備而訓詁考證尚未精覈是編彙萃衆說略短取長大要雖衷蔡傳而於制度名物道里山川益加詳審是萬古　治世之大法實備於此固不僅爲說經標準已也乾隆四十七年四月恭校上

尚書稗疏

臣等謹案尚書稗疏四卷　國朝王夫之撰夫之有周易稗疏已著錄是編詮釋經文亦多出新意其閒有失之太鑿者如謂虞書自戛擊鳴球以下至庶君允諧皆韶樂之譜前數語不用韻如樂府之有艷有和有唱其三句一韻者如樂府之有詞其說附會支離全無文義其論洛書配九疇之數以履一爲五皇極而以居中之五爲一五行雖推衍百端畫圖立說終于經文本數相戾其于地理至以崑崙爲洮州之胭脂嶺尤爲武斷然如駁蘇軾傳及蔡傳之失則大抵詞有根據不同游談雖醇疵互見而可取者較多焉乾隆四十七年十月恭

校上

尚書古文疏證

臣等謹案尚書古文疏證八卷　國朝閻若璩撰若璩字百詩太原人徙居山陽古文尚書自魏晉以來絕無師說故左氏所引杜預皆注曰逸書東晉之初其書始出孔安國序蕭統雖錄於文選論道經邦之語明見周官而劉勰作文心雕龍乃謂經無論字是齊梁時猶未盛行也自陸德明據以作釋文孔穎達據以作正義遂與伏生所記二十八篇混合爲一雖疑經惑古如劉知幾之流亦以尚書一家列之史通未言古文之僞自吳棫始有異議朱子亦稍稍疑之吳澄諸人本朱子之說相繼抉摘其僞益彰然未能條分縷析以破其罅漏至若璩乃引經據古一一陳其矛盾之故而究其依托之根古文之僞乃大定雖流傳既久未可遽議變更而若璩所列一百二十八條言言有據毛奇齡作古文尚書寃詞八卷百計舞文務求相軋而遁詞終至於窮則亦莫得而廢者矣

其書初成四卷餘姚黄宗羲序之其後四卷又所次第續成若璩没後傳寫佚其第三卷其二卷第二十八條二十九條三十條七卷第一百二條一百八條一百九條一百十條八卷第一百二十二條至一百二十七條皆有録無書編次後先亦未歸條理蓋猶草創之本然反覆釐剔俾作僞者幾無遁情亦足祛千古之疑矣若璩貫串諸經其釋禹貢地理多正傳注之誤引淹中遺禮可廣吳澄逸經所未備所著四書釋地尤精核絶倫 國朝攷證之學遠逾前代實若璩與顧炎武朱彝尊諸人爲之嚆矢云乾隆四十七年八月恭校上

古文尚書寃詞

臣等謹案古文尚書寃詞八卷 國朝毛奇齡撰初山陽閻若璩作古文尚書疏證蓋本朱子之説以攻梅賾之僞條分縷析已無疑義奇齡持論務與朱子相反又與若璩爭名相詬故作此書以難之知孔傳禹貢篇内有東漢以後地名必不可掩於是别遁其詞摭隋書經籍志之文以爲梅賾所上者乃孔傳而

非古文尚書其古文尚書本傳習人間而賈馬諸儒未之見考隋書經籍志云晉世祕府存有古文尚書經文今無有傳者及永嘉之亂歐陽大小夏侯尚書並亡至東晉豫章內史梅賾始得安國之傳奏之其敘述偶未分明故爲奇齡所假借然隋志作於尚書正義之後其時古文方盛行而云無有傳者知不以東晉古文當之矣且先云古文不傳而後云始得安國之傳知古文與傳俱出非經自經傳自傳矣奇齡安得離析其文以就己說乎梅賾之書行世已久其文本採掇佚經排比聯貫故其旨不悖於聖人斷無可廢之理而確非孔氏之原書則證驗多端非一手所能終掩近惠棟王懋竑等續加考證其說益明本不必與之較論惟奇齡博辨足以移人又以衛經爲詞託名甚正使置而不錄恐反有聽聲而惑者故併存之而撮論其大旨俾知其說不過如此庶將來可以互考焉乾隆四十七年四月恭校上

臣等謹案尚書廣聽錄五卷　國朝毛奇齡撰奇齡欲注尚書而未及因取舊所雜記者編次成書用漢志書以廣聽之語名之奇齡嘗語其門人曰尚書事實乖錯如武王誥康叔周公居洛邑成王寧周公周公留召公皆並無此事是書之意大約總爲辨證三代事實而作初作于禹州繼撰于嵩山凡屢易稿至作尚書寃詞訖而始删成爲五卷其堅護孔傳至謂安國解舜典文與周禮同者乃相傳之虞禮並非出自周禮夫杞宋無徵孔子已爲興歎不知相傳之虞禮竟出何書可謂偏執己意不顧其安然於名物典故則引據考證時有可采置其臆斷之說而取其精核之論于經義亦有小補也乾隆四十七年四月恭校上

尚書埤傳

臣等謹案尚書埤傳十七卷　國朝朱鶴齡撰鶴齡字長孺別號愚菴吳江人前明諸生是書前有考異一卷辨經文同異後有逸篇僞書及書說餘一卷大

柢以孔傳爲眞故史說所載湯誥親受於孔安國者反以爲僞所見未免偏僻然中間埤傳十五卷旁引曲證亦多可採如治梁及岐則取王應麟之說而不用注疏屬在雍州之解沂水則取金履祥之言而魯之沂與徐之沂截然分明於分別九州亦取章俊卿之考索於西伯戡黎則取王樵之日記如此之類頗見別裁至於三江故道左袒郭璞殊嫌失考多士多方併錄王柏更定之本尤失於輕信瑣說竄改古經又堯典俊德謂徧考字書俊不訓大不知俊者大也乃夏小正傳文如是之類或亦間有疏漏要其詮釋義理而不廢考訂訓詁斟酌於漢學宋學之間較書肆講義則固遠勝焉乾隆四十七年三月恭校上

禹貢長箋

臣等謹案禹貢長箋十二卷　國朝朱鶴齡撰鶴齡有尚書埤傳諸書已著于錄是編專釋禹貢一篇前列二十五圖自禹貢全圖以及導山導水皆備次隨文詮解多引古說而以己意折衷之禹貢自宋元以來注釋者不下數十家雖

得失互見要以胡渭之禹貢錐指爲最善此書作于胡渭之前雖不及渭之薈稡精博而旁引曲證亦多創獲如解碣石取袁黄及永平志之説謂在撫寧縣西南海中頗爲確核視胡渭取文穎説以爲在盧龍之南者轉若勝之又解浮于濟漯以爲從濟入漯從漯入河雖本鄭曉舊説而執之頗有定識又于濰淄二水則辨東南西北之分途于沱潛則辨是江漢之别流而非谿谷之水正項安世之誤于涇屬渭汭力主汭爲水曲於漆沮取程大昌雍地四漆沮而三派之説皆有所見惟解治梁及岐力主狐岐爲冀州之境則于理未合蓋岐實雍地當時水之所壅于雍爲甚故治冀必先治雍而後壺口可得而疏孔傳所云壺口在冀州岐在雍州從東循山治水而西此語最爲明晰鶴齡所以反其説者殆以冀州之中不當及雍地不知冀爲天子之都何所不包古人文字原未嘗拘泥如荆州云江漢朝宗于海荆固無海亦不過推江漢所歸言之耳即此可以爲例又何必斤斤致疑乎至其于三江一條既主鄭康成左合漢右合彭

蠡岷江居中之說而又兼取蔡傳以韋昭顧夷所謂三江口者當之亦殊無定
見又古之黑水聯絡雍梁而鶴齡必區而二之蜀漢之山本相連而鶴齡謂蜀
嶓非雍之嶓俱未爲精審又于敷淺原兼取禹過之及江過之二說尤屬騎牆
此類皆其所短要之瑕瑜參半節取可資且其于貢道漕河經由脈絡最稱留
意亦較他本爲詳盡焉乾隆四十七年十月恭校上

禹貢錐指

臣等謹案禹貢錐指二十卷　國朝胡渭撰渭有易圖明辨一書已別著錄是
編尤生平精力所注康熙乙酉恭逢　聖祖仁皇帝南巡曾進　御覽蒙　賜
耆年篤學扁額稽古之榮至今傳述原本標題二十卷而首列圖一卷其中卷
十一卷十四皆分上下卷十三分上中下而中卷又自分上下實共爲二十六
卷其圖凡四十有七如禹貢河初徙再徙及漢唐宋元明河圖尤考證精密書
中體例亞經文一字爲集解又亞一字爲辨證歷代義疏及方志輿圖搜采殆

徧於九州分域山水脈絡古今同異之故一一討論詳明宋以來傅寅程大昌毛晃而下註禹貢者數十家精核典贍此爲冠矣至于陵谷遷移方州分合數千年內往往不同渭乃欲于數千載後皆折衷以定一是如郭璞去古未遠其注山海經臨渝驪成已兩存碣石之說渭必謂文穎所指臨渝爲是漢地理志所指驪成爲非終無確驗又九江一條堅守洞庭之說不思九江果在洞庭南則經當曰九江孔殷江漢朝宗於海矣徐文靖之所駁恐渭亦不能再詰也千慮一失殆不屑闕疑之過乎他若河水不知有重源則其時西域未平無由徵驗所引酈道元諸說經注往往混淆則由傳刻舛譌未覩善本勢之所限固不能執爲渭咎矣乾隆四十七年三月恭校上

洪範正論

臣等謹案洪範正論五卷　國朝胡渭撰渭有禹貢錐指已著錄此書大旨以禹之治水本於九疇故首言鯀堙洪水繼言禹乃嗣興終言天乃錫禹則洪範

爲體而禹貢爲用互相推闡其義乃彰然大旨主於發明奉若天道之理非鄭樵禹貢洪範相爲表裏之説惟以九州次序分配五行者比也其辨證前人之説如謂漢人專取災祥推衍五行穿鑿附會事同讖緯其病一洛書本文即五行五事至五福六極二十字惟敬用農用之十八字爲禹所加與危微精一之心法同旨初一次二至次九不過是次第名色亦非龜文所有龜之有文如木石之文又如魯夫人公子友有文在手之類宋儒創爲黑白之點方圓之體九十之位變書而爲圖以至九數十數劉牧蔡季通紛紜更定其病二又洪範原無錯簡而王柏胡一桂等任意改竄其病三皆切中舊説之失蓋湑經術湛深學問有根柢故所論一軌於理漢儒附會之談宋儒變亂之論能一掃而廓清之云乾隆四十七年二月恭校上

尚書解義

臣等謹案尚書解義一卷　國朝李光地撰是書僅解堯典舜典大禹謨臯陶

謨益稷禹貢洪範七篇蓋未竟之本所說不以訓詁爲長詞旨簡約而多有精義大禹謨篇不以古文爲僞而云孔安國有所删添東漢以後儒者又有所竄以解文詞平易之故未免出于調停禹貢篇解五服五千以飛鳥圖爲算謂塞盡處北極出地四十二度至廣海戴日北極出地二十三度一度爲二百五十里南北恰距五千以遷就入于南海之文亦由光地閩人不欲其鄉出禹貢揚州之外故立是說與訓洪爲大訓範爲訓謂洪範即顧命之大訓皆未免巧而不確至于堯典之論中星歲差舜典之論蓋天渾天十有二州與詩歌聲律禹貢之論潛水沔水相通沔水渭水不相入彭蠡卽今巢湖會于匯爲即鄱陽原隰瀦野非地名則皆實有考證之言非講學家之據理懸揣者矣乾隆四十七年十月恭校上

書經衷論

臣等謹案書經衷論四卷 國朝張英撰英著有易經衷論已别著錄是書乃

康熙二十一年正月英以翰林院學士侍　講幄時所經進之本也其例每篇系以論說不錄經文多者二十餘條少僅三四條因事敷陳大旨類宋人講義之體自序謂非敢自恃臆說皆折衷於昔人之言則亦取先儒緒論融貫出之不必盡其所粈獲也其間立論大抵平正篤實於經義頗有發明如微子篇論箕子比干以臣道自處微子以子道自盡殊得三仁之心洪範篇論龜書自一至九爲數乃當時天錫之瑞洪範一五行至九福極爲理乃聖人所配之言尤能化諸家偏執之見其他詮釋亦往往動中理解浮詞臆見刊削都盡以視說經家支離冗蔓之習固猶爲簡當可取焉乾隆四十七年三月恭校上

尚書地理今釋

臣等謹案尚書地理今釋一卷　國朝蔣廷錫撰廷錫字揚孫常熟人康熙癸未進士官至大學士謚文肅是編乃其官內閣學士時所作首題恭錄　聖訓蓋儤直　內廷之日仰承　指授敬繕成帙者也其中訂定諸儒之說者如堯

典宅嵎夷則據後漢書定爲朝鮮正薛季宣于欽之誤宅西則據黄度尚書說不限以一地正徐廣史記注之誤釐降嬀汭則據孔安國傳陸德明釋文之說正水經注嬀汭二水之誤舜典恒山則據渾源曲陽之道里正漢志上曲陽之誤夾右碣石則據顧炎武肇域志所載劉文偉說正漢志右北平之誤滎波既豬則據傳寅之說正孔傳滎波分二水之誤又訂定蔡沈集傳之說者如禹貢治梁及岐則據曾旼之說辨其非呂梁狐岐九河既道則據經典釋文辨簡潔非一河灉沮會同則據元和郡縣志元豐九域志辨此沮水非泲沮浮於濟漯則據漢書地理志陳師凱書傳旁通辨其不知漯水所在濰淄既道則據水經注辨淄水不東入濟浮於淮泗則據史記河渠書辨禹時泗水上源不自沛通河三江既入則據鄭康成之說辨其誤從庾闡吳都賦注和夷底績則據水經注時瀾書說辨嚴道以西無夷道盤庚于今五遷則據史記索隱辨邢即音耿祖乙並未兩遷以及三危有二嶓冢亦有二熊耳有二而實一雍梁二州兼得

岷山荆梁二州各有沱潛黑水有三漢水有二南亳西亳皆湯所都均考徵精核足以辨往古之訛釋後儒之惑至於崑崙河源之説非惟訂漢儒之謬並正元史之非是則恭逢聖代混一輿圖得以考見其實據尤非前代經師輾轉耳食者比矣欽定書經傳説已備採其文此蓋其先出別行之本敬著於録俾天下萬世知聖學高深度越千古仰觀俯察協契庖犧一時珥筆之臣鞠跽蠡坳側聆聖訓得餘緒之萬一已能綜括古今爲説經家所未曾有也

乾隆四十七年三月恭校上

禹貢會箋

臣等謹案禹貢會箋十二卷國朝徐文靖撰首列禹貢山水總目以水經注所載爲主而附論於下次爲圖十有八而各系以説書中皆先引蔡傳而續爲之箋博徵諸書斷以己意如狐岐呂梁從蔡不從孔汾水西入河非東入河則辨蔡氏之誤徒駭即河之經流非別有一經流三江既入終以南江北江中江

爲正九江在潯陽非洞庭皆不爲蔡傳所囿至於蔡山則闕其所疑不主寰宇記周公山即蔡山之說於惇物則取金史地理志謂在乾州武亭縣今武功縣之東南二百里三危山引西河舊事爲昇雨山謂史記注作卑羽山蓋字之誤併辨胡渭之訛皆具有考證蓋說禹貢者宋以來棼如亂絲至胡渭錐指出而擢陷廓清始有條理可案文靖生渭之後因渭所已言而更推尋所未至故較之渭書益爲精密蓋繼事者易有功也惟信山海經竹書紀年太過是則僻於好古不究眞僞之失耳乾隆四十七年九月恭校上

尚書大傳

臣等謹案尚書大傳三卷補遺一卷　國朝孫之騄輯之騄字晴川錢塘人按漢書藝文志伏生所傳經二十九卷傳四十一篇隋志作尚書大傳三卷鄭康成序謂章句之外別撰大義劉子政校書得而上之其篇次與藝文志合舊唐書志云伏勝注大傳三卷暢訓三卷新唐書志則作伏勝注大傳三卷又暢訓

一卷已闕二卷至宋史藝文志暢訓遂不著錄蓋已散佚故自明代以來僅留

大傳殘本脫略漫漶殆不可讀之騄詮次其文又博采諸書所引補其佚闕以

成此本凡卷中不註出處者皆殘本之原文其註某書某書者皆之騄所蒐輯

也刻成之後續有所得不及逐條附入因又別爲補遺一卷綴之卷末近揚州

別有刻本相較頗有異同蓋亦雜采補綴今與此本並著于錄以存古書之梗

概總之皆非伏生之舊矣其註乃鄭康成作今殘本尚題其名新舊唐書並作

伏生注大傳蓋史文之誤也乾隆四十七年四月恭校上

書義矜式

臣等謹案書義矜式六卷元王充耘撰充耘字與耕吉水人元統甲戌進士授

永州同知所著四書經疑貫通已別著錄充耘精于科舉之業又以書經登第

其用功甚深此乃所作經義程式也自宋王安石變法始以經義取士當時如

張才叔自靖人自獻于先王義學者稱爲不可磨滅之文呂祖謙至爲錄入文

鑑中元仁宗皇慶初復行科舉仍用經義一篇而其體式視宋爲小變綜其格律有破題接題小講謂之冒子冒子後入官題官題下有原題有大講有餘意亦曰從講又有原經亦曰考經有結尾承襲既久作者以冗長繁複爲可厭或稍稍變通之而大要有冒題原題講題結題則一定不可易充耘即所業之經篇摘數題各爲程文以示標準雖于經旨無所發明而一時場屋之體稱爲最工存之亦可以見風尚所在且元代功令于書已用蔡傳而愼徽五典一篇乃引孔傳大錄之文以相參考足知當時學者猶知旁覽注疏固不至如明季舉業家墨守講章于古書全未寓目也乾隆四十七年十月恭校上

欽定四庫全書提要卷八

欽定四庫全書提要卷九

經部九

詩類一

詩序

臣等謹案詩序二卷考詩序之説紛如聚訟以爲大序子夏作小序子夏毛公合作者鄭康成詩譜也以爲子夏所序詩即今毛詩序者王肅家語注也以衞宏受學謝曼卿作詩序者後漢書儒林傳也以爲子夏所創毛公及衞宏又加潤益者隋書經籍志也以爲子夏不序詩者韓愈也以爲子夏惟裁初句以下出于毛公者成伯璵也以爲詩人所自製者王安石也以小序爲國史之舊文以大序爲孔子作者明道程子也以首句即爲孔子所題者王得臣也以爲毛傳初行尚未有序其後門人互相傳授各記其師説者曹粹中也以爲村野妄人所作昌言排擊而不顧者則倡之者鄭樵王質和之者朱子也然樵所作詩

辨妄一出周孚即作非鄭樵詩辨妄一卷摘其四十二事攻之質所作詩總聞亦不甚行于世朱子同時如呂祖謙陳傅良葉適皆以同志之交各持異議黄震篤信朱學而所作日鈔亦申序說馬端臨作經籍考於他書無所考辨惟詩序一事反覆攻詰至數千言自元明以至今日越數百年儒者尚各分左右袒也豈非說經之家第一爭詬之端乎隋志有顧歡毛詩集解敘義一卷雷次宗毛詩序義二卷劉炫毛詩集小序一卷劉𪩘毛詩序義疏一卷唐志則作卜商詩序二卷今以朱子所辨其文較繁仍析爲二卷若其得失則諸家之論詳矣各具本書茲不復贅焉乾隆四十七年十月恭校上

毛詩注疏

臣等謹案毛詩注疏三十卷漢鄭康成箋唐孔穎達疏詩惟毛傳鄭箋至爲雅奥穎達集南北朝諸儒之長作爲義疏形名度數於是爲詳宋王安石自作新義屏棄注疏晁氏譏之明初取士孔疏朱傳猶並重焉蓋詩隨平樂樂附於禮

康成以禮言詩其說至煩而不可厭也惟孔氏疏猶爲克守家法明刻本不載鄭氏詩譜序今本已補入毛晉刻本關雎篇誤以陸氏釋文混入鄭箋今亦校正信爲善本云乾隆四十七年五月恭校上

毛詩草木鳥獸蟲魚疏

臣等謹案毛詩草木鳥獸蟲魚疏二卷吴陸璣撰明北監本詩正義全部所引皆作陸機考隋書經籍志毛詩草木蟲魚疏二卷注云烏程令吴郡陸璣撰陸德明經典釋文序録陸璣毛詩草木鳥獸蟲魚疏二卷注云字元恪吴郡人吴太子中庶子烏程令唐書藝文志亦作陸璣則監本爲誤又毛晉津逮祕書所刻援陳振孫之言謂其書引爾雅郭璞注當在郭後未必吴人因而題曰唐陸璣夫唐代之書隋志烏能著録且書中所引爾雅注僅及漢犍爲文學樊光實無一字涉郭璞不知陳氏何以云然姚士粦跋已辨之或晉未見士粦跋歟原本久佚此本不知何人所輯大抵從詩正義中録出然正義衛風淇澳篇引陸

璣疏淇澳二水名今本乃無此條知由採摭未周故有所漏非璣之舊帙矣蟲魚草木今昔異名年代迢遥傳疑彌甚璣去古未遠所言猶不甚失眞詩正義全用其說陳啟源作毛詩稽古編其駁正諸家亦多以璣說爲據講多識之學者固當以此爲最古焉乾隆四十七年九月恭校上

陸氏詩疏廣要

臣等謹案陸氏詩疏廣要四卷吴烏程令陸璣原本而明毛晉所作廣要也考隋書經籍志毛詩草木鳥獸蟲魚疏二卷注云烏程令吴郡陸機撰而陸德明經典釋文序錄陸璣毛詩草木鳥獸蟲魚疏二卷注云字元恪吴郡人吴太子中庶子烏程令唐書藝文志亦作陸璣然則隋志作機字之誤也是書久佚後人於孔穎達五經正義内采掇其詞輯爲二卷明毛晉因而注之每卷又分爲上下其跋疑此本非原書其說良是至援陳氏之說謂其書引爾雅郭璞注則當在郭後未必吴人因而題曰唐陸璣則考證殊屬疎舛書中于爾雅注僅及

漢犍爲文學樊光實無一字涉郭璞不知陳氏何以云然也今從釋文改題吳陸璣撰晉之廣要摭拾頗勤亦俾附驥以傳而所編條目有與經文篇第錯亂者並加改訂以從經次焉乾隆四十七年十一月恭校上

毛詩指說

臣等謹案毛詩指說一卷唐成伯璵撰伯璵爵里無考書凡四篇一曰興述明先王陳詩觀風之旨孔子删詩正雅之由二曰解說先釋詩義而風雅頌次之周南又次之詁傳序又次之篇章又次之后妃又次之終之以鵲巢騶虞大略即舉周南一篇隱括論列引申以及其餘三曰傳受備詳齊魯毛韓四家授受世次及後儒訓釋源流四曰文體凡三百篇中句法之長短篇章之多寡措辭之異同用字之體例皆臚舉而詳之頗似劉氏文心雕龍之體蓋說經之餘論也然定詩序首句爲子夏所傳其下爲毛萇所續實伯璵此書發其端則決別疑似於說詩亦深有功矣伯璵尙有毛詩斷章二卷見崇文總目稱其取春秋

斷章」義鈔取詩語彙而出之蓋即李石詩如例之類宋熊克嘗與毘陵沈必豫欲合二書刻之而斷章一書竟求之不獲乃先刻指說此本末有克跋蓋即從宋本傳刻也克嘗著中興小紀別見史部編年類中其刻此書時方分敎于京口故跋稱刻之泮林云乾隆四十七年十月恭校上

詩本義

臣等謹案詩本義十六卷宋歐陽修撰是書凡爲說一百十有四篇統解十篇時世本末二論豳魯序三問而補亡鄭譜及詩圖總序附於卷末修文章名世而經術亦復湛深王宏撰山志記嘉靖時欲以修從祀孔子廟衆論靡定世宗諭大學士楊一清曰朕閱書武成篇有引用歐陽修語豈得謂修於六經無羽翼於聖門無功乎一清對以修之論說見於武成蓋僅有者耳其從祀一節未敢輕議云云蓋均不知修有此書也自唐以來說詩者莫敢議毛鄭雖老師宿儒亦僅守小序至宋而新義日增舊說幾廢推原所始實發於修然修之言

曰後之學者因迹先世之所傳而較得失或有之矣使徒抱焚餘殘脫之經倀倀於去聖人千百年後不見先儒中間之說而欲特立一家之學者果有能哉吾未之信也又曰先儒於經不能無失而所得固已多矣盡其說而理有不通然後以論正之是修作是書本出於和氣平心以意逆志故其立論未嘗輕議二家而亦不曲狥二家其所訓釋往往得詩人之本志後之學者或務立新奇自矜神解至於王柏之流乃併疑及聖經使周南召南俱遭删竄則變本加厲之過固不得以濫觴之始歸咎於修矣乾隆四十七年十月恭校上

詩集傳

臣等謹案詩集傳十九卷宋蘇轍撰其說以詩之小序反復繁重類非一人之詞疑爲毛氏之學衛宏之所集錄因惟存其發端一言而以下餘文悉從删汰案詩之小序舊說多稱子夏王安石則謂詩人自作程子則謂大序出孔子小序出國史王得臣作麈史併謂小序第一句亦出孔子考王應麟詩考所載韓

詩如關雎刺時也芣苢傷夫有惡疾也漢廣悅人也汝墳辭家也蝃蝀刺奔女也黍離伯封作也雨無正大夫刺幽王也賓之初筵衞武公飲酒悔過也其體例與今小序同是韓詩有韓詩之序又蔡邕書石經悉本魯詩邕作獨斷所載周頌三十一章其序之體例與今小序亦同是魯詩有魯詩之序則轍斷小序爲毛氏之學不爲無見史傳言詩序者以後漢書爲近古而儒林傳稱謝曼卿善毛詩乃爲其訓衞宏從曼卿受學因作毛詩序轍以爲衞宏所集錄亦不爲無徵唐成伯璵作毛詩指說雖亦謂小序出子夏然其言曰衆篇之小序子夏惟裁初句耳葛覃后妃之本也鴻雁美宣王也如此之類是也其下皆大毛公自以詩中之意而繫其辭云云然則惟取序首一句伯璵已先言之不自轍創矣厥後王得臣程大昌李樗皆祖其說蓋亦以爲中理也又轍作自序稱于小序採其可者其尤不可者皆明著其失則轍于毛詩之學蓋亦不激不隨務持其平而朱翌猗覺寮雜記乃曰蘇子由解詩不用詩序亦未識轍之本志矣乾

隆四十七年九月恭校上

毛詩名物解

臣等謹案毛詩名物解二十卷宋蔡卞撰卞字元度興化仙游人熙寧三年與兄京同舉進士第仕至觀文殿學士事迹具宋史自王安石新義及字說行而宋之士風一變其爲名物訓詁之學者僅卞與陸佃二家佃安石客卞安石壻也故佃作埤雅卞作此書大旨皆以字說爲宗陳振孫稱卞書議論穿鑿徵引瑣碎無裨於經義詆之甚力蓋佃雖學術本安石而力沮新法斷斷異議君子猶或取之卞則傾邪姦儉犯天下之公惡因其人以及其書羣相排斥亦自取也然其書雖王氏之學而引證發明亦有出於孔穎達正義陸璣蟲魚草木疏外者寸有所長不以人廢言也且以邪㬌之僉邪而爾雅之疏列之學官則卞書亦安得竟棄乎書凡十一類曰釋天釋百穀釋草釋木釋鳥釋獸釋蟲釋魚釋馬雜釋雜解陳氏書錄解題稱分十類蓋傳寫誤脫一字也乾隆四十七年

二月恭校上

毛詩集解

臣等謹案毛詩集解四十二卷宋李樗黄櫄二家講義也樗字若林著毛詩詳解三十六卷櫄字實夫著詩解二十一卷二人皆閩之名儒故後人合而訂之而李詠所校吕祖謙釋音亦附録焉陳振孫稱詩解博采諸家訓釋名物文義末用己意爲論斷今觀二家之書體例略同櫄則更於樗解未安處互爲引駁如論詩序樗取蘇氏之説櫄則兼用王程論相鼠樗取歐陽之説櫄則别伸新意是也雖其中不無有過於偏駁之病而疏證明白足以發揮其説考據家實取資焉櫄淳熙中以舍選入對升進士丙科官南劍教授樗自號迂仲吕本中之弟子常領鄉貢學者稱爲迂齋先生詠字深卿亦閩人乾隆四十七年四月恭校上

詩補傳

臣等謹案詩補傳三十卷舊本但題逸齋而不著名氏朱彝尊云宋史藝文志有范處義詩補傳三十卷與此本卷數相符明朱睦㮮書目直書處義名當有所考也處義金華人紹興中進士其書大旨以詩序爲宗蓋詩至漢而分爲四惟毛詩之合於經傳者爲多其餘三家不盡傳鄭康成獨爲毛傳作箋至唐孔穎達作正義又專申鄭說蓋自東漢以迄於有唐無敢議序者宋程子張子歐陽修蘇轍始以爲不盡醇至王質鄭樵直欲去序以言詩矣然馬端臨辨小序之不可去至數千言而不止則宋人亦不盡尊樵說也此書恪守舊說猶近於漢儒專門之學其自序亦深以近世諸儒廢序以就己說者爲戒各尊所聞可謂好古之士矣乾隆四十七年九月恭校上

詩總聞

臣等謹案詩總聞二十卷宋王質撰質字景文興國人博通經史善屬文紹興三十年進士官至樞密院編修出通判荆南府改吉州皆不行此書取詩三百

篇每章說其大義復有聞音聞訓聞章聞句聞字聞物聞用聞跡聞事聞人之別又間爲總聞而聞南聞風聞雅聞頌冠於四始之首自漢以來說詩者多依小序蘇轍詩傳如去取相半其廢序言詩則鄭樵唱而質和之也質自謂覃精研思幾三十年始成是書吳興陳日强跋而鋟之富川稱其以意逆志自成一家雖間涉穿鑿亦可謂苦心立言者矣日强跋又曰其删除小序實與文公朱先生合今考其書雖廢序說詩與朱子同而其爲說則各異跋作於淳祐癸卯是時朱子之學方盛故日强假之以重質耳究非確論也乾隆四十七年四月恭校上

詩經集傳

臣等謹案詩經集傳八卷宋朱子撰宋志作二十卷文獻通考於集傳外尚有詩序辨說一卷統爲二十一卷今本既不載序辨說而卷數復不符朱子嘗自謂少年淺陋之說久而有所更定陳振孫云江西所刻晚年本得於南康胡泳

伯量較之建安本更定幾什一此卷帙所由不同歟第未知此所傳者竟何本也朱子說詩盡去二序而集中有廣靑衿之疑問句郤用序說後人惑之要其涵濡諷詠務得性情之正此固律世之大防已其叶韻則其孫承議郞鑑取吳棫所著毛詩補音之說入之後儒不察以爲亦朱子所采又以爲取諸韻補皆非也乾隆四十七年四月恭校上

慈湖詩傳

臣等謹案慈湖詩傳二十卷宋楊簡撰簡有慈湖易傳已著錄是書原本二十卷焦竑國史經籍志及黄虞稷千頃堂書目尙載其名而朱彝尊經義考註曰已佚今海内藏書咸集祕府而是書之目闕焉則彝尊所說爲可信蓋竑之所錄皆據史志所載類多虚列虞稷徵刻書目亦多未見原書固不足盡據耳今從永樂大典所載裒輯成編仍勒爲二十卷又從慈湖遺書内補錄自序一篇總論四條而以攻媿集所載樓鑰與簡論詩解書一通附于卷首其他論辨

若干條各附本解之下以資考證至其總論列國雅頌之篇永樂大典此卷適缺無從採錄其公劉以下詩十六篇則永樂大典不載其傳豈亦如呂祖謙之讀詩記獨闕公劉以下諸篇抑在明初即已殘缺耶是書大要本孔子無邪之旨反覆發明而據後漢書之說以小序爲出自衛宏不足深信篇中所論如謂左傳不可據謂爾雅亦多誤謂陸德明多好異音謂鄭康成不善屬文甚至自序之中以大學之釋淇澳爲多牽合而詆子夏爲小人儒蓋簡之學出陸九淵故高明之過至于放言自恣無所畏避其他箋釋文義如以聊樂我員之員爲姓以六駁爲赤駁之訛以天子葵之之葵有向日之義間有附會穿鑿然其于一名一物一字一句必斟酌去取旁徵遠引曲暢其說其考核六書則自說文爾雅釋文以及史傳之音註無不悉蒐其訂正訓詁則自齊魯毛韓以下以至方言雜說無不博引可謂折衷同異自成一家之言非其所作易傳以禪詁經者比也昔吳棫作詩補音十卷又別爲韻補五卷韻補明人有刻本其書採摭

詩騷以下及歐陽修蘇軾蘇轍之作頗爲雜濫補音久佚惟此書所引尚存十之六七然往往以漢魏以下之韻牽合古音其病與韻補相等朱子語類才老補音亦有推不去者蓋即指此類顧炎武亦嘗作韻補正一書以糾其失考古音者固未可全以爲準焉乾隆四十六年四月恭校上

呂氏家塾讀詩記

臣等謹案呂氏家塾讀詩記三十二卷宋呂祖謙撰祖謙有書傳已著錄此其說詩之作也朱子與祖謙交最契其初論詩亦最合此書中所謂朱氏曰者即所採朱子說也後朱子改從鄭樵之論自變前說而祖謙仍堅守毛鄭故祖謙沒後朱子自謂少時淺陋之說伯恭父誤有取焉既久自知其說有所未安或不免有所更定則伯恭父反不能不置疑於其間熹竊惑之方將相與反覆其說以求眞是之歸而伯恭父已下世云云蓋雖應其弟祖約之請而夙見深有所不平然迄今兩說相持嗜呂氏書者終不及也陳振孫書錄解題稱自篤公

劉以下編纂已備而條例未竟學者惜之此本爲陸釴所重刻釴嘗稱得宋本於友人豐存叔呂氏書凡二十二卷公劉以後其門人續存之與陳氏所說小異亦不言門人爲誰然書錄解題及宋史藝文志均著錄三十二卷則當時之本已如此釴所云云或因戴溪有續讀詩記三卷遂誤以後十卷當之歟乾隆四十七年四月恭校上

續呂氏家塾讀詩記

臣等謹案續呂氏家塾讀詩記三卷宋戴溪所續呂祖謙之書也溪以祖謙取毛鄭爲宗折衷衆說於名物訓詁最爲詳悉而篇内微旨詞外之寄托或有未貫乃作此書以補之故以續記爲名實則自述己意非盡墨守祖謙之說其中如謂摽梅爲父母之擇壻有狐爲國人之憫鰥甘棠非受民訟行露非謂侵陵皆平正通達卓然有見其他得風人之旨者亦多實說詩家之善本原本三卷久佚不傳散見於永樂大典中者尚得十之七八謹綴輯成帙仍釐爲三卷永

樂大典詩字一韻缺卷獨多其原序總綱無從補錄矣溪永嘉人淳熙五年爲別頭省試第一歷官工部尚書文華閣學士卒贈端明殿學士理宗紹定間賜謚文端事詳宋史儒林傳考宋史及黄震日鈔等書俱稱溪字肖望而沈光作溪春秋講義序稱字少望光因溪子栴刋父書而作序不應誤稱其父字或溪有二字也温州志稱溪平實簡易求聖賢用心不爲新奇可喜之説而識者服其理到於此書亦見一斑云乾隆三十九年十月恭校上

絜齋毛詩經筵講義

臣等謹案絜齋毛詩經筵講義宋袁燮撰燮字和叔慶元府鄞縣人絜齋其自號也登進士第調江陰尉歷官寶文閣直學士謚正獻事蹟詳具宋史本傳燮素尚名節學有體用嘉猷讜論無不卓然可紀所著文集已經散佚今從永樂大典中裒輯爲二十四卷別著錄集部中此書乃其爲崇政殿説書時撰進之本宋史藝文志馬端臨通考朱彝尊經義考皆不列其目惟永樂大典各韻經

文之下頗載其文蓋其失傳亦已久矣宋代諸臣所作講章如鄭朴敷文書說朱震范沖左氏講義戴溪春秋講義類多編輯單行變此書亦同其例其中議論切實和平通達頗得風人本旨且宋自南渡以後國勢孱弱君若臣皆懦怯偷安無肯志存遠略而變獨以振興恢復之事望其君經幄敷陳再三致意如論式微篇則極稱太王句踐轉弱爲彊而貶黎侯無奮發之心論揚之水篇則謂平王柔弱爲可憐論黍離篇則直以汴京宗廟宮闕爲言皆深有合于納約自牖之義昔人譏胡安國春秋傳意主復讎割經義以從己說而變則因經旨所有而推闡之其發揮尤爲平正雖當時寧宗闇弱不能因此感悟而其拳拳忠藎之意亦良足尙也謹以次編訂釐爲四卷惟雅頌諸篇講義永樂大典原本失載今無可考補亦姑仍其缺焉乾隆四十七年五月恭校上

毛詩講義

臣等謹案毛詩講義十二卷宋林岊撰岊字仲山古田人紹熙元年特奏名嘉

定閒嘗守全州宋史不爲立傳而福建通志稱其在郡九年頗多惠政重建淸湘書院與諸生講學勉敦實行郡人祀之柳宗元廟則亦循吏也是編皆其講論毛詩之語觀其體例蓋在郡時所講授而門人錄之成帙者大都取毛鄭而折衷其異同雖範圍不出古人然融會貫通要無枝言曲說之病當光寧之際廢序之說方盛岊獨力闡古義以詔後生亦可謂篤信謹守者矣宋史藝文志馬端臨經籍考及文淵閣書目載此書皆作五卷自明初以來久無傳本故朱彝尊經義考以爲已佚今從永樂大典各韻所載次第彙輯用存其槩永樂大典中所原軼者則亦闕焉因篇帙稍繁謹釐爲一十二卷不復如其舊目云乾隆四十五年十月恭校上

童子問

臣等謹案童子問十卷宋輔廣撰廣字漢卿號潛齋其父本河朔人南渡居秀州之崇德縣初從呂祖謙遊後登朱子之門是編皆述平日所聞於朱子之說

故曰童子問卷首載大序小序採録書經周禮論語説詩之言各爲註釋又備録諸儒辨説以明讀詩之法書中不載經文惟録其篇目分章訓詁末一卷則專論叶韻朱彝尊經義考載是書二十卷有胡一中序言閲建陽書市購得而鋟諸梓且載文公傳於上童子問於下此本不載朱子集傳亦無一中序蓋一中與集傳合刻故卷帙加倍此則廣之原本也乾隆四十七年四月恭校上

毛詩集解

臣等謹案毛詩集解二十五卷宋段昌武撰昌武字子武廬陵人始末無考其書卷首載學詩總説分解詩之理寓詩之樂讀詩之法三則次載論詩總説分詩之世詩之次詩之序詩之體詩之派五則餘皆依章疏解大致仿吕祖謙讀詩記而詞義較爲淺顯原書本三十卷陸元輔謂明時朱睦㮮嘗得宋刻後沒於汴梁之水此本爲孫承澤家所鈔僅存二十五卷舊本題叢桂毛詩集解蓋以所居之堂名之至昌武之名焦竑經籍志作文昌朱睦㮮授經圖作武昌蓋

皆傳寫之訛不足據也朱彝尊經義考載是書三十卷注曰闕又別載讀詩總說一卷注曰存讀詩總說今未見傳本而卷首學詩總說論詩總說實在原目三十卷之外疑即所謂讀詩總說者或一書而彝尊誤分之或兩書而傳寫誤合之則莫可考耳乾隆四十七年五月恭校上

詩緝

臣等謹案詩緝三十六卷宋嚴粲撰粲字坦叔邵武人嘗官淸湘令是書以呂祖謙讀詩記爲主而雜采諸說以明之舊說有未安者則別以己意闡發如論大小雅之別特以其體不同較詩序政有大小之說於理爲近又如邶之柏舟舊以爲賢人自比粲則以柏舟爲喻國以汎汎爲喻無維持之人干旄之良馬四之五之舊以爲良馬之數粲則以爲乘良馬者四五輩見好善者之多中谷有蓷舊以蓷之嘆乾喻夫婦相棄粲則以歲旱草枯由此而致離散凡若此類皆深得詩人本意至音訓疑似名物異同考證尤爲精核非空談解經者可比

也乾隆四十七年五月恭校上

詩傳遺說

臣等謹案詩傳遺說六卷宋朱鑑撰鑑有朱文公易說已著録是編乃理宗端平乙未鑑以承議郎權知興國軍事時所成蓋因重槧朱子集傳而取文集語録所載論詩之語足與集傳相發明者彙而編之故曰遺說其書首綱領次序辨次六義繼之以風雅頌之論斷終之以逸詩詩譜叶韻之義以朱子之說明朱子未竟之義猶所編易傳例也鑑自序有曰先文公詩集傳豫章長沙后山皆有本而后山校讐最精第初脱稿時音訓間有未備刻板已竟不容增益欲著補脱終弗克就仍用舊板葺爲全書補綴趲那久將漫漶朅來富川郡事餘暇輒取家本親加是正刻置學宫　國朝寧波史榮撰風雅遺音據鑑此序謂今本集傳音叶多鑑補苴非朱子所手定其說似非無因然則以音叶之誤議朱子與以朱子之故而委曲回護吳棫書者殆均失之矣乾隆四十七年五月

恭校上

詩考

臣等謹案詩考一卷宋王應麟撰隋書經籍志云齊詩魏代已亡魯詩亡於西晉韓詩雖存無傳之者今三家詩惟韓詩外傳僅存所謂韓故韓內傳韓說者亦並佚矣應麟檢諸書所引集以成帙曰韓詩曰魯詩曰齊詩以存三家逸文又旁搜廣討曰詩異字異義曰逸詩以附綴其後每條各著其所出所引韓詩較夥齊魯二家僅寥寥數條蓋韓最後亡唐以來註書之家引其說者多也卷末別爲補遺以掇拾所缺其蒐輯頗爲勤摯明董斯張嘗摘其遺漏十九條其中子華子清風婉兮一條本北宋僞書不得謂之疎略近人因應麟之書撰三家詩拾遺十卷其所採錄亦多斯張之所未蒐併摘應麟所錄逸詩如楚詞之駕辨夏侯元辨樂論之網罟豐年穆天子傳之黃竹呂氏春秋之燕燕破斧葛天八闋尚書大傳之晳陽南陽初慮朱於苓落歸來緩緩皆子書雜說且不當

錄及殷以前所言亦不爲無理然古書散佚蒐採爲難後人踵事增修較創始易於爲力篳路藍褸終當以應麟爲首庸也乾隆四十七年九月恭校上

詩地理考

臣等謹案詩地理考六卷宋王應麟撰其書全錄鄭氏詩譜又旁採爾雅說文地志水經以及先儒之言凡涉於詩中川谷地名者薈萃成編然皆兼採諸書案而不斷故得失往往並存如小雅六月之四章玁狁匪茹整居焦穫侵鎬及方至於涇陽其五章曰薄伐玁狁至於太原其地於周爲西北鎬方在涇陽外焦穫又在其外而太原更在焦穫之外故劉向疏稱千里之鎬猶以爲遠孔穎達乃引郭璞爾雅注池陽之瓠中以釋焦穫考漢書池陽屬左馮翊而涇陽屬安定不應先至焦穫乃至涇陽穎達又以太原爲晉陽是玁狁西來周師東出尤乖地理之實殊失訂正又大雅韓奕首章曰奕奕梁山其六章曰溥彼韓城燕師所完應麟引漢志夏陽之梁山通典同州韓城縣古韓國以存舊說兼引

王肅言燕爲北燕國及涿郡方城縣有韓侯城以備參考不知漢王符潛夫論曰昔周宣王時有韓其國近燕水經亦曰高梁水首受灅水於戾陵堰水北有梁山是王肅之說確有明證應麟兼持兩端亦失斷制然如騶虞毛傳云仁獸賈誼新書則曰騶者天子之囿侯我於著毛傳云門屏之間曰著漢志則以爲濟南著縣滮池北流毛傳云滮流貌水經注則有滮池水十道志亦謂滮池一名聖女泉兼采異聞亦資考證他如二子乘舟引左傳盜待於莘之說秦穆三良引括地志冢在雍縣之說皆經無明文而因事以存其地其徵引實爲該洽固說詩者所宜考也乾隆四十七年五月恭校上

欽定四庫全書提要卷九

欽定四庫全書提要卷十

經部十

詩類二

詩集傳名物鈔

臣等謹案詩集傳名物鈔八卷元許謙撰謙字益之金華人延祐初居東陽八華山學者翕然從之世所稱爲白雲先生者也謙受學於同郡金履祥履祥受之何基王柏基受之黃榦榦則親承朱子之傳其學具有本原故所考音釋名物頗爲詳博然王柏好師心自用作二南相配圖移甘棠何彼穠矣於王風而去野有死麕使召南亦十有一篇適如周南之數頗爲後儒所譏而謙篤守師說列之卷中未離乎門戶之見至柏所删三十五篇謙疑未敢遽從則猶有先儒詳慎之遺焉吳師道序乃謂已放之鄭聲何爲尚存而不削謬矣各卷之末譜作詩時世蓋例則本之康成而其說則改從集傳尊所聞也其書多采用陸

德明釋文及孔穎達正義之文不皆己說故名曰鈔云乾隆四十七年四月恭

校上

詩傳通釋

臣等謹案詩傳通釋二十卷元劉瑾撰瑾字公瑾安福人是書大旨在於發明

朱傳與輔廣詩童子問相同陳啟源作毛詩稽古編於二家多所駁詰然廣書

皆循文演義故所駁惟訓解之詞瑾書兼辨訂故實故所駁多考證之語然徵

實之學雖不足而研究義理究有淵源議論亦頗篤實於詩人美刺之旨尚有

所發明未可徑廢至周頌豐年篇朱子詩序辨說既駁其誤而集傳仍用序說

自相矛盾又三夏見於周禮呂叔玉註以時邁執競思文當之朱子既用其說

乃又謂成康是二王諡執競是昭王後詩則不應篇名先見周禮瑾一一回護

亦爲啟源所糾然漢儒務守師傳唐疏皆遵註義此書既專爲朱傳而作其委

曲遷就固勢所必然亦無庸過爲責備也乾隆四十七年五月恭校上

詩傳旁通

臣等謹案詩傳旁通十五卷元梁益撰益字友直號庸齋其先福州人故自著曰三山徙居江陰舉江浙鄉試朱子詩傳詳於作詩之意而名物訓詁僅舉大凡益是書仿孔賈諸疏詮明注文之例凡集傳所引故實一一爲之引據出處辨析原委因杜文瑛先有語孟旁通體例相似故亦以旁通爲名其中如聖人之耦則引西漢書劉歆論董仲舒語見堯於羹見舜於牆則引後漢書李固傳以明出典或朱子所未詳者亦旁引諸說以補之如五緎五總引陸佃之語三單引鄭箋羨卒孔疏副丁之類亦間有與朱子之說稍異者如頃筐墍之集傳音許器切大雅民之攸墍集傳音許既切者從陸德明經典釋文益則引禮部韻謂許既切者在未韻音餼注云取也許器切者在至韻音洎作巨至切朱子之音與禮部韻不同云云蓋不爲苟同亦不爲苟異援據該洽具有根柢異乎胡炳文之言言附會是眞朱子之功臣而非徒博尊朱子之名者前有至正四

年太平路總管府推官濱州翟思忠序明朱睦㮮授經圖遂列思忠詩傳旁通於目蓋因此序而譌也朱彝尊經義考嘗引陸元輔之言辨正之云乾隆四十七年二月恭校上

詩經疏義會通

臣等謹案詩經疏義會通二十卷元朱公遷撰公遷字克升樂平人江西通志載其至正間爲處州學正何英後序則稱以特恩授教官得主金華郡庠二說互異考樂平縣志載公遷以至正辛巳領浙江鄉試教婺州改處州然則英序舉其始通志要其終耳是書爲發明朱子集傳而作如注有疏故曰疏義其後同里王逢及逢之門人何英又采衆說以補之逢所補題曰輯錄英所補題曰增釋雖遞相附益其宗旨一也其說墨守朱子不踰尺寸而亦間有所辨證如卷耳篇內朱子誤用毛傳舊說以崔嵬爲土山戴石公遷則引爾雅說文明其當爲石戴土又七月之詩朱子本月令以流火在六月公遷推驗歲差謂公劉

時當在五六月之交皆足以補集傳之缺又集傳所引典故一一詳其出處即所引舊說原本不著其名者如衞風之趙氏註爲趙伯循小雅斯干篇之或曰註爲曾氏之類皆一一考訂雖于宏旨無關亦足見其用心不苟也書成于至正丁亥正統甲子英始取逢所授遺稿重加增訂題作詩傳義詳釋發明以授書林葉氏刊行之而板心又標詩傳會通未喻其故今仍從公遷舊名題曰詩經疏義會通以不沒其始焉乾隆四十七年五月恭校上

詩疑問

臣等謹案詩疑問七卷元朱倬撰倬字孟章建昌新城人至正二年進士明初歙人汪叡作七哀辭錄元季守節服義者七人倬其一也其稱倬爲遂安縣尹興學誦詩民熙化洽壬辰秋寇由開化趨遂安吏卒逃散倬獨坐公所以待盡及寇焚廨舍乃赴水死其人蓋與城存亡能不失守土之職者惜元史之佚其名也是書略舉詩篇大旨發問而以其說條列于下亦有發問之下竟闕不注

者或傳寫佚之或未成之書也其書雖義蘊未深然昔儒論讀書之道先在善疑存之亦足以啟學者之致思況其人立身有本不愧通經而遺文僅僅有此尤宜寶而錄之者也末有趙悳詩辨說一卷悳宋宗室舉進士入元隱居豫章東湖倬之疑問蓋師其意而廣之斯卷殆倬所錄以附入己書者與倬書共爲八卷朱睦㮮授經圖焦竑經籍志皆作六卷殆字畫之譌相仍未改歟乾隆四十七年十月恭校上

詩纘緒

臣等謹案詩纘緒十八卷元劉玉汝撰玉汝始末未詳惟以周霆震石初集考之知其爲廬陵人字成之嘗舉鄉貢進士所作石初集序末題洪武癸丑則明初尚存也此書諸家書目皆未著錄獨永樂大典頗載其文其大旨專以發明朱子集傳故名曰纘緒體例與輔廣童子問相近凡集傳中一二字之斟酌必求其命意所在或存此說而遺彼說或宗主此論而兼用彼論無不尋繹其所

以然至論比興之例謂有取義之興有無取義之興有一句興通章有數句興一句有興兼比賦兼比之類明用韻之法如曰隔句爲韻連章爲韻疊句爲韻重韻爲韻之類論風雅之殊如曰有腔調不同之類於朱子比興叶韻之説皆反覆體究縷析條分雖未必盡合詩人之旨而於集傳一家之學則可謂有所闡明矣明以來諸家詩解罕引其説則亡佚已久今就永樂大典所載依經排纂正其脱訛定爲一十八卷乾隆四十六年四月恭校上

詩演義

臣等謹案詩演義十五卷元梁寅撰寅字孟敬新喻人元末屢舉不第辟集慶路儒學訓導居二年以親老辭歸洪武初徵天下名儒考定禮樂寅與焉書成賜金幣將授官以老病辭退居石門事蹟具明史儒林傳是書推演朱子詩傳之義故以演義爲名前有自序云此書爲幼學而作博稽訓詁以啟其塞根之義理以達其機隱也使之顯略也使之詳今考其書大抵淺顯易見切近不支

元儒之學主於篤實猶勝虛談高論橫生意解者也朱彝尊經義考載此書作八卷注曰未見此本至小雅苕之華篇止以下皆缺而已有一十五卷則八卷之説殊爲未確蓋彝尊未覩此本但據傳聞録之卷數訛異其亦有由矣乾隆四十七年五月恭校上

詩解頤

臣等謹案詩解頤四卷明朱善撰善字備萬號一齋豐城人洪武中官至文淵閣大學士事迹附見明史劉三吾傳是編不載經文但以詩之篇題標目大抵推衍朱子集傳爲説亦有闕而不説者則併其篇目略之其説不甚訓詁字句惟意主借詩以立訓故反覆發明務在闡興觀羣怨之旨温柔敦厚之意而於興衰治亂尤推求源本剴切著明在經解中爲别體而實較諸儒之爭競異同者爲有裨於人事其論何彼穠矣爲後人誤編於召南蓋沿王柏之謬説不足爲據其論二子乘舟謂壽可謂之悌弟伋不可謂之孝子律以大杖則逃之文

固責備賢者之意實則申生自縊春秋無貶尙論古人亦未可若是苛也然論其大旨要歸醇正不失爲儒者之言其於太王翦商一條引金履祥之言補集傳所未備其據宣王在位四十六年謂節南山之申伯蹶父皇父尹氏皆非當日之舊人駁項安世之說亦時有考據明史載其引據往史駁律禁姑舅兩姨爲婚之說極爲典核知其研思典籍具有發明蓋元儒篤實之風明初猶有存焉非後來空談高論者比也乾隆四十七年四月恭校上

詩傳大全

臣等謹案詩傳大全二十卷明胡廣等奉勅撰亦永樂中所修五經大全之一也自宋以後言詩者皆宗朱子集傳其薈集衆說以相闡發者毋慮數十種往往得失互見學者旁參博考亦不能專主一家至明成祖始命儒臣輯爲大全以集其成其與纂修者自胡廣以下如楊榮金幼孜等凡四十二人悉一時知名之士然其書乃本元安成劉瑾所著詩傳通釋而稍損益之今劉氏之本尙

存取以參校大約取其冗蔓者略删數條又劉本以詩小序隸各篇之下是書別爲一編小變其例而大旨則全相蹈襲與四書大全之本倪士毅輯釋春秋大全之本汪克寬纂疏者約略相似故後人多所譏議明代爲葩經之學者亦不盡據是書然當時頒布學宫凡士子之習舉子業者必以此爲準則乃一代定制所在亦有未可竟廢者故並著之於錄以備參考焉乾隆四十七年四月恭校上

詩說解頤

臣等謹案詩說解頤四十卷明季本撰本字明德號彭山會稽人弘治丁丑進士官至長沙府知府本師事王守仁著書數百萬言皆發其師說是書其一也凡爲總論二卷正釋三十卷字義八卷大抵多出新意不肯剽襲前人而徵引該洽足以自申其所見凡書中改定舊説者必反復援據務明著其所以然如以南山篇之必告父母句爲魯桓告父母之廟九罭篇之公歸不復句謂鴻以

北向則不復爲興下泉篇之郇伯爲指郇之繼封者而言皇父卿士章謂以寵任爲先後故崇卑不嫌雜陳頍弁篇之無幾相見句爲兄弟甥舅自相謂如斯之類皆足於集傳之外備說詩之一解 欽定詩經傳說彙纂亦頗引用之雖間傷穿鑿而義多徵實究非王學末流以空談求勝者比也明洪武中大學士朱善作詩解頤四卷名與此書相同然推陳出新則此書較善多心得焉乾隆四十七年四月恭校上

讀詩私記

臣等謹案讀詩私記五卷明李先芳撰先芳字伯承號北山濮州人嘉靖二十六年進士其作是書則在隆慶四年也所釋大抵多從毛鄭有不通則參之呂氏讀詩記嚴氏詩緝諸書嘗謂文公小序不得小雅之說一舉而歸之刺馬端臨謂文公不得鄭衛之風一舉而歸之淫胥有然否不自揣量折衷其間間爲一解其議論和平頗無穿鑿門戶之見如云鄭衛不得概指爲淫奔國風小雅

初無正變之名子衿亦取學校之義皆其卓然有合於古人者至楚茨南山等四篇與朱子之說並存不置可否蓋因序義皆爲刺幽王所作實有難通也惜援據不廣時有闕而不全之憾則不免爲見聞所限耳乾隆四十七年四月恭校上

詩故

臣等謹案詩故十卷明朱謀㙔撰謀㙔字鬱儀寧獻王七世孫以中尉攝石城王府事事蹟具明史諸王列傳中是書以小序首句爲主略同蘇轍詩傳之例而參用舊說考證之大旨宗法漢學故與朱子集傳往往異同其以故爲名意蓋有取也中間偶立異說如以小星爲朁御入直以斯干爲成王營洛周公所賦之類雖未免失之穿鑿然其學有根柢故參考互證往往能自出新意不爲陳因蹈襲之論終非空言說經者所得而相擬矣乾隆四十七年二月恭校上

詩名物疏

臣等謹案詩名物疏五十五卷明馮復京撰復京字嗣宗常熟人是書因宋蔡元度詩名物疏而廣之徵引頗爲賅博每條之末間附考證如被之僮僮鄭箋以被爲髲髢集傳以爲編髮復京則據周禮追師謂編則列髮爲之次則次第髮長短爲之所謂髲髢定集傳之誤混爲編又如鄭風緇衣集傳以爲緇衣羔裘大夫燕居之服復京則據賈公彥周禮疏以爲卿士朝於天子服皮弁服其適治事之館改服緇衣鄭箋所謂所居私朝即謂治事之館其議論皆有根柢惟所稱六家乃謂齊魯毛韓鄭箋朱傳則古無是名而自復京臆創之且毛鄭本屬一家析而爲二亦乖於傳經之支派要其大端可取固無庸以一眚掩也

乾隆四十七年三月恭校上

重訂詩經疑問

臣等謹案重訂詩經疑問十二卷明姚舜牧撰舜牧有易經疑問已著録是編釋詩兼用毛傳朱傳及嚴粲詩輯時亦自出新論如辨成王未嘗賜周公天子

禮樂其說頗爲有見又論三經三緯之說謂賦比興乃通融取義非截然謂此爲賦此爲比此爲興也惟截然分而爲三於是求之不得其說則將爲賦而興又比也賦而比又興也而寖失其義其說亦足解轇轕之談舜牧於諸經皆有疑問惟此編說詩爲差善其所疑經數十年重加訂問前此誤解亟與辨正蓋其用力較深也惟不信古人字少假借通用之說於龍光伴奐之類皆徑以本字解之强生論辨是則隆萬以後儒者少見古書之故亦足見詁訓不明而欲義理之不謬無是事矣乾隆四十七年三月恭校上

詩經世本古義

臣等謹案詩經世本古義二十八卷明何楷撰楷有古周易訂詁已著錄其論詩專主孟子知人論世之旨依時代爲次故名曰世本古義始於夏少康之世以公劉七月大田甫田諸篇爲首終於周敬王之世以曹風下泉之詩殿焉計三代有詩之世凡二十八王各爲序目於前又於卷末仿序卦傳例作屬引一

篇用韻語排比成文著所以論列之意考詩序之傳最古已不盡得作者名氏故鄭氏詩譜闕有間焉三家所述如關雎出畢公黍離出伯封之類茫昧無據儒者猶疑之楷乃於三千年後鉤棘字句牽合史傳以定其名姓時代如月出篇有舒窈糾兮舒懮受兮之文即指以爲夏徵舒此猶有一字之近也碩鼠一詩茫無指實而指以爲左傳之魏壽餘此孰見之而孰傳之以大田爲豳雅豐年良耜爲豳頌即屬之於公劉之世此猶有先儒之舊說也以草蟲爲南陔以菁菁者莪爲由儀以緜蠻爲崇邱又孰傳之而孰受之大惑不解楷之謂乎然楷學問博通引據賅洽凡名物訓詁一一考證詳明典據精確實非宋以來諸儒所可及譬諸蒐羅七寶造一不中規矩之巨器雖百無所用而毀以取材則火齊木難片片皆爲珍物百餘年來人人嗤點其書而究不能廢其書職是故矣乾隆四十七年四月恭校上

待軒詩記

臣等謹案待軒詩記八卷明張次仲撰次仲有周易玩辭困學記已著錄是書前載總論二篇其餘國風以一國爲一篇二雅周頌以一什爲一篇魯頌商頌亦各爲一篇大抵用蘇轍之例以小序首句爲據而兼采諸家以會通之其于集傳不似毛奇齡之字字譏彈以朱子爲敵國亦不似孫承澤之字字阿附併以毛萇爲罪人案承澤詩經朱傳翼自序稱王弼亂易罪深桀紂毛氏之罪亦不在王弼之下故持論和平能消融門戶之見雖憑心揣度或不免臆斷之私而大致援引詳明詞多有據在近代經解之中猶爲典實卷末別有述遺一卷有錄無書目下註嗣刻字蓋欲爲之而未成也今併削其目不復虛列焉乾隆四十七年五月恭校上

讀詩略記

臣等謹案讀詩略記六卷明朱朝瑛撰朝瑛有讀易略記已著錄是書朱彝尊經義考作二卷此本六册舊不分卷數核其篇頁不止二卷疑原書本十二卷刊本誤脱一十字傳寫者病其繁瑣併爲六册也朝瑛論詩以小序首句爲主

其說謂亡詩六篇僅存首句則首句作於未亡之前其下作於既亡之後明矣所見與程大昌同而所辨較大昌尤明白足決千古之疑然其訓釋不甚與朱子立異自鄭衛淫奔不從集傳以外其他說有乖互者多斟酌以折其中如論楚茨爲刺幽王之詩則據荀子以爲恰在鼓鐘之後或幽王尙好古樂故賢士大夫稱述舊德擬雅南而奏之以感導王志論抑爲刺厲王之詩則據第三章其在於今一語以爲當爲衞武公少時所作大抵皆參稽融貫務取持平其以生民篇姜嫄巨跡爲必不可信亦先儒舊義至於求棄之之由而不得乃援後世縣綿方底之事以證之則未免反失之附會又頗信竹書紀年屢引爲證亦乖說經之體然綜其大旨不合者十之二三合者十之五六也乾隆四十七年四月恭校上

欽定詩經傳說彙纂

臣等謹案詩經傳說彙纂二十一卷序二卷　聖祖仁皇帝御定尙書臣王鴻

緒等奉　勅纂修刻成於雍正五年　世宗憲皇帝製序頒行說詩之家漢注
唐疏均遵小序至宋歐陽修作詩本義詩譜補亡蘇轍作詩集傳王質作詩總
聞皆不專主序而疑信猶參半其後鄭樵盡始斥爲僞作朱子從之作爲集傳
呂祖謙陳傅良或不以爲是也祖謙讀詩記朱子亦深取之其他如嚴粲之詩
緝王應麟之詩考地理考皆不能無疑於序若輔廣詩童子問則棄序而專宗
朱子矣是書之作博採傳注兼用漢宋之說而取其精數千年來言詩者可別
白而定一尊矣乾隆四十七年十月恭校上

御纂詩義折中

臣等謹案詩義折中二十卷乾隆二十年　御纂取　聖祖仁皇帝周易命名
之義爲名大學士忠勇公臣傅恒等裁纂蓋詩義自朱子斥去二序獨尋微旨
一掃傅會拘牽之說我　皇上鑒聚訟之失標言志之準融洽諸家歸於一是
分章問採康成徵事亦搜小序至於諷勸之大義仍一以朱子爲正不待覼縷

衆說而擇善用中之旨即寓於流連諷詠之中矣乾隆四十七年三月恭校上

田間詩學

臣等謹案田間詩學十二卷　國朝錢澄之撰澄之有田間易學已著錄是書成於康熙己巳大旨以小序首句爲主所採諸儒論說自註疏集傳以外凡二程子張子歐陽修蘇轍王安石楊時范祖禹呂祖謙陸佃羅願謝枋得嚴粲輔廣眞德秀鄒忠允季本郝敬黃道周何楷二十家其中王楊范謝四家今無傳本蓋採於他書陸羅二家本無詩註蓋於釋草木鳥獸之名引其埤雅爾雅翼也自稱毛鄭孔三家之書錄者十之二集傳錄者十之三諸家各本錄者十之四持論頗爲精核而於名物訓詁山川地理言之尤詳徐元文稱其非有意於攻集傳於漢唐以來之說亦不主於一人無所攻故無所主無所攻無所主而後可以有所攻有所主其言深得澄之著書之意張英又稱其嘗與英書謂詩與尙書春秋相表裏必考之三禮以詳其制作徵諸三傳以審其本末稽之五

雅以核其名物博之竹書紀年皇王大紀以辨其時代之異同案二書所敘時代多不可據此

語殊爲失考謹附訂於此與情事之疑信即今輿記以考古之圖經而參以平生所親歷云

云則其考證之切實尤可見矣乾隆四十七年五月恭校上

詩經稗疏

臣等謹案詩經稗疏四卷　國朝王夫之撰夫之有周易稗疏別著錄是書皆

辨正名物訓詁以補傳箋諸說之遺如詩譜謂得聖人之化者謂之周南得賢

人之化者謂之召南此別據史記謂雒陽爲周召之語以陝州爲中線而兩分

之周南者周公所治之南國也證之地理亦可以備一解至于鳥則辨雎鳩之

爲山禽而非水鳥于獸則辨九十其犉之語當引爾雅七尺曰犉之文釋之不

當以黃牛黑脣釋之于草則辨葽爲藋葦之屬而非葽蒿于木則辨詩言樸者

實今之柞柞者實今之櫟于蟲則辨斯螽莎雞蟋蟀之三蟲各類而非隨時異

名之物于魚則辨鱣之即鯉而集傳誤以爲黃魚于器用則辨集傳訓重較爲

兩輢上出軾者之未諳車制及毛傳訓絫爲歷錄歷錄爲紡車交縈之名而集傳增一然字之差于禮制則辨公堂稱觥爲飲酒于序而非集傳所云豳公之堂皆確有依據不爲臆斷惟以淇澳爲二水名綠竹爲二草名葛屨五兩之五與伍通爲行列之義木瓜木桃木李爲刻木之物未免近鑿至于生民一篇謂姜嫄爲帝摯妃后稷爲帝摯子𠦃林爲帝摯時諸侯之國推至見棄之由則疑爲諸侯廢摯立堯之故即以不康不寧爲當日情事無論史册無明文抑與祭法禘嚳郊稷之說異矣四卷之末附以考異一篇雖未賅備亦足資考證焉乾隆四十七年五月恭校上

詩經通義

臣等謹案詩經通義十二卷　國朝朱鶴齡撰鶴齡有尚書埤傳已著錄是書專主小序而力駁廢序之非所采諸家于漢用毛鄭唐用孔穎達宋用歐陽修蘇轍吕祖謙嚴粲　國朝用陳啟源其釋音明用陳第　國朝用顧炎武其凡

例九條及考定鄭氏詩譜皆具有條理惟鶴齡學問淹洽往往嗜博好奇愛不能割故引據繁富而傷于蕪雜者有之亦所謂武庫之兵利鈍互陳者也要其大致則彬彬矣鶴齡與陳啓源同里據其自序此書蓋與啓源商搉而成又稱啓源毛詩稽古編專崇古義此書則參訂于今古之間稍稍不同然稽古編中屢稱已見通義茲不具論則二書固相足而成也乾隆四十七年十月恭校上

毛詩稽古編

臣等謹案毛詩稽古編三十卷　國朝陳啓源撰啓源字長發吳江人是書成於康熙丁卯卷末自記謂閱十有四載凡三易稿乃定前有朱鶴齡序又有康熙辛巳其門人趙嘉稷序鶴齡作毛詩通義啓源實與之參正然通義兼權衆說啓源此編則訓詁一準諸爾雅篇義一準諸小序而詮釋經旨則一準諸毛傳而鄭箋佐之其名物則多以陸璣疏爲主題曰毛詩明所宗也曰稽古編明爲唐以前專門之學也所辨正者惟朱子集傳爲多歐陽修詩本義吕祖謙讀

詩記次之嚴粲詩緝又次之所掊擊者惟劉瑾詩集傳通釋爲甚輔廣詩童子問次之其餘偶然一及率從略焉前二十四卷依次解經而不載經文但標篇目其無所論說者則併篇目亦不載其前人論說已明無庸複述者亦置不道次爲總詁五卷分六子目曰舉要曰考異曰正字曰辨物曰數典曰稽疑末爲附錄一卷則統論風雅頌之旨其閒堅持漢學不容一語之出入雖未免或有所偏然引據賅博疏證詳明一一皆有本之談蓋明代說經喜騁虛辨國初諸家始變爲徵實之學以挽頽波古義彬彬於斯爲盛此編尤其最著也至於附錄中西方美人一條牽及雜說盛稱佛敎東流始於周代至謂孔子抑三王卑五帝藐三皇獨歸聖於西方捕魚諸器一條稱廣殺物命恬不知怪非大覺緣果之文莫能救之至謂庖犧必不作網罟皆於經義之外橫滋異學非惟宋儒無此說即漢儒亦豈有是論哉是則白璧之瑕固不必爲之曲諱矣乾隆四十七年八月恭校上

詩所

臣等謹案詩所八卷　國朝李光地撰光地有周易觀彖别著録是編大旨不主於訓詁名物而主於推求詩意又主於涵泳文句得其美刺之志而止亦不旁徵事迹必求其人以實之又以爲西周篇什不應寥寥二南之中亦有文武以後詩風雅之中亦多東遷以前詩故於小序所述姓名多廢不用併其爲朱子所取者亦或斥之其間意測者多考證者少如有女懷春爲祀高禖則附會古義謂有扁斯石扁字從户從册古者額書於户曰扁以石爲之亦近於穿鑿字説在光地所註諸經之中較爲次乘然光地邃於經術見理終深其詮釋多能得興觀羣怨之旨他如鄭衛之録淫詩引春秋之書亂臣賊子爲證楚茨以下爲豳雅載芟以下爲豳頌引豳風之後附鴟鴞諸篇以釋豳雅後有瞻洛諸詩豳頌後有酌桓諸詩之疑其言皆明白切實足闡朱子未盡之説亦非近代講章揣骨聽聲者所可及也乾隆四十七年三月恭校上

毛詩寫官記

臣等謹案毛詩寫官記四卷　國朝毛奇齡撰皆自記其說詩之語取漢藝文志武帝置寫書之官語爲名自序謂依汝南太守聽寫官言詩憶而錄之蓋託寫官以爲問答猶之或問焉耳凡一百八十八條奇齡早年著毛詩續傳三十八卷其稿已失後乃就所記憶者作國風省篇毛詩寫官記詩札諸書而其門人所述經例云早刻詩說于淮安未能刊正又李塨所作序目云嘗以詩義質之先生先生曰予所傳諸詩有未能改者數端如以十畝之閒爲淫奔以鴟鴞爲避居于東以封康叔爲武王以有邰家室爲太姜瑯琊之駘凡此皆惑也據此則此中之誤奇齡固自知之但所自知者猶未盡耳然其書雖好爲異說而徵引詳博亦不無補于論證瑕瑜並見利鈍互陳在讀者擇之而已乾隆四十七年四月恭校上

詩札

臣等謹案詩札二卷　國朝毛奇齡撰奇齡已作毛詩寫官記復託與寫官以札問訊而寫官答之之詞以成此書凡八十四條第二卷首有其門人所記云此西河少時所作故其立說有暮年論辨所不合者其閒校韻數則尤所矛盾行世既久不便更易云云據此則其中多非定論其門人亦不諱之然奇齡學本淵博名物詁訓頗有所長必盡廢之亦非平允之道毛韓異義齊魯殊文漢代專門已不限以一說兼收並蓄固亦說經家所旁採矣乾隆四十七年五月恭校上

詩傳詩說駁義

臣等謹案詩傳詩說駁義五卷　國朝毛奇齡撰明嘉靖中鄞人豐坊作魯詩世學一書往往自出新義得解於舊註之外恐其說之不信遂託言家有魯詩爲其遠祖稷所傳一爲子貢詩傳一爲申培詩說並列所作世學中厥後郭子章傳刻二書自稱得黄佐所藏祕閣石本於是二書乃單行明代說詩諸家以

其言往往近理多採用之遂盛傳於時奇齡因其託名於古乃引證諸書以糾之夫易傳託之於子夏書傳託之於孔安國其說之可取者皆行於世其源流授受則說經之家務核其眞奇齡是書不以其說爲可廢而於依托之處則一一辨之亦可謂持平之論矣乾隆四十七年九月恭校上

續詩傳鳥名卷

臣等謹案續詩傳鳥名卷三卷 國朝毛奇齡撰奇齡初作毛詩續傳以遭亂避仇佚之後從鄰人吳氏子得其卷末鳥名一卷與其門人莫春園張文𪒠共緝綴之衍爲三卷大意在續毛傳而正朱傳每條皆先列集傳之文於前而一一辨其得失考訓釋毛詩草木蟲魚者自三國吳陸璣以後作者實繁朱子作詩集傳大旨在發明美刺之旨而名物訓詁在其所略奇齡此書則惟以考證爲主故其說較爲詳核而恃其博辨往往於朱子多所吹求而所言或不免於疎舛如奇齡所作毛詩省篇既以齊風雞鳴爲讒人此書又用舊說爲賢妃之

告曰前後殊相矛盾鷦鷯之名桃蟲猶竊脂之名桑扈原不因木而名乃謂所
棲所食俱不在桃以喙銳如錐專剖葦中蟲食之謂之掏蟲掏桃字通尤杜撰
無理至於解睍睆黄鳥用毛萇舊訓於義本長乃謂翼字從二目一八其二目
者離二之目一八者艮八之喙又謂鶯字從二火離爲目目本離火尚書洪範
伏傳以五事之目屬五行之火鶯首之戴兩火即翼首之戴兩目此雖王安石
之字説不穿鑿至此矣然大致引證賅洽頗多有據錄而存之以廣考訂固不
害於多識之義爾乾隆四十七年五月恭校上

詩識名解

臣等謹案詩識名解十五卷　國朝姚炳撰炳字彦暉錢塘人自多識之訓傳
自孔門爾雅一經訓詁名物略備厥後諸儒纂述日久多佚惟陸璣之疏尚有
裒輯重編之本自宋蔡卞以來皆因璣書而輾轉增損者也此書亦以鳥獸草
木分列四門故以識爲名其稍異諸家者兼以推尋文義頗及作詩之意爾然

孔子言鳥獸草木本括舉大凡譬如史備四時不妨以春秋互見炳乃因此一語遂不載蟲魚未免近高叟之固其中考證辨駁往往失之蔓衍如辨麟䴥二物義本說文尚有關於訓詁至於鳳凰神物世所罕睹而連篇累牘辨其形狀之異同則與經義無關矣至於詩中八鸞之類本爲鈴屬非鸞鳥之鸞而列之鳥部然則車之伏兔將入獸部乎是皆愛奇嗜博故有此弊然核其大致可取者多固當略其蕪雜採其精英焉乾隆四十七年三月恭校上

詩傳名物集覽

臣等謹案詩傳名物集覽十二卷　國朝陳大章撰大章字仲夔號雨山黄岡人康熙戊辰進士改翰林院庶吉士以母老乞歸其於毛詩用功頗深所作集覽本百卷凡三易稿而後成此乃其先行摘出付梓之本凡鳥二卷獸二卷蟲豸一卷鱗介一卷草四卷木二卷蓋尤其生平精力所注也毛詩自陸璣以下詮釋名物者毋慮數十家此書成之最後故於諸家之說採輯尤夥其中體例

之未合者如釋鶉之奔奔則莊子之鶉居列子之蛙變以至朱鳥爲鶉首子夏衣若懸鶉之類無所不引釋雞棲于塒則列子之木雞呂氏春秋之雞跖漢官儀之長鳴雞亦無不備載皆體近類書深乖說經之旨又每條首錄朱傳大意以紫陽爲主故如鄂不韡韡則取豈不光明之義而駁鄂作萼不作跗之說以爲不煩改字亦過於偏執至於載宋太宗賜耶律休格原作休哥今改正旗鼓事則以遼事誤作宋事尤爲乖舛然其徵引既衆可資博覽雖精雅不足而繁富有餘固未始非讀詩者多識之一助也乾隆四十七年四月恭校上

詩說

臣等謹案詩說三卷　國朝惠周惕撰周惕字元龍長洲人康熙辛未進士改庶吉士散館授密雲縣知縣惠氏三世以經學著周惕其𢀖始者也是書於毛傳鄭箋朱傳無所專主多自以己意考證其大旨謂大小雅以音別不以政別謂正雅變雅美刺錯陳不必分六月以上爲正六月以下爲變文王以下爲正

民勞以下爲變謂二南二十六篇皆擬爲房中之樂不必泥其所指何人謂周召之分鄭箋誤以爲文王謂天子諸侯均得有頌魯頌非僭其言皆有依據至謂頌兼美刺義通於誦則其說未安考鄭康成註儀禮正歌備句曰正歌者升歌及笙各三終合樂三終爲一備核以經文無歌後更誦及一歌一誦之節其周禮瞽矇職曰諷誦詩鄭注謂闇讀之不依永也則歌誦是兩事知頌誦亦爲兩事周惕合之非矣又謂證以國策禮無歸寧之文訓歸寧父母爲無父母遺罹之義考歸寧文見左傳於禮經必有所承何休註公羊傳稱諸侯夫人尊重既嫁非有大故不得反惟士大夫妻雖無事歲一歸寧其學亦必有受曲禮曰女子許嫁纓非有大故不入其門姑姊妹女子已嫁而反兄弟弗與同席而坐弗與同器而食其文承上許嫁而言則已嫁而反是即歸寧之明證不得曰禮無文矣然其餘類皆引據確實樹義深切與枵腹說經徒以意見決是非者固有殊焉乾隆四十七年八月恭校上

詩經劄記

臣等謹案詩經劄記一卷　國朝楊名時撰名時有周易劄記已著錄是編乃其講詩所記大抵以李光地詩所爲宗而斟酌於小序朱傳之間其論關雎從小序求賢之說最爲明允其論鄭風不盡淫詩而聖人亦兼存淫詩以示戒論亦持平而謂鄭聲即鄭詩力駁鄭樵之說則殊不然淫詩可存以示戒未有以當放之淫聲被之管弦可以示戒者也至詩所論季札觀樂於陳皆西周之詩非東遷以後之詩名時據變風終於陳靈在宣公十年至襄公二十九年吳子使札來聘已越五十五年又引左傳卿大夫所賦以見東遷以後之詩列國具備其文絕不回護其師說可謂破除講學家門戶之見又十月之交一篇論辛卯日食則云應問於知歷者殷武一章於朱子始祔而祭之說則云更宜考定亦不强不知以爲知惟二雅諸篇頗有臆斷然如論國語弔二叔之不咸引富辰所云封建親戚以藩屏周者首舉管蔡郕霍知二叔不爲管蔡引禮記月三

五而盈證三五在東引周禮祭天地三辰皆有奉璋之禮辨朱傳之專指宗廟引月令節嗜慾及集韻嗜字注解上帝耆之引大司樂享先妣之文在享先祖之上證大雅魯頌所以止稱姜嫄引儀禮下管新宮在宣王之前證新宮非斯干亦皆具有考據於其師說可謂有所發明矣乾隆四十七年五月恭校上

讀詩質疑

臣等謹案讀詩質疑四十六卷 國朝常熟嚴虞惇撰虞惇字寶成康熙丁丑進士第二人官至太僕寺少卿是書以學詩者墨守集傳古義澌湮乃旁採博徵成以是註大旨以小序爲宗而參考先儒衷以己意于集傳不爲苟同亦不爲苟異于說詩家中可謂有根據者其弁首十五卷援引繁富而義例簡明其主陳第毛詩古音考及顧炎武音學五書以定古音亦足糾吳棫諸人之謬焉乾隆四十七年四月恭校上

毛詩類釋

臣等謹案毛詩類釋二十一卷續編三卷　國朝顧棟高撰棟高字震滄無錫人康熙庚子舉人官内閣中書舍人乾隆辛未薦舉經學授國子監司業　恩加祭酒銜終於家是編成於乾隆壬申序文案語皆稱臣蓋經進之本凡分二十一類其序中抒所自得者如於釋地理知邶鄘衛乃三地名非三國名於釋山知崧高維嶽乃吳岳非中岳於釋水知吉日之漆沮非緜詩潛頌之漆沮於釋時令知公劉已先以建子爲正月於釋祭祀知禘與大饗明堂俱周公舠舉於釋官職知司徒司空司馬皆在周官以前於釋兵器知古甲皆用革於釋宫室知君子陽陽乃伶官之詩非婦人所作於釋草知麻有二種於釋鳥知桑扈亦有二種於釋馬知衛風騋牝魯頌牧馬俱以備兵事司馬法所云馬牛車乘俱出於民者乃王莽僞託之文今考其書禘及大享明堂一條司徒司馬一條皆與序文不相應未喻何故其邶鄘衛一條爲顧炎武説崧高一條爲閻若璩説漆沮一條爲許謙説公劉用子正一條爲毛亨説古甲用革一條爲陳祥道

說廨有二種一條爲蔡卞說桑扈有二種一條爲陸佃說丘甸不出馬牛一條爲李濂說惟君子陽陽一條以楚茨之文證小序爲自出新意耳然諸家說詩名物多泛濫以炫博此書則採錄舊說頗爲謹嚴又往往因以發明經義與但徵故實體同類書者有殊於說詩亦不爲無裨也其續三卷則成於乾隆癸酉取爾雅釋詁釋言釋訓之文有關於詩者摘而錄之亦略爲疏解蓋訓詁名物相輔而行之義以爾雅校之尚缺知匹也言戒也二條或繕稿時偶誤脫歟乾隆四十七年五月恭校上

詩疑辨證

臣等謹案詩疑辨證六卷　國朝黄中松撰中松字仲嚴上海人是書主於考訂名物折衷諸說之是非故以辨證爲名然亦間有疎舛如古說雎鳩爲雕類鄭樵及朱子則以爲鳧類左傳云雎鳩司馬也馮復京引朱傳云江淮所有當年恐未入詩人之目已爲定論至爾雅云雎鳩王鳩郭註雕類今江東呼之爲

鶚好在江渚山邊食魚爾雅又云楊鳥白鷢郭註似鷹尾上白是則二鳥明矣乃揚雄許愼皆以白鷢釋雎鳩是偵也中松並存其說未免兩歧黍稷一條獨載雷禮黍貴稷賤黍早稷晚之說按后稷以官名社稷以壇名稷爲五穀之長諸書皆然稷並不賤也月令以稷爲首種尙書緯云春鳥星昏中以種稷夏火星昏中以種黍是稷亦非晚也中松乃取其說又引家語之文以廢羣議不知家語王肅僞撰不足據也韓奕之梁山韓城王應麟兩存舊說而其意以在晉爲主中松本王肅之說謂皆在燕地持論自確而又疑梁山在晉地且不明乾州之梁山與夏陽者本一山綿亙孔疏最明乃用胡渭雍州有二梁山之說並疑梁山宮爲三梁山則支離繳繞弊亦與應麟等矣應田不取鄭箋田當作棟聲轉字誤之說按陳之爲田此聲轉也棟之變陳此字誤也中松徒疑棟非引而曰讀爲引以爲費力不知棟與軸同說文解字曰軸擊小鼓引樂聲也其文甚明何足爲疑乎至全書之中考正訛謬校定異同其言多有依據可謂詳於

陸璣而典於蔡卞瑕不掩瑜亦近人中之留心考證者矣乾隆四十七年十一月恭校上

三家詩拾遺

臣等謹案三家詩拾遺十卷　國朝范家相撰家相字蘅洲會稽人乾隆甲戌進士官至柳州府知府漢代傳詩者四家隋書經籍志稱齊詩亡於魏魯詩亡於西晉惟韓詩存宋修太平御覽多引韓詩崇文總目亦著錄劉安世晁說之尚時時述其遺說而南渡儒者不復論及知亡於政和建炎間矣自鄭樵以後人人務立新義以掊擊漢儒爲能雖毛傳鄭箋亦岌岌乎不能自立特以列板太學僅得幸存三家之佚文遂散失而不可復問王應麟於咸淳之末始掇拾殘賸輯爲詩考三卷然刱始難工多所挂漏又增綴逸詩篇目雜採諸子依託之說亦頗少持擇家相是編因王氏之書重加裒輯增入者十之六七其以三百篇爲綱而三家佚說一一併見較王氏所錄以三家各自爲篇者亦頗易循

覽惟其以三家詩拾遺爲名則古文考異不盡三家之文者自宜附錄其逸詩不繫於三家者亦自宜芟除乃一例收入未免失於貪多且冠於篇端使開卷即名實相乖尤非體例至於張超稱關雎爲畢公作一條語本見超所作誚青衣賦非超別有解經之書而但據詩補傳所載泛稱張超云云並不錄其賦語蒐采亦間有未周然較王氏之書則詳贍遠矣近時嚴虞惇作詩經質疑內有三家遺說一篇又惠棟九經古義余蕭客古經解鉤沈於三家均有採掇論其賅備亦尚不及是編也乾隆四十七年五月恭校上

詩瀋

臣等謹案詩瀋二十卷　國朝范家相撰家相有三家詩拾遺已著錄是編乃其釋詩之說也家相之學源出蕭山毛奇齡奇齡之說經引證浩博喜於詰駁其攻擊先儒最甚而盛氣所激出爾反爾其受攻擊亦最甚家相有戒於斯故其持論一出於和平不敢爲放言高論其作是書大旨斟酌於小序朱傳之間

而斷以己意首爲總論三十篇以下依次詮說並不載經文但著篇目其先儒舊說與所見相合無可復置論辨者則併篇目亦不著之今核其所言短長互見如謂卷耳爲文王在羑里后妃遣使臣之作謂中谷有蓷爲憐申后謂褰裳爲在晉楚爭鄭之時謂丰爲男親迎而女不從謂敝笱爲歎王綱廢弛謂采苓爲申生而作謂采薇爲文王伐玁狁謂沔水爲宣王信讒皆以意揣度絕無確證然如總論第十四條力破黍離降爲國風之說謂太史不采風王朝無掌故諸侯之國史亦不紀錄以進蓋四詩俱亡非獨雅也詩亡而諭諷彰癉之道廢是以春秋作也此與孟子迹熄之說深有發明第十五條謂三百五篇之韻叶之而不諧者其故有三列國之方音不同一也古人一字每兼數音而字音傳訛已久非可執一以諧聲二也詩必歌而後出每以餘音相諧自歌詩之法不傳而餘音莫辨三也此亦足解顧炎武毛奇齡二家之鬭其解楚茨信南山諸篇尤爲詳晰如南東其畝及中田有廬之類於溝洫田制咸依據確鑿不同附

會在近代說詩之家猶可謂瑜不掩瑕瑕不掩瑜者也乾隆四十七年四月恭

校上

詩序補義

臣等謹案詩序補義二十四卷　國朝姜炳璋撰炳璋號白巖象山人官石泉縣知縣是編用蘇轍詩傳之例以詩序首句爲國史所傳以其下申明之語爲經師所加謂之續序亦謂之後序但轍竟删之炳璋則存其原文與首句中離一字書之以示别耳其大意以講師所加多不得原序之義故往往詞意乖舛爲攻詩序者口實因辨别其文闡首句之旨而訂附贅之謬故命曰補義其論江有汜謂古者嫡媵並行無待年於國之禮然春秋伯姬歸紀叔姬歸酇實非一年之事未可斷其必無論魯頌謂用天子禮樂自吉禘莊公始見於經斷以爲僭自僖公然吕覽史角之事雖出雜記而考仲子之宫初獻六羽註謂前此用八故曰初獻是已在隱公時矣是皆過於考證轉失之眉睫之前他如論野

有死麕以尨吠爲喻之類亦失經旨要其恪守先儒語必有據而於廢序諸家亦置而不爭不可不謂篤實之學也其綱領有云有詩人之意有編詩之意如雄雉爲婦人思君子凱風爲七子自責是詩人之意也雄雉爲刺宣公凱風爲美孝子是編詩之意也朱子順文立義大抵以詩人之意爲是詩之旨國史明乎得失之迹則以編詩之意爲一篇之要尤可謂持平之論矣乾隆四十七年二月恭校上

虞東學詩

臣等謹案虞東學詩十二卷　國朝顧鎮撰鎮字備九號古湫常熟人常熟古海虞地鎮居城東故亦自號曰虞東乾隆甲戌進士官至宗人府主事是書大旨以講學諸家尊集傳而抑小序博古諸家又申小序而疑集傳集傳既不敢不從小序又不可竟廢於是委曲調停騎驛於兩家之間謂其說本無大異是亦解紛之一術也徵引者凡數十家而歐陽修蘇轍呂祖謙嚴粲四家所取爲

多雖鎔鑄羣言自爲疏解而某義本之某人必於句下註其所出又集傳主於義理於名物訓詁聲音之學皆在所略鎮於是數端皆精心考證具有根柢不徒以空談說經在漢學宋學之間可謂能持其平者矣書雖晚出於讀詩者不爲無裨也乾隆四十七年八月恭校上

詩外傳

臣等謹案詩外傳十卷漢韓嬰撰嬰燕人文帝時爲博士景帝時至常山太傅漢書藝文志有韓故三十六卷韓內傳四卷韓外傳六卷韓說四十一卷傳世久遠多散佚不存隋志唐志惟載外傳十卷即今本是也其書雜引古事古語證以詩詞與經義不相比附故曰外傳所採多與周秦諸子相出入而家語及晏子春秋爲多班固稱其取春秋采雜說咸非本義與不得已蓋譏之也中間如阿谷處女一事洪邁容齋隨筆已議之他如稱彭祖名並堯禹稱長生久視稱天變不足畏稱韶用干戚舜兼二女爲非稱荆蒯芮僕不恒其德語皆有疵

謂柳下惠殺身以成信謂孔子稱御說恤民謂舜生於鳴條一章爲孔子語謂輪扁對楚成王謂冉有稱吳楚燕代伐秦王皆非事實顔淵子貢子路言志事與申鳴死白公之難事一條而先後重見亦失簡汰然其中繭絲卵雛之喻董仲舒取之爲繁露君羣王往之訓班固取之爲白虎通義精理名言亦往往而有不必盡以詁訓繩之也其書之例每條必引詩詞而未引詩者二十八條又吾語汝一條起無所因均疑有闕文李善註文選引其漢臯二女事今本亦無之蓋又有脫簡矣乾隆四十七年五月恭校上

欽定四庫全書提要卷十

欽定四庫全書提要卷十一

經部十一

禮類一

周禮注疏

臣等謹案周禮注疏四十二卷漢鄭康成注唐賈公彦疏公彦洺州永年人永徽中官至太學博士周官在漢於諸經最爲晚出傳之者惟劉歆杜子春鄭衆馬融數家康成兼採衆說爲注多古文奇字訓釋爲難公彦博考而詳疏之晁公武稱其發揮鄭學最爲詳明朱子亦謂在諸經注疏中爲最佳後來雖有諸家要不過敷暢義理而制度必於是乎稽之新舊唐志皆作五十卷自宋即併爲四十二卷今仍之乾隆四十七年四月恭校上

周官新義附考工記解

臣等謹案周官新義十六卷附考工記解二卷宋王安石撰安石事迹具宋史

本傳晁公武讀書志曰熙寧中置經議局撰三經義皆本王安石經說三經書詩周禮也新經毛詩義凡二十卷尚書義凡十三卷今並佚周官新義本二十二卷明萬歷中重編内閣書目尚載其名故朱彝尊經義考不敢著其已佚但注曰未見然外間實無傳本即明以來内閣舊籍亦實無此書惟永樂大典内所載最夥蓋内閣書目據文淵閣書目文淵閣書目即修永樂大典所徵之書其時得其完帙故採之最詳也考蔡絛鐵圍山叢談曰王元澤奉詔爲三經義時王丞相介甫爲之提舉詩書蓋多出元澤及諸門弟子手周官新義實丞相親爲之筆削者政和中有司上言天府所籍吳氏資多有王丞相文書於是朝廷悉藏諸祕閣用是吾得見之周官新義筆跡猶斜風細雨誠介甫親書云云然則三經義中惟周禮爲安石手著矣安石以周禮亂宋學者類能言之然周禮之不可行於後世微特人人知之安石亦未嘗不知也安石之意本以宋當積弱之後而欲濟之以富强又懼富强之說必爲儒者所排擊於是附會經義

謂以鉗儒者之口實非眞信周禮爲可行迨其後用之不得其人行之不得其道百弊叢生而宋以大壞其弊亦非眞緣周禮以致誤羅大經鶴林玉露詠安石放魚詩曰錯認蒼姬六典書中原從此變蕭疎是猶爲安石所紿未究其假借六藝之本懷也因是而攻周禮因是而攻安石所註之周禮是寬其影附之巧謀而科以迂腐之薄譴矣故安石怙權植黨之罪萬萬無所辭安石解經之說則與所立新法各爲一事程子取其易解朱子王應麟均取其尚書義所謂言各有當也今觀此書惟訓詁多用字說病其牽合其餘依經詮義如所解八則之治都鄙八統之馭萬民九兩之繫邦國者皆具有發明無所謂舞文害道之處故王昭禹林之奇王與之陳友仁等注周禮頗據其說 欽定周官義疏亦不廢採用又安可盡以人廢耶安石神宗時所上五事劄子及神宗日錄載安石所引周官及楊時龜山集中所駁平頒興積一條其文皆在地官中今永樂大典闕地官夏官二卷其說遂不可考然所佚適屬其瑕纇則所存者益不

必苛詆矣安石本未解考工記而永樂大典乃備載其說據晁公武讀書志蓋鄭宗顔輯安石字說爲之以補其闕今亦並錄其解備一家之書焉乾隆四十六年九月恭校上

周禮詳解

臣等謹案周禮詳解四十卷宋王昭禹撰陳振孫書錄解題曰昭禹未詳何等人近世爲舉子業者多用之其學皆宗王氏新說王與之作周禮訂義類編姓氏世次列於龜山楊時之後曰字光遠亦不詳其爵里當爲徽欽時人今按其書附會穿鑿皆遵用王氏字說蓋當時三經新義列在學官功令所懸故昭禹因之而不改然其發明義旨則有不盡同於王氏之學者如解泉府以國服爲之息云各以所服國事賈物爲息若農以粟米工以器械皆以其所有也周之衰不能爲民正田制地稅斂無度又從而貸之則凶年饑歲無以爲償矣下無以爲償上之人又必責之則稱貸之法豈特無補於民哉求以國服爲之息恐

收還其母而不得蓋已知青苗之弊而陰破其說固不得以遵用新說而盡廢之也乾隆四十七年五月恭校上

周禮復古編

臣等謹案周禮復古編一卷宋俞庭椿撰庭椿字壽翁臨川人乾道八年進士官古田令是書宋志作三卷今本作一卷標曰陳友仁編蓋友仁訂正周禮集說而以此書附其後也庭椿之說謂五官所屬皆六十不得有羨其羨者皆取以補冬官鑿空臆斷其謬妄殆不足辯又謂天官世婦與春官世婦夏官環人與秋官環人爲一官複出當省幷之其說似巧而其謬尤甚二世婦與二環人無論職掌各殊即以序官考之天官世婦爲王之後宮故與九嬪八十一御女皆無官屬至于春官世婦爲王之宮官故每宮卿一人下大夫四人中士八人女府二人女史二人奚十六人與天官世婦顯異鄭注以漢之大長秋詹事中少府太僕爲證其說本確庭椿乃合而一之是誤以春官之世婦爲婦人也至

于司馬之環人掌下士六人史二人徒十有二人秋官之環人掌中士四人史四人胥四人徒四十人若二環人是一官何所屬之中下士及史胥徒乃各不同如此耶此好立異說者之適以自蔽也然復古之說始于庭椿厥後邱葵吳澄皆襲其謬說周禮者遂有冬官不亡之一派分門別戶輾轉蔓延其弊至明末而未已故特存其書著竄亂聖經之始爲學者之炯戒焉乾隆四十七年十月恭校上

禮經會元

臣等謹案禮經會元四卷宋葉時撰時字秀發錢塘人理宗朝龍圖閣學士光祿大夫致仕卒謚文康是書名曰釋經而實不隨文箋疏但舉周禮中大指爲目凡一百篇皆旁推交通以暢其說蓋取鎔經義以自成一家言者時與朱子友善深詆王安石新法謂程子所云有關雎麟趾之意而後可行周官之法度正爲安石而發是固然矣至其言冬官不必補而訾河間獻王取考工記附周

禮適以啟武帝之忽略是經甚且以爲壞周禮自鄭康成始皆過於非議古人未免自立門戶之習其他臆斷之處雖時有之然亦頗有深切著明可以施於實用者蓋時於經世之具嘗究心焉未可概以經生常業例也乾隆四十七年十月恭校上

太平經國書

臣等謹案太平經國書十一卷宋鄭伯謙撰伯謙字節卿永嘉人官修職郎衢州府學教授王與之周禮訂義首列宋代說周禮者四十五家伯謙爲第三十一居黃度項安世之間蓋寧宗理宗時人是書發揮周禮之義其曰太平經國書者取劉歆周公致太平之迹語也首列四圖一曰成周官制一曰秦漢官制一曰漢官制一曰漢南北軍所圖僅三朝之職掌宿衞蓋其大意欲以宮中府中文事武事一統於太宰故惟冠此四圖明古制也其書爲目三十曰教化奉天省官內治官吏宰相官民官刑攬權養民稅賦節財保治考課賓祭相體內

外官制臣職官民宮衞奉養祭享愛物醫官鹽酒理財内帑會計内治其中内外一門會計一門又各分爲上下篇凡論三十二篇皆以周官制度類聚貫通設爲問答推明建官之所以然多參證後代史事以明古法之善其論天官玉府諸職一條車若水腳氣集頗稱之然其間命意間有不可解者如齊東野語記韓侂胄之敗殿司夏震尙聲喏於道旁梅磵詩話記紹定辛卯臨安大火九廟俱燬獨丞相史彌遠賜第以殿司軍救撲而存故洪咨夔詩有殿前將軍猛如虎救得汾陽令公府祖宗神靈飛上天痛哉九廟成焦土之句其時武統於文相權可謂重極而此書宰相一篇尙欲更重其權又宋人南渡之餘湖山歌舞不復措意中原正宜進臥薪嘗膽之戒而此書奉養一篇乃深斥漢文帝之節儉爲非所論皆不可爲訓毋乃當理宗信任賈似道時曲學阿世以干進歟以他篇貫通經義尙頗有發明舊本流傳久行於世姑取節焉而已乾隆四十七年九月恭校上

周官總義

臣等謹案周官總義三十卷宋易祓撰祓有易總義已著錄是書陳振孫書錄解題不載惟趙希弁讀書附志著錄稱許儀爲之序刻於衡陽今衡陽本世已無傳惟永樂大典尚載其天官春官秋官考工記而地官夏官亦佚謹裒合四官之文編次成帙以存其舊其地官夏官則採王與之周禮訂義所引以補其亡仍依讀書附志所列勒爲三十卷雖非完帙然十已得其八九矣其書研索經文斷以己意與先儒頗有異同如論太宰九賦則援載師之任地及司市司關卝人角人職幣等職以駁口率出泉之說論宗廟九獻則合籩入醢人內宰司尊彝及行人王禮再祼之文以駁列祼事於九獻之說論肆師之祈珥則引羊人小子及山虞諸條以糾改祈爲刉改珥爲衈之說論輈人之四旗則歷辨巾車司常大司馬大行人與考工記不合以明曲禮車騎爲戰國之制諸如此類雖持論互有短長要皆以經釋經非鑿空杜撰至於內宰二事則改爲副貳

之貳於酒正式灋則指爲九式之灋於園廛漆林諸賦則謂以什一取民又於一分中分十一十二二十而三數等而輸之於王於凌人斬冰則謂十二月爲建亥之月先令之於亥月而後三爲凌室以待亥子丑三月之藏亦皆自出新義而於職方氏之地理山川尤爲詳悉雖其釋三江則混於蘇氏之說釋波溠則膠於唐志隨縣之文釋泲水濟水則據漢志而强分爲二多所未安要其援引明晰自不可沒蓋祓雖人品卑汚而於經義則頗有考據不以韓侂胄蘇師旦故掩其著書之功也乾隆四十六年十二月恭校上

周禮訂義

臣等謹案周禮訂義八十卷宋王與之撰與之字次點樂清人淳佑二年六月行在祕書省准勑訪求書籍牒溫州宣取是編知溫州趙汝騰奏進特補一官授賓州文學後終於通判泗州是書所採舊說凡五十一家然唐以前僅杜子春鄭興鄭元崔靈恩賈公彥六家其餘四十五家則皆宋人凡文集語錄無不

搜採蓋以當代諸儒爲主古義特附存而已其註考工記據古文尚書周官司空之職謂冬官未嘗亡實沿俞庭椿之謬說汝騰後序亦稱之殊爲舛誤然庭椿淆亂五官臆爲點竄與之則僅持是論而不敢移掇經文視庭椿固爲有間至其以序官散附諸官考陸德明經典釋文晉干寶註周禮雖先有此例究事由意剏先儒之所不遵不得援以爲據也惟是四十五家之書今佚其十之八九僅賴是編以傳雖貴近賤遠不及李鼎祚周易集解能存古義而蒐羅宏富固亦房審權周易義海之亞矣又案邱葵周禮補亡序稱嘉熙間東嘉王次點作周官補遺由是周禮之六官始得爲全書今本實無補遺未審别爲一書或附此書内而佚之然憑臆改經之說正以不存爲最善固無庸深考也乾隆四十七年八月恭校上

考工記解

臣等謹案考工記解二卷宋林希逸撰希逸字肅翁福清人端平二年進士景

定間官司農少卿絡中書舍人自漢河間獻王取考工記補周官於是經與記合爲一書考南齊書文惠太子鎮雍州有盜發楚王冢獲竹簡書青絲編簡廣數分長二尺有奇得十餘簡以示王僧虔曰是科斗書考工記周官所缺文也此足證考工記非秦漢間人所作以其舊本單行故後儒往往於周官經中别出釋之唐有杜牧注宋有陳祥道林亦之王炎諸家解今皆不傳獨希逸所注僅存其書多與鄭康成注相刺繆以綆參分寸之二爲輪外兩邊有護牙者以較爲車箱前横在式之上則不合於輪輿之制於倨句一矩有半解仍鄭氏注其圖乃以鼓爲倨股爲句則不合於磬折之度於戈之長内則折前謂爲援與胡相並如磬之折於皋鼓之倨句磬折謂鼓爲圜物何緣有倨句磬折之形恐有脱文皆於古器制度未之詳核然經文古奥猝不易明希逸注明白淺近初學易以尋求且諸工之事非圖不顯希逸以三禮圖之有關於記者采摭附入亦頗便於省覽故諸註佚而是書得存於今焉乾隆四十七年十月恭校上

周禮句解

臣等謹案周禮句解十二卷宋朱申撰是書逐句詮釋大略根據注疏義取簡約其中所見有與注疏異者則顯易其說若太宰之職五曰賦貢鄭注曰賦口率出泉也貢功也九職之功所稅也而是書則易之曰賦稅也貢獻也有力主注疏而曲爲引證者若大司徒諸公之地封疆方五百里以下則堅守注中半爲附庸之說而不執孟子王制以疑周禮至於注疏之是非疑不能決者若小司徒四丘爲甸以下注謂旁加之數乃治洫澮之數大司樂圜鍾爲宮以下注謂天宮夾鍾不用中吕等律以其與地宮同位之類則皆闕而不載雖循文訓詁無大發明而較之竄亂古經横生新義者猶不失謹嚴之義惟序官乃經文之綱領申以其無假詮釋遂削而不載頗乖體要是則因陋就簡之失亦不必曲爲之諱矣乾隆四十七年四月恭校上

周禮集説

臣等謹案周禮集說十卷不著撰人姓氏元初陳友仁得其本於沈則正因附益以諸家論說梓而傳之明成化甲午福建巡撫張瑄重刋以行序題丙子後九歲丙子爲宋亡之歲不題至元年號而上溯丙子以系年友仁蓋宋之遺老他本或題作至正戊子者後人所妄改也卷首有總綱領官制總論各一篇其凡例一篇分條闡説極爲賅洽每官之前又各爲總論一篇所引注疏及諸儒之説俱能擷其精粹而於王安石新經義采摭尤多原缺地官二卷冬官二卷無可考補姑仍其舊朱彝尊經義考引黃虞稷之説謂明關中劉儲秀嘗補注以行今未之見友仁字君復湖州人其行履不可考云乾隆四十七年十月恭校上

周官集傳

臣等謹案周官集傳十六卷元毛應龍撰案張萱内閣書目稱應龍字介石豫章人大德間嘗官澧州教授而江西志乘俱軼其名始末已不可詳考矣是書

於諸家訓釋引據頗博而於鄭鍔之解義徐氏之音辨及歐陽謙之之說所採尤多其自下己意者則自題應龍曰以别之今觀其說如謂周家改正朔而未嘗改時月春秋書元年春者乃周室東遷國自爲政魯用魯歷非周王之春周禮所云歲終即豳風將改歲之月乃建丑而非建亥謂周人明堂與夏之世室殷之重屋有異名而無異制諸如此類雖未免膠泥舊聞疏於考核至於冕服車旗之處廟祧昭穆之制司尊彝之六尊六彝司几筵之五几五席方弓義弓之異名豆區釜鍾之異量條列引證頗爲明晰宋以來諸家散佚之說尚因是以存其厓略則蒐輯之功固亦非尠矣其書諸家著錄皆云二十四卷今散見於永樂大典中者地官夏官適當缺帙其餘四官首尾頗爲完具謹錄爲十六卷以一官三卷共得二十四卷計之仍其舊第也應龍所著别有周官或問五卷在集傳之外永樂大典割附集傳之後其存者僅天官十九條春官十四條秋官冬官各一條篇幅寥寥不能别成一帙今仍附於各傳下既免以畸零散

佚且使一家之說互相參證亦足以資發明焉乾隆四十六年十二月恭校上

周禮傳

臣等謹案周禮傳十卷圖說二卷翼傳二卷明王應電撰應電字昭明崑山人嘉靖中遭倭亂避居江西遂終於泰和受業魏校之門其書中稱師云者即述校語故明史儒林傳即附之校傳後焉史稱應電篤好周禮覃研十數載先求聖人之心溯斯禮之源次考天象之文原設官之意推五官離合之故見綱維體統之極因顯以探微因細以繹大成周禮傳數十卷云云蓋應電於周禮之學用力頗深此三書雖各爲卷帙實相輔而行核其大致亦瑕瑜互見其傳十卷黜考工記不録猶曰專解古經至割裂序官之文凡同職相統者使區分部居各以類從則頗嫌竄亂然論說頗爲醇正雖略于考證而義理多所發明其圖說二卷用以稽考傳義中如職方氏九州之類有圖無說又有如女官女奚女奴諸辨有說無圖上卷明堂表一篇亦有録無書蓋原本所闕下卷闕井邑

邱甸諸圖則別見翼傳故不復載也其翼傳二卷凡分七篇其中冬官補義擬補土司空工師梓人器府四瀆匠人壘壁氏巡方考工準人嗇夫柱下史左史右史水泉魚政鹽法冢人十八官未免意爲揣測其天王會通以天官書所列諸星分配諸官以爲王者憲天而出治亦多涉附會其治地事宜直欲復井田之制殊失之迂其握奇經傳雜參以後世之法亦失之駁其非周禮辨駁正諸家尙爲明析其經傳訛字則於周禮以外兼涉羣經非惟以篆改隸併欲以籀改篆則拾其師魏校六書精蘊之說而不知其流于詭誕矣乾隆四十七年十月恭校上

周禮全經釋原

臣等謹案周禮全經釋原十四卷明柯尙遷撰尙遷字橋可長樂人自號陽石山人其書自天官至冬官凡十二卷又附以周禮通論周禮通今續論各一卷前列序二篇源流序論一篇六官目問四篇全經綱領十二條釋原凡例七條

書中解詁其稱說者皆依古註集成其曰原者則推原作經本意也冬官不亡諸儒紛紛異議俞庭椿等因欲割裂五官以補其缺致有竄亂古經之譏尙還謂當以經證經取遂人以下地官之事分爲冬官自遂人至旅下士正六十人可證序官之同乎六十不待移易他官以亂聖經其說較諸家頗爲有據故唐順之姜寶皆深是之雖其析大司徒掌建邦土地之圖以下爲大司空之文徑依六典改原文安擾邦國爲富邦國又以吳澄所補惟王建國以下四十字冠於冬官之首而置考工記不錄仍不免師心自用之失然其立論平實於理較近未嘗不可以參備一解焉朱彝尊經義考載此書卷目相合而註其下云內源流序論一卷通論一卷案此本通論外尙有續論而源流序論乃在卷首不列十四卷之數彝尊所紀爲誤蓋當時失於考訂也乾隆四十七年三月恭校上

臣等謹案周禮註疏删翼三十卷明王志長撰志長字平仲崑山人萬歷中舉人明史文苑傳附見其兄志堅傳中稱其亦深於經學是書於鄭註賈疏多刊削其繁文故謂之删又雜引諸家之説以發明其義故謂之翼周禮一書得鄭註而訓詁明得賈疏而名物制度考究大備後有作者弗能越也周張程朱諸儒自度徵實之學必不能出漢唐上故皆無專書其傳於今者王安石王昭禹始頗立異説王與之始兼採羣言葉時鄭伯謙始借經以抒議其於經義蓋在離合之間於是考證之學漸變爲論説之學而鄭賈幾幾乎廢棄矣志長此書亦多採宋以後説浮文妨要蓋所不免而能以註疏爲根柢尚變而不離其宗又朱申以後苟趨簡易芟薙敘官俞庭椿邱葵以後復各騁臆見竄亂諸職沿及明代彌逐頹波併經文亦非其舊志長能恪遵古本亦爲力遏橫流在經學荒蕪之日臨深爲高亦可謂研心古義者矣惠棟作精華錄訓纂因金榮誤引其文遂併以村書詆志長乃相輕已甚之詞不必盡允也乾隆四十七年四月

恭校上

欽定周官義疏

臣等謹案周官義疏四十八卷乾隆十三年　欽定周官於漢時最爲晚出又經劉歆王安石輩用之而誤致漢儒若何休宋儒若蘇轍胡宏皆有異議然三代以上大經大法非是書莫由考見康成之注公彥之疏迭有闡發宋時說者愈衆而王昭禹之詳解王與之之訂義尤爲詳博明儒若王應電之集傳王志長之删翼亦足羽翼前儒我　皇上特命儒臣蒐討自漢以來諸家之說詳加甄錄而　案語推闡精微凡漢儒所假託者悉爲抉摘使不爲全經之蠹蓋程朱所疑而未决者至　今日乃昭然揭日月云乾隆四十七年九月恭校上

周禮述註

臣等謹案周禮述註二十四卷　國朝李光坡撰光坡字耜卿號茂夫安溪人大學士光地之弟也杭世駿榕城詩話稱其家居不仕潛心經學著有三禮述

註此即其一也其書取註疏之文删繁舉要以著訓詁之源又旁採諸家參以己意以闡制作之義雖於鄭賈名物度數之文多所刋削而析理明通措詞簡要頗足爲初學之津梁考其兄光地榕村集中有周官筆記一卷皆標舉要義不以考證辨難爲長其姪鍾倫亦有周禮纂訓與光坡此書體例相近蓋其家學如是也宋儒喜談三代故講周禮者恒多又鑒於熙寧之新法故恒牽引末代弊政支離詰駁於註疏多所攻擊議論盛而經義反淆光坡此書不及漢學之博奥亦不至如宋學之蔓衍平心静氣務求理明而詞達於說經之家亦可謂適中之道矣乾隆四十七年九月恭校上

周禮纂訓

臣等謹案周禮纂訓二十一卷 國朝李鍾倫撰鍾倫字世德安溪人康熙癸酉舉人未仕而卒此書自天官至秋官詳纂註疏加以訓義惟闕考工記不釋蓋以河間獻王所補非周公之古經也鍾倫爲大學士光地之子學有本源頗

得周官大義惟于名物度數不甚加意故往往考之弗詳然如辨禘祫社稷學校諸篇皆考證詳核又如司馬法謂革車一乘甲士三人步卒七十二人鍾倫據蔡氏説謂一乘不止甲士三人步卒七十二人此是輕車用馬馳者更有二十五人將重車在後今考新書七十五人前拒一隊左右角二隊守車一隊炊子十人守裝五人廄養五人樵汲五人共二十五人攻守二乘共百人又尉繚子伍制令軍中之制五人爲伍伍相保也十人爲什什相保也五十人爲屬屬相保也百人爲閭閭相保也起于五人訖于百人蓋軍中之制自一乘起此皆一乘百人之明驗足證其説之精核又明于推步之術訓大司徒土圭之法謂百六十餘里景已差一寸亦得諸實測非同講學家之空言也乾隆四十七年十月恭校上

周官集注

臣等謹案周官集注十二卷　國朝方苞撰苞字鳳九號靈皐亦號望溪桐城

人康熙丙戌會試中式舉人官至内閣學士兼禮部侍郎後落職修書　特賜侍講銜致仕是編集諸家之說詮釋周禮謂其書皆六官程式非記禮之文後儒因漢志周官六篇列於禮家相沿誤稱周禮故改題本號以復其初其註仿朱子之例采合衆說者不復標目全引一家之說者乃著其名凡其顯然舛誤之說皆置不論惟似是而非者乃略爲考正有推極義類旁見側出者亦仿朱子之例以圈外別之訓詁簡明持論醇正於初學頗爲有裨其書成於康熙庚子後苞所著望溪集指周官之文爲劉歆竄改以媚王莽歷指某節某句爲歆所增言之鑿鑿如目覩其筆削者自以爲學力既深鑒別眞僞發千古之所未言而究不免於臆斷轉不及此書之謹嚴矣乾隆四十七年十月恭校上

禮說

臣等謹案禮說十四卷　國朝惠士奇撰士奇號半農長洲人康熙己丑進士官至翰林院侍講是編不載周禮經文惟標舉其有所考證辨駁者各爲之說

依經文次序編之凡天官二卷計六十一條地官三卷計六十三條春官四卷計九十五條夏官二卷計六十一條秋官二卷亦六十一條考工記一卷計四十條古聖王經世之道莫切於禮然必悉其名物而後可求其制度得其制度而後可語其精微猶之治春秋者不核當日之事實即不能明聖人之褒貶故說禮則必以鄭氏爲宗亦猶說春秋者必以左氏爲本鄭氏之時去周已遠所注周禮多比擬漢制以明之今去漢末復閲千六百年鄭氏所謂猶今某物某事某官者又多不解爲何語而當日經師訓詁輾轉流傳亦往往形聲並異不可以今音今字推求士奇此書於古音古字皆爲之分別疏通使無疑似復援引諸史百家之文或以證明周制或參考鄭氏所引之漢制以遞求周制因各闡其制作之深意在近時說禮之家其持論最有根柢統觀全書徵引博而皆有本原辨論繁而悉有條理其中雖間有附會百瑜一瑕終不能廢其所長也

乾隆四十七年九月恭校上

周官祿田考

臣等謹案周官祿田考三卷，國朝沈彤撰。彤以班祿之法自宋歐陽修有周禮官多田少祿且不給之疑，後人多從其說，即有辨者不過以攝官爲詞。彤獨詳究周制以與之辨，因撰是書。爲官爵數、公田數、祿田數三篇。凡田爵祿之數不見于經者，或求諸註；不見于註者，則據經起例，推闡旁通，補經所無，乃適如經之所有。其說精密淹通，于鄭、賈註疏以後可云特出。其中間有未安者，如謂子男之國不得有中士，考孟子稱小國地方五十里，有中士倍下士之文，趙岐註曰：子、男爲小國。王制曰：王者之制祿爵，公、侯、伯、子、男凡五等。諸侯之上大夫卿、下大夫、上士、中士、下士凡五等。孔穎達疏謂諸侯統公、侯、伯、子、男，則子男有中士矣。王制又曰：若有中士、下士，數各居其上之三分。鄭註：上、中、下士二十七人，各三分之。周禮太宰賈疏釋此文謂朝聘之位，次國之上士當大國之中士，中士當下士，下士當其空；小國之上士當次國之中士，中士當下士，下士當其空故云各居其上之三分若子男無中士則小國之士不數三分之數與經文戾矣至謂遂人十夫亦爲井田乃襲宋人緒論尤無足置辨歷來考周禮爲僞者不止一家惟官多田少之說猝難置辨得彤此書遂決千古疑頗爲有功于經典惟此數條乃其百慮之一失故附著之俾尚論者有所考焉乾隆四十七年八月恭校上

周禮疑義舉要

臣等謹案周禮疑義舉要七卷　國朝江永撰永字愼修婺源人是書融會鄭義間立新說多中乎理其解考工記二卷尤見專長在是書亦爲最勝如經文六尺有六寸之輪軹崇三尺有三寸也加軫與轐爲四尺也今考軫圍尺一寸見於經文轐圍不著並軫轐以求七寸之崇頗爲難合鄭註未詳後儒莫解永則謂軫方徑二寸七分有半自軸心上至軫面總高七寸轂入輿下左右軌在轂上須稍高容轂轉故轂上必有轐庋之轐之圍徑無正文輈人當兔之圍居

輈長十之一方徑三寸六分輈亦在輿下庋輿者則兔圍與當兔同可知軸半徑二寸二分加轐方徑三寸六分共高五寸八分以密率算轂半徑五寸一分弱中間距軌七分强可容轂轉以五寸八分加後軫出轐上者約一寸二分總高七寸輿板之厚上與軫平亦以一寸二分爲率後軫在輿下餘一寸五分輈踵爲缺曲以承之算加軫與轐之七寸當從輈算起蓋輈在軸上必當輿底相切而兩旁伏兔亦必與輈齊平故知輈之當兔圍必與兔圍等大後不言兔圍者因輈以見其說實可補康成所不及惟考釋名曰軫横在前如臥床之有枕也枕横也横在下也薦板在上如薦席也似輿板在上而軫在下永謂軫面與輿板相平似乎不合然輿板之下仍餘軫一寸五分則其說仍不相悖又考說文曰轐車伏兎下革也則是伏兔鉗轂之處尚有革承其間永算伏兔距轂崇三寸六分而伏兔下革厚尚未算入稍爲未密要其增分甚微固亦無妨於約算也又經文曰參分其隧一在前二在後以揉其式式之制具詳於曲禮孔疏

其說謂車箱長四尺四寸而三分前一後二横一木下去車牀三尺三寸謂之爲式又於式上二尺二寸横一木謂之爲較至宋林希逸直謂揉者揉其木使正直而爲之永謂揉兩曲木自兩旁合於前通車前三分隧之一皆可謂之式式崇三尺三寸並式深處言之兩端與兩輢之植軹相接軍中望遠亦可一足履前式一足履旁式左傳長勺之戰登軾而望是也若較在式上如何能登軾而望若式於隧三分之前横架一木則在陰板之内車外不見式矣記如何云苟有車必見其式云云考鄭註曰兵車之式深尺四寸三分寸之二則經所云一在前者皆爲式凡一尺四寸有奇之地註始得云式深若僅於兩輢之中横架一木名之曰式則一木前後更不爲式註又何得以深淺度式乎孔疏謂横架一木於車箱内蓋未會鄭註式深二字之義又鄭註云較兩輢上出式者兩輢則兩箱板也上出式而度之以兩輢則兩較各在兩箱之上明矣故釋名曰較在箱上不云較在式上是其明證孔疏之誤顯然至於經文凡云揉者皆揉

之使曲而希逸反謂揉之使直尤屬不考均不及永之所說確鑿有徵其他援
引典核率皆類此其考古亦可謂詳矣乾隆四十七年四月恭校上

欽定四庫全書提要卷十一

欽定四庫全書提要卷十二

經部十二

禮類二

儀禮注疏

臣等謹案儀禮注疏十七卷漢鄭康成注唐賈公彥疏儀禮十七篇漢時即行於世較之淹中古禮雖非全經而冠婚喪祭飲射朝聘諸大禮猶賴是書以得其端緒自康成有作而魏晉南北朝諸儒多用力於是經公彥取黃慶李孟悊兩家疏義訂爲是書最稱詳洽宋時嘗詔邢昺是正之而不列學官傳習或寡馬廷鸞自謂生五十八年未嘗一讀儀禮得公彥疏而深服其學之博蓋可知矣明監本訛脫甚多濟陽張爾岐取關中石經悉爲校補今刻本並采之又陸氏釋文舊刻多删削今亦全載尤爲詳備公彥所定本五十卷明監本依古篇第爲十七卷今本仍之乾隆四十七年九月恭校上

儀禮識誤

臣等謹案儀禮識誤三卷宋張淳撰淳字忠甫永嘉人乾道八年兩浙轉運判官直祕閣曾逮刊儀禮鄭氏注十七卷陸氏釋文一卷淳爲之校定因舉所改字別爲是書其引據有周廣順三年及顯德六年刊行之監本有汴京之巾箱本杭之細字本嚴之重刊巾箱本參以釋文疏覈訂異同最爲詳核近世久無傳本故朱彝尊經義考以爲已佚惟永樂大典所載諸條猶與諸家解說散附經文之後尚可綴錄成編其鄉射大射二篇適在永樂大典缺卷之中則不可復考矣朱子語類有曰儀禮人所罕讀難得善本而鄭注賈疏之外先儒舊說多不復見陸氏釋文亦甚疏略近世永嘉張淳忠甫校定印本又爲一書以識其誤號爲精密然亦不能無舛謬又曰張忠甫所校儀禮甚仔細校他本爲最勝其見稱於朱子如是今觀其書株守釋文往往以習俗相沿之字轉改六書正體則朱子所謂不能無舛謬者誠所未免然是書存而古經漢注之譌文脫

句藉以考識宋槧諸本之不傳于今者亦藉以存其崖略其有功于儀禮誠匪淺小今謹加案語正其得失俾瑜瑕不相揜其原本殘缺數處亦考訂補緝各附于下方是書宋史藝文志作一卷而陳振孫書錄解題文獻通考咸作三卷考淳自序言裒所校之字次爲二卷以釋文誤字爲一卷附其後總爲三卷則宋志一卷爲傳寫之誤明矣乾隆四十七年五月恭校上

儀禮集釋

臣等謹案儀禮集釋三十卷宋李如圭撰如圭字寶之廬陵人官至福建路撫幹宋中興藝文志曰儀禮既廢學者不得誦習乾道間有張淳始訂其訛爲儀禮識誤淳熙中李如圭爲集釋出入經傳又爲綱目以別章句之指爲釋宫以論宫室之制朱熹嘗與之校定禮書蓋習于禮者云云則如圭當與朱子同時而陳振孫書錄解題言如圭淳熙癸丑進士文獻通考引振孫語又作紹興癸丑進士考淳熙紀元凡十六年中間實無癸丑紹興癸丑爲高宗改元之三年

朱子校正儀禮乃在晚歲疑當爲紹熙癸丑陳氏馬氏並訛一字也宋自熙寧中廢罷儀禮學者鮮治是經如圭乃全錄鄭康成注而旁徵博引以爲之釋多發賈公彥疏所未備又撰綱目釋宮各一篇世無傳本故朱彝尊經義考云俱未見今從永樂大典錄出排纂成書十七篇中首尾完具尚十五篇惟鄉射大射二篇及別行之綱目一篇均在永樂大典缺卷之內無從考補姑仍其舊然已得其十之九矣儀禮一經因治之者希經文併注往往訛脫如圭生于南宋尚見古本今據以校正補注疏本經文脫字二十四改訛字十四删衍字十補注文脫字五百有三改訛字一百三十二删衍字一百六十九併參考唐石經及陸德明經典釋文張淳儀禮識誤及各本文句字體之殊各加辯證附案語于下方其鄉射大射兩篇如圭之釋雖佚亦參取惠棟沈大成二家所校宋本證以唐石經本補經文脫字七改訛字四删衍字二補注文脫字四十一改訛字三十九删衍字十七以成儀禮之完帙如圭舊本本十七篇篇自爲卷其間

文句稍繁者篇頁太多難于分帙今析之得三十卷其釋宮則仍自爲一書別著于錄焉乾隆四十七年十月恭校上

儀禮釋宮

臣等謹案儀禮釋宮一卷宋李如圭撰如圭既爲儀禮集釋以發明經義羽翼鄭康成注又爲是書以考論古人宮室之制體例仿爾雅釋宮逐條之下引經記注疏詳加討論如大夫士東房西室之說雖仍舊注而據聘禮賓館于大夫士證其亦有右房據鄉飲酒及少牢饋食證大夫士亦有左房東房之稱與天子諸侯言左對右言東對西者同其考證明晳深得經意發先儒之所未發大抵類此非以空言說禮者比也考朱子大全集亦載其文與此大略相同惟無序引宋中興藝文志稱朱子嘗與之校定禮書疑朱子固嘗錄如圭是篇而集朱子之文者遂疑爲朱子所撰取以入集猶蘇軾書劉禹錫語題姜秀才課冊遂誤編入軾集耳觀朱子儀禮經傳通解于鄉飲酒禮薦出自左房聘禮負右

房皆但存賈疏與是篇所言不同是亦不出朱子之一證也古者宮室各有定制歷代屢變漸非其舊如序楹楣阿箱夾牖戶當榮當碑之屬讀儀禮者倘不能備知其處則于陳設之地進退之位俱不能知甚或以後世之規模臆測先王之度數殊失其眞是篇之作誠治儀禮者之圭臬也宋陳汶嘗序集釋刻之桂林郡學舍兼刻是篇今刻本不傳惟永樂大典內全錄其文別爲一卷題云李如圭儀禮釋宮蓋其所據猶爲宋本其間字句與朱子集中所載多增省不同處似彼爲初稿此爲定本今悉從永樂大典錄存以復如圭之舊焉乾隆四十七年九月恭校上

儀禮圖

臣等謹案儀禮圖十七卷宋楊復撰復既續儀禮經傳通解仍用其義例錄十七篇經文及注而間之以圖詳其儀節陳設之方位爲圖二百有五又分宮廟門冕弁門牲鼎禮器門爲圖二十有五名儀禮旁通圖附於後于是經可謂勤

矣然讀儀禮者必明于古人宮室之制然後所設所陳揖讓進退不迷其方故李如圭儀禮通釋朱子儀禮經傳通解皆特出釋宮一篇今是書啟卷既無宮室全圖中間偶畫一隅或横或縱而其見于宮廟門者又遠近廣狹全無分數序外兩夾劉熙所謂在堂兩頭故曰夾是也圖乃與房室並列則公食大夫禮宰東夾北西面疏云位在北堂之南特牲饋食禮豆籩鉶在東房注云房中之東當夾北皆茫然失其處所矣門與東西塾同在一基圖乃分在東隅西隅則士虞禮七俎在西塾之西無其地及士冠禮擯者負東塾之類皆非其處所矣然儀禮治之者希通其說者亦不易是書雖頗有舛訛而古禮之梗概猶可得其彷彿剏始難工固不能廢其考索之勞也乾隆四十七年十一月恭校上

儀禮要義

臣等謹案儀禮要儀五十卷宋魏了翁所撰九經要義中之一種也于每篇各爲條目而節取注疏錄于下方大略與周易要義相同蓋其著書本例如此賈

公彥儀禮疏文繁句奧朱子嘗譏其不甚分明了翁取而删剟之分臚綱目涇渭秩然使學者于品節度數之辨展卷即知不復以詞義轇轕爲病雖所採不及他家而禮經精意亦略具于是焉了翁九經要義見于張萱内閣書目者本合爲一書後來流播甚罕朱彝尊經義考亦以爲未見今是書與周易春秋左傳諸要義雖已次第並出而他經存佚互見未能盡符原數故仍分著于錄以各從其經類焉是書第三十及三十一兩卷原缺無可考補姑仍其舊云乾隆四十七年五月恭校上

儀禮逸經

臣等謹案儀禮逸經二卷元吳澄撰澄有易纂言已著錄是篇掇拾逸經以補儀禮之遺凡經八篇曰投壺禮曰奔喪禮取之禮記曰公冠禮曰諸侯遷廟禮曰諸侯釁廟禮取之大戴禮記而以小戴之記相參定曰中霤禮曰禘於太廟禮曰王居明堂禮取之鄭康成三禮注所引逸文其編次先後皆依行禮之節

次不盡從其原文蓋倣朱子儀禮經傳通解之例其引二戴記著所出鄭註不著所出則與王應麟鄭氏易同由古人著書不及後來體例之密不足異也其傳十篇則皆取之二戴記曰冠儀曰昏儀曰士相見儀曰鄉飲酒儀曰鄉射儀曰燕儀曰大射儀曰聘儀曰公食大夫儀曰朝士儀其鄉射儀大射儀取禮記射義篇所陳天子諸侯卿大夫之射釐之為二其士相見公食大夫二儀則取宋劉敞之所補敞擬記而作者尚有投壺儀一篇亦見公是集中澄偶遺之明何喬新嘗取以次朝事儀後併為之跋通志堂刻九經解復佚其文蓋所據乃未補之舊本非喬新本也明一統志沅州劉有年洪武中為監察御史永樂中上儀禮逸經十有八篇楊慎求之內閣不見其書朱彝尊經義考謂有年所進即澄此本逸經八篇傳十篇適符其數其說似乎有據今世傳內閣書目惟載澄書不著有年姓名蓋當時亦知出于澄矣乾隆四十七年十月恭校上

儀禮集説

臣等謹案儀禮集説十七卷元敖繼公撰繼公字君善姓譜又曰字長壽莫之詳也寓居吴興趙孟頫嘗師之是書多立新意蓋亦好爲深湛之思者其自序云鄭康成註疵多而醇少删其不合於經者意義有未足則取疏記或先儒之説以補之又未足則附之以一得之見其言輕詆漢儒未免過當其王肅之流亞耶至謂子夏喪服傳違悖經義抑又甚矣然好學如韓愈尚不免以儀禮爲難讀繼公獨條分縷晰抉摘異同用思既勤頗亦發前人所未發至若鄭註簡約間多古語後來難以驟詳唐人義疏尚未剖析無遺繼公能逐字研求務暢厥旨經文註義得以引伸其功亦曷可没耶乾隆四十七年四月恭校上

經禮補逸

臣等謹案經禮補逸九卷元汪克寬撰克寬字德輔祁門人泰定丙寅舉於鄉元亡不仕明初徵修元史以老疾辭歸洪武五年卒於家事迹具明史儒林傳是書取儀禮周官大小戴記春秋三傳以及諸經之文有涉於禮者以吉凶軍

賓嘉五禮統之吉禮之目六十有八凶禮之目五十有七軍禮之目二十有五賓禮之目十有三嘉禮之目二十有一而以禮經附説終焉克寬究心道學於禮家度數非所深求於著書體例亦不甚講如每條必標出典是矣乃一類之中條條連綴書之合爲一篇文相屬而語不屬遂參差無緒又此書實考典文非考故事乃多載春秋失禮之事雜列古制之中至於祭寒暑禮下詆鄭康成徒見木鐸徇令一節與夏書孟春合遂指正月爲夏正似未見隋書經籍志載康成註書祇有二十九篇王居明堂禮謂月令爲漢儒所作指爲呂不韋作者不知何據似未見呂氏春秋有十二月紀亦殊疏漏以其元人舊帙議論尚不失醇正姑存以備一家焉乾隆四十七年四月恭校上

欽定儀禮義疏

臣等謹案儀禮義疏四十八卷乾隆十三年　欽定禮自淹中全經散佚而高堂生所傳十七篇僅存逮王安石廢三禮學究諸科儀禮復遏而不行朱子晚

年尤拳是經此經傳通解之所爲作也屬稾未就以屬門人黄幹楊復續成之致有條理復又本朱子之意爲圖尤便初學自後究心於此者僅有李如圭張淳數家至元則敖繼公吴澄輩一二人而已明永樂中修五經大全乃置周禮儀禮於不問殊爲缺憾是書由博取精　案語所揭悉稟　聖裁多出前人論説之外蓋是經自北宋以後若存若没至我　朝乃爲昌明云乾隆四十七年九月恭校上

儀禮鄭註句讀

臣等謹案儀禮鄭註句讀十七卷　國朝張爾岐撰是書全録鄭康成註摘取賈公彦疏而略以己意斷之因其文古奥難通故併爲之句讀宋馬廷鸞稱其家有景德中官本三禮正經註語皆標起止而疏文刻其下因以監本附益之手自點校并取朱子禮書與其門人高弟黄氏楊氏續補成編分章條析題要其上今廷鸞之書不傳爾岐是編體例略與相近所校除監本外則有唐開成

石刻本元吳澄本及陸德明音義朱子與黄榦所次經傳通解諸家其謬誤脫落衍羨顚倒經註混淆之處皆參考得實又明西安王堯典所刋石經補字最爲舛錯亦一一駁正蓋儀禮一經自韓愈已苦難讀故習者愈少傳刻之譌愈甚爾岐茲作於學者殊爲有功顧炎武與汪琬書極推重之至手錄其本以去良有以也乾隆四十七年十一月恭校上

儀禮商

臣等謹案儀禮商二卷附錄一卷　國朝萬斯大撰斯大字充宗鄞縣人是書取儀禮十七篇篇爲之說頗有新義而亦勇于信心前有應撝謙序稱喜其覃思而嫌其自用亦篤論也其聘禮解衣之裼襲謂裘外之衣謂之裼衣裼衣即禮服聘禮既聘而享賓主皆裼以將事推此則凡裘外之裼衣皆禮服矣考聘禮鄭注曰裼者免上衣見裼衣則裼衣之上更有衣明矣賈疏曰假令冬有裘襯身有襌衫又有襦袴襦袴之上有裘裘上有裼衣裼衣之上有上服皮弁祭

服之等則禮服也如斯大之說則裼衣之上不得更有皮弁祭服之等矣至玉藻所謂君衣狐白裘錦衣以裼之蓋諸侯皮弁視朔特以錦衣爲裼未聞其不加皮弁服而專用錦衣也玉藻又謂君子狐靑裘豹褎元綃衣以裼之大夫助祭服爵弁純衣而用元綃衣也然則謂裼衣之上無禮服不特迕注且悖經矣斯大又謂襲衣乃于裼衣上加深衣蓋裼衣直衿故露美深衣交衽故不露美也今即以聘服皮弁考之皮弁服之下爲朝服朝服之下爲元端元端之下爲深衣深衣爲庶人之服聘禮重聘而輕享若享時皮弁而裼聘時深衣而襲則聘服反殺于享服三等矣隆殺之義何在乎且主國之君與使臣行聘于廟而各服庶人之服以相見以爲此其充美無是理也然斯大學本淹通用思尤銳其合處往往發前人所未發卷末附答應嗣寅書辨治朝無堂尤爲精核取其所長亦深有助于考證耳乾隆四十七年十月恭校上

臣等謹案儀禮述註十七卷　國朝李光坡撰光坡有周禮述註已著錄是書取鄭註賈疏總撮大義而節取其詞亦間取諸家異同之說附於後其中註疏原文有可以删削者如士冠禮筮人執筴抽上韇註曰今時藏弓矢者謂之韇丸也考左傳昭公二十五年公徒釋甲執冰而踞杜註冰韇丸或云韇丸箭筩方言曰弓藏謂之鞬或謂之韇丸後漢書南匈奴傳曰今賫雜繒五百匹弓箭韇丸一矢四發遺單于廣雅作㲇焛此傍借韇丸以明韇字之訓非經之正義删之可也至如士冠禮贊者洗於房中側酌醴註贊酌者賓尊不入房光坡節此二句則賓不自酌而用贊者義遂不明爲删所不應删矣三禮之學至宋而微至明殆絶儀禮尤世所罕習幾以爲故紙而棄之註其書者寥寥數家即郝敬完解之類稍著于世者亦大抵影響揣摹横生臆見蓋周禮猶可談王談覇禮記猶可言敬言誠儀禮則全爲度數節文非空詞所可敷演故講學家避而不道也光坡此編雖瑕瑜互見然疏解簡明使學者不患于難讀亦足爲説

禮之初津矣乾隆四十七年十月恭校上

儀禮析疑

臣等謹案儀禮析疑十七卷　國朝方苞撰苞有周官集註已著錄是書大旨在舉儀禮之可疑者而詳辨之其無可疑者並經文不錄苞於三禮之學問辨差深晚年自謂治儀禮十一次用力良勤然亦頗勇於自信不甚詳考之衆說第其用功既深發明處亦復不少於士相見禮辨註謂賓反見即有燕禮之非辨張侯下綱之文所以見於鄉射而不載於大射儀之故皆由周禮以通之於聘禮公答再拜擯者出立於門中以相拜以爲待公既拜然後反還振幣於覲禮侯氏迎於帷門之外再拜解使者不答以王命未宣不敢受拜禮皆細心體認合乎經義其他稱是者尚夥檢其全書要爲瑜多於瑕也乾隆四十七年四月恭校上

儀禮章句

臣等謹案儀禮章句十七卷　國朝吳廷華撰廷華字中林初名蘭芳仁和人康熙甲午舉人由中書舍人歷官福建海防同知乾隆初嘗薦修三禮杭世駿榕城詩話稱廷華去官後寄居蕭寺穿穴賈孔著二禮疑義數十卷今考所著有周禮疑義已别著錄而此書則名章句未審别有儀禮疑義抑或改名章句也其書以張爾岐儀禮句讀過於墨守鄭註王文清儀禮分節句讀以句讀爲主箋註失之太畧因折衷先儒以補二書所未及每篇之中分其節次每節之内析其句讀其訓釋多本鄭賈箋疏亦閒採他説附案以發明之其章分句釋箋疏明簡於經學固不爲無補也乾隆四十七年五月恭校上

補饗禮

臣等謹案補饗禮一卷　國朝諸錦輯錦字襄七號草廬秀水人雍正甲辰進士改庶吉士散館授知縣乾隆丙辰　召試博學鴻詞授翰林院編修官至左春坊左贊善錦以儀禮十七篇有燕禮有公食大夫禮而獨無饗禮然其見于

周官春秋傳戴記者猶可得而考見元吳澄作纂言及考注嘗有補經八篇補傳十五篇獨于饗禮之文未有特著蓋緣第八第十聘覲篇中俱兼及饗食謂其可以相通而略之殊不知饗之爲禮也大非一聘所能該有祭帝祫祭之大饗復有天子享元侯兩君相見及凡享賓客之不同使不自爲一篇則雖諸書可考亦無自而察其全因據周官賓客之禮聯事而比次之并取左傳戴記中相發明者條注于其下爲補饗禮一卷蓋是編以周官爲宗周禮固儀禮綱領以經補經固無嫌于不類至其分注之傳記證佐天然咸有條理尤非牽强附會之比至薦籩不薦籩之異文庭燎門燎掌于閽人甸人之殊說並兩存其義不生穿鑿亦勝于空談臆斷之學焉雖寥寥不足二十葉而古典所存足資考證未可以其篇帙之少而廢之也乾隆四十七年八月恭校上

禮經本義

臣等謹案禮經本義十七卷　國朝蔡德晉撰德晉字敬齋無錫人是書前十

六卷皆本經第十七卷附吳澄所輯逸禮八篇皆引宋元明以來諸家之說與註疏互相參證其中引據踳駁者如士冠禮文白屨以魁柎之鄭註魁蜃蛤柎注也蓋以蛤灰柎注於屨取其潔素說文所云魁蛤是其確證乃引萬充宗之說謂魁以木爲之明時巾帽以木爲範名曰魁頭蓋本於此殊不免杜撰無稽如是之類頗失決擇然如士冠禮經文曰即筵坐櫛設笄敖繼公以爲固冠之笄德晉則謂笄有二種一是髻內安髮之笄一是笄冕固冠之笄此未加冠明是安髮之笄繼公所說爲誤則亦頗辨析精密爲前儒所未及於經義深爲有裨也乾隆四十七年四月恭校上

宮室考

臣等謹案宮室考二卷 國朝任啟運撰啟運有周易洗心已著錄是書于李如圭釋宮之外別爲類次考據頗爲詳核惟謂房東爲東廂西爲西廂北墉東墉西墉北戶屬諸堂東爲東堂西爲西堂堂上東西牆曰序序東爲東夾室西

爲西夾室南墉東墉西墉北戶偏諸東東爲東堂西爲西堂如其所說則東西廂在房之東西東西夾室在堂之東西東西廂之南東西夾室之北則曰東西之堂矣然考之經傳實全無根據又謂周之爲學者五中曰成均左之前曰東膠左之後曰東序右之前曰瞽宗右之後曰虞庠于四郊先爲四國學南之東曰東膠北之東曰東序南之西爲瞽宗北之西爲虞庠今考周太學曰東膠在公宮南之左小學曰虞庠在西郊見于王制注三代之學所在無文至劉歆始謂辟廱居中其北爲虞學其東爲夏學其西爲殷學至陸佃禮象始謂辟廱居中其南爲成均北爲上庠東爲東庠西爲瞽宗啟運蓋襲其説遂謂四代之學皆在學中而不考其無所本他若謂宗廟在雉門内引禮運仲尼與于蜡賓事畢出遊于觀之上穀梁傳禮送女母不出門諸母兄弟不出闕門如此之類則頗爲精審可以與鄭註相參矣儀禮一經久成絕學啟運能研究鉤貫使條理秩然雖間有疵謬而大致精核要亦不愧窮經之目矣乾隆四十七年九月恭

校上

肆獻祼饋食禮

臣等謹案肆獻祼饋食禮三卷，國朝任啟運撰。是編以儀禮特牲少牢饋食禮皆士禮，因據三禮及他傳記之有關於王禮者推之，不得於經，或求諸注疏以補之。凡五篇：一曰祭統，二曰吉蠲，三曰朝踐，四曰正祭，五曰繹祭。其名則取周禮「以肆獻祼享先王，以饋食享先王」之文。每篇之內，又各爲節次。每節皆先撮己說，而自注其說之所出，其後並附載經傳，較之黄榦所續祭禮更爲精密。其中綜覈諸家，首尾融貫，極有倫要。如后薦朝事豆籩，啟運列在納牲之前，薛圖列在三獻之後。今考內宰疏曰：「王出迎牲時，祝延尸於戶外之西，南面。后薦八豆籩，王牽牲入。」則啟運之說確有所本。又考明堂位：「君袒迎牲於門，夫人薦豆籩。」其下云：「君親牽牲，大夫贊幣而從。」據此則朝事薦豆籩，賈疏列在納牲之前，甚確。薛圖舛謬，亦復顯然。又后薦饋食之豆籩，啟運列在五獻之前，薛圖列在五獻之後今考鄭司尊彝註曰饋獻薦孰時后於是薦饋食之豆籩云薦孰時則其時初薦孰而未及五獻甚明故少牢禮主婦薦韭菹醓醢葵菹蠃醢尙在尸未入以前即知后於饋食薦豆籩必不在五獻以後凡此之類啟運考正薛圖之誤俱精核分明錄而存之與續儀禮通解亦可以詳略互考焉乾隆四十七年十月恭校上

儀禮釋宮增註

臣等謹案儀禮釋宮增註一卷 國朝江永撰永有周禮疑義舉要已著錄是書取朱子儀禮釋宮一篇爲之詳註多所發明補正其稍有出入者僅一二條而考證精密者居十之九如謂東西夾不當稱夾室雜記大戴禮夾室二字乃指夾與室言之本各一處註疏連讀之故相沿而誤又謂屏之間曰宁乃路門之屏外樹之內邢疏前說爲得其後說又以爲路門之內則誤又謂李巡爾雅註宁正門內兩塾間乃與詩之著義同非門屏間之宁也如此之類不可殫舉

其辨訂俱有根據足證前人之誤此其異於影響剽掇之學矣乾隆四十七年十月恭校上

儀禮小疏

臣等謹案儀禮小疏七卷　國朝沈彤撰彤有周官祿田考别著録是書取儀禮士冠禮士婚禮公食大夫禮喪服士喪禮五篇爲之疏解各數十條篇後又附以監本刋誤卷末附左右異尙考一篇考證頗爲精核其中偶爾疎舛者如士冠禮註今時卒吏及假吏也彤謂後漢志司隸校尉州刺史並有假劉昭註引漢官雒陽令有假皆不兼吏名此云假者疑吏字衍今考後漢書光武紀曰宜且罷輕車騎士材官樓船士及軍假吏百官志謂太常卿有假佐十三人太僕卿有假佐三十一人廷尉卿有假佐一人司隸校尉假佐二十五人每州刺史皆有從事假佐佐即吏也故志稱佐吏以下鄭註假吏二字本於光武紀其義則具於百官志彤疑吏字爲衍蓋偶未之考然其他考核精當者不一而足

如謂牲二十一體兼有髀周禮內饔及士婚禮兩疏乃不數髀陳祥道則去髀而用觳殊爲舛誤又謂祥道以骨折乃止折脊脅不及肩臂臑之骨不知士虞記云用專膚爲折俎取諸脰膉彼折脰膉亦謂之折俎則肩臂臑亦折可知如斯之類其説皆具有典據蓋彤三禮之學遜於惠士奇而醇於萬斯大也乾隆四十七年十一月恭校上

儀禮集編

臣等謹案儀禮集編四十卷　國朝盛世佐撰世佐秀水人官龍里縣知縣是書成於乾隆丁卯裒輯古今説儀禮者一百九十七家而斷以己意浙江遺書總録作十七卷且稱積帙共二千餘翻爲卷僅十七者按經篇數分之不欲於一篇之中横隔也然此本目録列十七卷書則實四十卷蓋以卷軸太重不得已而分之矣總録又稱末附勘正監本石經補顧炎武張爾岐之缺此本亦有録而無書豈總録但據目録載之歟其書謂朱子儀禮經傳通解析諸篇之記

分屬經文蓋編纂之初不得不權立此例以便尋省惜未卒業而門人繼之因仍不改非朱子之本意吳澄亦疑其經傳混淆爲朱子未定之稿故是編經自爲經記自爲記一依鄭氏之舊其士冠士相見喪服等編經記傳注傳寫混淆者則從蔡沈考定武成之例別定次序於後而不敢移易經文其持論頗爲謹嚴無淺學空腹高談輕排鄭賈之錮習又楊復儀禮圖久行於世然其說皆本注疏而時有併注疏之意失之者亦一一是正至於諸家謬誤辨證尤詳雖持論時有出入而可備參考者多在近時說禮之家固不失爲根據之學矣乾隆四十七年四月恭校上

內外服制通釋

臣等謹案內外服制通釋七卷宋車垓撰垓字經臣天台人咸淳中由特奏名授迪功郎浦城縣尉以年老不赴德祐二年卒垓及從兄若水皆受業於季父安行安行受業於陳埴埴受業於朱子故垓是書一仿文公家禮而補其所未

備有圖有說有名義有提要凡正服義服加服降服皆推闡明晳具有條理牟楷序謂家禮著所當然此釋所以然蓋不誣也朱彝尊經義考曰車氏書余所儲者闕第八卷以後卷八書目爲三殤以次降服應服期而殤者降服大功小功應服大功而殤者降服小功應服小功而殤者降服緦麻卷九爲深衣疑義其標題則仍稱九卷注存而不注闕蓋未敢斷後二卷之必佚然今所傳寫皆與彝尊本同則此二卷已佚矣據馬良驥所作垓行狀其深衣疑義本别爲一書特附録於此書之後良驥所舉用皇氏廣頭在下之注以續衽爲裳之上衣之旁者説亦頗核惜其全文不可睹也乾隆四十七年十一月恭校上

讀禮通考

臣等謹案讀禮通考一百二十卷　國朝徐乾學撰乾學字原一號健菴崑山人康熙庚戌進士第三官至刑部尚書是編乃其家居讀禮時所輯歸田以後又加訂定積十餘年三易稿而後成於儀禮喪服士喪既夕士虞等篇及大小

戴記則倣朱子經傳通解兼採衆説剖析其義於歷代典制則一本正史參以通典及開元禮政和五禮新儀諸書立綱統目其大端有八一曰喪期二曰喪服三曰喪儀節四曰葬考五曰喪具六曰變禮七曰喪制八曰廟制喪期歷代異同則有表五服暨儀節喪具則有圖縷析條分頗爲詳備蓋乾學傳是樓藏書甲於當代而一時通經學古之士如閻若璩等亦多集其門合衆力以爲之故博而有要獨過諸儒乾學又欲并修吉軍賓嘉四禮方事排纂而歿然是書蒐羅富有秦蕙田五禮通考即因其義例而成之古今言喪禮者蓋莫備于是焉乾隆四十七年五月恭校上

欽定四庫全書提要卷十二

欽定四庫全書提要卷十三

經部十三

禮類三

禮記注疏

臣等謹案禮記注疏六十三卷漢鄭康成注唐孔穎達疏禮記多傳于漢儒大半爲釋儀禮之義而作而三代遺制亦錯出其中康成深于周官儀禮故其注戴記獨能得經之指歸孔氏作疏更爲明暢衞湜謂晉宋而下傳禮學者南人有賀循賀瑒庾蔚崔靈恩沈重范宣皇侃等北人有徐遵明李業興李寶鼎侯聰熊安生等何止數十家正義實據皇侃以爲本而以熊安生補其所不備信如湜言則穎達當推尊兩家之不暇何轉譏侃以木落不歸其本譏安生以之楚而北行乎今侃與安生之書久佚不可考是湜所云實與不實未可知也明初陳澔集說與孔疏並列學官繼乃專主陳氏論者終以爲不如孔疏之雅奧

洵非虚美矣是書明刻本訛闕甚多乾隆四年校刊並爲訂正惟檀弓曾子問禮運禮器坊記中庸大學等篇闕文間仍其舊今以何煌惠棟等所勘北宋殘本並南宋纂圖諸本考訂流傳可資采據因悉取以補完云乾隆四十七年四月恭校上

月令解

臣等謹案月令解十二卷宋張虙撰虙慈溪人慶元丙辰進士官至國子祭酒是編乃虙端平初入侍講幄時所纂未及竟以病歸家居時乃續完之表進於朝十二月各自爲卷奏稱每一月改則令以此一月進於御前可以裁成天地之道輔相天地之宜雖未免過膠古義不盡可見諸施行然辭義曉暢于順時出政之際皆三致意焉其用心有足取者月令於劉向别錄屬明堂陰陽記當即漢書藝文志所云古明堂之遺事在明堂陰陽三十三篇之內者呂氏春秋錄以分冠十二紀馬融賈逵蔡邕王肅孔晁張華皆以爲周公作鄭康成高誘

以爲即不韋作論者據漢百官表言太尉爲秦官或又據國語晉有元尉輿尉之文謂尉之名不必起於秦然究不得因元尉輿尉遂斷三代必有太尉也意不韋採錄舊文或傅益以秦制歟今考其書古帝王發政施令之大端皆彰彰具存得其意而變通之未嘗非通經適用之一助至其言誤行某令則致某災殆因洪範庶徵而推衍之遂爲漢儒陰陽五行之濫觴處解皆未能駁正然列在禮經相沿已久亦不能獨爲處咎也原書因隨月進御故凡解見孟月者仲月季月皆重見永樂大典所載合爲一編多删其複于例爲協間有删之不盡者今併汰除以歸畫一焉乾隆四十六年十二月恭校上

禮記集說

臣等謹案禮記集說一百六十卷宋衞湜撰湜字正叔崑山人開禧嘉定間裒輯是書自言日編月削二十餘載寶慶初爲武進令始表上之由是得直祕閣紹定辛卯趙善相曾爲鋟版後越九年湜復加覈訂定爲此本蓋首尾三十餘

載而後成書故採摭羣言最爲詳博自鄭注而下所取百四十四家凡他書之
涉於禮記者亦悉採錄焉用心可謂勤矣其後序有云他人著書惟恐不出於
己予之此編惟恐不出於人後有達者毋襲此編所已言没前人之善蓋異乎
郭象宋齊邱輩之用心矣其後有慈谿黄震讀禮記日鈔新安陳櫟禮記集義
詳解皆取湜書删節附以己見黄氏融匯諸家猶出姓氏於下方陳氏則不復
標出蓋用心之厚薄前後人相去遠矣乾隆四十七年四月恭校上

禮記纂言

臣等謹案禮記纂言三十六卷元吴澄撰澄有易纂言已著録案危素作澄年
譜載至順三年澄年八十四留撫州郡學禮記纂言成而虞集行狀則稱成於
至順四年即澄卒之歲其言頗不相合然要爲澄晚年手定之本也其書每一
卷爲一篇大旨以戴記經文龐雜疑多錯簡故每一篇中其文皆以類相從俾
上下意義聯屬貫通而識章句於左其三十六篇次第亦悉以類相從凡通禮

九篇喪禮十一篇祭禮四篇通論十一篇各爲標目如通禮首曲禮則以少儀玉藻等篇附之皆非小戴之舊他如大學中庸依程朱別爲一書投壺奔喪歸於儀禮冠儀等六篇別輯爲儀禮傳亦並與古不同虞集稱其始終先後最爲精密先王之遺制聖賢之格言其僅存可考者既表而存之各有所附而其糾紛固泥於專門名家之手者一旦各有條理無復餘蘊其推重甚至考漢書藝文志禮記本一百三十一篇戴德删爲八十五戴聖删爲四十九與易書詩春秋經聖人手定者固殊然舊唐書元行沖傳載行沖上類禮義疏張說駁奏曰今之禮記歷代傳習著爲經教不可刊削魏孫炎始改舊本先儒所非竟不行用貞觀中魏徵因孫炎所修更加整比兼爲之注其書竟亦不行今行沖等解徵所注勒成一家然與先儒第乖章句隔絶若欲行用竊恐未可云云則古人屢經修輯迄不能變漢儒舊本唐以前儒風淳實不揺惑於新說此亦一徵澄復改併舊文儼然删述恐亦不免僭聖之譏以其排比貫串頗有倫次所解亦

時有發明較諸王柏删詩尙爲有間故錄存之而附論其失如右乾隆四十七年三月恭校上

禮記集說

臣等謹案禮記集說十卷元陳澔撰澔字可大都昌人宋亡不仕敎授鄉里學者稱雲莊先生其書衍繹舊聞附以己見欲以坦明之說取便初學而於度數品節擇焉不精語焉不詳後人病之蓋自漢以來治戴記者百數十家惟衞湜集說徵引極富頗爲學者所推許澔是書雖襲其名而用意不符博約亦異觀其自序謂鄭氏祖讖緯孔疏惟鄭之從爲可恨又以應鏞纂義於雜記等篇闕而不釋爲非亦不爲無見第述其家稱其父師事雙峯以是經三領鄉書爲名進士則其志趣固兼爲帖括之助耳明初與注疏並頒學官用以取士後乃專用是書迄今因之朱睦㮮授經圖作十六卷朱彝尊經義考作三十卷殆本各不同今卷蓋仍明時監板之舊云乾隆四十七年十月恭校上

禮記大全

臣等謹案禮記大全三十卷明胡廣等奉勅撰元延祐科舉之制易用程子朱子書用蔡氏詩用朱子春秋用胡氏仍許參用古註疏惟禮記則講學之家無成書得獨用古註疏然鄭註古奧孔疏浩博均猝不能得其要領故廣等作是書取淺近易明者以陳澔集說爲宗澔書之得列學官實自此始其采掇諸儒之說凡四十二家朱彝尊經義考引陸元輔之言謂當日諸經大全皆攘竊成書以罔其上此亦必元人之成書非諸臣所排纂云云雖頗涉鄰人竊鈇之疑然空穴來風桐乳來巢以他經之盜襲例之或亦未必無因歟諸經之作皆以明理然理非虛懸而無薄故易之理麗于象數書之理麗于政事詩之理麗于美刺春秋之理麗于褒貶禮之理麗于節文皆不可以空言說而禮爲尤甚陳澔集說略度數而推義理疎于考證舛誤相仍納喇性德至專作一書以攻之凡所駁詰多中其失廣等乃據以爲主根柢先失其所援引亦不過箋釋文句

與滸說相發明顧炎武日知錄曰自八股行而古學棄大全出而經說亡洪武永樂之間亦世道升降之一會誠深見其陋也特欲全錄明代五經以見一朝之制度姑並存之云爾乾隆四十七年五月恭校上

月令明義

臣等謹案月令明義四卷明黃道周撰道周有易象正已著錄崇禎十一年道周官少詹事注禮記五篇以進此其一也其說以二至二分四立皆歸於中央之土爲取則于洛書之中五而五氣于以分布此歲功所由成政事所從出故作月令氣候生合總圖又以月令載昏旦中星故有十二月中星圖併細載中星距極遠近度數及寅泰卯大壯十二卦彖象以爲此聖人敷治之原每一月分爲一章其日躔星度則各列原本于前而別列授時歷新測于後考堯典中星與月令不同故大衍歷議曰顓頊歷即夏歷湯作殷歷更以十一月甲子合朔冬至爲上元周人因之距羲和千祀昏明中星俱差半次是不韋更考中星

斷取近距然先儒論說大抵推求差分而不追改經文至唐明皇始黜月令舊文更附益時事名御刪定月令改置禮記第一故開成石經于昏旦中星悉改從唐曆宋景祐二年仍復舊本月令而唐月令別行以其變亂古經不足垂訓故也道周乃別立經文曰孟春之月日在危昏昴中旦房中仲春之月日在東壁昏參中旦箕中云云是又道周自爲月令蹈唐人之失殊爲未協特其所註雜采易象夏小正逸周書管子國說參稽考證于經義頗有闡發其臚舉史傳亦皆意存規戒非漫爲推衍禨祥則改經雖謬而其隨事納誨之忱固無悖于經義不妨因人而存其書也乾隆四十七年十月恭校上

表記集傳

臣等謹案表記集傳二卷明黃道周撰所著三易洞璣已別著錄是書亦在經筵日纂輯進呈道周以爲古者窺測天地日月皆先立表爲表記之所由名夫古者制字表裏皆從衣謂衣之著于外者人之言行猶衣之章身鄭康成云以

其記君子之德見于儀表者是爲本義必取義於八尺之表測土深正日景以御遠近高深反屬闊遠又表記一篇古注約分九節正義曰稱子言之凡有八所皇氏云皆是發端起義記者詳之故稱子言之若于子言之下更廣開其事或曲說其理則直稱子曰今檢上文體例或如皇氏之言今依用之故于諸節脈絡相承處必詳記之如云此經又廣明恭敬之事又云此一節總明仁義之事又云自此以下至某句更廣明仁義之道前儒說經于章段離合之間其慎如此陳澔不用注疏次第强分四十餘章後來說經者皆譏其失今乃約之爲三十六章皆古訓所未有更于說經之法有乖其解首節云易與詩隱而顯書不矜而莊春秋不厲而威禮樂不言而信更屬强分蓋道周此書亦全引春秋解之故曰坊表二記不專爲春秋而以春秋發其條例則百世而下有所稽測得其晷影夫坊記一篇如曰以此坊民諸侯猶有畔者又云以此示民民猶爭利而忘義又云以此坊民諸侯猶有薨而不葬者其通于春秋初無事强合至

表記篇則多言君子恭敬仁義之德而必以春秋證之于經之本義反荒矣又引韋鼎見王通之事則誤信僞書于考據亦疏而其說春秋互證旁通頗有發明猶之胡安國春秋傳雖未必盡得經意特以議論正大因事納規甚有關于世教遂亦不可廢云乾隆四十七年九月恭校上

坊記集傳

臣等謹案坊記集傳二卷明黃道周撰所著三易洞璣已別著錄此書亦在經筵日纂輯進呈之本道周以爲聖人之坊亂莫大于春秋故是書之體以坊記爲經而每章之下皆臚舉春秋之事以證之但國語所載若內史過之論虢亡近于語怪而以爲借神怪以防欲義涉荒忽隱公元年鄭伯克段于鄢而以爲爲三桓而發夫三桓之事春秋著之詳矣而乃寓其意於鄭伯之克段是舍形而論其影也又戴記本爲一篇而分爲三十章章各創爲之目上卷之目曰大坊第一去亂第二已畔第三章別第四盡旦第五遠害第六人浮于食第七貴

讓第八作讓第九可託第十酌言第十一讓善第十二作忠第十三作孝第十四敬美第十五下卷之目曰微諫第十六睦族第十七敬辨第十八敬老追孝第十九食義第二十敎敬敎睦第二十一卒事第二十二不貳第二十三先事後祿第二十四遺利第二十五別嫌第二十六厚別第二十七避遠第二十八民紀第二十九親迎第三十亦非說經家法第其意存鑒戒于君臣父子夫婦兄弟之間原其亂之所自生究其禍之所終極言之頗爲剴切且坊記之文如曰治國不過千乘都城不過百雉家富不過百乘以此坊民諸侯猶有畔者是隱爲春秋書大夫之强起例又云春秋不稱楚越之王喪則明著春秋之法孟子引孔子曰其義則丘竊取之坊記所述固春秋之義之散見者則道周此書亦非漫無所據盡出附會也乾隆四十七年九月恭校上

緇衣集傳

臣等謹案緇衣集傳四卷明黃道周撰道周有三易洞璣别著録是書取緇衣

一篇各爲章目分不煩第一咸服第二孫心第三民表第四好仁第五王言第六禁行第七德壹第八壹德第九示原第十不勞第十一成教第十二忠敬第十三親賢第十四愼溺第十五體全第十六壹類第十七好正第十八堅著第十九德惠第二十聲成第二十一成信第二十二恒德第二十三其創立名目與儒行表記坊記相同案鄭康成云緇衣篇善其好賢者之厚故述其所稱之詩以爲其名道周集傳本經筵進呈之本意欲借以諷諫故於好惡之公私人才之邪正三致意焉是傳略采經史關於好惡刑賞治道之大者凡三百餘條以繫於篇其於經濟庶務條目之間雖有未悉而於君心好惡綱領之原以至三代而下治亂盛衰之故亦略云賅備且是編本以緇衣爲目而鄭註以好賢爲解道周此書雖泛引史事要其指歸固亦不乖於古訓矣乾隆四十七年九月恭校上

儒行集傳

臣等謹案儒行集傳二卷明黄道周撰道周有三易洞璣别著録是編取儒行一篇分十七章上卷之目曰服行第一自立第二容貌第三備豫第四近人第五特立第六剛毅第七又自立章第八下卷之目曰儒仕第九憂思第十寬欲第十一舉賢第十二任舉第十三特立獨行第十四規爲第十五交友第十六尊讓第十七命儒第十八其篇目皆道周所創然其自立有如此者其剛毅有如此者本經文所有較之坊記表記之目近于自然又儒行篇先儒譏其不純以爲非孔子之言以其詞氣近于矜張非中和氣象道周負氣敢言以直節清德見重一時故獨有取于此篇其所集之傳則雜引歷代史傳而以某某爲能自立某某爲剛毅意在上之取士執此爲則定取舍之衡則用人不迷于所趨故其自序云仲尼恐後世不學不知先王之道存于儒者故備舉以明之使後之天子循名考實知人善任爲天下得人此其作書之本旨也大抵道周諸經其用功最深者莫如三易洞璣易象正觀其與及門朱朝瑛何瑞圖劉履丁輩

往復商搉至再至三所謂一生精力盡在此書者也故最爲奥博即孝經集傳亦歷六年而成推衍極爲深至若禮記五篇則意不主于解經不過目擊時事之非借經以抒其忠憤又一年中輯書五種以成之太易故考證時或有疎特以其爲一代偉人又引君當道之心有足多者故至今尚重其書焉乾隆四十七年十月恭校上

日講禮記解義

臣等謹案日講禮記解義六十四卷聖祖仁皇帝御定未及成書皇上御極之初復命儒臣取繙書房所存稾本參校訂論授梓頒行禮記自二戴分門王鄭異注閲歷唐宋專家或寡魏了翁有言博士諸生不過習其句讀苟不得義則諉爲漢儒之說棄不復講衛湜亶歸其咎於孔穎達芟落異鄭之說蓋禮之難講甚矣我朝聖聖相承顯崇經法是書之成與欽定義疏相輔並行實有以契制作之元融儒先之說俾萬古禮訓常昭矣乾隆四十七年五

月恭校上

欽定禮記義疏

臣等謹案禮記義疏八十二卷乾隆十三年　欽定禮記一書爲漢儒所輯儀禮爲經禮記爲傳此確論也康成淹貫羣經尤精於三禮故其注禮記醇儒莫及唐孔穎達作正義推闡演繹稱詳備焉宋李格非著禮記精義其書不傳二程張朱諸大儒論是經者亦多而罕有成書衞湜陳澔並爲集說然語之詳而擇之精蓋未有如我　皇上義疏之盡善也三禮之學自宋以後吳澄有考註汪克寬有經禮補逸湛若水有二禮經傳測鄧元錫有三禮繹不過更爲編次少所發揮比於是書殆未足當大輅椎輪之喻矣乾隆四十七年九月恭校上

深衣考

臣等謹案深衣考一卷　國朝黄宗羲撰是書前列己說後附深衣經文又列朱子及吳澄朱右黄潤玉王廷相五家圖說而各闢其誤其說大抵力斥前人

務生新義如謂衣二幅各二尺二寸屈之爲前後四幅自掖而下殺之各留一尺二寸加衽二幅内衽連于前右之衣外衽連于前左之衣亦各一尺二寸其要縫與裳同七尺二寸蓋衣每一幅屬裳狹頭二幅也今以其説推之前後四幅下屬裳八幅外右衽及内左衽亦各下屬裳二幅則裳之屬乎外右衽者勢必掩前右裳裳之屬乎内左衽者勢必受掩于前左裳故其圖止畫裳四幅蓋其後四幅統于前圖其内掩之四幅則不能畫也考裳十二幅前後各六自漢唐諸儒沿爲定説宗義忽改刱四幅之圖殊爲臆撰其釋衽當旁也謂衽衣襟也以其在左右故曰當旁考鄭注衽裳幅所交裂也郭璞方言注及玉篇注俱云衽裳際則爲裳旁明矣故釋名曰衽襜也在旁襜襜然也蓋裳十二幅前名襟後名裾惟在旁者始名衽今宗義誤襲孔疏以裳十二幅皆名衽不明經文在旁二字之義遂别以衣左右衽當之是不特不知衽之爲裳旁而并不以衽爲裳與鄭注裳幅二字全迕益踵孔疏而加誤矣宗義經學淹貫著述多有可

傳而此書則變亂舊詁多所乖謬恐其疑誤後來故摘其誤而存録之庶讀者知所決擇焉乾隆四十七年十月恭校上

陳氏禮記集說補正

臣等謹案陳氏禮記集說補正三十八卷　國朝頭等侍衛納喇性德撰性德有删補合訂大易集義粹言已著録是編因陳澔禮記集說舛陋太甚乃爲條析而辨之凡澔所遺者謂之補澔所誤者謂之正皆先列經文次列澔說而援引考證以著其失其無所補正者則經文與澔說並不載焉頗采宋元明人之論於鄭注孔疏亦時立異同大抵考訓詁名物者十之三四辨義理是非者十之六七以澔注多主義理故隨文駁詰者亦多也凡澔之說皆一一溯其本自何人頗爲詳核而愛博嗜奇亦往往泛採異說如曲禮席間函丈澔以兩席併中間爲一丈性德引文王世子席之制三尺三寸三分寸之一駁之是也而又引王肅本丈作杖謂可容執杖以指揮則更謬於集說矣月令羣鳥養羞性德

既云集說未爲不是而又引夏小正丹鳥羞白鳥及項安世人以鳥爲羞之說云足廣異聞則明知集說之不誤而強綴此二條矣凡斯之類皆徵引繁富愛不能割之故然綜核衆論原委分明凡所指摘切中者十之八九即其據理推求者如曲禮很毋求勝分毋求多澔注稱況求勝者未必能勝求多者未必能多性德則謂此乃不忮不求懲忿窒慾之事陳氏所云不免計校得失若是則可以必勝可以必多將不難於爲之矣是雖立澔於旁恐亦無以復應也然則讀澔注者又何可廢是編歟乾隆四十七年五月恭校上

禮記述註

臣等謹案禮記述註二十八卷　國朝李光坡撰光坡有周禮述註已著錄是編成于康熙戊子前有自序云始讀陳氏集說疑其未盡及讀註疏又疑其未誠如序內稱鄭氏祖讖孔氏惟鄭之從不載他說以爲可恨鄭氏祖讖莫過于郊特牲之郊祀祭法之禘祖宗而孔氏正義皆取王鄭二說各爲臚列其他自

五禮大者至零文單字備載衆詁在諸經註疏中最爲詳核何妄詆歟又禮器篇斥後代封禪爲鄭祖緯啟之秦皇漢武前鄭數百年亦鄭註啟之乎又多約註疏而成鮮有新意而指註疏爲舊說凡此之類抵冒前人即欺負後生何以示誠乎抑譏漢唐儒者說理如夢此程朱進人以知本吾儕非其分也今于禮運則輕其出于老氏樂記則少其言理而不及數其他多指爲漢儒之附會逐節不往復其文義通章不鉤貫其脈絡而訓禮運之本仁以聚亦曰萬殊一本一本萬殊仲尼燕居之仁鬼神仁昭穆亦曰克去己私以全心德欲以方軼前人恐未能使退舍也云云其論可謂持是非之公心掃門戶之私見雖義取簡明不及鄭孔之賅博至其精要亦略備于斯終勝陳澔之弇陋也乾隆四十七年五月恭校上

禮記析疑

臣等謹案禮記析疑四十八卷　國朝方苞撰苞有周官析疑儀禮析疑皆別

著錄是書體例與二書相同其間融會舊說斷以己意如文王世子以大司成即大司樂辨註疏以周官大樂正爲大司樂師氏爲大司成之非於郊特牲郊血大饗腥序薦璧用樂薦血實柴之次一條謂凡經傳中言郊禮而有獻薦者皆爲祭稷之事其論至爲明晰於饗禘有樂而食嘗無樂一條取荆南馮氏之言引楚茨之詩以爲嘗當有樂於內則天子之閣一條謂疏以閣爲庖廚非是蓋閣所以置果蔬飴餌也於燕義篇首引周官庶子之文謂本篇末之註編者誤列於前皆具有所見足備禮家之一解至考定文王世子一篇删文王有疾至武王九十三而終一段删不能涖阼踐阼而治八字及虞夏商周有師保有疑丞一段周公抗世子法於伯禽一段成王幼至不可不慎也一段末世子之記一段夫禮記糅雜先儒言之者不一然删定六經惟聖人能之孟子疑武成未嘗奮筆而删削也朱子考經刊誤改竄文句後儒且有異同矣至王柏詩疑敢於删定二南則至今爲世詬厲矣苞在近時號爲學者此書亦頗有可採惟

此一節助改經非聖之頹波殊不可訓故今錄存其書而附辨其謬於此爲後來之戒焉乾隆四十七年五月恭校上

檀弓疑問

臣等謹案檀弓疑問一卷　國朝邵泰衢撰泰衢字鶴亭錢塘人明於算術以薦授欽天監左監副其書以禮記出自漢儒而檀弓一篇尤多附會乃摘其可疑者條列而論辨之如以脫驂舊館人爲失禮之正以夫子夢奠之事爲杳冥渺茫皆非聖人所宜出此又親喪哭無常聲不應以孺子泣爲難繼居仇者不反兵而鬬爲啟亂端曾點之狂乃志大而有所不爲非狂肆之狂倚門而歌斷無此事以戰於郎爲郊字之誤王姬爲齊襄公妻非魯莊公之外祖母大都皆明白正大深中理解非王柏諸人以臆疑經者可比惟乘邱之戰一條疑魯莊公敗績之誤不知古人軍潰曰敗績車覆亦曰敗績左傳所云敗績覆壓者是也泰衢概以戰衄爲疑未免疎於考據然偶爾蹉跌固亦不害其大旨耳乾隆

四十七年九月恭校上

禮記訓義擇言

臣等謹案禮記訓義擇言八卷　國朝江永撰是書自檀弓至雜記於注家異同之說擇其一是爲之折衷與鄭氏注間有出入然持論多爲精核如玉藻曰襲裘不入公門疏云裘上有裼衣裼之上有襲衣襲衣之上有正服據曲禮疏襲衣即所謂中衣永謂裼衣上即爲正服不得更有中衣今考玉藻君衣狐白裘錦衣以裼之注錦衣復有上衣天子狐白之上衣皮弁服歟則皮弁即爲錦衣之上服而裼衣之上不復更有中衣可知雖孔疏所說據玉藻有長中繼揜尺之文然繼揜尺之中衣實即裼衣後漢輿服志宗廟諸祀冠長冠服袀元絳緣領袖爲中衣絳絝袜不別云裼衣則中衣即裼衣明矣故聘禮賈疏謂裼衣中衣是一孔疏顯誤當以永說爲是其他若辨程大昌袒爲免冠及皇氏髽衰爲露紒髽之誤尤爲精鑿不磨至喪服小記生不及祖父母諸父昆弟而父稅

喪已則否王肅謂計已之生不及此親之存則不稅永特宗其說而於經文弟子字雖不敢如劉知蔡謨直以爲衍文乃謂言弟者因昆連及之則其說臆度終不如鄭注爲得然全書持義多允非深於鄭學者不能也乾隆四十七年四月恭校上

深衣考誤

臣等謹案深衣考誤一卷　國朝江永撰深衣之制衆說糾紛永據玉藻深衣三袪縫齊倍要衽當旁之文知裳前後當中者爲襟爲裾皆不名衽惟當旁而斜殺者乃名衽今以永說求之訓詁諸書雖有合有不合而衷諸經文其義最當考說文曰衽衣裣也類篇裣即襟永以裳之前爲襟而旁爲衽說文乃以衽爲襟則是前襟亦名衽不獨旁爲衽矣又爾雅曰執衽謂之袺扱衽謂之襭李巡曰衽者裳之下也云下則裳之下皆名衽不獨旁矣然方言曰褸謂之衽郭璞註曰衣襟也與說文前襟名衽義正同而郭註又云或曰衽裳際也云裳際

則據兩旁矣永之所考蓋據璞註後說也又劉熙釋名云襟禁也交於前所以禁禦風寒也裾倨也倨倨然直亦言在後當見倨也衽襜也在旁襜襜然也證以永說謂裳前襟後裾皆直幅不交裂則即釋名所云倨倨然直也謂在旁者乃名衽則即釋名在旁襜襜之義也其釋經文衽在旁三字實非孔疏所能及其後辨續衽鉤邊一條謂續衽在左前後相屬鉤邊在右前後不相屬鉤邊在漢時謂之曲裾乃別以裳之一幅斜裁之綴於右後衽之上使鉤而前孔疏誤合續衽鉤邊爲一其說亦考證精核勝前人多矣乾隆四十七年九月恭校上

大戴禮記

臣等謹案大戴禮記十三卷漢戴德撰隋書經籍志云大戴禮記十三卷漢信都王太傅戴德撰梁有謚法三卷後漢安南太守劉熙注亡崇文總目云大戴禮記十卷三十五篇又一本三十三篇中興書目云今所存止四十篇晁公武讀書志云篇目自三十九篇始無四十三四十四四十五六十一四篇有兩七

十四而韓元吉熊朋來黄佐吴澄竝云兩七十三陳振孫云兩七十二蓋後人
於盛德第六十六别出明堂一篇爲六十七其餘篇第或至文王官人第七十
一改爲七十二或至諸侯遷廟第七十二改爲七十三或至諸侯釁廟第七十
三改爲七十四故諸家所見不同蓋有新析一篇則與舊有之一篇篇數重出
也漢許慎五經異義論明堂稱戴記禮説盛德記即明堂篇語魏書李謐傳隋
書牛宏傳俱稱盛德篇或稱泰山盛德記知析盛德篇爲明堂篇者出于隋唐
之後又鄭康成六藝論曰戴德傳記八十五篇司馬貞曰大戴禮合八十五篇
其四十七篇亡存三十八篇蓋夏小正一篇多别行隋唐間録大戴禮者或闕
其篇是以司馬貞云然原書不别出夏小正篇實闕四十六篇存者宜爲三十
九篇中興書目乃言存四十篇則竄入明堂篇題自宋人始矣隋志又曰戴聖
删大戴之書爲四十六篇馬融足月令明堂位樂記合爲四十九篇今考孔穎
達義疏於樂記云案别録禮記四十九篇樂記第十九然則樂記篇第劉向列

之別錄即與今不殊後漢書橋元傳云七世祖仁著禮記章句四十九篇號曰橋君學仁即班固所說小戴授梁人橋仁季卿者也劉向當成帝時校理祕書橋仁親受業小戴之門亦成帝時爲大鴻臚劉橋所見篇數已爲四十有九而融遠在後漢之季小戴書不待融足三篇甚明康成嘗受學於融者其六藝論亦但曰戴聖傳禮四十九篇作隋書者徒附會大戴闕篇以爲即小戴所錄而尚多三篇不符遂漫歸之融耳然因是而知隋唐間大戴闕篇與今本無異故今本卷數適同隋志卷數也書中夏小正篇最古其諸侯遷廟諸侯釁廟投壺公冠皆禮古經遺文又藝文志曾子十八篇久逸是書猶存其十篇自立事至天圓篇題上悉冠以曾子者是也書有注者八卷五卷無注疑闕逸非完朱子引明堂篇鄭氏注云法龜文殆以注歸之康成考注內徵引有康成譙周孫炎宋均王肅范甯郭象諸人下逮魏晉之儒王應麟困學紀聞指爲盧辯注據周書辯字景宣官尚書右僕射以大戴禮未有解詁乃註之其兄景裕謂曰昔侍

中注小戴今爾注大戴𠒋纘前修矣王氏之言信有而徵是書正文併注訛舛
幾不能成誦而永樂大典内散見僅十六篇今以與各本及古籍中摭引大戴
禮記之文參互校訂附案語於下方史繩祖有言大戴記列之十四經其說今
不可考然先王舊制時有徵焉固亦禮經之羽翼也乾隆四十七年十一月恭
校上

夏小正戴氏傳

臣等謹案夏小正戴氏傳四卷宋傅崧卿撰崧卿字子駿山陰人官至給事中
書成於宣和辛丑前有自序夏小正本大戴禮記之一篇隋書經籍志始於大
戴禮記外别出夏小正一卷註云戴德撰崧卿序謂隋重賞以求逸書進書者
遂多以邀賞帛故離析篇目而爲此有司受此又不加辨而作志者亦不復考
其說甚當舊本經傳不分崧卿乃仿左氏春秋列正文於前而列傳於下每月
各爲一篇而附以註釋又以關澮藏本與集賢所藏大戴禮記本參校異同註

於下方其闕本註釋二十三處亦併附錄題曰舊註以別之蓋是書之分經傳自崧卿始其詳爲註釋亦自崧卿始於是書可謂有功矣惟是大小戴删述古記多不詳作者姓名隋志以夏小正爲戴德作固無確證崧卿以小正屬夏而以其傳歸之德亦未免以臆斷也其中如正月之斗柄縣在下五月之菽糜將閒諸則九月之辰繫於日十一月之於時月也萬物不通皆宜爲經文而誤列於傳其正月之始用暢乃以解初歲祭耒明用暢以祭自此始宜爲傳文而誤列於經皆爲未允然大戴之學治之者稀崧卿獨稽核舊文得其端緒俾好古者有所考固禮家之所必資也乾隆四十七年四月恭校上

欽定四庫全書提要卷十三

欽定四庫全書提要卷十四

經部十四

禮類四

三禮圖集注

臣等謹案三禮圖集注二十卷宋聶崇義撰崇義洛陽人周顯德中累官國子司業世宗詔崇義參定郊廟祭玉因取三禮舊圖凡得六本重加考訂宋初上於朝太祖覽而嘉之詔頒行考禮圖始於後漢侍中阮諶其後有梁正者題諶圖云陳留阮士信受學于潁川綦母君取其說爲圖三卷多不按禮文而引漢事與鄭君之文違錯正稱隋書經籍志列鄭元及阮諶等三禮圖九卷唐書藝文志有夏侯伏朗三禮圖十二卷張鎰三禮圖九卷崇文總目有梁正三禮圖九卷宋史載禮部尚書張昭等奏云四部書目內有三禮圖十二卷是開皇中勅禮部修撰其圖第一第二題云梁氏第十後題云鄭氏今書府有三禮圖亦

題梁氏鄭氏則所謂六本者鄭元一阮諶二夏侯伏朗三張鎰四梁正五開皇所撰六也然勘驗鄭志元實未嘗爲圖殆習鄭氏學者作圖歸之鄭氏歟今考書中宮室車服等圖與鄭注多相違異即如少牢饋食敦皆南首鄭注云敦有首者尊者器飾也飾蓋象龜周之制飾器必以其類龜有上下甲此言敦之上下象龜上下甲蓋者意擬之辭而是書敦與簠簋皆作小龜以爲蓋項是一器之徵亦失鄭意沈括夢溪筆談譏其犧象尊黃目尊之誤歐陽修集古錄譏其簋圖與劉原甫所得眞古簋不同趙彥衞雲麓漫鈔譏其爵爲雀背承一器犧象尊作一器繪牛象林光朝亦譏之曰聶氏三禮圖全無來歷穀璧則畫穀蒲璧則畫蒲皆以意爲之不知穀璧止如今腰帶銙上粟文耳是宋代諸儒亦不以所圖爲然然其書鈔撮諸家亦頗承舊式不盡出於杜撰淳熙中陳伯廣嘗爲重刻題其後云其圖度未必盡如古昔苟得而考之不猶愈於求諸野乎斯言允矣今姑仍其舊帙之以備一家之學此書世所行者爲通志堂刊本或一

頁一圖或一頁數圖而以說附載圖四隙行款參差尋覽未便惟內府所藏錢曾也是園影宋鈔本每頁自爲一圖而說附於後較爲清整易觀今依仿繕錄焉乾隆四十七年三月恭校上

三禮圖

臣等謹案三禮圖四卷明劉績撰績字用熙江夏人嘗注易及禮而於他經則未暇故作此圖以總之績之說以爲三代制度本於義故推之而無不合自漢以來失其傳而率妄作間有微言訓詁者又誤故其所圖一本陸佃禮象陳祥道禮書林希逸考工記解諸書而取諸博古圖者爲尤多與舊圖大異考漢時去古未遠車服禮器猶有存者鄭康成諸家承其師說作爲禮圖聶崇義參考六本宗爲一家之學皆非妄作者博古圖所載大半得器後而錫以名其不可名者皆强名之非若禮圖之有師承也績以漢儒爲妄作而專信博古圖謬矣然所採陸陳諸家之說如齊子尾送女器出於魏太和中犧尊純馬牛形王肅

據以證鳳羽娑娑之誤齊景公器出於晉永康中象尊純爲象形劉杳據以證象骨飾尊之非蒲璧刻文如蒲萑敷時穀璧如粟粒其器出於宋時沈括據以正蒲形禾形之謬此書所圖一依王劉沈括之說與陸陳同亦足以備一解至於宮室制度及輿輪名物皆禮之大者今此圖於房序堂夾之位輢較賢藪之分一一明晰不惟補崇義之闕而且拾希逸之遺其他珽荼曲植之屬補舊所未備者又七十餘事則舊圖之外存此一書未始非兼收並蓄之義也乾隆四十七年十一月恭校上

學禮質疑

臣等謹案學禮質疑二卷　國朝萬斯大撰斯大有儀禮商已著錄是書考辨古禮頗多新說如謂魯郊惟日至一禮祈穀不名郊自魯僭行日至之郊其君臣托於祈穀以輕其事後不察郊與祈穀之分遂以魯爲祈穀見春秋不書祈穀爲郊今考襄公七年傳孟獻子曰夫郊祀后稷以祈農事啟蟄而郊郊而後

耕桓公五年秋大雩左氏傳曰書不時也凡祀啟蟄而郊龍見而雩與孟獻子之言亦合斯大既不信左氏又據詩序謂昊天有成命爲郊祀天地而不言祈穀遂立是說不知大戴禮公符篇載郊祀由承天之神與甘風雨庶卉百穀莫不茂者則郊兼祈穀之明證家語雖出僞託然皆綴輯舊文其郊問篇稱至於啟蟄之月則又祈穀上帝王肅注曰啟蟄而郊郊而後耕與鄭杜二家尤爲契合斯大別爲創論非也斯大又謂大社祭地在北郊王社祈穀在國中今考五經通義大社在中門之外王社在籍田之中孔賈疏及通典俱宗其說又左氏閔公二年傳閒于兩社爲公室輔杜預注曰周社亳社兩社之間朝廷執政所在孔穎達疏曰魯是周之諸侯故國社謂之周社則國社之所在爲朝廷執政之所在其爲中門內無疑諸侯之國社與天子之大社同也周書作雒篇曰乃設立丘兆於南郊以上帝配后稷日月星辰先王皆與食諸侯受命于周乃建大社于國中國中與南郊對舉則大社不在郊而在國可知斯大所云誤亦顯

著凡此皆自立異說略無顯據其他若辨商周改月改時周詩周正及兄弟同昭穆皆極精確宗法十餘篇亦頗見推闡置其非而存其是亦未始非一家之學也乾隆四十七年十月恭校上

讀禮志疑

臣等謹案讀禮志疑六卷　國朝陸隴其撰隴其有古文尚書考等已著錄是編以三禮之書多由漢儒採輯而成其所載古今典禮自明堂清廟吉凶軍賓嘉以及名物器數之微互相考校每多齟齬不合因取孔鄭諸家注疏折衷於朱子之書務得其中並旁及春秋律呂與夫天時人事可與禮經相發明者悉爲採入其有疑而未決者則仍闕之故曰讀禮志疑案禮經自經秦火雖多殘缺不完而漢代諸儒去古未遠其所訓釋大抵有所根據不同于以意揣求宋儒義理雖精而博考詳稽終不逮注疏家專門之學隴其覃思心性墨守程朱其造詣之醇誠近代儒林所罕見至於討論三禮究與古人之終身穿穴者有

殊然孔疏篤信鄭注往往不免附會而陳澔集説尤爲弇陋隴其隨文糾正考核折衷其用意實非俗儒所能及也乾隆四十七年十月恭校上

郊社禘祫問

臣等謹案郊社禘祫問一卷　國朝毛奇齡撰前爲答其門人李塨問南北分祀及問有禘無祫之説末附艾堂問自注云同郡學人集於艾堂有問此則專論禘祫者奇齡性喜攻駁前人南北郊分祀以冬夏至日禮有明文疑無北郊之祀者本無庸置辨至於時祭之外禘爲大祭所謂三年一祫五年一禘者語出緯書本不足據祫對犆爲義不對禘爲義也書内辨大禘與吉禘不相蒙又言大禘吉禘時祭必合祭故稱祫皆發昔儒所未及於經義不爲無補亦足資禮家之采擇焉乾隆四十七年四月恭校上

參讀禮志疑

臣等謹案參讀禮志疑二卷　國朝汪紱撰紱一名烜字燦人婺源人是書取

陸隴其所著讀禮志疑每條標列而以己意附參於各條之下其於三禮大端若謂南郊即爲圜丘大社即爲北郊禘非祭天之名路寢不得倣明堂之制又力斥大饗明堂文王配五天帝武王配五人帝之説皆主王肅而黜鄭元故與舊註相左其顯然舛誤者如謂東西夾室不在堂之兩旁而在東西房之兩旁考儀禮公食大夫禮公迎賓入大夫立於東夾南士立於門東小臣東堂下宰東夾北内官之士在宰東上介門西蓋均即位於堂之上下如紱所云則大夫及宰乃違衆而獨立於堂後及東西房兩旁隱蔽之地有是理乎至所謂大夫士廟亦當有主與通典所載徐邈及清河王懌之議相合如斯之類亦深得經義固可與隴其之書並存不廢也乾隆四十七年五月恭校上

禮書

臣等謹案禮書一百五十卷宋陳祥道撰祥道字用之福州人李廌師友談記稱其許少張榜登科又稱其元祐七年進禮圖儀禮注除館閣校勘明年用爲

太常博士賜緋衣不旬餘而卒又稱其仕宦二十七年止於宣義郎宋史則作官至祕書省正字然晁公武讀書志載是書亦稱左宣義郎太常博士陳祥道撰與䧺所記同䧺又稱嘗爲禮圖一百五十卷儀禮說六十餘卷內相范公爲進之乞送祕閣及太常寺陳振孫書錄解題則稱元祐中表上之晁公武則稱朝廷聞之給札繕寫奏御宋史陳暘傳則稱禮部侍郎趙挺之言暘所著樂書貫穿明備乞援其兄祥道進禮書故事給札則振孫所記爲確公武朝廷聞之之說非其實也其中多掊擊鄭學與祥道駁鄭略同蓋一時風氣所趨無庸深詰然綜其大致則貫通經傳縷析條分前說後圖考訂詳悉陳振孫稱其論辨精博間以繪畫唐代諸儒之論近世聶崇義之圖或正其失或補其闕晁公武元祐黨家李䧺蘇門賓客皆與王氏之學異趣公武亦稱其書甚精博䧺亦稱其禮學通博一時少及則其書固甚爲當時所重不以安石之故廢之矣乾隆四十七年十月恭校上

儀禮經傳通解

臣等謹案儀禮經傳通解三十七卷續二十九卷儀禮經傳通解朱朱子撰初名儀禮集傳集註朱子乞修三禮劄子所云以儀禮爲經而取禮記及諸經史雜書所載有及於禮者皆以附於本經之下具列註疏諸儒之說略有端緒即是書也其劄子竟不果上晚年修葺乃更今名朱子沒後嘉定丁丑刊板於南康道院凡家禮五卷鄉禮三卷學禮十一卷邦國禮四卷共二十三卷爲四十二篇中缺書數一篇大射至諸侯相朝八篇尙未脫稾其卷二十四至卷三十七凡十八篇則仍前草創之本故用舊名集傳集註是爲王朝禮中缺卜筮一篇目錄内踐阼第三十一以後序說並缺蓋未成之本也所載儀禮諸篇咸非舊次亦頗有所釐析如士冠禮三屨本在辭後乃移入前陳器服章戒宿加冠等辭本總記在後乃分入前各章之下末取雜記女子十五許嫁笄之文續經立女子笄一目如斯者不一而足雖不免割裂古經然自王安石廢罷儀禮獨

存禮記朱子糾其棄經任傳遺本宗末因撰是書以存先聖之遺制分章表目開卷瞭然亦考禮者所不可廢也其喪祭二門則成於朱子門人黃榦蓋朱子以創稾屬之然榦僅修喪禮十五卷成於嘉定己卯其祭禮草稾則尚未訂定而榦又没越四年壬午張虙刋之南康亦未完本也其後楊復重修祭禮鄭逢辰進之於朝今自卷十六至卷二十九皆復所重修合前經傳通解及集傳集註總六十有六卷雖編纂不出一手而端緒相因規模不異古禮之梗概節目亦略備於是矣榦有文集別著錄復自有儀禮圖亦別著錄云乾隆四十七年三月恭校上

禮書綱目

臣等謹案禮書綱目八十五卷國朝江永撰永字愼修休寧人其書大略依經傳通解爲之而閒有異同多能補所未及如士冠禮屨夏用葛以下五十字本在辭後記前而通解移置經文陳器服節末是書亦因之此其沿襲未改者

他如士昬記父醮子命之辭曰以下三十一字通解列在陳器饌節下而是書改列在親迎節下又通解以記文婦入三月然後祭行二句别爲祭行一節在奠菜節之前而是書以此二句附於廟見節之末蓋是書廟見即通解之所謂釋奠也揆以禮意較通解爲有倫次又通解割士冠禮無大夫冠禮而有其婚禮以下四句謂當在家語冠頌内疑錯簡於此經頗涉臆斷是書則仍記文之舊不從通解尤爲詳愼蓋通解本朱子未定之書不免小有出入永引據羣經補其罅漏實於禮義有裨即實於朱子爲有功視胡炳文輩務博篤信之名而實非朱子之志者識趣相去遠矣乾隆四十七年四月恭校上

五禮通考

臣等謹案五禮通考二百六十二卷　國朝秦蕙田撰蕙田字樹峰金匱人乾隆丙辰進士第三官至刑部尙書謚文恭是書因徐乾學讀禮通考惟詳喪葬一門而周官大宗伯所列五禮之目古經散亡鮮能窮端竟委乃因徐氏體例

網羅衆說以成一書凡爲門類七十有五以樂律附於吉禮宗廟制度之後以天文推步句股割圓立觀象授時一題統之以古今州國都邑山川地名立體國經野一題統之並載入嘉禮雖事屬旁涉非五禮所應談不免有炫博之意然周代六官總名曰禮禮之用精粗條貫所賅本博故朱子儀禮經傳通解於學禮載鍾律詩樂又欲取許氏說文解字序說及九章算經爲書數篇而未成則蕙田之以類纂附尚不爲無據其他考證經史原原本本具有經緯非剽竊餖飣挂一漏萬者可比較陳祥道所作過之遠矣乾隆四十七年四月恭校上

書儀

臣等謹案書儀十卷宋司馬光撰凡表奏公文私書家書式一卷冠儀一卷婚儀二卷喪儀六卷朱子語錄胡田叔問四先生禮朱子謂二程與橫渠多是古禮溫公則大抵本儀禮而參以今之可行者要之溫公較穩其中與古不甚遠是七分好馬端臨文獻通考載其父廷鸞之言謂書儀載婦入門之日即拜先

靈廢三月廟見爲非禮引朱子語錄以爲惑于陳鍼子先配後祖一語又謂檀弓明載殷練而祔周卒哭而祔孔子善殷而云周已戚書儀載祔廟在卒哭後于禮爲太遽按杜預左傳注謂禮逆婦必先告廟而後行故楚公子圍稱告莊公之廟鄭忽先逆婦而後告廟故謂先配而後祖其事與廟見無關光未必緣此起義遼史禮志載大婚禮后車將至宮門請降車詣神主室三拜南北向各一拜酹酒次詣列祖前拜奠酒訖然後行合卺禮此足見當時北方之俗以婦入門日廟見故其禮上達于天子光之所定蓋亦因其土風考古者三月廟見乃成爲婦未及三月而死則仍歸葬于母家後世于歸之日即事事成其爲婦設有夭折斷不能舉柩而返之何獨廟見之期堅執古義乎至于殷練而祔孔子善之其說雖見檀弓考宋史禮志所載祔廟之儀實從周禮國制如是士大夫安得變之亦未可以是咎光也他如深衣之制朱子家禮所圖不爲内外掩襟則領不相交此書釋曲袷如矩以應方句謂孔疏及後漢書馬融傳注所說

似于頸下別施一衿映所交領使之正方如今時服上領衣不知領之交會處自方疑無他物云云闡發鄭注交領之義最明與方言衿謂之交郭璞注爲衣交領者亦相符合較家禮所說特爲詳確斯亦光考禮最精之一證矣乾隆四十七年十一月恭校上

家禮

臣等謹案家禮五卷舊本題宋朱子撰案王懋竑白田雜著有家禮考曰家禮非朱子之書也家禮載于行狀其序載于文集其成書之歲月載于年譜其書亡而復得之由載于家禮附錄自宋以來遵而用之其爲朱子之書幾無可疑者乃今反復考之而知決非朱子之書也云云其辨論甚詳又有家禮後考十七條引諸說以相印證家禮考誤四十六條引古禮以相辨難其說並精核有據懋竑之學篤信朱子獨于易本義九圖及是書斷斷辨論不肯附合則是書之不出朱子可灼然無疑然自元明以來流俗沿用故仍錄而存之亦記所謂

禮從宜使從俗也乾隆四十七年九月恭校上

泰泉鄉禮

臣等謹案泰泉鄉禮七卷明黄佐撰佐字才伯香山人正德中舉鄉試第一世宗嗣位始成進士選庶吉士官至少詹事贈禮部侍郎謚文裕事蹟具明史文苑傳佐學宗程朱嘗與王守仁論知行合一之旨數相辨難守仁亦稱其直諒生平撰述極多是書乃其以廣西提學僉事乞休家居時所著凡六卷又以士相見禮及投壺鄉射禮附之合爲七卷首舉鄉禮綱領以立教明倫敬身爲主次則冠婚以下四禮皆略爲條目第取其在今易行而絕不倍於古者次舉五事曰鄉約鄉校社倉鄉社保甲皆深寓端本厚俗之意而簡明剴切可起而行在明人著述中猶爲有用之書也乾隆四十七年八月恭校上

朱子禮纂

臣等謹案朱子禮纂五卷國朝李光地撰是書於朱子儀禮經傳通解及家

禮二書外凡說禮之條散見於文集語類者分類纂集分爲五目曰總論曰冠昏曰喪曰祭曰雜儀縷析條分具有統貫雖採輯不無遺闕若文集有答潘恭叔書論編儀禮禮記章句答王子合書論居喪家祭又有周禮三德說樂記動靜說書程子禘說後等篇此書皆不見錄又與吳晦叔書論太廟當南向太祖當東向雖與此書所錄答王子合書大義相似然答晦叔書更爲詳盡今乃删詳而存略又集載鄂州社壇記前列羅願在州所定壇壝制度及社稷向位朱子必以其深合典禮故詳述之以補禮文之闕而此書乃盡删前篇但存某案以下云云亦失朱子備載之意然朱子說禮之言參差散見猝不能得其端緒光地類聚而區分之使秩然有理於學禮者亦爲有功矣乾隆四十七年二月恭校上

辨定祭禮通俗譜

臣等謹案辨定祭禮通俗譜五卷國朝毛奇齡撰奇齡有仲氏易諸書皆别

著録是編一名二重禮譜蓋欲成喪祭二禮嗣以喪禮別有吾説編因惟存祭禮其説取古禮而酌以今制故以通俗爲名凡分七門其中各條頗與朱子家禮爲難不出奇齡平日嚚爭之習然考朱子年譜家禮成於乾道六年庚寅朱子時年四十一歲其稿旋爲人竊去越三十年朱子沒後始復有傳本行世儒者或以爲疑黄幹爲朱子弟子之冠亦云爲未暇更定之本則家禮之出自朱子手定與否尚無顯證即眞獲朱子已失之稿而草創初成亦恐尚非定本以王懋竑之篤信朱子而所作白田雜著乃反覆辨是書之依托其言具有根據則奇齡之辨又不能盡以好勝目之矣其間斟酌變通於古禮之必不可行及俗禮之誤託於古者剖析考訂亦往往釐然有當固不妨存備一家之説也乾隆四十七年五月恭校上

欽定四庫全書提要卷十五

經部十五

春秋類一

左傳注疏

臣等謹案春秋左氏傳注疏六十卷晉杜預注唐陸德明音義孔穎達疏預字元凱京兆杜陵人官至鎮南大將軍都督荆州諸軍事爵當陽侯嘗自稱有左傳癖左氏傳出於漢初而立於學官最晚其於釋經則義略而事詳預爲經傳集解分經之年與傳之年相附世稱左氏功臣鄭樵謂左氏未經杜氏之前凡幾家一經杜氏之後後人不能措一詞推重可謂至矣其後沈文阿蘇寬劉炫皆據杜說沈氏義例麤可蘇氏惟攻賈服劉氏好規杜失穎達參取沈劉之說兩義俱違則斷以己意務引經稽傳以曲暢集解之旨蓋又杜氏之功臣也明刻本多譌如韓原之戰誤以陸氏釋文混於杜注今刻本悉正之乾隆四十七

年九月恭校上

春秋公羊傳注疏

臣等謹案公羊注疏二十八卷漢何休注爲之疏者姓氏失考崇文總目亦云不著撰人名氏或云徐彦撰陳振孫曰彦不知何代人意在貞元長慶之後晁公武稱其書以何氏三科九旨爲宗本雖云援據淺局然以備春秋三家之旨不可廢也明監本多脱去傳注等字今刻本悉補入焉乾隆四十七年十一月恭校上

春秋穀梁注疏

臣等謹案穀梁注疏二十卷晉范甯集解唐楊士勛疏宋邢昺等奉詔訂正令太學傳授穀梁氏或以爲名喜或以爲名赤或以爲名俶宋儒若王應麟輩皆未能定也其傳始顯於漢宣帝時而向歆父子猶各執一議莫能相從自後爲其學者有尹更始唐固麋信孔衍江熙段肅張靖等十餘家而甯采集之以成

是傳甯字武子解褐爲餘杭令遷臨淮太守徵拜中書侍郎補豫章太守沈思是傳其義精審爲後儒所稱蓋杜預注左氏何休注公羊皆獨主其說不敢稍有異同以是多所迴護甯治穀梁而能知其非較他家爲最善矣士勛不詳其字里官國子四門助教見於崇文總目云乾隆四十七年四月恭校上

箴膏肓等三種

臣等謹案箴膏肓一卷起廢疾一卷發墨守一卷漢鄭元撰後漢書元本傳稱任城何休好公羊學遂著公羊墨守左氏膏肓穀梁廢疾元乃發墨守鍼膏肓起廢疾休見而歎曰康成入吾室操吾矛以伐我乎其卷目之見隋書經籍志者有左氏膏肓十卷穀梁廢疾三卷公羊墨守十四卷皆注何休撰而又別出穀梁廢疾三卷注云鄭元釋張靖箋似鄭氏所釋與休原本自隋代以前本自別行至舊唐書經籍志所載膏肓廢疾二書卷數並同特墨守作二卷爲稍異其下並注鄭元箴鄭元發鄭元釋云云則已與休原書合而爲一迨宋時其書

遂不復存惟崇文總目有左氏膏肓九卷而陳振孫所見本復闕宣定哀三公振孫謂其錯誤不可讀疑爲後人所錄蓋並非隋唐志之舊矣其後漢學益微即振孫所云不全之左氏膏肓亦遂亡佚不可見此本凡箴膏肓二十餘條起廢疾四十餘條發墨守四條蓋從諸書所引掇拾成編者相傳以爲王應麟所輯不知其何所據也今以注疏互相校勘惟詩大明疏所引宋襄公戰泓一條尚未收入其餘並已蒐採無遺謹爲掇拾補綴著之於錄雖視原書不及什之一二而排比薈稡略存梗概爲鄭氏之學者或亦有所取焉乾隆四十七年五月恭校上

春秋釋例

臣等謹案春秋釋例十五卷晉杜預撰是書以經之條貫必出於傳傳之義例總歸於凡左傳稱凡者五十其別四十有九皆周公之垂法史書之舊章仲尼因而修之以成一經之通體諸稱書不書先書故書不言不稱書曰之類皆所

以起新舊發大義謂之變例亦有舊史所不書適合仲尼之意者仲尼即以爲義非互相比較則褒貶不明故別集諸例及地名譜第歷數相與爲部先列經傳數條以包通其餘而傳所述之凡繫焉更以己意申之名曰釋例地名本之泰始郡國圖世族譜本之劉向世本與集解一經一緯相爲表裏晉書稱預自平吳後從容無事乃著集解又參考衆家譜第謂之釋例又作盟會圖春秋長歷備成一家之學比老乃成今考土地名篇稱孫氏僭號於吳故江表所記特略則其屬稿實在平吳以前故所列多兩漢三國之郡縣與晉時不盡合至盟會圖長歷則皆書中之一篇非別爲一書觀預所作集解序可見史所言者未詳晉書又稱當時論者謂預文義質直世人未之重惟祕書監摯虞賞之考稽含南方草木狀稱晉武帝賜杜預蜜香紙萬番寫春秋釋例及經傳集解則當時固重其書史所言者亦未盡確也其書自隋書經籍志而後並著於錄均止十五卷惟元吳萊作後序云四十卷豈元時所行之本卷次獨分析乎自明以

來是書久佚惟永樂大典中尚存三十篇並有唐劉蕡原序其六篇有釋例而無經傳餘亦多有脱文謹隨篇掇拾取孔穎達正義及諸書所引釋例之文補之校其訛謬釐爲四十七篇仍分十五卷以還其舊吳萊後序亦併附焉案預集解序云釋例凡四十部崇文總目云凡五十三例而孔穎達正義則云釋例事同則爲部小異則附出孤經不及例者聚於終篇四十部次第從隱即位爲首先有其事則先次之世族土地事既非例故退之於終篇之前土地名起於宋衛遇於垂世族譜起於無駭卒無駭卒在遇垂之後故地名在世族前今是書原目不可考故因孔氏所述之大指推而廣之取其事之見經先後爲序長歷一篇則次之土地名世族譜後以集解序述歷數在地名譜第後也土地名篇釋例云據今天下郡國縣邑之名山川道涂之實爰及四表皆圖而備之然後以春秋諸國邑盟會地名附列之名曰古今書春秋盟會圖别集疏一卷附之釋例所畫圖本依官司空圖據泰始之初郡國爲正孫氏初平江表十四郡

皆貢圖籍荆揚徐三州皆改從今爲正不復依用司空圖則是書應有圖而今已佚又所附盟會圖疏臚載郡縣皆是元魏隋唐建置地名非晉初所有而陽城一條且記唐武后事當是預本書已佚而唐人補輯又土地名所釋亦有後人增益之語今仍錄原文而各加辨證於下方考預書雖有曲從左氏之失而用心周密後人無以復加其例亦皆參考經文得其體要非公穀二家穿鑿日月者比且永樂大典所載猶宋時古本觀夫人内女歸寧例一篇末云凡若干字經傳若干字釋例若干字當時校讎精當概可想見如長歷載文公四年十有二月壬寅夫人風氏薨杜云十二月庚午朔無壬寅近刻注疏本並作十有一月案十一月庚子朔三日得壬寅不可謂無壬寅也又襄公六年經文本云十有二月齊侯滅萊而近刻左傳本前則曰十一月齊侯滅萊萊恃謀也後則曰晏弱圍棠十一月丙辰而滅之今考長歷十一月丁丑朔是月無丙辰十二月丁未朔十日得丙辰杜預係此日於十二月下不言日月有誤可見今本傳

文兩言十一月皆十二月之訛也如此之類可以校訂舛誤者不可縷數春秋以左傳爲根本左傳以杜解爲門徑集解又以是書爲羽翼緣是以求筆削之旨亦可云考古之津梁窮經之淵藪矣乾隆四十六年七月恭校上

春秋集傳纂例

臣等謹案春秋集傳纂例十卷唐陸淳撰蓋釋其師啖助幷趙匡之說也助字叔佐本趙州人徙關中官潤州丹陽縣主簿匡字伯循河東人官洋州刺史淳字伯沖吳郡人官至給事中後避憲宗諱故名質二程遺書陳振孫書錄解題及朱臨作是編後序皆云淳師助匡舊唐書云淳師匡匡師助新唐書則云趙匡陸淳皆助高弟案呂溫集有代淳進書表稱以啖助爲嚴師趙匡爲益友又淳自作修傳始終記稱助爲啖先生稱匡爲趙子餘文或稱爲趙氏重修集傳義又云淳秉筆執簡侍于啖先生左右十有一年而不及匡又柳宗元作淳墓表亦稱助匡爲淳師友當時序述顯然明白劉昫以下諸家並傳聞之誤也助

之說春秋務在考三家得失彌縫漏闕故其論多異先儒如論左傳非邱明所作漢書邱明授魯曾申申傳吳起自起六傳至賈誼等說亦皆附會公羊名高穀梁名赤未必是實又云春秋之文簡易先儒各守一傳不肯相通互相彈射其弊滋甚左傳序周晉齊宋楚鄭之事獨詳乃後代學者因師授衍而通之編次年月以爲傳記又雜采各國諸卿家傳及卜書夢書占書縱橫小說故序事雖多釋經殊少猶不如公穀之于經爲密其論未免一偏故歐陽修晁公武諸人皆不滿之而程子則稱其絶出諸家有攘異端開正途之功蓋舍傳求經實導宋人之先路生臆斷之弊其過不可掩破附會之失其功亦不可沒耳助書本名春秋統例僅三卷卒後淳與其子異裒錄遺文請匡損益始改名纂例成於大歷乙卯定著四十篇分爲十卷始末具見第六篇中唐書藝文志卷數亦同此本卷數相符蓋猶舊帙其第一篇至第八篇爲全書總義第九篇爲魯十二公併世緒第三十六篇以下爲經傳文字脫繆及人名國名地名其發明筆

削之例者實二十六篇而已當時稿廢已久元初已爲難覯流傳得至今日亦可謂巋然獨存矣乾隆四十七年二月恭校上

春秋集傳微旨

臣等謹案春秋集傳微旨三卷唐陸淳撰案陳振孫書録解題稱唐志有淳春秋集傳二十卷今不存又有微旨一卷未見袁桷作淳春秋纂例後序稱來杭得微旨三卷乃皇祐間汴本蓋其書湮沒于南渡之後至桷得北宋舊槧乃復行于世也柳宗元作淳墓表稱春秋微旨二篇唐書藝文志亦作二卷此本三卷不知何時所分然考淳平日自謂實稱總爲三卷或校刊柳集者誤三篇爲二篇修唐書者因之歟是書先列三傳異同參以啖趙之説而斷其是非又嘗謂事或反經而志協乎道迹雖近義而意實蘊姦或本正而末邪或始非而終是介于疑似之間者並委曲發明故曰微旨其書雖淳所自撰而每條必稱淳聞之師曰亦不忘本之義也乾隆四十七年五月恭校上

春秋集傳辨疑

臣等謹案春秋集傳辨疑十卷唐陸淳所述啖趙兩家考駁三傳之言也柳宗元作淳墓誌稱辨疑七卷唐書藝文志同吳萊作序亦稱七卷此本十卷不知何人所分案元延祐五年嘗從廷臣言以唐陸淳所著春秋纂例辨疑微旨三書令江西行省鋟梓其殆分於是時歟淳所述纂例一書蓋啖助排比科條自發筆削之旨其攻擊三傳總舉大意而已此書乃舉傳文之不入纂例者縷列其失一字一句而詰之故曰辨疑所述趙說爲多啖說次之冠以凡例一篇計十七條但明所以删節經文傳文之故其去取之義則仍依經文年月以辨說之中如鄭伯克段傳啖氏謂鄭伯必不囚母殊嫌茫無所徵直以臆斷以是爲例豈復有可信之史況大隧故迹水經注具有明文安得指爲左氏之虛撰如斯之類不免過於疑古又如齊衞胥命傳其說與荀子相符當時去聖未遠必有所受而趙氏以爲譏其無禮如斯之類多未免有意求瑕又如叔姬歸於紀

傳穀梁以爲不言逆逆之道微淳則謂不言逆者皆夫自逆夫禮聞送媵不言逆媵傳固失之禮聞親迎妻不聞親迎娣姪淳說亦未爲得如斯之類亦不免愈辨而愈非然左氏事實有本而論斷多疎公羊穀梁每多曲說而公羊尤甚漢以來各守專門論甘者忌辛是丹者非素自是書與微旨出抵隙蹈瑕往往中其竅會雖瑕瑜互見其精核之處實有漢以來諸儒所未發者要與鑿空杜撰横生枝節者異也乾隆四十七年五月恭校上

春秋名號歸一圖

臣等謹案春秋名號歸一圖二卷五代馮繼先撰崇文總目謂其以官諡名字裒附初名之左李燾云邱明傳春秋于列國君臣名字不一其稱多者或至四五學者蓋病其紛錯難記繼先集其同者爲一百六十篇以是二說推之是繼先舊本本爲旁行斜上如表譜之體故分至一百六十篇今本則每一人爲一行既非裒附初名之左亦無所云一百六十篇者又按岳珂雕印相臺九經記

云春秋名號歸一圖刊本多訛錯有實非一人而合爲一者有本非二人而析爲二者或偏傍疑似而有亥豕之差或行數牽連而無甲乙之别今皆訂其譌謬且爲分行以見别書然則此本蓋經珂所刊定移易者非復李燾以前舊本矣此與春秋年表本爲二書通志堂刊本以年表併入此書殊爲舛誤今考正之各著於録焉乾隆四十七年五月恭校上

春秋年表

臣等謹案春秋年表一卷不著撰人名氏陳振孫書録解題云春秋二十國年表一卷不知何人作自周而下次以魯蔡曹衛滕晉鄭齊秦楚宋杞陳吴越邾莒薛小邾館閣書目有年表二卷元豐中楊彦齡撰自周之外凡十三國又董氏藏書志有年表無撰人自周至吴越凡十國征伐朝覲會同皆書今此表正二十國與書録解題所載同蓋即陳振孫所見也其書在宋本自單行岳珂雕印九經乃以附春秋之後珂記云春秋年表今諸本或闕號名或紊年月參之

經傳多有舛錯今皆爲刋正諸國君卒與立皆書惟魯闕今依經傳添補廖本無年表歸一圖今既刋公穀並補二書以附經傳之後是此書經珂刋補與馮繼先之名號歸一圖同刻者通志堂經解不考岳珂之語乃與名號歸一圖連爲一書亦以爲馮繼先所撰誤之甚矣乾隆四十七年十月恭校上

春秋尊王發微

臣等謹案春秋尊王發微十二卷宋孫復撰中興書目載復尚有總論三卷今已佚存者獨此書耳復之說經不依傳注好爲獨闢之學故當時毁譽相半而常秩葉夢得兩人一則譏其如商鞅之法失於過刻一則譏其廢傳從經又不盡達經例每自牴牾惟朱子謂其雖未深於聖經然推言治道凜凜足畏終得聖人意思故春秋家至今重焉自唐以前說春秋者皆本三傳自啖助趙匡陸淳之流始稍稍自出己意韓愈稱盧仝春秋三傳束高閣獨抱遺經究終始則掃除舊解實始於仝復之說經又踵仝而起者也仝書今不傳復之學遂闢南

宋諸儒之先亦可謂毅然自立矣其過於師心者分別觀之可也乾隆四十七年四月恭校上

春秋皇綱論

臣等謹案春秋皇綱論五卷宋王晳撰晳之生平行事無可考諸書但言其官爲太常博士而已王應麟玉海云至和中晳撰春秋通義十二卷據三傳注疏及啖趙之學其説通者附經文之下闕者用己意釋之又異義十二卷皇綱論五卷今通義異義皆不傳惟是書幸存耳其爲論二十有二皆言夫子修春秋之旨大抵總括三傳以後及百家論例而成其高言偉論亦復卓犖可觀但謂自仲尼歿後千餘年至李唐始有啖助趙匡亦既尊之至甚矣乃復言其探聖人之意或未精斥三傳之謬或未察遊于宮庭而不知其堂奧則其高自位置又居于二家之上宋儒好爲矜詡往往如斯其書可取則此類存而不論可矣

乾隆四十七年四月恭校上

春秋通義

臣等謹案春秋通義一卷不著撰人名氏考宋史藝文志蹇遵品王晳家安國邱葵皆有春秋通義其書均佚不傳蹇氏王氏書各十二卷家氏書二十四卷此本僅存一卷凡四十八條編端冠以小序稱孔子之修春秋也因其舊文乘以新義正例筆之常事削之其有謬戾乖剌然後從而正之别彙之曰特筆而小序之後亦以特筆二字爲標題蓋此卷爲通義中之一種但不知四家中爲誰氏之書耳然如星隕如雨一條公羊引不修春秋曰隕星不及地尺而復君子修之曰星隕如雨此特潤色舊文非關褒貶以爲特筆於義不倫至華督有無君之心而後動於惡故先書殤公後書孔父傳有明文真特筆也而反不及之亦屬挂漏至於謂春秋二百四十二年而終之以獲麟明亂極必治而王者之迹卒不熄則其說高於諸家多矣乾隆四十七年九月恭校上

春秋權衡

臣等謹案春秋權衡十七卷宋劉敞撰敞嘗自作春秋傳又爲此以平三傳之得失葉夢得稱爲經傳更相發明雖間有未然而淵源已正夢得于春秋諸家皆抉摘瑕疵孫復尊王發微尤所不許乃獨推此書蓋敞在北宋負博物重名至於辨六駁之獸識柳河之路雖鄰國亦服其該洽故夢得雖好詆排亦不敢訟言攻也然敞此書考據典贍條理詳明剖析是非如指諸掌亦實有非夢得所能攻者爲之心折有以也敞又有春秋意林一書其所持論乃弗及此之精核殆責人則易明歟乾隆四十七年四月恭校上

春秋傳

臣等謹案春秋傳十五卷宋劉敞撰敞所作春秋權衡及意林宋時即有刊本此傳則諸家藏弆皆寫本相傳近時通志堂刻入經解始有板本故論者或疑其僞然核其議論體裁與敞所著他書一一脗合非後人所能贋作也其書皆節錄三傳事蹟斷以己意其襃貶義例多取諸公羊穀梁如以莊公圍郕師還

爲仁義以公孫寧儀行父爲有存國之功以晉殺先穀爲疾過以九月用郊爲用人而趙鞅入晉陽以叛一條尚沿二傳以地正國之謬皆不免于膠固其經文雜用三傳不主一家每以經傳連書不復區畫頗病混淆又好減損三傳字句往往改竄失眞如左傳惜也越竟乃免句後人本疑非孔子之言敞改爲討賊則免而仍以孔子曰三字冠之殊爲踳駁考黃伯思東觀餘論稱考正書武成實始于敞則宋代改經之例敞導其先宜其視改傳爲固然矣然論其大致則得經意者爲多蓋北宋以來出新意解春秋者自孫復與敞始復沿啖趙之餘波幾于盡廢三傳敞則不盡從傳亦不盡廢傳故所訓釋爲遠勝于復焉乾隆四十七年五月恭校上

劉氏春秋意林

臣等謹案劉氏春秋意林二卷宋劉敞撰陳振孫書錄解題曰原父始爲權衡以平三家之得失然後集衆說斷以己意而爲之傳傳所不盡者見之意林其

書宋志作二卷王應麟玉海作五卷馬端臨文獻通考則併春秋權衡春秋傳春秋意林總題三十四卷今考權衡實十七卷傳實十五卷合以意林二卷正得三十四卷之數與宋志合玉海作五卷傳寫誤也漢書以來說春秋者恪守三傳莫敢異同唐代啖趙諸儒始稍稍出入至宋而敞與孫復乃毅然以己意解經其長在於舉左氏之附會事實公穀之鉤棘月日者一廓而清之足破屈經從傳之謬其短則在於自行一意曲闡旁推故復或失之嚴以刻敞或失之迂以曲而敞尤好彫琢其詞使在可解不可解之間詰屈聱牙猝難尋究故葉夢得極重其書而稱學者以其難入或詆以用意太過出於穿鑿然熟讀深思其間正名分別嫌疑大義微言灼然得聖人之意者亦頗不少文體之澀自其好奇之一弊存而不論可矣乾隆四十七年五月恭校上

春秋傳說例

臣等謹案春秋傳說例一卷宋劉敞撰敞學問淵博尤長于春秋所著經解諸

編皆別著錄此書發凡舉要又其說經之綱領也其弟攽作敞行狀歐陽修作
敞墓誌俱稱敞說例凡二卷陳振孫書錄解題則以爲一卷蓋傳鈔分合互有
不同至宋史藝文志獨稱敞說例十一卷殆傳寫誤衍一十字耳敞春秋傳權
衡意林三書通志堂經解有刊板至權衡說例二書則僅有其名絕無傳本今
檢永樂大典尙雜引說例之文謹詳加綴輯仍釐爲一卷據書錄解題原書凡
四十九條今之所裒僅二十五條纔得其半且多零篇斷句不盡全文又惟公
即位例遇例使來例師行例大夫奔例殺大夫例弗不例七條載有原書標目
餘則說存而標目復佚今並詳繹本文倣原存諸條體例爲之校補諸書所載
俱稱春秋說例惟永樂大典加傳字案是編比事以發論乃其傳文襃貶之大
指永樂大典所載似爲宋刻之舊今亦從之敞解春秋多出新意而文體則頗
仿公穀諸書皆然是編尤爲簡古惟大夫帥師例一條稱魯不當有三軍而以
周禮爲後人附會考古殊疎又宣十八年經文歸父還自晉敞春秋傳從左氏

作至笙而是編則從公穀作至樫亦頗自相牴牾其餘則大致精核多得經意而宋元說經諸家都未徵引可知自宋以後已稱罕覯是編崖略幸存固春秋家所當寶貴矣乾隆四十七年五月恭校上

春秋經解

臣等謹案春秋經解十三卷宋孫覺撰覺字莘老高郵人擢進士第官至御史中丞事跡具宋史本傳此書題曰龍學孫公蓋其致仕之時以龍圖閣學士兼侍講提舉醴泉觀也覺早從胡瑗游傳其春秋之學大旨以抑霸尊王爲主自序稱左氏多說事跡公穀以存梗概今以三家之說較其當否而穀梁最爲精深且以穀梁爲本其說是非褒貶則雜取三傳及歷代諸儒啖趙陸氏之說長者從之其所未聞則以安定先生之說解之今瑗口義五卷已佚傳其緒論惟覺此書周麟之跋稱初王安石欲釋春秋以行于天下而莘老之傳已出一見而有惎心自知不能出其右遂詆聖經而廢之邵輯序稱是書作于晚年謂安

石因此廢春秋似未必盡然然亦可見當時甚重其書故有此說也宋史藝文志載春秋經解十五卷又春秋學纂十二卷春秋經社要義六卷朱彝尊經義考據以著錄於經解註曰存于學纂要義皆註曰佚然今本實十三卷自隱公元年至獲麟首尾完具無所殘缺與宋志所載不符考陳振孫書錄解題載春秋經解十五卷春秋經社要義六卷而無春秋學纂王應麟玉海載春秋經社要義六卷春秋學纂十三卷而無春秋經解其學纂條下註曰其說以穀梁爲本及采左氏公羊歷代諸儒所長間以其師胡瑗之說斷之分莊公爲上下云云與今本一一相合然則春秋學纂即春秋經解之別名宋志既分爲二書並訛其卷數書錄解題亦訛十三卷爲十五卷惟玉海所記爲得其眞矣乾隆四十九年十月恭校上

春秋集解

臣等謹案春秋集解十二卷宋蘇轍撰先是劉敞作春秋意林孫復作春秋尊

王發微皆舍傳以求經古說漸廢後王安石與孫覺爭名至廢棄春秋不列於學官轍以其時經傳並荒乃作此書以矯之其說以左氏爲主左氏之說不可通乃取公穀啖趙諸家以足之蓋以左氏有國史之可據而公穀以下則皆意測者也自序稱自熙寧間謫居高安爲是書暇輒改之至元符元年卜居龍川凡所改定覽之自謂無憾蓋積十餘年而書始成其用心勤懇愈于奮臆遽談者遠矣朱彝尊經義考載陳宏緒跋曰左氏紀事粲然具備而亦間有悖於道者公穀雖以臆度解經然亦得失互見如戎伐凡伯於楚邱穀梁以戎爲衞齊仲孫來公穀皆以爲魯慶父魯滅項又皆以爲齊實滅之顯然與經謬戾其失固不待言至如隱四年秋翬率師會宋公陳侯蔡人衞人伐鄭桓十有四年秋八月壬申御廩災乙亥嘗莊二十有四年夏公如齊逆女諸如次類似公穀之說妙合聖人精微而穎濱一槩以深文詆之未免因噎廢食讀者捨其短而取其長可也其論是書頗允此本不載蓋刻在宏緒前也宋史藝文志稱是書爲

春秋集傳文獻通考則作集解與今本合知宋志爲傳寫誤矣乾隆四十七年五月恭校上

春秋辨疑

臣等謹案春秋辨疑宋蕭楚撰楚字子荆陳振孫書録解題作廬陵人今江西志作泰和人紹聖中游太學貢禮部不第於時蔡京方專國楚憤詆之遂退而著書明春秋之學趙暘馮澥胡銓皆師之宋史載其春秋經辨十卷世無傳本故朱彝尊經義考謂其已佚僅摭胡銓集一序存之此本所載胡銓序與經義考合惟題曰春秋辨疑爲小異或後來更定史弗及詳未可知也江西志及萬姓統譜皆云四十九篇今止四十四篇蓋有佚脱宋志云十卷今止二卷則明人編輯所合併也書之大旨主于宗經而不肯如註疏之遷就傳文如譏杜預之信野史而疑尚書從公穀之論輸平而駁左氏辨子哀以明統制必歸于王辨伐沈救鄭以明威福不可移于下皆持論正大有足取者註皆楚自作間有

胡銓及他弟子所附入謹以原註原附註及胡銓附註別題之而以今所校正
各附于下庶各不相淆云乾隆三十八年四月恭校上

欽定四庫全書提要卷十五

欽定四庫全書提要卷十六

經部十六

春秋類二

春秋本例

臣等謹案春秋本例二十卷宋崔子方撰子方字彥直涪陵人爲人介而有守黄庭堅極稱其賢紹聖中罷春秋取士子方三上書乞復之不報其爲是書也以爲聖人之書編年以爲體舉時以爲名著日月以爲例而日月之例又其本乃列一十六門皆以日月時例之而分著例變例二則焉說春秋者公穀二家專言例唐以前儒者皆守之啖趙二家始廢例宋以來儒者益暢之平心而論使聖人筆削漫無定準而但隨事以起義則春秋之法何其紛使聖人褒貶絕無變通而但寄之于日月則春秋之法何其固故執例廢例皆偏見也是書與陳氏頗譏其墨守公羊未始不中其失然于舉世廢例之時獨硜硜守先儒

之舊說雖所言不必盡合然究愈于無所師承而放言高論者宋以後說春秋有此一書亦補偏救弊之道也況公羊穀梁既已不廢則述之者又安可斥耶乾隆四十七年四月恭校上

春秋例要

臣等謹案春秋例要一卷宋崔子方撰考宋史藝文志子方春秋經解十二卷本例例要二十卷知子方所著原本此書與本例合併矣朱彝尊經義考稱本例例要十卷並存而今通志堂刊行之本例則析目錄別爲一卷以足二十卷之數而例要闕焉蓋誤以本例目錄爲例要而不知其別有一篇恐彝尊所見即爲此本其曰並存亦誤註也今考永樂大典所載雖分析爲數十百條繫於各字之下而裒輯其文尚可相屬較通志堂本所載目錄一字不同灼知爲刊刻之誤謹編綴前後略依本例次序排纂成編以還子方所著三書之舊焉乾隆四十七年四月恭校上

春秋經解

臣等謹案春秋經解十二卷宋崔子方撰子方涪陵人字彦直號西疇居士晁説之集又稱其字伯直蓋有二字也朱彝尊經義考稱其嘗知滁州曾子開爲作荼仙亭記經解諸書皆罷官後所作考子方宋史無傳惟李心傳建炎以來繫年要錄稱其於紹聖間三上疏乞置春秋博士不報乃隱居眞州六合縣杜門著書者三十餘年陳振孫書錄解題所載大略相同朱震進書劄子亦稱爲東川布衣彝尊之説不知何據惟永樂大典引儀眞志一條云子方與蘇黄遊嘗爲知滁州曾子開作荼仙亭記刻石醉翁亭側黄庭堅稱爲六合佳士殆彝尊誤記是事故云然歟考子方著是書時王安石之説方盛行故不能表見於世至南渡以後其書始顯王應麟玉海載建炎二年六月江端友請下湖州取崔子方所著春秋傳藏祕書紹興六年八月子方之孫若上之是時朱震爲翰林學士亦有劄子上請當時蓋甚重其書矣子方自序云聖人欲以繩當世之

是非著來世之懲勸故辭之難明者著例以見之例不可盡故有日月之例有變例慎思精考若網在綱又後序一篇具述其疏解之宗旨大抵推本經義於三傳多所糾正如以晉文圍鄭謂罰其不會翟泉以郕伯來奔爲見迫於齊以齊侯滅萊不書名辨禮記諸侯滅同姓名之誤類皆諸家所未發雖其中過泥日月之例持論不無偏駁而條其長義實足自成一家所撰凡經解本例例要三書通志堂經解刊本僅有本例今從永樂大典裒輯成編各還其舊自僖公十四年秋至三十二年襄公十六年夏至三十一年永樂大典並闕則取黃震日鈔所引及本例補之其他本例所釋有引伸此書所未發或與此書小有異同者並節取附錄而卷袠書名則並遵宋史至子方原書經文已不可見今以所解參證知大略皆從左氏而亦間有從公穀者故與胡安國春秋傳或有異同焉乾隆四十六年三月恭校上

臣等謹案春秋五禮例宗十卷宋張大亨撰大亨字嘉父湖州人登元豐乙丑乙科何薳春渚紀聞王明清玉照新志並載其嘗官司勳員外郎以王國侍讀侍講官名與朝廷相紊奏請改正事陳振孫書錄解題載大亨春秋通訓及此書則稱爲直祕閣吳興張大亨撰蓋舉其所終之官也考左傳發凡杜預謂皆周公禮典韓起見易象春秋尊王發微葉夢得譏其不深于禮學故其言多自牴牾蓋禮與春秋本相表裏大亨是編以杜預釋例已經蹖駁兼不能賅盡陸淳所集啖趙春秋纂例亦支離失眞因取春秋事蹟分吉凶軍賓嘉五禮依類別記各爲總論義例賅貫而無諸家拘例之失陳振孫稱爲考究詳洽殆非溢美元吳澄作春秋纂言分列五禮多與此書相出入澄非剽襲人書者殆偶未見傳本歟朱彝尊經義考載此書十卷注曰存而諸家寫本皆佚其軍禮三卷已非彝尊之所見然永樂大典作于明初凡引此書皆吉凶賓嘉四禮之文軍禮絕無一字則此三卷之佚久矣彝尊偶未核檢也乾隆四十七年十月恭校

上

春秋通訓

臣等謹案春秋通訓六卷宋張大亨撰是書自序謂少聞春秋於趙郡和仲先生考宋蘇軾年譜軾本字和仲又蘇洵族譜稱爲唐相蘇頲之裔系出趙郡今所傳軾題烟江叠嶂圖詩石刻末亦有趙郡蘇氏印然則趙郡和仲先生即軾也蘇籀雙溪集載大亨以春秋義問軾軾答書云春秋儒者本務然此書有妙用學者罕能領會多求之繩約中乃近法家者流苛細繳繞竟亦何用惟左丘明識其用終不肯盡言微見端兆欲使學者自求之云云與大亨自序亦合蓋其學出於蘇氏故議論宗旨亦近之陳振孫書錄解題及宋史藝文志並作十六卷朱彝尊經義考云已佚此本載永樂大典中十二公各自爲卷而隱公莊公襄公昭公又自分上下卷與十六卷之數合然每卷篇頁無多病其繁碎今併爲六卷以便省覽其文則無所佚脱也乾隆四十六年三月恭校上

春秋傳

臣等謹案春秋傳二十卷宋葉夢得撰大指謂孫復春秋尊王發微主於廢傳以從經蘇轍春秋集解主于從左氏而廢公羊穀梁皆不免于有弊故其書參考三傳以求經不得于事則考于義不得于義則考于事更相發明頗爲精核然夢得本出蔡京之門故平生著述多右王氏之學獨安石詆廢春秋而夢得乃爲此傳其所見偶不同歟抑亦是非之公終不得而掩沒也開禧中其孫葉筠刋是書于南劍州眞德秀跋之稱其于絶學之餘能闢邪說黜異端章明天理遏止人欲有補于世敎爲不淺宋史藝文志不載夢得別有春秋考三十卷讞三十卷指要總例二卷石林春秋八卷今皆不傳惟所謂讞與考者散見永樂大典中尚可其得大槩焉乾隆四十七年四月恭校上

春秋考

臣等謹案春秋考宋葉夢得撰宋史藝文志載夢得所著有春秋傳二十卷春

秋考三十卷春秋讞三十卷指要總例二卷開禧中其孫鑄併刋於南劍州其後獨春秋傳世有傳本已刻入通志堂經解中至春秋考春秋讞二書元代尚存程端學作春秋辨疑嘗加採掇而自明以來遂湮沒不復見故朱彝尊經義考以爲已佚今惟永樂大典中頗見其遺文雖所存僅十之七八而條分縷晰其大略尚爲完具夢得自序有云自其讞推之知吾所正爲不妄而後可以觀吾考自其考推之知吾所擇爲不誣而後可以觀吾傳蓋先成讞次成考而後作傳以折衷之三書固相輔而行不可偏廢者也讞之爲書主於駁辨三傳而命名不當與王元杰讞義其失相同已於本書内特加糾正至春秋考之作乃以三傳之說不可盡信而其所攻而排之者實本周之法度制作以爲斷初未嘗臆測於其間故特爲此編以推明其所以信經不信傳之故大旨在論次周典以求合於春秋之法其文章極爲辨博雄偉中間如謂周制封國不過百里據王制以斥周官之附會又謂諸侯無相朝之禮謂天子六軍有征則以二伯

爲之將立說皆典確正大卓然不刋其他摘發微義亦具其特識辨定考究無不詳核明審故陳振孫謂其學視諸儒爲精誠言春秋者所宜參觀而互證也原書前有統論其後乃列十二公逐條詮敘而不錄經文今悉仍其舊例輯爲統論三卷隱公以下編次成十三卷以略還其舊云乾隆四十三年二月恭校上

春秋三傳讞

臣等謹案春秋三傳讞二十二卷宋葉夢得撰是書抉摘三傳是非主於信經不信傳猶沿啖助孫復之餘波於公羊穀梁多所駁詰雖左傳亦據傳末韓魏反而喪之之語謂智伯亡時左氏猶在斷以爲戰國時人案經有續書傳亦有續書夢得蓋未深考語詳左傳註疏條下昌言排擊如辨諸侯世相朝爲衰世之事辨宰孔勸晉獻公及魯穆姜悔過之言皆出附會辨十二次分十二國之謬辨夾谷之會孔子沮齊景公事亦出假托辨墮郈墮費非孔子本意辨諸侯出入有善無惡辨諸侯之卒或

日或不日非盡屬褒貶魯侯之至與不至亦不可拘牽成例雖辨博自喜往往有瀾翻過甚之病於經旨或合或離不能一一精確而投之所向無不如志要亦文章之豪也惟古引春秋以決獄不云以決獄之法治春秋名書以讞於義既爲未允且左氏公羊穀梁皆前代經師功存典籍而加以推鞫之目於名尤屬未安是則宋代諸人藐視先儒之錮習不可以爲訓者耳考宋史藝文志是書本三十卷又夢得自記左傳四百四十二條公羊三百四十條穀梁四百四十條今據永樂大典所載參以程端學春秋辨疑通加檢核左傳缺九十條公羊缺六十五條穀梁缺八十四條蓋已非完帙然其大較已略具矣謹依類排次釐爲左傳讞十卷公羊穀梁讞各六卷乾隆四十六年九月恭校上

春秋集解

臣等謹案春秋集解三十卷宋吕本中撰舊刻題曰吕祖謙誤也本中字居仁好問之子宋史本傳載其靖康初官祠部員外郎紹興六年賜進士擢起居舍

人八年遷中書舍人兼侍講權直學士院學者稱爲東萊先生故趙希弁讀書附志稱是書爲東萊先生撰後人因祖謙與朱子遊其名最著亦稱曰東萊先生而本中以詩擅名詩家多稱呂紫微東萊之號稍隱遂移是書於祖謙不知陳振孫書錄解題載是書固明云本中撰也朱彝尊經義考嘗辨正之惟以宋志作十二卷爲疑然卷帙分合古今每異不獨此書爲然況振孫言是書自三傳而下集諸儒之說不過陸氏兩孫氏兩劉氏蘇氏程氏許氏胡氏數家而採擇頗精全無自己議論以此本考之亦合知舊刻誤題審矣惟宋志此書之外別出祖謙春秋集解三十卷稍爲牴牾疑宋末刻本已析其原卷改題祖謙故相沿訛異史亦因之重出耳祖謙年譜備載所著諸書具有年月而春秋集解獨不載固其確證不必更以他說疑也本中嘗撰江西宗派圖又有紫微詩話皆盛行于世世多以文士目之而經學深邃乃如此林之奇從之受業復以其學授祖謙其淵源蓋有自矣乾隆四十七年二月恭校上

春秋傳

臣等謹案春秋傳三十卷宋胡安國撰安國字康侯建寧崇安人登紹聖四年進士第哲宗善其對策親擢爲第三人歷官寶文閣直學士卒謚文定是書其提舉江州太平觀時被詔撰進者也春秋之學或屈經從傳或舍傳求經人各異師莫能別白自朱子病是經之難通教學者以姑從胡氏之說至明初遂得立於學官用以試士然夏時冠周月之說見斥於朱子而說元年以爲體元立極黃仲炎尤譏之我

聖祖仁皇帝欽定傳說彙纂於其說既多所駁正逮我

皇上御製日講解義序謂其雖著功令終不足以服學者之心則安國之論定而千古說春秋家之論亦定矣特以其義本公穀而又採取孟子莊周董仲舒王通邵張二程子之說以潤色其文持議博贍亦可爲非聖無法之徒目爲斷爛朝報者痛下針砭故得久而不廢焉安國傳外別有議論條例證據史傳之文二百餘章其子寧輯爲通旨一書今未見流傳昔吳萊嘗謂欲觀正傳必

先求之通旨則其說亦可知矣乾隆四十七年九月恭校上

春秋集註

臣等謹案春秋集註宋高閌撰閌字抑崇明州鄞縣人紹興元年以上舍選賜進士第歷官禮部侍郎事蹟具宋史儒林傳是書以程子春秋傳爲本故其序直引伊川傳序而無片語附益其于唐宋諸家之說亦多擇善而從鎔以己意不載各書之名體例略與胡安國春秋傳相似史稱秦檜疑閌薦張九成出知筠州不赴卒而樓鑰序是書則云以直道忤時宰一斥不復家食累年略不以事物自擾日有定課風雨弗渝蓋閌家居以後歷久始卒晚年精力盡在是書故當時學者甚重之書中大旨雖宗程傳而亦間有異同者如子糾齊桓長幼之次三傳注疏並以糾爲兄桓爲弟與史記荀子所載同獨程子見漢薄昭與淮南王書有齊桓殺弟之文遂謂糾爲桓弟不知當薄昭時漢文于淮南爲兄其避兄言弟特一時遷就之語未可據依閌則云子糾小白皆襄公弟糾於諸

弟最長當立實足以正程傳之失他如解衞人立晉解夫人氏之喪至自齊解
取濟西田諸條皆深得聖人微旨其解及向戍盟於劉云凡因來聘而盟者必
在國內劉王畿采地豈有來聘魯而遠盟于劉者乎蓋下文有劉夏傳者以爲
春夏之夏與文四年夏逆婦姜于齊文同故誤增于劉二字耳所見創闢而確
鑿尤爲自來說春秋者所未及又如以子般卒爲善終以州蒲爲州滿之訛考
核精詳亦非漫然立異者惟于地理少疎故如隱九年會防之防在琅邪華縣
東南隱十年取防之防在高平昌邑縣西南文十二年城諸及鄆之鄆在城陽
姑幕南成四年城鄆之鄆在東郡廩丘縣東閒乃混爲一地未免牽合然在宋
代春秋諸家中正大簡嚴實可與張洽相匹非孫復崔子方輩所可幾及故
欽定春秋傳說彙纂採取最多特是有明以來其書久佚彙纂所錄祇就元以
後諸書引用閒說者隨條摘入而海內究以未覩全書爲憾今幸值　聖代右
文蒐羅祕籍是書之散見永樂大典內者復可薈萃成編謹按次排比是正訛

舛其永樂大典原闕者則採各書所引閔說補之首尾完備復爲全書考陳振
孫書錄解題馬端臨文獻通考俱稱是書十四卷今以卷帙繁重析爲四十卷
又宋史本傳稱閔有春秋集傳而永樂大典實作集註與書錄解題同當是宋
本原題今並從之至所載經文多從左氏而亦有間從公穀者蓋唐宋諸儒解
經大都兼采三家固未可以漢世專門之學律之也乾隆四十三年四月恭校
上

春秋後傳

臣等謹案春秋後傳十二卷宋陳傅良撰其門人周勉跋稱傅良之爲此書將
脫稾而病學者欲速得其書俾傭書傳寫其已刊者或留其帖於編增入是正
者或揭去弗存則今之所傳固非傅良完本樓鑰序末稱尚有欲質疑而不可
得者則于其說亦不盡無疑然宋人之說春秋或各執所見以立論或有所寄
託而爲言傅良以左氏爲宗故不主于空言而亦不主于用例雖復自出新意

而每傳之下多註曰此據某說此據某文亦可謂謹嚴者矣傅良又有左氏章指一書謂君子曰者蓋博采善言禮也有蓋據史舊文尤爲平心之通論泥左氏與攻左氏者可兩釋之宜樓鑰之亟稱之也乾隆四十七年四月恭校上

左氏傳說

臣等謹案左氏傳說二十卷宋呂祖謙撰祖謙有左傳類編博議二書類編以十九類分別左氏之文博議則隨事立義以評得失是編持論與博議略同而更爲詳盡陳振孫以爲多所發明而不爲文似一時講說朱子以爲極爲詳博然遺詞命意亦頗傷巧合二家之論是書之瑜瑕定矣通考以是書爲三十卷明張萱曰今內閣藏本傳說四册續說四册以通考之言合之疑三十卷者實有續說在內今僅存前書祇有此二十卷耳乾隆四十七年五月恭校上

春秋左氏傳續說

臣等謹案春秋左氏傳續說十二卷宋呂祖謙撰是編繼左氏傳說而作以補

所未及故謂之續說久無傳本今見於永樂大典者惟自僖公十四年秋八月至三十三年襄公十六年夏至三十一年舊本缺佚無從採錄其餘則首尾完具以傳文次第排比之仍可成帙其中如臾駢送狐射姑之帑孟獻子愛公孫敖二子兩條俱以博議所云爲非是則是書當成於晚年矣其體例主於隨文解義故議論稍不如前說之闊大然於傳文所載闡發其藴並抉摘其疵如所謂左氏有三病不明君臣大義一也以人事附會災祥二也記管晏事則盡精神說聖人事便無氣象三也云云雖亦沿宋儒好軋先儒之習然實頗中其失至於朝祭軍旅官制賦役諸大典及晉楚興衰列國向背之事機詮釋尤爲明暢惟子服景伯系本桓公而以爲出自襄公稍爲訛舛耳蓋祖謙邃於史事知空談不可以說經故研究傳文窮始末以核得失而不倡廢傳之高論視孫復諸人其學爲有據多矣乾隆四十六年十二月恭校上

左氏博議

臣等謹案左氏博議二十五卷宋呂祖謙撰祖謙有東萊書說已別著録是書祖傳祖謙新娶一月之内所成今考自序稱屏處東陽之武川居半歲里中稍稍披蓬藋從予遊談餘語隙波及課試之文乃取左氏書理亂得失之迹疏其說於下旬儲月積浸就篇帙又考祖謙年譜其初娶韓元吉女乃紹興二十七年在信州不在東陽後乾道三年五月持母喪居明招山學子有來講習者四年已成左氏博議五年二月除母服五月乃繼娶韓氏女弟則是書之成實在喪制之中安有新娶之事流俗所傳誤也書凡一百六十八篇通考載作二十卷與此本不同蓋此本每題之下附載左氏傳文中間徵引典故亦略註釋故析爲二十五卷其註不知何人所作觀其標題板式蓋麻沙所刊考宋史藝文志有祖謙門人張成招標註左氏博議綱目一卷疑當時書肆以成招標註散入各篇也楊士奇稱別有一本十五卷題曰精選黄虞稷稱明正德中有二十卷刊本今皆未見坊間所鬻之本僅十二卷非惟篇目不完併字句亦多妄删

世久不見全書此本有董其昌名字二印又有朱彝尊收藏印亦舊帙之可寶者矣乾隆四十七年四月恭校上

春秋比事

臣等謹案春秋比事二十卷舊本題宋沈棐撰始末無可考惟書前有陳亮序稱其字文伯湖州人嘗爲婺州校官其書本名春秋總論亮爲更此名而鋟諸梓春秋之教主於屬詞比事聖人原不過據事直書使學者得以參考而自見後來說經者強立義例妄生穿鑿不務求其事之本末而枝枝節節以爲之於是乖隔支離而聖人之大旨轉晦此書即經類事先以列國次序則取蒐狩朝聘會盟征伐事跡相近者各比例而爲之說首尾明晰犂然若指諸掌雖未必盡合筆削本意而其貫串該括亦可爲讀春秋者之綱領矣元至正中山南江北道肅政廉訪司嘗刊其書板已久燬故朱彝尊經義考注曰已佚又案陳振孫書錄解題有云湖有沈文伯名長卿號審齋居士爲常州倅忤秦檜貶化州

不名棐也不知同父何以云然豈別有名棐字文伯者乎然則非弇湖人也云云其說與亮頗異今考亮序亦多作疑詞不能確定爲棐作然振孫生於宋末去棐稍遠而亮與棐時代相接所言里貫自當視振孫爲確故今從舊本仍題棐名焉乾隆四十七年三月恭校上

春秋左傳要義

臣等謹案春秋左傳要義三十一卷宋魏了翁撰亦所輯九經要義之一也其書節錄註疏之文每條之前各爲標題而系以先後次第與諸經要義體例並同原本六十卷朱彝尊經義考註曰未見此本僅存三十一卷末有萬歷戊申中秋後三日龍池山樵彭年手跋一篇稱當時鏤帙不全後世無原本可傳甘泉先生有此書三十一卷藏之懷古閣中出以相示因識數言于後云云則亦難覯之本矣然甘泉爲湛若水之號若水登弘治乙丑進士至萬歷戊申凡一百四年不應尚在彭年與文徵明爲姻家王世貞序其詩集稱年死之後家人

讐其遺稿則年死在世貞前萬歷末亦不復存且九經要義皆删節註疏而跋稱其訂定精密爲先儒所未論及尤不相合疑殘本偶存書賈僞爲此跋而未核其年月也乾隆四十七年五月恭校上

春秋分記

臣等謹案春秋分記九十卷宋程公說撰公說字伯剛號克齋丹稜人居於宜化年二十五登第官邛州教授吳曦之亂棄官携所著春秋諸書匿安固山中修之甫成而卒年僅三十七是編前有開禧乙丑自序淳祐三年其弟公許刊於宜春凡年表九卷世譜七卷名譜二卷書二十六卷周天王事二卷魯事六卷大國世本二十六卷次國二卷小國七卷附錄三卷其年表則冠以周及列國而后夫人以下與執政之卿皆各爲一篇其世譜則王族公族以及諸臣每國爲一篇魯則增以婦人名仲尼弟子而燕則有錄無書蓋原闕也名譜則凡名見於春秋者分五類列焉書則歷法天文五行疆理禮樂征伐職官七門其

周魯及列國世本以及次國小國附錄則各以經傳所載分隸之條理分明敘述典贍所采諸儒之說與公說所附序論亦皆醇正誠讀春秋者之總匯也明以來其書罕傳故朱彝尊經義考註曰未見顧棟高作春秋大事表體例多與公說同棟高非剽竊著書之人知其亦未見也此本出自揚州馬曰璐家與通考所載卷數相合內宋諱猶皆闕筆蓋從宋刻影鈔者劉光祖作公說墓誌稱尚有左氏始終三十六卷通例二十卷比事十卷今則皆不傳矣乾隆四十七年十月恭校上

春秋講義

臣等謹案春秋講義四卷宋戴溪撰溪有續呂氏家塾讀詩記已著錄開禧中溪爲資善堂說書累轉太子詹事時景獻太子命類次詩書春秋論語孟子通鑑各爲說以進此即其春秋說也書中如以齊襄廹紀侯去國爲託復讎以欺諸侯以秦人與楚滅庸爲由巴蜀通道以屢書公如晉至河乃復爲晉人敬季

氏出君之漸以定公戊辰即位爲季氏有不立定公之心皆具有理解而時當韓侂胄北伐敗衄和議再成故于内修外攘交鄰經武之道尤惓惓焉至卒葬之類並闕而不釋考宋代于喪服之制避忌頗深如何居居字語出檀弓禮部韻略即不載其他可知溪之不釋此類蓋當時講幄之體也嘉定癸未五月溪長子桷鋟木金陵學舍沈光序之寶慶丙戌牛大年復刻于泰州其序稱是書期于啟沃君聽天下學士不可得而聞蓋非經生訓詁家言故流傳未廣陳氏書錄解題不著于錄殆以是歟宋史藝文志作四卷王瓚溫州志作三卷朱彝尊經義考註曰已佚今外間絕無傳本惟永樂大典所採尚散見各條經文之下今謹爲裒輯校正自僖公十四年秋至三十三年襄公十六年三月至三十一年永樂大典所缺則取黄震日鈔所引補之仍從宋史釐爲四卷而每卷各分上下其所釋經文多從左氏故其間從公穀者並附案語于下方焉乾隆四十六年四月恭校上

春秋集義

臣等謹案春秋集義五十卷宋李明復撰明復亦名俞字伯勇始末無考據魏了翁序知爲合陽人嘉定中太學生而是書首行題校正李上舍經進春秋集義次行又題後學巴川王夢應案朱彝尊經義考云宋藝文志載李明復春秋集義五十卷又王夢應春秋集義五十卷嘗見宋季舊刻即李氏原本而王氏刋行之非王氏别有集義也此本乃無錫鄒儀蕉緑草堂藏本核其題名與彝尊所見本相合知經義考所説有據而宋志誤分爲二也張萱内閣書目稱其採周程張三子或著書以明春秋或講他經以及春秋或其説有合於春秋者皆廣收之然所採如楊時謝湜胡安國朱子吕祖謙之説不一而足謝湜尤多萱蓋考之未審耳經義考載是書前有綱領二卷又有魏了翁序此本乃皆不載蓋傳寫佚之歟乾隆四十七年八月恭校上

春秋集註

臣等謹案春秋集註十一卷綱領一卷宋張洽撰洽字元德清江人嘉定初進士官至著作佐郎端平元年朝廷知洽家居著書宣命臨江軍守臣以禮延訪賫紙札謄寫以進書既上除洽知寶章閣會洽卒謚之曰文憲以其書付祕閣書首有洽進書狀自言于漢唐以來諸儒之議論莫不考覈研究取其足以發明聖人之意者附于每事之左名曰春秋集傳既又因此書之粗備復倣先師文公語孟之書會其精意詮次其說以爲集註云云考朱子語錄深駁胡安國夏時冠周月之說洽此書以春爲建子之月與左傳王周正月義合足破支離轇轕之陋書首綱領一卷體例亦頗詳明明洪武中以此書與胡安國傳同立學官迨永樂間胡廣等剽襲汪克寬纂疏爲大全其說專主胡傳科場用爲程式洽書遂廢不行今集註遺本僅存而所爲集傳與春秋歷代郡縣地里沿革表則並久佚矣乾隆四十七年九月恭校上

春秋王霸列國世紀編

臣等謹案春秋王霸列國世紀編三卷宋嘉定中李琪撰琪字開伯吳郡人其書以諸國爲綱而以其國之事見于春秋者類編爲目前有序後有論斷第一卷爲王朝及霸國霸國之中黜秦穆楚莊而有宋襄又于晉文以下列自襄至定凡十君而附以魯第二卷爲周同姓之國附以三恪第三卷皆周異姓之國而列秦楚吳越于諸小國後其位置皆非無故至于譏晉文之借秦抗楚而秦興晉悼之結吳困楚而吳熾則爲徽宗之通金滅遼而言譏紀侯鄰于讎敵而不能自强則爲高宗之和議而發稱魯于已滅之後至秦漢猶爲禮義之國則自解南渡之文弱亦屬顯然蓋借春秋以發議非必于經義一一脗合也然胡安國傳亦借春秋以發議者安國書今既不廢則是書亦可併存矣乾隆四十一年十月恭校上

春秋通說

臣等謹案春秋通說十三卷宋黄仲炎撰仲炎字若晦永嘉布衣其進書表稱

肄舉業而罔功李鳴復奏舉狀稱科舉之外窮經篤古蓋老而不第之士也是書自序謂春秋爲聖人敎戒天下之書非褒貶之書所書之法爲敎所書之事爲戒自三傳以褒貶立義專門師授仍陋襲訛由漢以後類例益岐大義隱矣故其大旨總謂直書事蹟義理自明于古來經師相傳如王不稱天桓不書王之類一切闢之案朱子云聖人據實而書是非得失有言外之意必于一字一辭間求褒貶所在竊恐未然仲炎表中所云酌朱熹之論者蓋本于是何夢申作呂大圭春秋或問序謂傳春秋者幾百家大抵以褒貶賞罰爲主惟或問本朱子而盡斥之不知仲炎已先發之矣中如于南季來聘據三傳戴記謂天子無聘諸侯之禮周禮時聘之說不足信于滕薛來朝謂諸侯無私相朝之禮三傳俱謬以季友爲巨姦竊交宮闈以城楚邱爲城内邑以盟首止爲世子立黨制父俱自立新義不襲前人惟以子同生爲傳語誤入經文以葬蔡桓侯爲公字之訛以同圍齊爲圍字重寫之誤疑及正經未免勇于自信爾文獻通考宋

史藝文志俱云十三卷陳振孫書錄解題云理宗端平中仲炎嘗進之于朝今本卷首有仲炎進書表一通與陳氏所載合其前又有自序一首題云紹定三年五月朔又附載鳴復等奏舉狀一首署曰端平三年七月蓋書成七年乃得上進云乾隆四十七年五月恭校上

春秋說

臣等謹案春秋說三十卷宋洪咨夔撰咨夔字舜俞於潛人歷官端明殿學士事迹具宋史本傳是書有咨夔自序稱自考功罷歸杜門深省作春秋說案本傳稱理宗初咨夔爲考功員外郎以忤史彌遠又言李全必爲國患爲李知孝梁成大所劾鐫秩家居者七年是書蓋是時所作也又本傳第稱咨夔所著有兩漢詔令擥鈔春秋說等書而皆不載其卷數朱彝尊經義考引吳任臣之言云止三卷而永樂大典載吳潛所作咨夔行狀則謂春秋說實三十卷今考是書篇帙繁重斷非三卷所能盡潛與咨夔同官相契當親見其手定之本任臣

所言蓋後來傳聞之誤耳其書議論明暢而考據事勢推勘情僞尤多前人所未發如以書公子友如陳爲著季氏專魯之始以晉侯執曹伯負芻而不爲曹立君正爲異日歸之之地以書大蒐昌間爲季氏示威於衆以脅國人皆得筆削微意惟謂慶父出奔爲季友故縱謂劉子單子以王猛入王城爲不知有君頗爲紕繆然舍短取長卓然可傳者不能沒也今兩漢詔令等書久已散佚此書亦無傳本惟永樂大典尚多載其文今裒輯編次釐正譌舛仍分爲三十卷以還舊觀至春秋經文三傳各有異同今咨覈原本經文已不可見就其所說推之知其大槩多從左氏而間亦參取於公穀今並加案語附識其下又自僖公十四年秋至三十三年襄公十六年夏至三十一年永樂大典原本已佚而他家經解又絕無徵引無從輯補今亦姑闕之焉乾隆四十六年十二月恭校上

春秋經筌

臣等謹案春秋經筌十六卷宋趙鵬飛撰鵬飛字企明自號曰木訥子其書病魏晉以來說經者拘泥三傳各護師說多失聖人之微旨故其自序曰學者當以無傳明春秋不可以有傳求春秋謂春秋無傳以前其旨安在當默與心會耳又曰三傳固不足據然公吾心而評之亦時有得聖意者其掃除舊說獨出新意蓋亦孫復之流也然復之持論頗刻鵬飛務揆度當日之事勢以求聖人筆削之微旨持論頗爲和平咸淳壬申青陽夢炎刻是書爲之作序稱孔子作春秋必質諸人情而推鵬飛能原情以蔽事可謂得其要領矣乾隆四十七年九月恭校上

呂氏春秋或問

臣等謹案春秋或問二十卷五論一卷宋呂大圭撰大圭字圭叔南安人其學受之王昭昭受之陳淳淳受之朱子故其書辨褒貶之例爲非而約以二端曰有春秋之通例有聖人之特筆特筆之用有三曰明分義曰正名實曰著幾微

于三傳之内多主左氏穀梁而深排公羊于何休解詁斥之尤力初官潮州教授時葉夢申跋其書謂春五秋論外又有集傳或問二書程端學復議其五論所引春秋事時與經意不合今考或問中不合經意者頗多大槩宋代諸儒長于持論而短于考實然辨别理欲使人知誠意正心以爲應事之本其大旨固無媿聖賢也大圭後于德祐初由知興化軍遷知漳州未行而元兵至蒲壽庚舉州降大圭遇害其大節亦能不負所學者春秋集傳已佚此二書僅存乾隆四十七年四月恭校上

春秋詳說

臣等謹案春秋詳說三十卷宋家鉉翁撰鉉翁號則堂官至端明殿學士簽書樞密院事龔璛跋曰至元丙子宋亡以則堂先生歸置諸瀛州者十年成此書自瀛寄宣托於其友肅齊潘公從大藏之今考宋史本傳元兵次近郊鉉翁方爲祈請使留館中聞宋亡不食飲者數日改館河間以春秋教授弟子則是書

信爲北遷以後所作矣鋐翁之説以爲春秋主乎垂法不主乎記事其或詳或
略或書或不書大率皆予奪抑揚之所繫宏綱奥旨絶出語言之外説之者要
當探得聖人心法之所寓然後參稽衆説而求其是故其論平正通達與廢傳
解經袪舊説闢私論者殆不可同年語非孫復諸人所能及也况其立身本末
亦宋季之錚錚者因其人而重其言則是書不可不亟録矣乾隆四十七年二
月恭校上

讀春秋編

臣等謹案讀春秋編十二卷宋陳深撰深字子微吳人入元不仕天歷間奎章
閣臣以能書薦匿不肯出是書標題以清全齋名冠其端著夙志也其説大抵
以胡氏爲宗而兼采左氏之事實夫左氏身爲魯史簡册可徵且時代未遥言
必有據非公羊穀梁傳聞疑似者比范甯譏其多誣蓋指神怪妖異之類耳宋
人談春秋者初則舉其義例詆以拘泥繼乃併其事實疑爲僞撰趙鵬飛諸人

一倡百和遂羣爲盧仝之東高閣平心而論毋乃以其不便臆斷而欲去其籍乎是書雖無新異之説而獨能考據事實不爲虚憍恃氣之高論可謂篤實君子矣未可以平近忽之也乾隆四十七年五月恭校上

欽定四庫全書提要卷十六

欽定四庫全書提要卷十七

經部十七

春秋類三

春秋提綱

臣等謹案春秋提綱十卷宋陳則通撰分門凡四曰征伐曰朝聘曰盟會曰雜例每門之中又區分其事以類相從而題之曰例然大抵參校事勢之始終而考究其成敗得失之故雖名曰例實非如他家之說春秋以書法爲例者比故其言閎肆縱横純爲史論之體而絶無鉤棘字句穿鑿附會以破碎經義之失亦宋儒中之獨成一家者也陳應龍跋稱其如長江大河浩瀚澎湃魚龍萬怪出沒其間諒矣其雜例門中論春秋爲用夏正不免局于舊解至其災異例中深排事應之說則賢于董仲舒劉向遠矣乾隆四十七年四月恭校上

春秋集傳釋義大成

臣等謹案春秋集傳釋義大成十二卷元俞皋撰皋字心遠新安人泰定間從其鄉經師趙良鈞遊良鈞宋末進士授修職郎廣德軍教授宋亡不仕以春秋教授鄉里皋得其傳以著是書分別三傳是非而補胡氏之未及吳澄稱其恪守所傳通之諸家擇精語當粹然無疵張萱亦以爲大旨宗趙良鈞今觀其書雖兼采衆說衷以己意而分別義例一以程朱二家爲宗蓋良鈞之學本出程朱者也春秋爲胡氏之傳最行于世而借抒時事往往過激皋能取裁程朱以補其所偏不拘例亦不廢例不泥傳亦不廢傳庶幾能持其平者乾隆四十七年十一月恭校上

春秋纂言

臣等謹案春秋纂言十二卷總例二卷元吳澄撰澄有易纂言已著錄是書采摭諸家傳注而間以己意論斷之首爲總例凡分七綱八十一目其天道人紀二例澄所創作餘吉凶軍賓嘉五例則與宋張大亨春秋五禮例宗互相出入

似乎蹈襲然澄非蹈襲人書者蓋澄之學派兼出于金谿新安之間而大亨之學派則出于蘇氏殆澄以門戶不同未觀其書故與之暗合而不知也然其縷析條分則較大亨爲密矣至于經文行款多所割裂而經之闕文亦皆補以方空于體例殊爲未協則澄于諸經率皆有所點竄不獨春秋爲然讀是書者取其長而置其所短可也明嘉靖中嘉興府知府蔣若愚嘗爲鋟木洪若水序之歲久散佚世罕傳本王士禎居易錄自云未見其書又云朱檢討曾見之吳郡陸醫其清家是朱彝尊經義考注此書之存亦僅一睹耳此本爲兩淮所採進殆即傳寫陸氏本歟乾隆四十七年十月恭校上

春秋諸國統紀

臣等謹案春秋諸國統紀六卷目錄一卷元齊履謙撰履謙字伯恒大名人官至太史院使事迹具元史此書乃其延祐丁巳爲國子司業時所作前有自序謂今之春秋蓋聖人合二十國史記爲之自三傳專言褒貶於諸國分合與春

秋所以爲春秋概末之及故敘類此書以備諸家之缺凡二十有二篇其中如辨左傳宋襄代齊立孝公有五不可信解左傳葬蔡桓侯謂左傳凡蔡君皆稱侯蓋是時諸國僭稱公蔡獨率由舊章援據明確非諸家所及若以單伯爲王卿士宦于諸侯者以作丘甲爲設四軍以及宋人盟于宿不書公衞侯出奔楚不書名爲闕文雖不循舊說均無害于經義惟屢稱魯莊爲齊襄之子則謬戾誣妄莫甚于斯焉吳澄此書序云縷數旁通務合書法間或求之太過要之不苟爲言蓋推許之中亦不免於有微辭矣乾隆四十七年五月恭校上

春秋本義

臣等謹案春秋本義三十卷元程端學撰端學字時叔號積齋慶元人至治元年舉進士第二官國子助教遷翰林國史院編修出爲筠州幕有循良稱在國學時以春秋未有歸一之說乃取前代百三十家折衷同異以作此書又作辨疑以訂三傳之舛戾作或問以明諸說之去取又有綱領一卷揭著書大意俱

見于南海黄佐之南雍志今辨疑已缺佚不全惟或問及此書存耳端學之爲三書也沈潛紬繹者二十餘年會成而卒至元中講筵中請下有司鋟板于集慶路儒學則是書之在當時嘗經表章矣端學有兄端禮與端學同師其鄉史蒙卿實傳朱子之學元史有傳嘗發明朱子讀書之法作讀書功程國子監取之以式學者蓋其學有淵源故立説具有本末云乾隆四十七年四月恭校上

程氏春秋或問

臣等謹案程氏春秋或問十卷元程端學撰端學既輯春秋本義復歷舉諸説之得失以明去取之意因成此書與本義相輔而行者也其掊擊諸説多否少可于張洽之傳攻之尤力然如論春秋不當以一字爲褒貶論春秋多筆削以後之闕文論春秋不書祥瑞論春秋灾異不當强舉其事應皆具有卓識其他持論亦多正大惟謂左氏事實多出僞撰又堅主夏時之説力詆左氏王周正傳雖至於春書無冰亦以爲建寅之月而穿鑿周禮豳詩以解之不知左氏周

人說經或有未確記事未必盡誤若自紀其本朝之正朔則更必不誤也端學所言其無乃矯枉過正乎蓋杜預諸人篤守專門其弊不免屈經以從傳而端學諸人務伸己說其弊亦不免廢傳以說經讀宋元以來之春秋者取其所長而知其所短可矣乾隆四十七年九月恭校上

三傳辨疑

臣等謹案三傳辨疑二十卷元程端學撰端學字時叔號積齋慶元人至治元年進士官至翰林國史院編修官事迹附見元史儒學傳韓性傳中是書以攻駁三傳爲主凡端學以爲可疑者皆摘録經文傳文而疏辨于下大抵先存一必欲廢傳之心而百計以求其瑕纇求之不得則以不可信一語概之蓋不信三傳之説剏于啖助趙匡其後析爲三派孫復尊王發微以下棄傳而不駁傳者也劉敞春秋權衡以下駁三傳之義例者也葉夢得春秋讞以下駁三傳之典故者也至于程端學乃兼三派而用之且併以左傳爲僞撰瓮變本而加厲

矣平心而論左氏身爲國史記錄最眞公羊穀梁去聖人未遠見聞較近必斥其一無可信世寧復有可信之書此眞巧構虛詞深誣先哲至于褒貶之義例則左氏所見原疎公穀兩家書由口授經師附益不免私增誠不及後來之精密端學此書于研求書法糾正是非亦千慮不無一得固未可惡其剛愎遂概屏其說也乾隆四十七年十月恭校上

春秋讞義

臣等謹案春秋讞義九卷元王元杰撰元杰字子英吳江人至正間領鄉薦兵興不仕敎授於其鄉昔程子作春秋傳未成朱子之論春秋亦無專書元杰乃輯其緒言分綴經文之下復刪掇胡安國傳以盡其意安國之書在朱子前而其說皆列朱子後欲別所尊不以時代拘也其間如隱公四年州吁條下備錄朱子邶風擊鼓篇傳於春秋書法無關亦以意所推崇一字不欲芟削耳三家之末元杰以己意推闡別標曰讞如桓公四年紀侯大去條下程子以大爲紀

侯之名意主責紀不責齊元杰之讞則委曲恕紀不從程子之說而全書之內於朱子無一異詞其宗旨概可見矣昔葉夢得作春秋讞多得經意元杰蓋未見其書故名與相複其所論斷亦不及夢得之精而守一先生之言不踰尺寸所見雖淺所學猶篤實差勝明代諸儒無師瞽說以至洸漾自恣者原書十二卷久無刊板今以諸家傳寫之本並闕後三卷既無從校補姑仍舊本繕錄焉

乾隆四十七年二月恭校上

春秋會通

臣等謹案春秋會通二十四卷元李廉撰廉字行簡廬陵人明楊士奇東里集云廉於至正壬午以春秋舉於鄉擢陳祖仁榜進士官至信豐令遇寇亂守節死時南北道梗未及旌褒明初修元史時故交無在當路者有司又不知採錄以聞故史竟遺之此書以諸家之說薈萃成編自序謂先左氏事之案也次公穀傳經之始也次三傳注專門也次疏義釋所疑也總之以胡氏貴平斷也陳

張並列擇所長也又備采諸儒成説及他傳記略加疏别於異同是非始末之際每究心焉然是編雖以胡氏爲主而駁正殊多又參考諸家並能掇其精義一事之疑一辭之異皆貫串全經以折衷之如謂仲子非嫡隱公不得謂之攝齊桓之霸基於僖襄三桓之盛兆於魯僖不書吳敗越夫椒責其不能復讐書葬昭公罪魯不以季氏爲逆書葬劉文公罪畿内諸侯之僭書築蛇淵囿責定公受女樂而荒俱平允正大總論百餘條權衡事理尤得比事屬辭之旨故欽定春秋傳說彙纂多采錄焉廉自序題至正九年己丑又稱讀經三十年竊第南歸叨祿劇司乃成是書考元史陳祖仁榜在順帝至正二年蓋廉於鄉舉之歳即登進士第而通籍頗晚故得潛心經學也乾隆四十七年五月恭校上

春秋經傳闕疑

臣等謹案春秋經傳闕疑四十五卷元鄭玉撰其書采左氏傳列於前公穀二家以下合於理者則取之其或經有脱誤無從質證則闕之間附己論如開卷

夏正周正其事易明存而不論慎之至也其序謂春秋有魯史之舊文聖人之特筆不可字求其義亦不可謂全無其義持論至爲平允至於朱子綱目體例本仿春秋經傳而作序乃謂以經爲綱以傳爲目仿朱子之體例則所言不免倒置耳玉字子美歙縣人元末除翰林待制以疾辭明兵入徽州守將要致之玉不屈死學者稱師山先生所著有師山集今亦別著於錄云乾隆四十七年五月恭校上

春秋集傳

臣等謹案春秋集傳十五卷元趙汸撰其門人倪尚誼增修汸從學黃澤既以聞於澤者輯春秋師說一書又以永嘉陳傅良左傳章指參合杜解輯左傳補註復病其未能會通乃上自公穀下至啖趙折衷諸說以作此書尚誼爲葺而成之雖不親定於汸手然微言要義一皆遵汸之論例如汸之恪守黃澤其於師友淵源均可謂篤信者矣考汸平日嘗往來於九江黃氏淳安夏氏之間而

卒之折衷於師說敘述始末甚詳蓋猶有漢儒專門授受之遺故能自成一家非摭拾龐雜者可比云乾隆四十七年四月恭校上

春秋師說

臣等謹案春秋師說三卷元新安趙汸撰汸嘗師九江黃澤其初一再登門得六經疑義十餘條以歸已復往留二載得口授六十四卦大義與學春秋之要故題曰師說明不忘所自也澤之言曰說春秋須先識聖人氣象則一切刻削煩碎之說自然退聽又曰易象與春秋書法廢失之由大略相似苟通其一則可觸機而悟易有常變春秋則有經有權易雖萬變而必復于常春秋雖用權而不遠于經各以二義貫一經可謂得聖人之旨矣汸本此意類爲十一篇其門人金居敬又集澤思古十吟與吳澄二序及行狀附錄于後汸後又從虞集遊築東山精舍讀書著述于諸經多所通貫而尤邃于春秋故所著最多焉乾隆四十七年四月恭校上

春秋屬辭

臣等謹案春秋屬辭十五卷元趙汸撰汸於春秋用力至深至正丁酉既定集傳初稿又因禮記經解之語悟春秋之義在於比事屬辭因復推筆削之旨定著此書其說以杜預釋例陳傅良後傳爲本而亦多所補正汸東山集有與朱楓林書曰謂春秋隨事筆削決無凡例前輩言此亦多至丹陽洪氏之說出則此段公案不容再舉矣其言曰春秋本無例學者因行事之迹以爲例猶天本無度曆家即周天之數以爲度此論甚當至黄先生則謂魯史有例聖經無例非無例也以義爲例隱而不彰則又精矣今汸所纂述卻是比事屬辭法其間異同詳略觸事貫通自成義例與先儒所纂所釋者殊不同然後知以例說經固不足以知聖人爲一切之說以自欺而漫無統紀者亦不足以言春秋也是故但以屬辭名書其論義例頗確其自命亦甚高今觀其書删除繁瑣區以八門較諸家爲有緒而目多者失之糾紛目少者失之强配其病亦略相等至曰

月一例不出公穀之窠臼尤嫌繳繞故仍爲卓爾康所譏語見爾康春秋辨義蓋言之易

而爲之難也顧其書淹通貫串據傳求經多由考證得之終不似他家之臆說

故附會穿鑿不能盡免而宏綱大旨則可取者爲多焉乾隆四十七年五月恭

校上

春秋左氏傳補注

臣等謹案春秋左氏傳補注十卷元趙汸撰汸于春秋以左氏傳爲主注則宗

杜預左所不及者以公羊穀梁二傳通之杜所不及者以陳傅良左傳章指通

之是書之作即采傅良之說以補左傳集解所未及者也汸之說曰春秋之學

不過屬辭比事公穀論書不書之義傅良以之考左傳亦暗合此意但杜偏于

左傳良偏于公穀若用陳之長以補杜之短用公穀之是以救左傳之非則兩

者兼得筆削義例觸類貫通傳注得失辨釋悉當不獨有補于杜解爲功于左

傳即聖人不言之旨亦灼然見矣是亦春秋家持平之論也後來顧炎武有左

傳杜解補正惠棟又有左傳補注皆研究于名物典故之間與汸此注異致然訓詁明而後義理見其于汸書固亦宜相資並用焉乾隆四十七年五月恭校

上

春秋金鎖匙

臣等謹案春秋金鎖匙一卷元趙汸撰汸有春秋師説左氏補注諸書已著於錄是書撮舉聖人之特筆與春秋之大例以事之相類者互相推勘考究其異同而申明其正變蓋合比事屬辭而一之大旨春秋之初主於抑諸侯春秋之末主於抑大夫中閒齊晉主盟則視其尊王與否而進退之其中如謂聖人貶杞之爵降侯爲子與毛伯錫命稱天王稱錫爲彼此相與之詞雖尚沿舊説之陋而發揮書法條理秩然程子所謂其中數十義炳如日星者亦庶幾近之矣考宋沈棐嘗有春秋比事一書與此書大旨相近疑汸未見其本故有此作然二書體例各殊沈詳而盡趙簡而明固不妨於並行也乾隆四十七年十一月

恭校上

春秋胡傳附録纂疏

臣等謹案春秋胡傳附録纂疏三十卷元汪克寛撰克寛字德輔一字仲裕祁門人泰定丙寅嘗中浙江鄉試次年會試見黜遂不再出是書前有克寛自序稱詳注諸國紀年諡號可究事實之悉備列經文同異可求聖筆之真益以諸家之説而裨胡氏之闕遺附以辨疑權衡而知三傳之得失然其大旨終以胡傳爲宗考元史選舉志延祐二年定經義經疑取士條格春秋用三傳及胡安國傳虞集序中亦及其事蓋兼爲科舉而設陳霆識其以魯之郊祀爲夏正復以魯之烝嘗爲周正是亦遷就胡傳不免騎牆之一證然能於胡傳之説一一考其援引所自出如註有疏於一家之學亦可云詳盡矣明永樂中胡廣等修春秋大全其凡例云紀年依汪氏纂疏地名依李氏會通經文以胡氏爲據例依林氏其實乃全勦克寛此書原本具在可以一一互勘也乾隆四十七年九

月恭校上

春王正月考

臣等謹案春王正月考二卷明張以寧撰以寧晉安人仕元爲翰林侍講學士入明仍故官奉使册封卒於安南此書乃在安南館舍作也天開於子地闢於丑人生於寅皆陽氣滋生之始可以爲春故孔子作春秋春不繫王而正月繫王明春爲天之自然而正月則王者所建也周禮以建子之月爲正月以建寅之月爲正歲二正並用皆稟王章故左氏發傳不曰周王正月而曰王周正月明此特頒之周正非兼用之夏正是也以周人而紀周時必無舛誤徒以其時便民趨事多以夏時古籍所傳文每互相見故秦漢經師各執一説其主改月不改時者則有伏勝班固何休其主改月並改時者則有趙岐陳寵至宋儒而紛紜轇轕主前説者十之九主後説者十之一執行夏之時一語以相劫伏而春秋時月無不顛倒變亂矣以寧能考究諸經旁通史漢糾譌訂舛以著此書

可不謂卓識者歟惟惜其堅主一說不肯言王朝亦用夏時與諸侯有竟用夏正者反無以破諸書紀載二正互見之由是其所偏耳然不害其宏旨也乾隆四十七年九月恭校上

春秋鉤玄

臣等謹案春秋鉤玄三卷明石光霽撰光霽字仲濂泰州人張以寧之弟子也洪武十三年以薦爲國子監學正擢春秋博士明史文苑傳附載張以寧傳中史稱元故官來京者危素及以寧名尤重素長於史以寧長於經素宋元史稿俱失傳而以寧春秋學遂行門人石光霽作春秋鉤玄云則此書猶以寧之傳也大旨本張大亨吳澄之意以春秋書法大抵分屬五禮凡失禮者則書之以示褒貶因考周禮經註詳錄吉凶軍賓嘉五禮條目其有五禮不能盡括者如年月日時名稱爵號之類則別爲雜書法以冠於首每條書法之下採集諸傳之詞以切要者爲綱發揮其義者爲目大槩以左傳公穀胡氏張氏爲主義有

未備者亦間採啖趙諸儒之説而總以己意折衷之其所稱張氏即以寧也乾隆四十七年九月恭校上

春秋大全

臣等謹案春秋大全三十七卷明永樂中胡廣等奉勅撰考宋胡安國春秋傳高宗時雖經奏進而當時命題取士實用三傳禮部韻略之後所附條例可考也元史選舉志載延祐科舉新制始以春秋用胡安國傳定爲功令汪克寛作春秋纂疏一以安國爲主蓋遵當代之法耳廣等之作是編即因克寛之書稍爲點竄朱彝尊經義考引吳任臣之言曰永樂中勅修春秋大全纂修官四十二人其發凡云紀年依汪氏纂疏地名依李氏會通經文以胡氏爲據例依林氏實則全襲纂疏成書雖奉勅纂修實未纂修也朝廷可罔月給可糜賜予可邀天下後世詎可欺乎云云於廣等之敗闕可謂發其覆矣其書所採諸説惟憑胡氏定去取而不復考論是非有明二百餘年雖以經文命題實以傳文立

義至於割傳中一字一句牽連比附謂之合題使春秋大義日就榛蕪皆廣等導其波也迨我　皇上欽定春秋傳説彙纂於胡傳谿刻不情迂闊鮮當之論始一一駁正頒布學官又刊除場屋合題之例以杜穿鑿筆削微旨乃灼然復著於天下廣等舊本原可覆瓿置之然一朝取士之制既不可不存以備考且必睹荒途之蒙翳而後見芟蕪除穢之功必經岐徑之迷惑而後知置郵樹表之力存此一編俾學者互相參證益以見前代學術之陋而　聖朝經訓之明也乾隆四十七年四月恭校上

春秋經傳辨疑

臣等謹案春秋經傳辨疑一卷明童品撰品蘭溪人事蹟無考前有自序題成化戊戌冬十一月末又有弘治壬戌二月跋云是歲品以儒學生教授於陸生震汝亨之家成此一帙距今二十五年云云蓋老儒也春秋三傳左氏採諸國史公穀授自經師草野之傳聞自不及簡策之記載其義易明是編論左氏所

載事迹凡九十三條於三傳異同者大旨多主左氏而駁公穀蓋由於此然於宋師圍曹則疑左氏所載不甚明曉於華元出奔晉一條亦有疑於左氏之說則亦未嘗堅持門戸偏黨一家固讀三傳者所當參考也刻本久佚故朱彝尊經義考註云未見此蓋傳鈔舊本幸未佚亡者是宜錄而存之矣乾隆四十七年九月恭校上

春秋正傳

臣等謹案春秋正傳三十七卷明湛若水撰若水字元明增城人弘治乙丑進士歷官南京兵部尚書致仕卒謚文莊事蹟具明史本傳此書大旨以春秋本魯史之文不可强立義例以己見臆說汩之惟當考之於事求之於心事得而後聖人之心春秋之義皆可得因取諸家之說釐正之其曰正傳者謂正諸傳之謬而歸諸正也體例大略先引三傳次列諸儒之言而以己意爲之折衷頗與劉敞權衡相近中間如論隱公不書即位則謂以不報故不書乃史之文非

夫子之所削論宋公陳侯蔡人衛人伐鄭則謂若以稱爵稱人有褒貶則人衛可矣人蔡何爲其不人宋又何爲決非聖人之義其論衛人立晉則謂衛人者他國稱之之詞諸說皆不足泥其論滕侯卒則謂諸侯宜薨而書卒或葬或不葬皆魯史之舊聖人無所加損論宋公衛侯遇于垂則謂史因報而書之聖人因史而存之前後議論率本此意春秋治亂世之書謂聖人必無特筆于其間亦不免矯枉過正然比事屬辭春秋之教若水能舉向來穿鑿破碎之例一掃空之而核諸實事以求其旨猶說經家之謹嚴不支者矣乾隆四十七年四月恭校上

左傳附注

臣等謹案左傳附注五卷明陸粲撰粲字子餘長洲人嘉靖丙戌進士選庶吉士改工科給事中以劾張璁桂萼謫都鎮驛丞稍遷永新知縣是編前三卷駁正杜預之注義第四卷駁正孔穎達之疏文第五卷駁正陸德明左傳釋文之

音義多旁採諸家之論亦間斷以己意考核精審於訓詁家頗爲有裨顧炎武日知錄於駁正左傳注後附書曰凡邵陸傅三先生所已辨者不錄邵者邵寶左傳觿傳者傅遜左傳屬事陸即指粲蓋炎武亦甚重此書也乾隆四十七年四月恭校上

春秋胡氏傳辨疑

臣等謹案春秋胡氏傳辨疑二卷明陸粲撰前有自序謂胡氏說經或失於過求詞不厭煩而聖人之意愈晦故著此以論辨之大旨主於信經而不信例其言曰不以正大之情觀春秋而曲生意義將焉所不至矣又曰昔之君子有言春秋無達例如以例言則有時而窮惟其有時而窮故求其說而不得從而爲之辭又曰春秋褒善貶惡不易之法今用此說以誅人又忽用此說以賞人使後世求之而莫識其意是直舞文吏所爲而謂聖人爲之乎其抉摘三傳以來說經之弊皆洞中癥結故所正胡氏之誤凡六十餘條無不精切近理其中如

謂楚子麇實弑而書卒徒使圍得倖免而篡弑之賊不可主盟義終不白於天下故言楚圍弑郟敖所謂天下之惡歸之又謂齊歸鄆讙龜陰田爲和好之後反魯侵地非盡由畏孔子亦非夫子自序其績此類皆立說明確足破穿鑿瑣碎之習非後儒所能及自來學春秋者攻擊胡氏不一而足然辨訐太過反或自生障礙若槩之和平通達誠可爲說經家指南矣乾隆四十七年九月恭校上

春秋明志錄

臣等謹案春秋明志錄十二卷明熊過撰過字叔仁富順人嘉靖己丑進士官至禮部祠祭司郎中過嘗注周易專以明象數爲事論者與來知德並稱蓋不主先儒舊說者此書亦多採撮舊解各加辨駁大旨在於信經不信傳平日謂道存乎志志明諸言故以明志爲名其中於公穀及胡安國傳俱有所糾正而左氏傳爲尤多如以邢遷於夷儀爲邢自遷非桓公遷之以城楚丘爲魯備戎

而城非桓公城以封衞以晉人執虞公爲存於其國制之使不得他去而非執以歸以甯母之會齊辭子華爲不實以洮之盟謀王室爲誣說以用鄫子爲出自邾人非宋公之命以晉懷公爲卓子之諡文公未嘗殺子圉以趙盾並未使先蔑逆公子雍於秦以衞石惡爲孫氏黨非甯氏黨以楚殺慶封非以罪討無負斧鉞徇軍之事俱不免鑿空立說屢見牴牾又如以郭公爲鳥名謂紀異爲螟蜮之類以梁亡爲魯大夫會盟所聞歸而言之不由赴告故不著其亡之由亦多出於臆斷有用思太過之失然其得解之處往往詞旨平允大義炳然究非他家摭拾空談者可比故卓爾康謂其頗出新裁時多微中亦春秋之警策者視所作易註近實多矣乾隆四十七年四月恭校上

春秋正旨

臣等謹案春秋正旨一卷明高拱撰拱字肅卿新鄭人嘉靖辛丑進士官至吏部尚書中極殿大學士諡文襄事蹟具明史列傳是編之作蓋以宋以來說春

秋者穿鑿附會欲尊聖人而不知所以尊欲明書法而不知所以明乃推原經意以訂其謬首論春秋乃明天子之義非以天子賞罰之權自居次論孔子必不敢改周正朔而用夏時次論託之魯史者以其尙存周禮非以其周公之後而假之次論王不稱天乃偶然異文滕侯稱子乃時王所黜聖人斷無貶削天子降封諸侯之理次論齊人歸鄆讙龜陰田非聖人自書其功深斥胡傳以天自處之非次論春秋作於哀公十四年乃孔子卒之前一歲適遇獲麟因而書之經非感麟而作麟亦非應經而至次論說經以左氏爲長胡氏爲有激而作餘諸家之紛紛皆由誤解天子之事一語其言皆明白正大足破說春秋者之痼疾卷帙雖少要其大義凜然多得經意固迥出諸儒之上矣乾隆四十七年九月恭校上

春秋輯傳

臣等謹案春秋輯傳十三卷春秋凡例二卷明王樵撰樵有周易私錄已著錄

是編朱彝尊經義考作十五卷又别出凡例二卷註曰未見此本凡輯傳十三卷後有宗旨三篇附論一篇共爲一卷與十五卷之數不符蓋彝尊偶誤又凡例二卷今實附刻書中彝尊亦偶未檢也其輯傳以朱子爲宗博采諸家附以論斷未免或失之冗然大旨猶爲醇正其凡例則比類推求不涉穿鑿較他家特爲明簡明人之說春秋大抵範圍于胡傳其爲科舉之計者庸濫固不足言其好持議論者又因仍苛說彌用推求巧詆深文爭爲刻酷尤失筆削之微旨樵作此書差爲篤實其在當日亦可云不移於俗學者矣乾隆四十七年四月恭校上

春秋億

臣等謹案春秋億六卷明徐學謨撰學謨字叔明嘉定人嘉靖庚戌進士官至禮部尚書是編序題春秋億而卷首題曰徐氏海隅集目録又題曰外編蓋其全集之一種十二公各爲一篇先載經文而一一排比年月隨經詮義蓋漢代

經傳别行原不相屬似乎創例實古法也大旨以春秋所書皆據舊史舊史所闕聖人不能增益如隱莊閔僖之不書即位桓三年以後不書王衞人陳人從王伐鄭不稱天以及月日之或有或無皆非聖人所筆削一掃公羊穀梁無字非例之說與孫復胡安國無事非譏之論夫春秋之作既稱筆削則必非全錄舊文漫無褒貶學謨持論雖未免矯枉過正然平心靜氣不事嚣爭言簡理明多得經意足以破諸家穿鑿附會之陋其駁夏時周月之說曰爲下而先倍烏在其爲春秋也可謂要言不煩者矣乾隆四十七年五月恭校上

春秋事義全考

臣等謹案春秋事義全考十六卷明姜寶撰寶字廷善號鳳阿丹陽人嘉靖癸丑進士官至南京禮部尚書明史藝文志朱彝尊經義考俱載有是書二十卷而此本少四卷然檢其篇帙未見有所缺佚不知目次何以不合或傳寫有誤也其書大旨以胡傳爲本而間出己意以附益之襄公昭公以下胡傳多缺亦

胥爲補葺中間地名以今證古雖間有考訂皆無以甚異於諸家惟向來說春秋者以筆削褒貶爲例故如王不稱天公不書即位之類皆謂孔子有意貶絕是褒譏之法且將上施于君父揆諸聖人明倫垂教之本意當必不然寶獨謂孔子於周王魯侯事有非者直著其非後人說經用惡字罪字譏貶字皆非聖人之意其言明白正大爲啖趙以來所未及可謂闡筆削之微旨立名教之大坊一善足稱毋庸槩棄故特著之于錄以備參考據藝文志寶尚有春秋讀傳解略十二卷今則未見云乾隆四十七年四月恭校上

春秋胡傳考誤

臣等謹案春秋胡傳考誤一卷明袁仁撰仁有尚書砭蔡編已著錄是書前有自序謂宋胡安國憤王氏之不立春秋承君命而作傳志在匡時多借經以申其說其意則忠而於經未必盡合其說良是至謂安國之傳非全書則不盡然安國是編自紹興乙卯奉勅纂修至紹興庚申而後繕本進御豈有未完之理

哉然其抉摘安國之失如周月非冠夏時盟宿非宿君與盟宰渠伯糾宰非冢宰伯非伯爵夏五非舊史闕文齊仲孫來之非貶召陵之役齊桓不得爲王德管仲不得爲王佐首止序王世子於末非以示謙晉卓子立已踰年非獨里克弑之爲君季姬之遇鄫子非愛女使自擇壻鼷鼠食牛角非三桓之應正月書襄公在楚非以存魯君之名吳子使札非罪其讓國左傳莒展輿事以攻當爲己攻齊豹非求名不得歸鄆讙龜陰非聖人自書其功獲麟而誇以簫韶河洛爲傳者之陋皆深有理解他若會防一條義不係於胡傳蔡桓侯一條謂葬以侯禮亦以意爲之別無顯證石之紛如本非大夫不應與孔父仇牧一例見經仁一概排之則吹求太甚矣乾隆四十七年九月恭校上

春秋左傳屬事

臣等謹案春秋左傳屬事二十卷明傅遜撰遜字士凱太倉人嘗遊歸有光之門困頓場屋晚歲乃以歲貢授建昌訓導是書發端于其友王執禮而遜續成

之倣宋建安袁樞紀事本末之體變編年爲屬事事以題分題以國分傳文之後各隱括大意而論之于杜氏集解之未安者頗有更定而凡傳文之有乖于世教者時亦糾正焉遜嘗自云傳中文義頗竭思慮特于地理殊多遺憾恨不得遍蒐天下郡縣志而精考之又云元凱無漢儒不能爲集解遜無元凱不能爲此註其用心深至而推讓古人勝于文人相輕者多矣乾隆四十七年四月恭校上

左氏釋

臣等謹案左氏釋二卷明馮時可撰時可字敏卿號元成華亭人隆慶辛未進士官至湖廣布政司參政事迹附見明史馮恩傳此書皆發明左傳訓詁中如解莊公二十五年秋大水鼓用牲于社于門謂王者事神治民有祠而無祈有省而無禳用鼓已末何況于攻董仲舒杜預之説皆誤考周禮大祝六祈一曰類二曰造三曰禬四曰祭五曰攻六曰説鄭康成注謂攻説則以辭責之如其

鳴鼓然則攻囷六祈之一矣時可所言殊爲失考至如昭公二十九年賦晉國一鼓鐵以鑄刑鼎杜注孔疏皆謂冶石爲鐵用橐扇火謂之鼓計會一鼓便足時可則引王肅家語注云三十斤爲鈞四鈞爲石四石爲鼓蓋用四百八十斤鐵以鑄刑書適給于用則勝注疏説多矣蓋雖間有臆斷而精核者多囷趙汸補注之亞也此書舊與左氏討左氏論合爲一書總標曰元敏天池集意當時編入集内故鈔本尚襲舊題今惟録此編而所謂討與論則别存目故各分著其名焉乾隆四十七年五月恭校上

春秋質疑

臣等謹案春秋質疑十二卷明楊于庭撰于庭字道行全椒人萬歷庚辰進士此書之旨以胡安國春秋傳意主納牖褒諱抑損不無附會於春秋大義合者十七不合者十三又於左氏公穀或採或駁亦不能悉當因爲條摘論列之如胡氏謂春王正月乃以夏時冠周月于庭則引禮記孟獻子曰正月王可以有

事於上帝七月王可以有事於其祖證日至之爲冬至即知周以子月爲正月又胡氏謂經不書公即位爲未請命於王于庭則引文公元年春王正月公即位越四月天王使毛伯來錫公命成公八年秋七月天子使召伯來賜公命據此則錫命皆在即位之後數年或數月可知前此之未嘗請命而皆書即位胡說未可通又胡氏以從祀先公爲昭公至是始得從祀於太廟于庭則謂季氏靳昭公不得從祀其事不見於三傳至馮山始創言之胡氏不免於輕信凡此之類議論多精確可取固非妄攻先儒肆爲異說者比也乾隆四十七年九月恭校上

春秋孔義

臣等謹案春秋孔義十二卷明高攀龍撰攀龍字存之無錫人萬歷己丑進士官至左都御史以閹禍投水死事蹟具明史本傳是書斟酌於左氏公羊穀梁胡安國四家之傳無所考證亦無所穿鑿意主於以經解經凡經無傳有者不

敢信傳無經有者不敢疑故名曰孔義明爲孔子之義而非諸儒之臆說雖持論稍拘較之破碎繳繞橫生異議者猶說經之謹嚴者矣案朱彝尊經義考此書之外別有李攀龍春秋孔義十二卷註曰未見書名卷數並同考李攀龍以詩名當世不以經術聞其墓誌本傳亦不云嘗有是書是必諸家書目有以攀龍名同誤高爲李者彝尊未及考核遂誤分爲二併附訂於此以正其訛焉乾隆四十七年四月恭校上

春秋辯義

臣等謹案春秋辯義三十九卷明卓爾康撰爾康字去病仁和人萬歷壬子舉人嘗官浚儀縣教諭平生頗以匡濟自任著述甚多是書大旨分爲六義曰經義曰傳義曰書義曰不書義曰時義曰地義持論皆平正其經文每條之下大抵皆雜採前人成說排比詮次而間以己意折衷之每公之末又各附以列國本末一篇取繫於盛衰興亡之大者別爲類敘亦頗便省覽中間立義未當者

如甲戌己丑陳侯鮑卒以爲是甲戌年正月己丑史官偶倒其文不知古人紀歲自有閼逢攝提格等二十二名其甲至癸十日寅至丑十二辰古人但用以紀日而並不以紀歲又如五石六鷁謂外災何以書爲其三恪且在中土不知晉之梁山崩宋衞陳鄭災豈皆三恪乎又天王狩於河陽謂晉欲率諸侯朝王恐有畔去者故使人言王狩以邀之其心甚盛無可訾議尤爲有意翻新而致害於理此類皆不可爲訓然其他可採者亦復不少如謂鄭人來渝平當依左氏訓更成其以爲墮成不果成者文義皆誤又謂以成宋亂乃著諸侯之罪爲春秋特筆其以成爲平者悖敎殊甚又解戎伐凡伯于楚丘謂一國言伐一邑亦言伐一家言伐一人亦言伐公羊以伐爲大之乃不知侵伐之義强爲之辭其說皆明白正大足破諸家拘文牽義之見於經旨固未嘗無所闡發也乾隆四十七年九月恭校上

讀春秋略記

臣等謹案讀春秋略記十二卷明朱朝瑛撰朝瑛於諸經皆有略記已各著於錄其所述瑕瑜互見不能悉底精粹惟此書與讀詩略記較爲詳晰允當其所採上自啖趙下及季本郝敬諸家之說無不備列而舊說所未盡則復以己意折衷之大旨主於因經以考傳而不肯信傳以害經故於三傳之可通者亦間從其說而其他則多所駁正中間如謂孔父之字嘉猶唐杜甫之字美以今證古殊爲僻不於倫又力斥漢書五行志穿鑿傅會之非而於恒星不見一條乃引何休之說以爲法度廢絶威信不行之象亦未免自相矛盾然其餘可取者甚多如論隱公三年春王二月己巳日食乃三月非二月夫人子氏爲隱公之夫人又楚人秦人巴人滅庸爲窺伺周鼎又哀公元年改卜牛不復災以爲天厭魯德如此之類皆見發明亦說春秋家之有所心得者也乾隆四十七年四月恭校上

春秋四傳質

臣等謹案春秋四傳質二卷明王介之撰介之字石崖衡陽人是書取三傳及胡安國傳異同斷以己意其無駭卒一條云春秋二百四十二年間事屢變文亦屢易四傳各成其說而斷以義則胡氏精而公穀尤正質以事則左氏有徵而可信也蓋作書大指如此其中有所本者如隱公元年闢胡傳元即仁也之說本楊時答胡安國書闢胡傳建子非春之說本熊朋來說是也有據一傳而去取互異者如王正月爲大一統從公羊傳而闢其王謂文王之說是也有就四傳互質之者如文公逆婦姜於齊四傳異說舍左氏公羊胡傳而從穀梁有專據胡傳而亦不盡從者如定公從祀先公取其昭公始祀於廟之說而闢其事出陽虎而不可詳之說是也俱頗有所見不同勦說至於桓公即位公羊以爲如其意也介之誤作胡傳而詆其巧而誣文公四不視朔左氏公羊以爲疾穀梁以爲厭政胡傳從穀梁介之誤作三傳皆以爲疾而胡氏辨其無疾亦未免時有舛誤然明之末造經傳俱荒介之尚能援據古義糾胡安國之失亦可

謂拔俗千尋矣乾隆四十七年十月恭校上

左傳杜林合注

臣等謹案左傳杜林合注五十卷明王道焜趙如源同編案朱彝尊經義考載宋林堯叟春秋左傳句解四十卷引鄭玥之言曰堯叟字唐翁崇禎中杭州書坊取其書合杜註行之又載此書五十卷引陸元輔之言曰王道焜杭州人中天啟辛酉鄉試與里人趙如源濬之共輯此書云云今書肆所行卷數與彝尊所記合而削去道焜如源之名又首載凡例題爲堯叟所述而中引永樂春秋大全殆足咍噱蓋即以二人編書之凡例改題今故削之杜註左氏號爲精密雖隋劉炫已有所規元趙汸明邵寶傅遜陸粲　國朝顧炎武惠棟又遞有所補正而宏綱巨目終越諸家堯叟之書徒以箋釋文句爲事實非其匹第古註簡奥或有所不盡詳堯叟補苴其義使淺顯易明于讀者亦不無所益且不似朱申句解于傳文横肆刊削故仍錄存之以備一解中附陸德明音義當亦道

焜等所加原本所有今亦並存焉乾隆四十七年五月恭校上

欽定四庫全書提要卷十八

經部十八

春秋類四

日講春秋解義

臣等謹案日講春秋解義六十四卷聖祖仁皇帝御定世宗憲皇帝重加考論而後成書春秋爲聖人治世微權三傳已不無異同胡安國以己意窺測穿鑿尤多是編先標左氏以徵其事次及公穀以求其例然後出以論斷體會筆削之旨俾學者心目不爲安國所掩洵一辭莫贊矣乾隆四十七年四月恭校上

欽定春秋傳說彙纂

臣等謹案春秋傳說彙纂三十八卷聖祖仁皇帝御定大學士臣王掞等奉勅修纂春秋三傳隸事互異宋胡安國臆斷尤多餘如服虔杜預何休范甯

等注釋各有師承互相攻訐褒貶之例訖無定準是書廣搜精擇删背經之傳

去畔傳之說微言大義爲千秋經世之圭臬己乾隆四十七年三月恭校上

御纂春秋直解

臣等謹案春秋直解十二卷乾隆二十三年　御撰自來春秋傳註多爲曲說

舍本循末大義日乖唐啖助趙匡輩始置傳求經而徵信無從去而益遠我

皇上因　聖祖仁皇帝傳說彙纂簡核同異息岐說融諸傳傳例明而經旨益

顯於據事直書褒貶自見之義允符至當矣乾隆四十七年一月恭校上

左傳杜解補正

臣等謹案左傳杜解補正三卷　國朝顧炎武撰炎武以杜預左傳集解時有

闕失而賈逵服虔之註樂遜之春秋序義今又不傳於是博稽載籍作爲此書

雖邵寶左觿等書苟有合者亦皆采輯若室如懸磬取諸國語肉謂之羹取諸

爾雅車之有輔取諸呂覽田祿其子取諸楚辭千畝原之在晉州取諸鄭康成

祏爲廟主取諸說文石四爲鼓取諸王肅家語註祝其之爲萊蕪取之水經註如此之類皆有根據昔隋劉炫作杜解規過其書不傳惟散見孔穎達正義之中然孔疏之例務主一家故凡炫所規皆遭排斥未協至公炎武此書可謂掃除門户能持是非之平矣乾隆四十七年五月恭校上

春秋稗疏

臣等謹案春秋稗疏二卷國朝王夫之撰夫之有周易稗疏别著錄是編論春秋書法及歷象典制之類僅十之一而考證地理者十之九其論書法謂閔公元年書季子仲孫高子皆不名乃閔公幼弱聽國人之所爲故從國人之尊稱然考襄公之立實止四歲昭公之出亦非一年均未聞以君不與政書事或有變文何獨閔公見存乃從國人立義其論春秋書戎皆指徐戎斥杜預陳留濟陽東有戎城之非且謂曹衞之間不應有戎證以費誓似乎近理然戎與諸國錯處實非一種觀經書追戎濟西則去曹近而去徐遠至於凡伯聘魯歸周

而戎伐之於楚丘則凡伯不涉徐方徐戎亦斷難越國安得謂曹衞之間戎不雜居如此之類固未免失之臆斷至以鸜鴒爲寒號蟲反斥埤雅之訛以延之廐爲延袤其廐亦爲疏舛杜注陘亭在召陵南不云即在召陵乃删其南字而駁之尤爲文致其失然如莒人入向之向謂當從杜預在龍亢而駁水經注所引闞駰之說誤以邑名爲國名足以申杜注之義辨杞之東遷在春秋以前辨殺州吁于濮非陳地辨洮爲曹地非魯地音推小反不音他刀反辨貫字非貰字之誤辨厲即賴國非隨縣之厲鄉辨踐土非鄭地辨翟泉周時不在王城之內辨莒魯之間有二鄆辨仲遂所卒之垂非齊地辨次郚之郚非郚國亦非鄭地辨春秋之祝其非漢之祝其皆足以糾杜注之失據後漢郡國志謂郎在高平據括地志謂胡在郾城據漢書地理志謂重丘在平原據應劭漢書注謂陽在都陽皆足以補杜注之闕至於謂子糾爲齊襄公之子謂魯襄公時頻月日食由於誤視暈珥亦足以備一解在近人說經之中頗有根柢其書向未刊行

故子糾之說近時梁錫璵據爲新義鞏不書族定姒非謚之說近時葉酉亦據爲新義殆皆未見其書也乾隆四十七年十一月恭校上

春秋平義

臣等謹案春秋平義十二卷　國朝俞汝言撰汝言字右吉秀水人是書成於康熙丙辰書中多引舊文其自立論者無幾然自宋孫復以來說春秋者務以攻擊三傳相高求駕乎先儒之上而穿鑿煩碎之弊日生自元延祐以後說春秋者務以尊崇胡傳爲主求利于科舉之途而牽就附合之弊亦遂日甚明張岐然嘗作平文以糾其謬而去取未能皆允汝言此書亦與岐然同意而簡汰精審多得經意正不以多生新解爲長前有自序謂傳經之失不在淺而在于深春秋爲甚可謂片言居要矣此本爲汝言原稿塗乙補綴朱墨縱橫其用心勤篤至今猶可想見也朱彝尊經義考載繆泳之言稱汝言研精經史尤熟于明代典故嘗撰有宰相列卿年表其詩古文名漸川集今皆未見蓋亦好學深

思之士所由與枵腹高談者異歟乾隆四十七年七月恭校上

春秋四傳糾正

臣等謹案春秋四傳糾正一卷　國朝俞汝言撰汝言字右吉秀水人嘗作春秋平義十二卷成於康熙丙辰是歲之夏復續作此書以綜括其大旨相傳其晚年失明口授而成之者也書中摘列春秋三傳及胡安國傳之失隨事辨正區爲六類一曰尊聖而忘其僭計八條二曰執理而近於迂計十五條三曰尚異而鄰於鑿計二十三條四曰億測而近於誣計四十三條五曰稱美而失情實計八條六曰摘瑕而傷鍥刻計六條末附春王正月辨一篇申左氏公羊孔安國鄭康成之說明周正改時改月春秋正朔皆從周其中如華督奪孔父之妻齊桓因蔡姬而侵蔡史家簡策相傳必有所據即就文而論亦無以斷其必不然汝言皆以爲臆測近誣轉未免自蹈臆測又齊襄復九世之讎固屬飾詞公羊謂春秋大之固爲謬戾然紀侯譖齊哀公於周至於見烹則實有其事汝

言乃謂語言之故不足爲讐亦不甚可解至春王正月辨中謂左傳王周正月句王周二字猶漢稱皇漢宋稱皇宋之義不知正月正歲並見周禮兼用夏正實亦王制故特言王周正月明非夏時正無庸牽引漢宋横生曲說又一行衞朴推驗春秋日食皆合於建寅一條汝言無以難之遂泛謂不足深據不知日月交食推朔望不推時令建寅建子食限無殊一語可明亦不必顯預其說如斯之類雖或間有小疵然六類之中大抵皆立義正大持論簡明一卷之書篇帙無幾而言言皆治春秋者之藥石亦可謂深得經義者矣乾隆四十七年二月恭校上

讀左日鈔

臣等謹案讀左日鈔十二卷補二卷 國朝朱鶴齡撰鶴齡有尚書埤傳已著錄是書采諸家之說以補正杜預春秋經傳集解之闕訛于趙汸陸粲傅遜邵寶王樵五家之書所取爲多大抵集舊解者十之七出己意者十之三故以鈔

名所補二卷多用顧炎武説炎武杜解補正三卷具有完帙此所采未及什一其凡例稱庚申之秋炎武自華陰寄左傳注數十則蓋是時杜解補正尚未成也鶴齡斥林堯叟音義之陋所取僅三四條持論極允至孔穎達正義家絃戶誦久列學官斷無讀註而不見疏者乃連篇采掇殊屬贅疣至襄九年傳閏月當作門五日本爲杜註乃引以補杜尤爲牀上牀矣又如莊公二十二年傳引史記正義以未羊巽女爲姜姓之訓于昭九年傳又續引汪琬之説駁張守節失左氏之指是一義而去取迥異皆未免于小疵然其中如引鬭辛以駁伍員之復讐天經地義爲千古儒者所未發引定公五年文公十七年二傳證公壻池非晉侯之壻引檀弓越人弔衛將軍文子事證秦人歸僖公成風之襚引漢書王嘉傳證屈蕩尸之當作戶之之類亦具有考證雖瑕瑜並陳不及顧炎武惠棟諸家之密而薈萃衆長斷以新義于讀左傳者要亦不爲無補焉乾隆四十七年四月恭校上

左傳事緯

臣等謹案左傳事緯十二卷附錄八卷　國朝馬驌撰驌字驄御又字宛斯鄒平人順治己亥進士官淮安府推官終於靈璧縣知縣是書取左傳事類分爲百有八篇篇加論斷首載晉杜預唐孔穎達序論及自作邱明小傳一卷辨例三卷圖表一卷覽左隨筆一卷名氏譜一卷左傳字奇一卷合事緯二十卷內地輿有說無圖蓋未成也王士禎池北偶談稱其博雅嗜古尤精春秋左氏學載所著諸書與此本並同惟無字奇及事緯豈士禎偶未見歟三傳之中左氏親覩國史事迹爲眞而褒貶書多參俗議公羊穀梁二家得自傳聞記載頗謬而義例則多有師承朱子語錄謂左氏史學事詳而理差公穀經學理精而事謬蓋篤論也驌作是書必謂左氏義例在公穀之上是亦偏好之言然驌于左氏實能融會貫通故所論具有條理其圖表亦皆考證精詳可以知專門之學與涉獵者相去遠矣乾隆四十七年十一月恭校上

春秋毛氏傳

臣等謹案春秋毛氏傳三十六卷　國朝毛奇齡撰自昔說春秋者但分義例至宋張大亨始分五禮而元吳澄因之然麤具梗概而已奇齡是書分改元即位生子立君朝聘盟會侵伐遷滅昏覿享唁喪期祭祀蒐狩興作甲兵田賦豐凶災祥出國入國盜弑刑戮凡二十二門又總該以四例曰禮例曰事例曰文例曰義例然門例雖分而卷之先後依經爲次無割裂分隸之嫌較他家體例爲善其說以左傳爲主間及他家而最攻擊者莫若胡安國傳其論安國開卷春王正月已辭窮理屈可謂確當然左傳元年春王周正月之文本以周禮正歲正月兼用夏正夏正亦屬王制故變文稱王周正月以別夏正而奇齡乃讀春王爲一句周正月爲一句謂王字乃木王於春之王而非天王之王其爲乖謬殆更甚於安國又如鄭康成中庸注策簡也蔡邕獨斷曰策者簡也其制長二尺短者半之春秋正義曰大事書於策者經之所書也小事書於簡者傳之

所載也又云大事後雖有策其初亦記於簡據此則經傳簡策並無定名故崔杼之事稱南史氏執簡而華督之事稱名在諸侯之策其文互見奇齡乃以簡書策書爲經傳之分亦爲武斷然其書一反胡傳之深文而衡以事理多不失平允之意其義例皆有徵據而典禮尤所該洽自吳澄纂言以後說春秋者罕有倫比非其說詩說書好逞臆見者比至於喧呼叫呶則其結習所成千篇一律置之不議不論可矣乾隆四十七年四月恭校上

春秋簡書刊誤

臣等謹案春秋簡書刊誤二卷　國朝毛奇齡撰奇齡作春秋傳以春秋經文爲據古之簡書以左傳所述爲據古之策書故此編刊經文之誤以簡書爲名皆以左傳爲主而附載公穀之異文辨證其謬因胡安國傳多從穀梁并安國亦排斥之其舍左氏而從公羊者惟襄公十四年衞侯衎出奔齊一條耳考左傳雖晚出而其文實竹帛相傳公穀雖先立於學官而其初皆由經師口授或

記憶之失眞或方音之遞轉勢所必然不足爲怪奇齡必以爲有意改經至于
作於饗作享亦縷論之殊爲深詆然其論會褰不當有齊侯單伯送王姬不應
作逆夜恒星不見夜中星隕如雨二夜字不應異文公伐齊納子糾不應無子
字齊人殲于遂不應作瀐曹羈出奔陳赤歸於曹與鄭忽出奔衛突歸於鄭同
例會洮不應有鄭世子華欒書救鄭不應作侵鄭召公來錫公命不應作賜命
襄公五年救陳不應作莒子邾子滕薛伯會虢之衛齊惡不應作石惡齊欒施
不應作晉叔孫婼不應名舍公會齊侯盟於黄不應作晉侯衛趙陽不應作晉
趙陽皆極精核至於蔑爲姑昧知昧爲蔑轉而不知經删姑字爲隱公諱冬宋
人取長葛知經傳不符而不知宋以先王之後用商正取長葛在建酉之月則
此冬而彼猶秋亦閒有未密之處然其可取者則多矣乾隆四十七年八月恭
校上

春秋屬辭比事記

臣等謹案春秋屬辭比事記四卷　國朝毛奇齡撰奇齡作春秋傳分義例爲二十二門而其書則仍從經文十二公之序此乃分門隸事如沈棐趙汸之體條理頗爲明晰考據亦多精核蓋奇齡長于辨禮春秋據禮立制而是書據禮以斷春秋宜其秩然有紀也其不旁牽三禮而獨就經說經尤爲特識是書爲奇齡門人所編云本十卷朱彝尊經義考惟載六卷且云未見此本于二十二門之中僅得七門而侵伐一門尚未及半雖非完書然核其體要轉勝所作春秋傳也乾隆四十七年四月恭校上

春秋地名考略

臣等謹案春秋地名考略十四卷　國朝高士奇撰康熙乙丑士奇以詹事府少詹事奉　勅撰春秋講義因考訂地理併成是書奏　進據閻若璩潛邱劄記稱秀水徐勝敬可爲人作左傳地名詑問余成公二年鞌之戰云云則實士奇倩勝代作也其書以春秋經傳地名分國編次皆先列國都次及諸邑每地

名之下皆先列經文傳文及杜預註而復博引諸書考究其異同砭正其疎舛頗多精核惟時有貪多炫博轉致瑣屑者如魯莊公築臺臨黨氏遂立黨氏臺一條殊與地理無關又如晉以先茅之縣賞胥臣遂立先茅之縣一條不能指爲何地但稱猶云蘇忿生之田則亦安貴于考耶是亦過求詳備之失也乾隆四十七年八月恭校上

春秋管窺

臣等謹案春秋管窺十二卷　國朝徐廷垣撰廷垣秀水人官新昌縣縣丞朱彝尊經義考不載其名疑其書晚成彝尊未及見也自孫復以後說春秋者始尚深刻朱子謂其如商君之法棄灰於道者被刑蓋甚之也南宋以來沿其遺說往往務爲苛索遂使二百四十年內無一完人甚至於貶黜天王改易正朔舉天下干名犯義之事誣稱爲孔子之特筆而聖經益爲邪說所亂矣廷垣自序駁諸儒之失有曰世但知推尊聖人而不知孔子當日固一魯大夫也於周

天子則其大君於魯公則其本國之君於列國諸侯則俱周天子所封建與魯君並尊者也身爲陪臣作私書以賞罰王侯君公此犯上作亂之爲而謂聖人肯爲之乎如謂所誅絶者非在位之王公豈先王先公遂可得而誅之乎云云其持論最爲正大又自述注釋之例曰以傳之事實質經以經之同異辨例於公羊穀梁二傳及諸儒論釋其合於義例先後無悖者不復置議如其曲説偏斷理有窒礙則據經文先後之例以駁正之云云其立義亦爲明坦其中如桓不書王之類間亦偶沿舊説然其大旨醇正多得經意與焦袁熹之闕如編皆近代春秋家之卓然者也舊帙蠹蝕字句間有殘缺無別本可以校補然大旨宏綱炳然無損正不以一二斷簡廢之矣乾隆四十七年四月恭校上

三傳折諸

臣等謹案三傳折諸四十四卷　國朝張尚瑗撰尚瑗字宏蘧一字損持吴江人康熙戊辰進士官至監察御史尚瑗初從朱鶴齡遊相與講春秋之學鶴齡

作讀左日鈔尙瑗亦作讀三傳隨筆積累既久卷帙遂夥乃排纂而成是書曰

折諸者取揚雄羣言淆亂折諸聖之語也凡左傳三十卷公羊穀梁各七卷而

用力於左傳尤多如卷首所列郊禘五嶽考地名同考名諡同考名姓世表諸

篇皆引據典核可資參證惟其書貪多務得細大不捐每摭摭漢魏以下史事

與傳文相證甚乃支離漫衍觸類旁牽如因衛懿公好鶴遂涉及唐玄宗舞馬

之類者不一而足與經義殆渺不相關殊爲蕪雜然取材既廣儲蓄遂宏先儒

訓詁之遺經師授受之奥微言大義時時錯見於其中亦可謂披沙揀金往往

見寶錄而存之亦瑕瑜不掩之義也乾隆四十七年四月恭校上

春秋闕如編

臣等謹案春秋闕如編八卷　國朝焦袁熹撰袁熹字廣期金山人康熙丙子

舉人是編爲袁熹未成之書僅及成公八年而止每卷有袁熹名印蓋猶其稾

本前有其孫鍾璜跋亦當時手跡自公穀兩傳盛稱日月之例多陳譏貶之文

後代承流轉相推衍務以刻酷爲經義遂使聖人筆削如射覆之卦如羅織之經上至天王下至列國二百四十年中無一人得免於彈刺朱子以孫復之說比之商君蓋甚之也袁熹是書獨酌情理之平立褒貶之準謹持大義而刊削繁苛如隱公盟蔑諸家皆曰惡私盟袁熹則謂繼好息民猶愈於相虞相詐至七年伐邾事由後起不容逆料而加貶詞又謂會潛之戎本雜處中國修好息民亦衰世之常事褒貶俱無可加謂無駭之書名若後世帝室之胄不繫以姓非貶而去之謂書齊侯弟年見齊之重我使其親貴非譏過寵其弟謂書螟爲蟲傷苗稼即當留意補助不以此一事便爲惡如此之類數十條皆一洗曲說至於武氏子求賻乃魯不共命天王詰責豈敢反譏天王家父求車乃天子責貢賦有闕經婉其文曰求車不應舍其下責其上尤大義凛然非陋儒所及末附讀春秋數條論即位或書或不書四時或備或不備有史所本無有傳寫脱佚非聖人增減於其間亦足破穿鑿之説近代説春秋者當以此書爲最雖編

輯未終而義例已備於經學深爲有裨非其經說諸書出於門人附會者比也

乾隆四十七年八月恭校上

春秋宗朱辨義

臣等謹案春秋宗朱辨義十二卷　國朝張自超撰自超字彝歎高淳人康熙癸未進士是書大意本朱子據事直書之旨不爲隱深阻晦之說惟就經文前後參觀以求其義不可知者則闕之篇首總論二十條頗得比事屬詞之旨其中如單伯逆王姬則從王氏之說以爲魯之大夫于秦獲晉侯辨所以不書名之故于宋師敗績辨所以不書公之故于宋司馬華孫來盟辨胡傳義不係乎名之說于盟宋罪趙武之致弱于楚公子比公子棄疾弑立書法見春秋微顯之義于齊殺高厚謂非說晉于定公八年從祀先公以爲昭祔成廟定公所祀之高曾祖禰仍是文宣成襄皆確有所見而于衛人立晉一條尤得春秋深意雖以宗朱爲名而參求經傳務掃宋以來穿鑿附會之說實出自心得者爲多

後方苞作春秋直解多取材于此書近時解春秋者焦袁熹春秋闕如編以外此亦善本矣乾隆四十七年三月恭校上

春秋通論

臣等謹案春秋通論四卷　國朝方苞撰苞字靈皋桐城人康熙丙戌會試中式舉人官至内閣學士緣事褫職校書　武英殿後以翰林院侍講銜致仕是編本孟子其文則史其義則某竊取之意貫穿全經按所屬之辭核以所比之事辨其孰爲舊文孰爲筆削分類排比爲篇四十每篇之内又各以類從凡分章九十有九其間據理而談有似是而非者如王室伐救會盟篇中稱周之東遷晉鄭焉依平王之初文侯武公心在王室故數十年中諸夏之邦無篡弑滅國之事是統紀猶未盡散云云今考寄帑取虢載在鄭語虢叔死焉亦見隱元年克段之傳則噬虢自廣即在武侯苞謂無滅國之事殆乖其實至於桓公無王之類亦尚沿舊解然掃除二傳附會之談蕩滌宋儒鍥薄之論息心徵氣以

經求經多有合於情理之正雖孰爲舊聞孰爲筆削或不免斷之太確如親見尼山之操觚而論其宏旨亦大致不悖於聖人矣乾隆四十七年四月恭校上

春秋長歷

臣等謹案春秋長歷十卷　國朝陳厚耀撰厚耀字泗源泰州人康熙丙戌進士官蘇州府教授以通算入直　内廷改授檢討終右諭德是書補杜預長歷而作不分卷帙其凡有四一曰歷證備引漢書續漢書晉書隋唐書宋史元史及左傳注疏春秋屬辭天元歷理及朱載堉歷法新書諸說以證推步之異其引春秋屬辭載杜預論日月差謬一條爲注疏所無又引大衍歷議春秋歷考一條亦唐志所未錄尤足以資考證二曰古歷以古法十九年爲一章一章之首推合周歷正月朔日冬至前列算法後以春秋十二公紀年横列爲四章縱列十二公積而成表以求歷元三曰歷編舉春秋二百四十二年一一推其朔閏及月之大小而以經傳干支爲之證佐皆述杜預之說而考辨之四曰歷存

以古歷推隱公元年正月庚戌朔杜氏長歷則爲辛巳朔乃古歷所推之上年十二月朔謂元年之前失一閏蓋以經傳干支排次知之厚耀則謂如預之說元年至七年中書日者雖多不失而與二年八月之庚辰三年十二月之庚戌又不能合且隱公三年二月己巳朔日食桓公三年七月壬辰朔日食亦皆失之蓋隱公元年以前非失一閏乃多一閏因退一月就之定隱公元年正月爲庚辰朔較長歷實退兩月推至僖公五年止以下朔閏因一一與杜歷符合故不復續載焉杜預書惟以干支遞排而以閏月小建爲之遷就厚耀明于歷法故所推較預爲密蓋非惟補其闕佚並能正其譌舛于考證之學極爲有裨治春秋者不可少此一編矣乾隆四十七年四月恭校上

春秋世族譜

臣等謹案春秋世族譜二卷國朝陳厚耀撰春秋之世自王朝以迄諸侯大夫得姓受氏各有源流其人之見於經傳者不可殫數漢宋衷有世本四卷唐

代尙傳今惟孔氏正義中偶載其文而書則久佚隋書經籍志有春秋左氏諸大夫世譜十三卷不知何人所撰今亦無存杜預作春秋釋例中有世族譜一書具載其世系昭穆之詳而自宋以來湮沒不見今恭遇　聖代表章遺籍釋例一書得於永樂大典中裒輯叢殘復爲完帙獨世族譜僅存數條仍不免於闕略厚耀當時既未覩釋例原本因據孔氏正義旁參他書作此以補之其體皆仿旁行斜上之例首周世次圖而以周之卿大夫附後次魯次晉次衞次鄭次齊次宋次楚次秦次陳次蔡次曹次莒次杞次滕次許次邾次吳次越次小國諸侯皆先敘其君王世系而附以卿大夫其偶見經傳而無世次可稽如周之凡伯南季魯之衆仲秦子之類則別曰雜姓氏名號另爲一篇附卿大夫世系之後搜採頗爲該洽近時顧棟高作春秋大事表有世系表二卷其義例與此相近而考證互有異同如周卿大夫之周公忌父召莊公諸人此書徵引不及顧本之備又脱漏王叔氏世系不載亦爲遜於顧本然顧氏於有世系者敘

次較詳其無可考者槩闕而不錄此書則於經傳所載之人祇稱官爵及字者悉臚採無遺寔爲顧本所未及讀春秋者以此二書互相考證則春秋氏族之學幾乎備矣乾隆四十七年十一月恭校上

春秋說

臣等謹案春秋說十五卷　國朝惠士奇撰士奇有半農易說已著錄士奇父周惕長於說經力追漢儒之學士奇承其家傳考證益密於三禮核辨尤精是書以禮爲綱而緯以春秋之事比類相從約取三傳附於下亦間以史記諸書佐之大抵事實多據左氏而論斷多採公穀每條之下多附辨諸儒之說每類之後又各以己意爲總論大致出於宋張大亨春秋五禮例宗沈棐春秋比事而不立門目不設凡例其引據證佐則尤較二家爲典核雖其中災異之類反復辨詰務申董仲舒春秋陰陽劉向劉歆洪範五行之說未免過信漢儒物而不化然全書言必據典論必持平所謂原原本本之學非孫復等之枵腹而談

亦非葉夢得等之恃博而辨也乾隆四十七年四月恭校上

春秋大事表

臣等謹案春秋大事表五十卷附錄一卷輿圖一卷偶筆一卷　國朝顧棟高撰棟高有尙書質疑已著錄是書以春秋列國諸事比而爲表又爲辨論以訂舊說之訛凡百三十一篇考宋程公說作春秋分紀以傳文類聚區分極爲精密刊板久佚鈔本流傳亦罕棟高蓋未見其書故體例之間往往互相出入又表之爲體仿於周譜旁行斜上經緯成文使參錯者歸於條貫若其首尾一事可以循次而書者原可無庸立表棟高事事表之亦未免繁碎至參以七言歌括於著書之體亦乖然條理詳明考證典核較公說書實爲過之其辨論諸篇皆引據博洽議論精確多發前人所未發亦非公說所可及其朔閏一表用杜預隱公元年正月起辛巳朔之說與陳厚耀所推長歷退一閏者不合蓋厚耀之書棟高亦未之見故稍有異同云乾隆四十七年十月恭校上

春秋識小錄

臣等謹案春秋識小錄九卷　國朝程廷祚撰廷祚字啟生上元人嘗舉博學鴻詞又舉經學著述頗多是書凡春秋職官考略三卷春秋地名辨異三卷左傳人名辨異三卷其考職官首爲數國共有之官次爲一國自有之官皆分别排纂凡與周禮異同者一一根據註疏爲之辨證頗爲精核末爲晉軍政始末表序晉軍八變之制而詳列其將佐之名又以御戎戎右附表於後亦皆整密惟置諸國而獨詳晉則未知其例云何也其考地名首爲地同而名異次爲地異而名同末爲晉書地理志證今以杜預註左傳皆用晉代地名故也其辨人名自一人二名以逮一人八名者皆彙列而分註之大致與春秋名號歸一圖互相出入而較爲簡明雖似與經義無關然讀經讀傳者往往因官名地名人名之舛異於當日之事蹟不能融會貫通因於聖人之褒貶不能推求詳盡如胡安國之誤執季孫橫生異論者蓋有之矣則廷祚是書固讀春秋家所當知

也乾隆四十七年十一月恭校上

左傳補注

臣等謹案左傳補注六卷　國朝惠棟撰棟有周易述已著録是書皆援引舊訓以補杜預左傳集解之遺本所作九經古義之一以先出别行故九經古義刋本虚列其目而無書目作四卷此本實六卷則後又有所增益也其中最典確者如隱五年則公不射引周禮射人祭祀則贊射牲司弓矢供射牲之弓矢及國語倚相之言證旁引射蛟之誤案此朱子之説非杜注也蓋因補杜而類及之莊十四年繩息嬀引吕覽周公作詩以繩文王之德及表記鄭注譽繩也證杜注訓譽之由二十八年臧孫辰告糴于齊禮也引周書糴匡篇年儉穀不足君親巡方卿告糴證爲古禮僖五年虞不臘矣引太平御覽舊注及風俗通月令章句證臘不始秦之類皆根據昭然不同臆揣惟公即位之位必欲從古經作立屢豐年之屢必欲從説文作婁皆徒駭耳目不可施行蓋其長在博其短亦在於嗜博其長在

古其短亦在於泥古也乾隆四十七年十月恭校上

春秋左傳小疏

臣等謹案春秋左傳小疏一卷　國朝沈彤撰彤有尚書小疏已著録是編以趙汸顧炎武所補左傳杜注爲未盡更爲訂正其中得失互見如襄公二十六年傳享子展賜之先路三命之服先八邑賜子產次路再命之服先六邑彤謂八邑六邑其數少乃司勳所云賞地非采邑之加田疏亦誤今考司勳曰凡頒賞地參之一食惟加田無國正注曰加田既賞之又加賜以田所以厚恩也據此則是持以賞田有所未盡更加以賞未有賞田反少加田反多者今彤謂八邑六邑爲數少當是賞地則加田爲數當多矣與周禮殊爲未合蓋彤著周官祿田考誤以大司徒注小都大都旁加之數即爲司勳之加田故今以子展子產皆國卿若受加田則約得小都旁加四里傳云八邑者據注不過三十二井云六邑者不過二十四井故疑其數少非加田其實皆不然也又襄公二十五

年傳賦車兵徒兵杜注云車兵甲士孔疏云知非兵器者上云數甲兵下云甲楯之數故知此謂人也顧炎武謂執兵者之稱兵自秦漢始三代以上無之凡杜之以士卒解兵者皆非彤引隱公五年傳諸侯之師敗鄭徒兵襄公元年傳敗其徒兵於洧上云徒兵則不得謂非士卒矣亦可以補正顧氏之失雖未完之書録而存之於讀左傳者亦有所裨也乾隆四十七年十月恭校上

春秋地理考實

臣等謹案春秋地理考實四卷　國朝江永撰永字愼修休寧人所著有周禮疑義舉要儀禮釋宫增註禮記訓義擇言深衣考誤古韻標準四聲切韻譜諸書皆別著録是編所列春秋山川國邑地名悉從經傳之次凡杜預以下舊説已得者仍之其未得者始加辨證皆確指今爲何地俾學者按現在之輿圖即可以驗當時列國疆域及會盟侵伐之迹悉得其道里方向意主簡明不事旁摭遠引故名曰考實於名同地異註家牽合混淆者辨證尤晰其訂譌補闕多

有可取雖卷帙不及高士奇春秋左傳地名考之富而精核較勝之矣乾隆四十七年五月恭校上

三正考

臣等謹案三正考二卷　國朝吳鼐撰鼐字大年無錫人乾隆丙辰進士官工部主事春秋以周正紀時原無疑義至宋儒泥行夏之時一言遂是非蠭起明張以寧著春王正月考李濂著夏周正辨疑而經義始明鼐復取兩家之說節其繁冗益以近儒所論補所未備駁胡氏蔡氏改月不改時及諸儒時月俱不改之說以明左氏王周正月之旨辨證極有根據其中三正通于民俗一條所引陳廷敬蔡德晉諸說于三代諸書所紀年月差互之處一一剖其所以然更足以破疑似之見雖篇帙無多而引證詳明判百年紛紜轇轕之論于經學實深有功焉乾隆四十七年五月恭校上

春秋究遺

臣等謹案春秋究遺十六卷　國朝葉酉撰酉字書山號花南桐城人乾隆己未進士官至左春坊左庶子是編多宗其師方苞春秋通論而亦稍有從違其曰究遺者蓋用韓昌黎贈盧仝詩春秋三傳束高閣獨抱遺經究終始語也於胡傳苛刻之說及公穀附會之例芟除殆盡於左氏亦多所糾正乃往往併其事迹疑之如開卷之仲子謂惠公違禮再娶以嫡禮聘之可也酉必據此謂諸侯可再娶則衞莊公於莊姜見在復娶於陳陳之厲嬀有娣戴嬀其正名爲嫡可知亦將據以爲諸侯之禮可以建兩嫡乎又謂仲子之宮立所當立故書考而不書立是據何禮典也他如王不稱天桓無王之說因仍舊文不能改正而以趙岐孟子註曹交曹君之弟語證左傳哀公八年宋人滅曹之誤更爲倒置然大致準情度理得經意者爲多其凡例中所謂變例特文隱文缺文之說亦較諸家之例爲有條理他若據漢地理志辨戎伐凡伯之楚丘非衞地據史記夷姜爲衞宣夫人非烝父妾據宣公三年經書春王正月郊牛之月傷改卜牛

牛死乃不郊辨魯不止僭祈穀之郊如斯之類亦時有考證統核全書瑕固不掩其瑜也乾隆四十七年五月恭校上

春秋隨筆

臣等謹案春秋隨筆二卷　國朝顧奎光撰奎光字星五無錫人官瀘溪縣知縣是編不載經文但偶有所得則錄之故名隨筆其中如桓公會稷以成宋亂成自訓平其下取鼎納廟之事所謂美始而惡終也而奎光以爲成就其亂春秋諱國惡二百四十年中無此徑遂之筆也公子翬之寵自以翼戴之故華氏之立自以賂故兩不相謀而奎光謂立華氏爲翬之私華氏立而翬遂命爲公子夫國君樹其私人豈必援鄰國之例不立華氏翬將終身不命乎如斯之類瑕類蓋所不免至其謂春秋例從義起非義從例生謂春秋有達例有特筆然亦須理會大處不可苛刻繳繞謂春秋時天子僅守府小國亦失職說者乃於小國見伐責其不告不足以服其心謂春秋將以治世之無王者而胡氏於宰

咺歸賵則曰贬而書名於榮叔歸含及賵則曰王不稱天如此則無王自春秋始矣謂說春秋者自相予盾既曰爲賢者諱又曰責賢者備既曰隱公爲攝又曰桓公爲篡何者爲是其論皆深中說春秋者苛刻迂謬之弊故其所論多平允近于事理頗能得筆削之旨奎光嘗撰然疑錄所載說春秋諸條與此相同其爲先有此本又編于然疑錄中或先載錄中又摘出别爲此本均不可考然然疑錄頗爲瑣雜論其菁華則已盡此兩卷中矣乾隆四十七年四月恭校上

春秋繁露

臣等謹案春秋繁露十七卷漢董仲舒撰繁或作蕃蓋古字相通其立名之義不可解中興館閣書目謂繁露冕之所垂有聯貫之象春秋比事屬辭立名或取諸此亦以意爲說也其書發揮春秋之旨多主羊而往往及陰陽五行考仲舒本傳蕃露玉杯竹林皆所著書名而今本玉杯竹林乃在此書之中故崇文總目頗疑之而程大昌攻之尤力今觀其文雖未必全出仲舒然中多根極理

要之言非後人所能依託也是書宋代已有四本多寡不同至樓鑰所校乃爲定本鑰本原闕三篇明人重刻又缺第五十五篇及第五十六篇首三百九十八字第七十五篇中一百七十九字第四十八篇中二十四字又第二十五篇中顛倒一頁遂不可讀其餘訛脱不可勝乙蓋海内藏書之家不見完本三四百年于兹矣今以永樂大典所存樓鑰本詳爲勘訂凡補一千一百二十一字删一百二十一字改定一千八百二十九字神明焕然頓還舊觀雖曰習見之書實則絶無僅有之本也儻非幸遇 聖朝右文稽古使已湮舊籍復發幽光則此十七卷者終沈于蠹簡中矣兹豈非萬世一遇哉臣等編校之餘爲是書幸且爲讀是書者幸也乾隆三十八年十月恭校上

欽定四庫全書提要卷十八

欽定四庫全書提要卷十九

經部十九

孝經類

古文孝經孔氏傳

臣等謹案古文孝經孔氏傳一卷附宋本古文孝經一卷舊本題漢孔安國傳日本信陽太宰純音據卷末乾隆丙申歙縣鮑廷博新刊跋稱其友汪翼滄附市船至日本得於彼國之長崎澳核其紀歲干支乃康熙十一年所刊前有太宰純序稱古書亡於中夏存於日本者頗多昔僧奝然適宋獻鄭注孝經一本今去其世七百餘年古書之散逸者亦不少而孔傳古文孝經全然尚存云云考世傳海外之本別有所謂七經孟子考文者亦日本人所刊稱西條掌書記山井鼎輯東都講官物觀補遺中有古文孝經一卷亦云古文孔傳中華所不傳而其邦獨存又云其眞僞不可辨末學微賤不敢輒議云云則日本相傳原

有是書非鮑氏新刋贋造此本核其文句與山井鼎等所考大抵相應其傳文雖證以論衡經典釋文唐會要所引亦頗相合然淺陋冗漫不類漢儒釋經之體併不類唐宋元以前人語殆市舶流通頗得中國書籍有桀黠知文義者摭諸書所引孔傳影附爲之以自誇圖籍之富歟考元王惲中堂事紀有曰中統二年高麗世子植來朝宴於中書省問曰傳聞汝邦有古文尙書及海外異書答曰與中國書不殊高麗日本比鄰相接海東經典大槩可知使果有之何以奝然不與鄭注並獻至今日而乃出足徵彼國之本出自宋元以後觀山井鼎亦疑之則其事固可知矣特以海外祕文人所樂覩使不實見其書終不知所謂古文孝經孔傳不過如此轉爲好古者之所惜故特錄存之而具列其始末

如右乾隆四十七年十一月恭校上

孝經注疏

臣等謹案孝經注疏九卷唐明皇御注宋邢昺等疏至道三年判監李玉請命

李沆杜鎬纂孝經正義從之咸平初以昺代理其事取元行沖疏約而修之崇文總目云行沖疏外餘家尚多皆猥俗鄙陋不足行遠昺等據元氏本增損之是也其後司馬光有古文孝經指解多閨門一篇蓋本顏芝所傳朱子則有孝經刊誤謂此經多由後人附益而考證詳博則共推正義焉明刻本不載釋文今本皆補入乾隆四十七年九月恭校上

古文孝經指解

臣等謹案古文孝經指解一卷宋司馬光撰又附以范祖禹之說考宋中興藝文志曰自唐明皇時議者排毁古文以閨門一章爲鄙俗而古文遂廢至司馬光始取古文爲指解又祖禹進孝經劄子曰仁宗朝司馬光在館閣爲古文指解表上之臣妄以所見又爲之說云云據祖禹所言是其說實相因而作後人合而編之蓋以此也王應麟玉海載光書進於至和元年時爲殿中丞直祕閣與祖禹所說小異然考光集所載進表稱嘗撰古文孝經指解皇祐中獻于仁

宗皇帝竊慮歲久不存今繕寫爲一卷上進云云則是書凡經兩進祖禹應麟各舉其一耳光所解後祖禹所說雖獨立古文而於孔曾立敎之本意實未嘗有異讀者觀其宏旨以求天經地義之原可矣其孔鄭二本之異同固可置而不論也乾隆四十七年四月恭校上

孝經刊誤

臣等謹案孝經刊誤一卷宋朱子撰書成于淳熙十三年朱子年五十七主管華州雲臺觀時作也取古文孝經分爲經一章傳十四章刪舊文二百二十三字以朱子語錄考之黄㽦記云孝經除了後人所添前面子曰及後面引詩便有首尾又以順則逆民無則焉是季文子之詞言斯可道行斯可樂一段是北宮文子論令尹之威儀在左傳中自有首尾載入孝經都不接續全無意思又葉賀孫記云古文孝經有不似今文順者如父母生之續莫大焉又著一箇子曰字方說不愛其親而愛他人者謂之悖德此本是一段以子曰分爲二恐不

是又輔廣記云孝莫大于嚴父嚴父莫大于配天豈不害理如此則須是如武王周公方能盡孝道尋常人都無分豈不啟人僭亂之心是朱子詆毀此書已非一曰特不欲自居於改經故托之胡宏汪應辰耳陳振孫書錄解題載此書註其下曰抱遺經于千載之後而能卓然悟疑辨惑非豪傑特起獨立之士何以及此此後學所不敢仿效而亦不敢擬議也斯言允矣南宋以後作註者多用此本故今特著于錄見諸儒淵源之所自與門戶之所以分焉乾隆四十七年十月恭校上

孝經大義

臣等謹案孝經大義一卷元董鼎撰鼎字季亨鄱陽人黃榦之弟子也言孝經者有今文古文二家今文十八章儒者相傳之舊本也自劉向校定以後康成王肅皆爲訓解然互有異同至唐明皇石臺注本出宋邢昺等爲之疏義而其學大定今列於十三經者是也古文自陸德明作音義時已云久晦朱子始以

意推求作刊誤一書更爲訂正删去二百餘字區分經傳使秩然成文鼎距朱子僅再傳故因所定之本作爲註解以發明之自漢至唐註經者有誤字之訓有錯簡之說而無改易經文之事至宋儒始往往改易之後來王柏吳澄删竄諸經說者以爲有所啟也然朱子幾經研究乃定是編雖未必一一盡合孔氏之舊而條理分明實足以發天經地義之旨究非柏等臆斷者比則鼎之闡揚師說於孝經亦不爲無功矣乾隆四十七年九月恭校上

孝經定本

臣等謹案孝經定本一卷元吳澄撰澄有易纂言已著錄此書以今文孝經爲本仍從朱子刊誤之例分列經傳其經則合今文六章爲一章其傳則依今文爲十二章而改易其次序朱子所删一百七十二字案朱子刊誤凡删二百二十三字中有句删其字者此惟載所删之句止一百七十二字故與古文閨門章二十四字並附錄于後後有大德癸卯澄門人河南張恒跋稱澄觀邢疏而知古文之僞觀朱子所論知今文亦有可疑

因整齊諸說附入己見爲家塾課子之書不欲傳之未嘗示人云云蓋心亦有所不安也其謂漢初諸儒始見此書蓋未考呂氏春秋已引孝經之語至其據許氏說文所引古文孝經仲尼居無閒字知古文之仲尼閒居爲劉炫所妄增又據桓譚新論稱古文千八百七十二字與今文異者四百餘字今劉炫本止有千八百七字多於今文八字除增閨門一章二十四字外與今文異者僅二十餘字則較司馬貞之攻古文但泛稱文句鄙俗者特有根據所定篇第雖多分裂舊文而詮解簡明亦秩然成理朱子刊誤既不可廢則澄此書亦不能不存蓋至是而孝經有二改本矣乾隆四十七年十月恭校上

孝經述註

臣等謹案孝經述註一卷明項霦撰霦始末無可考惟江西志載項霦浙江臨海人洪武間爲按察司僉事與黃昭原序所言合當即其人也是編用古文孝經本其所詮釋不務爲深奧之論而循文衍義按章標旨詞意頗爲簡明猶說

經家之不支蔓者明史藝文志不著錄朱彝尊經義考亦不載其名惟永樂大典僅存此本然編次佚脫以第七章註文入第六章經文下遂使六章無註七章無經今以所佚經文按古文原本補入所佚註文則世無別本無從葺完矣以其沈埋蠹簡之內三百餘年世無能舉其名者今幸際　昌期發其光耀亦萬世一時之遭際故特采掇出之俾聞於後不以殘缺而廢焉乾隆四十五年十月恭校上

孝經集傳

臣等謹案孝經集傳四卷明黃道周撰道周有易象正已著錄是書作于廷杖下獄之時其作書之旨見于門人所筆記者曰孝經有五大義本性立教因心爲治令人知非孝無教非性無道爲聖賢學問根本一也約教于禮約禮于敬敬以致中孝以導和爲帝王致治淵源二也則天因地常以地道自處履順行讓使天下銷其戾心覺五刑五兵無得力處爲古今治亂淵源三也反文尙質

以夏商之道救周四也闢楊誅墨使佛老之道不得亂常五也以是五者別其章分然後以禮記諸篇條貫麗之其自序中所謂五微義十二著義者不出于此實其著書之綱領也然其初說以引詩數處各屬下章如中庸尙絅章例今則仍附于各章之後蓋亦自知其說之不安又其初欲先明篇章次論孝經淵源三論反文歸質似欲自立名目如大學衍義之體今本則仍依經文次第而雜引經記以證之亦與初例不同昔朱子作刋誤後序曰欲掇取他書之言可發此經之旨者別爲外傳顧未敢耳道周此書蓋與之闇合其推闡頗爲詳洽蓋起草于崇禎戊寅卒業于癸未屢變其例而後成故較所注禮記五篇成于一歲之中者爲精密云乾隆四十七年十月恭校上

御定孝經注

臣等謹案孝經注一卷順治十三年大學士蔣赫德恭纂迎邀 欽定 御製序文冠首孝經詞近而旨遠等而次之自天子以至於庶人推而廣之自閨門

可放諸四海專而致之即愚夫愚婦可通於神明故語其平近則人人可知可行語其精微則　聖人亦覃思於闡繹是編　御定注一萬餘言用石臺本不用孔安國本息今古文門戶之爭也亦不用朱子刊誤本杜改經之漸也義必精粹而詞無深隱期家喻戶曉也考歷代帝王注是經者晉元帝有孝經傳晉孝武帝有總明館孝經講義梁武帝有孝經義疏今皆不存惟唐玄宗御注列十三經注疏中流傳於世司馬光范祖禹以下悉不能出其範圍今更得　聖製表章使孔曾遺訓無一義之不彰無一人之不喻回視玄宗所注度而越之又不啻萬倍矣乾隆四十七年十月恭校上

御纂孝經集註

臣等謹案孝經集註一卷　世宗憲皇帝御纂雍正五年　製序頒行我　朝列聖相承宏敷孝理故於是經闡發尤備　世祖章皇帝既爲之注復有衍義之輯而　聖祖仁皇帝纘成之本末條貫義無遺蘊　世宗憲皇帝慮其篇

帙浩富或未能家喻戶曉乃　命約爲此註專釋經文以便誦習而詞旨顯暢俾讀者賢愚共曉其體例悉仿朱子四書章句集註爲之洵萬古說經教孝之至極矣乾隆四十七年十月恭校上

孝經問

臣等謹案孝經問一卷　國朝毛奇齡撰奇齡有仲氏易已著錄是編皆駁詰朱子孝經刊誤及吳澄孝經定本二書設爲門人張燧問而奇齡答凡十條一曰孝經非僞書二曰今文古文無二本三曰劉炫無僞造孝經事四曰孝經分章所始五曰朱氏分合經傳無據六曰經不宜删七曰孝經言孝不是效八曰朱氏吳氏删經無優劣九曰閒居侍坐十曰朱氏極論改文之弊然其第十條乃論明人敢詆劉炫不敢詆朱吳附及朱子之尊二程過於孔子與所標之目不相應蓋目爲門人所加非奇齡所自定故或失其本旨也漢儒說經以師傳師所不言則一字不敢更宋儒說經以理斷理有可據則六經亦可改然守師

傳者其弊不過失之拘憑理斷者其弊或至於横决而不可制王柏諸人詆毁尙書删削二南悍然欲出孔子上其所由來者漸矣奇齡此書負氣叫囂誠不免失之過當而意主謹守舊文不欲啟變亂古經之習其持論則不能謂之不正也乾隆四十七年九月恭校上

欽定四庫全書提要卷二十

經部二十

五經總義類

駁五經異義

臣等謹案駁五經異義一卷補遺一卷漢鄭玄所駁許慎五經異義之文也考後漢書許慎傳稱慎以五經傳說臧否不同於是撰爲五經異義之名隋書經籍志有五經異義十卷後漢太尉祭酒許慎撰而不及鄭玄之駁議舊唐書經籍志五經異義十卷許慎撰鄭玄駁新唐書藝文志並同蓋鄭氏所駁之文即附見於許氏原本之內非別爲一書故史志所載亦互有詳略至宋史藝文志遂無此書之名則自唐以來失傳久矣學者所見異義僅出於初學記通典太平御覽諸書所引而鄭氏駁義則自三禮正義而外所存亦復寥寥此本從諸書採掇而成或題宋王應麟然無確據其間有單詞隻句駁存而義闕者原本

錯雜相參頗失條理今詳加釐正以義駮兩全者彙列於前其僅存駮義者則附錄以備參考又近時朱彝尊經義考內亦嘗旁引鄭駮數條而長洲惠氏所輯則蒐羅益爲廣備往往多此本所未及今參互考證除其重複以二家所採定著五十七條別爲補遺一卷附之於後其間有異義而鄭無駮者則鄭與許同者也兩漢經學號爲極盛若許若鄭尤皆一代通儒大敵相當輪攻墨守非後來一知半解所可望其津涯此編雖散佚之餘十不存一而引經據古猶見典型殘章斷簡固遠勝于累牘連篇矣乾隆四十七年十一月恭校上

鄭志

臣等謹案隋書經籍志鄭志十一卷魏侍中鄭小同撰鄭記六卷鄭康成弟子撰後漢書康成本傳則稱門生相與撰鄭答弟子依論語作鄭志八篇劉知幾史通亦稱鄭弟子追論師注及應答謂之鄭志分授門徒各述師言更不問答謂之鄭記均與隋志不同范蔚宗去漢末未甚遠其說當必有本而隋志根據

七錄亦阮孝緒諸儒討定非唐宋以下諸志動輒疎舛者可比斷無移甲入乙之事疑追錄之者諸弟子編次成帙者則小同後漢書所紀原其始隋書所紀要其終觀八篇分爲十一卷知由小同析其舊第非諸弟子之本矣新舊唐書均與鄭記並載鄭記卷數與隋志同而此書則作九卷蓋已佚其二卷至崇文總目始不著錄則其佚當在北宋時也此本三卷莫考其出自誰氏殆後來好鄭氏學者惜其散佚于諸經正義中裒輯而成故頗無詮次然如所載弱成五服答趙商問一條不稱益稷而稱皋陶謨則正合孔疏所云鄭氏之本又卷首泠剛問大畜童牛之牿一條今周易正義中不見而周禮正義引之較此少泠剛問云以下六十餘字周禮正義引答孫皓問一條較此少夏二月仲春太簇用事陽氣出地始溫故禮應開冰先薦寢廟五句其皋陶謨注與經典釋文及正義所引亦互有詳略而堯典注一條乃並不載正義中則亦博採諸書有今日所不盡見者非僅剽剟正義又玉海引定之方中詩張逸問仲梁子何時人

答曰先師魯人此本先師之下多一說字方知先師非指仲梁子如此之類較他書所載爲長亦足證爲舊人所輯非近時新出之本也今據諸經正義及水經注南齊書禮志太平御覽藝文類聚杜佑通典諸書所載互有異同者謹爲參考附注其鄭記一書散佚已久亦因之附見蓋鄭學之梗概於斯尚存且以見漢代經師專門授受其師弟子反覆研求至詳且審類如此俾後來之臆斷談經者無輕議焉乾隆四十七年三月恭校上

經典釋文

臣等謹案經典釋文三十卷唐陸元朗撰元朗字德明以字行吳人貞觀中官國子博士兼太子中允事蹟具唐書本傳嘗自稱癸卯之歲承乏上庠因撰集五典孝經論語及老莊爾雅等音古今並錄經註畢詳訓義兼辨示傳一家之學考癸卯爲陳後主至德元年豈德明年甫弱冠即能如是淹博耶或積久成書之後追紀其草創之始也首爲序錄一卷次周易一卷古文尚書二卷毛詩

三卷周禮二卷儀禮一卷禮記四卷春秋左氏六卷公羊一卷穀梁一卷孝經一卷論語一卷老子一卷莊子三卷爾雅二卷其列老莊於經典而不取孟子頗不可解蓋北宋以前孟子不列於經而老莊則自西晉以來爲士大夫所推尙德明生於陳季猶沿六代之餘波也其例諸經皆摘字爲音惟孝經以童蒙始學老子以衆本多乖各摘全句原本音經者用墨書音注者用朱書以示分別今本則經注通爲一例蓋刊板不能備朱墨又文句繁夥不能如本草之作陰陽字自宋以來已混而併之矣所採漢魏六朝音切凡二百三十餘家又兼載諸儒之訓詁證各本之異同後來得以考見古義者註疏以外惟賴此書之存眞所謂殘膏賸馥沾溉無窮者也自宋代監本註疏即析附諸經之末故文獻通考分見各門後又散附註疏之中往往與註相淆不可辨別此爲通志堂刻本猶其原帙何焯點校經解目錄頗嗤顧湄校勘之疎然字句偶訛規模自在研經之士終以是爲考證之根柢焉乾隆四十七年四月恭校上

七經小傳

臣等謹案七經小傳三卷宋劉敞撰吴曾曰慶歷以前學者尚文詞多守章句注疏之學至原甫爲七經小傳始異諸儒之説王荆公修新義實本于此曾蓋以此病敞也然朱子乃極稱之觀其説如釋詩以雅以南謂南即左傳象箾南籥釋論語宰予晝寢謂即禮記君子不晝居于内之義皆卓然有補于經傳非有心立異者比至宋人蔑古之漸實啟于孫復之春秋曾不應舍復而病敞況復之書葉夢得輩雖攻之朱子猶節取焉顧可以敞之博雅最有考據之功者乃與王氏新學例而論哉乾隆四十七年五月恭校上

程氏經説

臣等謹案程氏經説七卷皆伊川程子解經語也原本不著編輯者名姓書録解題謂之河南經説稱繫辭一書一詩二春秋一論語一改定大學一又稱程氏之學易傳爲全書餘經具此門目卷帙與此本皆合則猶宋人舊笈也其中

若詩書解論語說本出一時雜論非專著之書春秋傳則專著而未成觀崇寧二年自序可見至繫辭說一卷文獻通考併於易傳共爲十卷宋志則於易傳九卷之外別著錄一卷然程子易傳實無繫辭故呂祖謙集十四家之說爲繫辭精義以補之此卷疑或後人掇拾成帙以補其缺也改定大學兼載明道之本或以兄弟之說互相參考歟明徐必達編二程全書併詩解二卷爲一卷而別增孟子解一卷中庸解一卷共爲八卷然經義考引康紹宗之言謂孟子解乃後人纂集遺書外書而成非程子手著至中庸解之出呂大臨朱子辨證甚明亦不得竄入程氏經說增此一種故今所錄仍用宋本之舊焉乾隆四十七年九月恭校上

六經圖

臣等謹案六經圖十卷宋楊甲撰毛邦翰補甲字鼎卿昌州人乾道二年進士成都文類載其數詩而不詳其仕履其書成於紹興中邦翰不知何許人嘗官

撫州教授其書成於乾道中據王象之輿地紀勝碑目甲圖嘗勒碑昌州郡學今未見拓本無由考其原目陳振孫書錄解題引館閣書目載邦翰所補之本易七十圖書五十有五圖詩四十有七圖周禮六十有五圖禮記四十有三圖春秋二十有九圖合爲三百有九圖此本惟易書二經圖與館閣書目數相合詩則四十有五禮記四十有一皆較原數少二周禮六十有八較原數多三春秋四十有三較原數多十四不知何人所更定考書錄解題載有東嘉葉仲堪字思文重編毛氏之書定爲易圖一百三十周禮圖六十一禮記圖六十三春秋圖七十二惟詩圖無所增損其卷則增爲七亦與此本不符然則亦非仲堪書蓋明人刊刻舊本無不臆爲竄亂者其損益之源委無從究詰以其本出楊毛二家姑從始事之例題甲及邦翰名云爾乾隆四十七年十一月恭校上

六經正誤

臣等謹案六經正誤六卷宋毛居正撰居正字誼父晃之子也晃嘗著增韻及

禹貢指南諸書居正承其世業夙講於小學經學嘉定中承命刊正經籍因編是書校勘刊本之異同訂正字畫之訛謬實有補于六經雖其中辨論既多不免偶有疎舛如勅古文作敕隷變作勅居正乃因高宗御書石經誤寫作勑遂謂來字中從兩入不從兩人坤古從土從申隷別爲巛居正乃謂巛是古字乾離坎等俱有古文如卦畫之形遲遟古本一字說文以爲遲籀文作遟者是也居正乃謂兩字是非相半不敢擅改賴字古從貝從剌俗誤書作頼居正乃謂頼應從束從負諸如此類于六書皆未確又禮大行人立當前疾疾乃侯字之誤侯在車轅前鄭康成所謂車轅前胡下垂拄地者是也居正乃以爲應作軏軏前撿板實與侯不涉諸如此類于經義亦未合然許愼說文解字陸德明經典釋文亦不免小有出入爲後儒所摭拾於居正又烏可求備焉唐宋以來考核六經文字者張參五經文字唐元度九經字樣外傳世甚尠是書固不可不表章也乾隆四十七年二月恭校上

九經三傳沿革例

臣等謹案九經三傳沿革例宋岳珂撰珂字肅之號倦翁鄂忠武王飛之孫敷文閣待制霖之子居於嘉興官至戶部侍郎淮東總領所著金陀粹編寶眞齋法書贊玉楮集諸書已別著錄宋時九經刋本以建安余氏興國于氏二本爲善後廖剛又加參訂而板行之當時稱爲精審其沿革所由具見於總例珂又取廖本九經增以公穀二傳及春秋年表春秋名號歸一圖二書校刋於相臺書塾並爲述其總例補所未備今刋本久亡而總例獨存因遂單行於世其目一曰書本二曰字畫三曰註文四曰音釋五曰句讀六曰脫簡七曰考異辨證精博考晰差誤使讀經者有所據依實爲有功經學其論字畫一條酌古準今尤屬通人之論也乾隆四十七年五月恭校上

融堂四書管見

臣等謹案融堂四書管見十三卷宋錢時撰時所作融堂書解久佚今從永樂

大典中裒輯刊行兩漢筆記亦別著錄此即嘉熙二年以喬行簡奏下嚴州取時所著書六種之一也凡論語十卷孝經大學中庸各一卷俱先列正文略加音訓而詮釋其大旨於後孝經用古文本大學但析爲六章不分經傳蓋時爲楊簡高弟故立說不盡與朱子相同如解論語崇德辨惑章誠不以富亦祇以異句則謂證愛欲其生惡欲其死者之爲異齊景公有馬千駟節合上爲一章而謂其斯之謂與句乃指夷齊便是求志達道而言又大學此謂知本此謂知之至也二句仍附第一章末而謂是聖人承上厚本薄末反覆曉人之意俱根據舊文不從朱子定爲錯簡其他詮發義理類多平正簡樸不爲離析支蔓之言可以見其學之篤實卷首有紹定己丑時自序末有景定辛酉天台錢可則刊書跋宋藝文志馬端臨經籍考皆未著錄獨張萱內閣書目有之其書雖以四書爲名而所解不及孟子與朱子四書集註本不同今故列之總經義類焉

乾隆四十七年五月恭校上

四如講稾

臣等謹案四如講稾六卷宋黄仲元撰仲元字善甫號四如莆田人咸淳七年進士授國子監簿不赴宋亡更名淵字天叟號韻鄉老人教授鄉里以終考福建通志暨莆田縣志皆載仲元有四書講稾今觀是書所講實兼及諸經不止四書南宋理宗以後朱子之學盛行仲元近在鄉邦故多傳述其緒論然亦時出新義發前儒所未發如行夏之時則據禮運孔子得夏時於杞注謂夏四時之書而不取三正之説周官井田則謂周時皆用井而不取鄭氏畿内用貢都鄙用助之説伯魚爲周南召南則據詩鼓鐘及内傳季札觀樂謂南即是樂又謂周召爲二公采邑非因二公得名雖按之文義不必一一脗合要爲好學深思能自抒所見者也此本出其裔孫文炳家藏已有殘闕嘉靖丙午始雕板印行朱彝尊經義考但載其所著經史辨疑而不及是書當由刋在家塾閩中僻遠偶然未見傳本歟乾隆四十七年四月恭校上

六經奥論

臣等謹案六經奥論六卷明黎溫序以爲宋鄭樵撰朱彝尊經義考曰其書議論與通志略不合漁仲嘗曰十年爲經旨之學以其所得者作書考書辨譌詩傳詩辨妄春秋考諸經序刊謬正俗跋五六年爲天文地理蟲魚草木之學所得者作春秋列國圖爾雅注諸名物志而是書曾未之及則非漁仲所著審矣今檢其六卷天文辨中引及樵說稱鄭夾漈先生雖穀梁傳中有穀梁子之文公羊傳中有公羊子之文蓋後來經師之所述未有自爲書而稱姓稱先生者其非樵書益足明證或原本佚其名字後人以其辨論諸經好高立異近于夾漈之學故附會于樵耶抑是書前代無聞至明乃出于盱江危邦輔家或即邦輔所托名亦未可知也相傳既久所論亦頗有可采者疑以傳疑毋寧過而存之樵姓名則削而弗書焉乾隆四十七年十月恭校上

明本排字九經直音

臣等謹案明本排字九經直音二卷不著撰人名氏書中春秋傳素王二字下引宋眞宗宣聖讚但標眞宗不稱宋又稱御製則爲宋人所著可知卷首題曰明本者宋時刊板多舉其地之首一字如建本杭本之類此蓋明州所刊本即今寧波府也末題歲次丁亥梅隱書堂新刊不著年號考丁亥爲元世祖至元二十四年是元初刊本矣其書不用反切而用直音頗染鄉塾陋習然所音俱根據經典釋文猶爲近古釋文一字數音者皆並存之如金縢辟字下云孔音闢法也說文音必鄭音辟大誥賁字下云音墳王讀爲賁卦之賁禮內則接以太牢接字下云鄭音捷王杜並以爲接待祭法相近于坎壇坎字下云注作禳祈孔叢子以爲祖迎祭義爓字下云徐廉反古音燖周禮太宰圃字下云布古反又音布牧字下云徐音目劉音茂頒字下云鄭音班徐音墳籩人茆字下云茆音卯又音柳遺人下云遺音位劉音遂乃與卷首序遺人音推異如此者不可枚舉固非後來坊本直音以意屬讀惟趨便捷者比也在宋人經書音釋中

最爲妥善若九經前後失次則當爲坊刻之誤既無關大旨固無庸深論矣乾隆四十七年十一月恭校上

經說

臣等謹案經說七卷元熊朋來撰朋來字與可南昌人登宋咸淳十年進士仕元爲福清縣判官事迹具元史儒林傳朋來之學恪守宋人故易亦言先天後天河圖洛書書亦言洪範錯簡詩亦不主小序春秋亦不主三傳蓋當時老師宿儒相傳如是門戶所限弗敢尺寸踰也惠棟九經古義詆其論大學親民一條不知親新通用本馬鄭之解金縢爲夏蟲之見又詆其論言乃讙一條不考史記魯世家所引無逸及裴駰集解所引鄭註論周禮樂師皋字與大祝皋字不考皋告皞三字相同乃謂鄭氏先後異讀均爲妄下雌黃蓋於古義古音亦多所出入然其書發明義理論頗醇正於禮經尤疏證明白在宋學之中亦可謂切實不支矣寸有所長固無妨錄備一家也乾隆四十七年九月恭校上

十一經問對

臣等謹案十一經問對五卷何異孫撰不詳何代人明楊士奇嘗稱之意其人在元明間也諸卷皆設爲論難以相答問其編次以論語孝經爲首次以孟子又次以大學中庸書詩周禮儀禮春秋三傳禮記而不及周易其解雖或與朱程蔡陳諸家相平反而大學分經傳綱領條目則以朱子爲準固亦傳新安之學者也黄俞邰以爲科場發問對策之書今閲之良是然宋人程試之書如春秋透天關等大抵淺鄙不足道此書於經義時有發明非他本揣摩剽竊之可比固不妨錄而存之以資考證焉乾隆四十七年二月恭校上

五經蠡測

臣等謹案五經蠡測六卷明蔣悌生撰悌生字叔仁福寧州人洪武初舉明經任本州訓導嘗以先儒訓釋經傳有未洽于心之處因推究本旨旁通諸說以證明之夫說經之家至宋而義理始密亦至宋而學問始岐其深者潛心聖賢

之祕蘊毫釐剖析一掃拘泥訓詁之習其淺者盛氣矜心務爲高論遂徵實少而空言多其守師說者堅持門戶尺寸不踰其逞臆見者至於竄改經典而不恤悌生生于明初猬作此書以與爲平反雖所言不必盡無瑕疵然詞必稽古不爲支離語必自得不由附和亦可謂卓然自立矣乾隆四十七年八月恭校

上

簡端錄

臣等謹案簡端錄十二卷明邵寶撰寶字國賢別號二泉無錫人成化甲辰進士官至戶部左侍郎謚文莊事蹟具明史儒林傳是編皆其讀書有得即題識簡端積久漸多其門人天台王宗元鈔合成帙因以簡端爲名凡易三卷書二卷詩一卷春秋三卷禮記一卷大學中庸合一卷論語孟子合一卷前有寶自序又有雍正壬子華希閔重刊序稱格物一義頓悟者方欲掃除一切先生則曰格物猶言窮理也理即物之所以爲物也不曰窮理而曰格物者要之於其

實也云云蓋時方趨向良知以爲聖人之祕鑰儒者日就元虚實所學獨篤實不支故其言如此全書大旨不外於斯馬鄭孔賈之學至明殆絶其中平心談理不爲放言高論者即爲有裨於經義實所記雖皆寥寥數言而大旨不悖於聖賢其醇正固足取矣乾隆四十七年三月恭校上

五經稽疑

臣等謹案五經稽疑八卷明朱睦㮮撰睦㮮字灌甫號西亭周定王橚六世孫襲封鎮國中尉萬歷初舉宗正睦㮮嘗築萬卷堂覃思考索著述甚富所作授經圖已别著録是書取五經疑義參考同異而斷以己意徵引極爲賅博雖其中如郭京易舉正之類未免采及僞書春秋郲儀父爲郲命卿之類未免太涉臆斷而大致平允詞簡而明亦説經家當考之書也惟禮記之末附以明代典禮八條則殊乖説經之體云乾隆四十七年二月恭校上

臣等謹案經典稽疑二卷明陳耀文撰耀文字晦伯確山人萬歷庚戌進士歷官按察司副使負博學名著述極富其正楊集天中記諸書別著錄子部中此書皆取漢唐以來說經之異於宋儒者分條輯載上卷爲四書下卷爲易書詩春秋禮記周禮先儒專門之學授受各殊具有師承非同臆說耀文欲存諸經古訓但當採鄭王賈孔遺言不應概援後人議論乃并明代著述而亦錄之未免以今淆古又如宰予晝寢但取七經小傳寢爲內寢之說而不引資暇集所載梁武帝繪畫寢室一條竊比老彭但取王弼老子彭祖之說而不引禮記疏文選注所載鄭注老明周之太史彭彭咸也一條乾元亨利貞但取子夏傳始通和正之說而不引義海撮要所載梁武帝義始爲元遂爲亨益爲利不私爲貞一條此類頗多亦傷漏略又如周禮備載宋元諸儒攻駁之語則徒啟紛紜孟子備載筆談所紀王聖美因何卻見梁惠王之言則更涉諧謔蓋耀文因當時帖括之士墨守方隅稍爲裒集異同以開擴神智而不必一一悉從其朔故

所採亦未盡精純然嘉隆間正經學衰息之時獨能遠討遐搜潛心訓詁實爲後來講古義者導其先路識見之卓究非楊慎焦竑輩所可及也乾隆四十七年五月恭校上

欽定繙譯五經四書

臣等謹案繙譯五經五十八卷四書二十九卷乾隆二十年欽定繙譯四書續繙譯易書詩三經春秋禮記二經至乾隆四十七年而聖賢典籍釋以國書者燦然備焉鄭樵通志七音略曰宣尼之書自中國而東則朝鮮西則涼夏南則交阯北則朔易皆吾故封也故封之外其書不通何瞿曇之書能入諸夏而宣尼之書不能至跋提河聲音之道有障礙耳其說良是然文字之聲音越數郡而或不同文字之義理則縱而引之千古上下無所異横而推之四海内外無所異苟能宣其意旨通以言語自有契若符節者又何聲音之能障礙乎哉考隋書載魏氏遷洛未達華語孝文帝命侯伏侯可悉陵以其言譯孝經之

旨敎於國人謂之國語孝經經籍志載其書作一卷是古人已有行之者特其學其識均未窺六藝之閫奥故所能譯者僅文句淺顯之孝經而諸經則未之及耳我　國家肇興東土刱作十二字頭貫一切音復　御定清文鑑聯字成語括一切義精微巧妙實小學家所未有故六書之形聲訓詁皆可比類以通之而　列聖以來表章經學天下從風莫不研究微言講求古義尤非前代之所及故先譯四書示初學之津梁至於五經易則略象數之迹示其吉凶書則疏詰屈之詞歸於顯易詩則曲摹其詠嘆而三百之寄托可思春秋則細核其異同而一字之勸懲畢見禮記則名物度數考訂必詳精理名言推求必當尤足破講家之聚訟蓋先儒之詁經多株守其文故拘泥而鮮通此編之詁經則疏通其意故明白而無誤不立箋傳之名不用註疏之體而脣吻輕重之間自然契删述之微旨厥有由矣學者守是一編或因經義以通　國書而同文之聖化被於四方或因　國書以通經義而明道之遺編彰於萬世其有裨於

文教均爲至大雖堯帝之文章尼山之删定又何以加於兹哉乾隆五十年正

月恭校上

七經孟子考文補遺

臣等謹案七經孟子考文補遺二百卷原本題西條掌書記山井鼎撰東都講

官物觀校勘詳其序文蓋井鼎先爲考文而觀補其遺也二人皆不知何許人

據浙江進呈書目蓋日本國所刋凡爲易十卷書十八卷詩二十卷左傳六十

卷禮記六十三卷論語二十卷孝經一卷孟子十四卷别孟子於七經之外者

考日本自唐始通中國殆猶用唐制歟前有凡例稱其國足利學有宋板五經

正義一通又有古本周易三通略例一通毛詩二通禮記一通論語三通皇侃

義疏一通古文孝經一通孟子一通又有足利本禮記一通周易論語孟子各

一通又有正德嘉靖萬歷崇禎十三經注疏本崇禎本即汲古閣本也其例首

經次注次疏次釋文專以汲古閣本爲主而以諸本考其異同凡有五目曰考

異曰補闕曰補脫曰謹案曰存舊按所稱古本爲唐以前博士所傳足利本乃足利學印行活字板今皆無可考信書中所稱宋板五經正義今以毛居正六經正誤及岳珂九經三傳沿革例所引宋本參核多不相符不知所據宋本定出誰氏至所正釋文錯誤多稱元文不知元文爲何本今以通志堂所刊考之一一皆合蓋徐本未出以前其書已傳入彼國矣昔歐陽修作日本刀歌曰徐福行時書未焚遺書百篇今尚存今考此書所列尚書與中國之本無異又明豐坊僞造諸經皆稱海外之本今考此書與坊本亦無一同儒生臆撰之說何足據哉是亦足釋千古之疑也乾隆四十七年四月恭校上

九經誤字

臣等謹案九經誤字一卷　國朝顧炎武撰炎武有左傳杜解補正已著錄是書以明國子監所刊諸經字多譌脫而坊刻之誤又甚于監本乃列石經及諸舊刻作爲此書其中所摘監本坊本之誤諸經尚不過一二字惟儀禮脫誤比

諸經尤甚如士昏禮視諸衿鞶下脫壻授綏姆辭曰未教不足與爲禮也十四字鄉射禮各以其物獲下脫士鹿中翿旌以獲七字燕禮享于門外東方下脫其牲狗也四字特牲饋食禮長皆答拜下脫舉觶者祭卒觶拜長皆答拜十一字振之三下脫以授尸坐取簞興七字其一兩字之脫尚二十處皆賴炎武此書校明今本得以補正則于典籍不爲無功矣惟所引石經子朝奔郊四字字體與唐不類考左傳昭公二十二年王師軍于京楚辛丑伐京注云京楚子朝所在又昭公二十三年王子朝入于尹注云自京入尹氏之邑則子朝無奔郊之事此四字爲王堯惠等妄加明矣炎武亦復采之未免泥古之過然不以一眚掩也乾隆四十七年九月恭校上

經問

臣等謹案經問十八卷經問補三卷　國朝毛奇齡說經之詞其門人録之成編者皆一問一答故題曰經問其後三卷則其子遠宗所補録也其中如論諸

師聲子不解韈論肅容肅揖肅拜三者之分論婦人不稱斂衽論稽首頓首之誤用論杜預注丘甲之非論儀禮出二戴禮記不出二戴論甘盤不遯於荒野論姓分爲氏氏分爲族論以字爲氏不必定用王父論兄弟不相爲後破汪琬以弟後兄之說以史記諸侯年表正趙世家記屠岸賈之訛謂衛宣公無烝夷姜事謂孟子記齊楚伐宋時宋猶未滅滕謂春秋桓公多闕文論公行子有子之喪論微子微仲論鄭康成誤註勦說爲雷同論孔子非攝相論孔子適周非昭公二十四年論畏厭溺論魯鼓薛鼓非無詞論媒氏禁遷葬嫁殤論子文三仕三已論束牲載書皆證佐分明可稱精核至其中所排斥者如錢丙蔡氏之類多隱其名而指名而攻者惟顧炎武閻若璩胡渭三人以三人皆博學重望足以攻擊而餘子則不足齒錄其傲睨可云已甚李塨序目稱仁和汪祭酒嘗答人書謂西河論經終不見有紬理似乎鄭康成杜預孔穎達賈公彥輩皆有羸有絀而西河隨問隨答無是焉其推挹甚至而其以辨才求勝務取給一時

不肯平心以度理亦於是見之可謂皮裏陽秋矣然以馬鄭之淹通濟以蘇張之口舌實足使老師宿儒變色失步固不可謂非豪傑之士也乾隆四十七年四月恭校上

十三經義疑

臣等謹案十三經義疑十二卷　國朝吳浩撰浩字養齋華亭人是書取諸經箋註訂之用力頗勤如季本讀禮疑圖以萬人爲一軍浩襲其說於詩兵車千乘公徒三萬不主鄭箋舉成數之解而引司馬法文以一乘總三十人定千乘當三萬人而疑賈疏附會此法爲畿內之制今考大司馬萬有二千五百人爲軍小司徒五人爲伍五伍爲兩四兩爲卒五卒爲旅五旅爲師五師爲軍天子諸侯同制小司徒疏謂司馬法成百井三百家革車一乘士十人徒二十人至同方百里萬井三萬家革車百乘士千人徒二千人乃天子畿內采地法又司馬法甲士三人步卒七十二人乃是畿外邦國法此周之定制也齊語管子制

國五家爲軌故五人爲伍十軌爲里故五十人爲小戎四里爲連故二百人爲
卒十連爲鄉故二千人爲旅五鄉爲師故萬人爲軍韋昭註萬人爲軍齊制也
周則萬二千五百人爲軍此春秋列國之制度也僖公之頌正當齊桓之時或
其時即用齊法亦未可知浩據以疑周禮則非也其他如說爾雅昏强也謂昏
當作㫯書不㫯作勞㫯音閔與暋同强也又爾雅夏曰復胙郭注未見所出浩
引穀梁楊疏云復胙者復前日之禮有司徹賈疏云復胙者復昨日之胙祭則
均可補郭注其說亦頗有可採者蓋於注疏之學雖未能貫通融會而研究考
證具有根柢視剽剟語錄枵腹談經徒以大言臆斷者則勝之遠矣乾隆四十
七年五月恭校上

九經古義

臣等謹案九經古義十六卷　國朝惠棟撰棟有周易述諸書皆別著錄是編
所解凡周易尚書毛詩周禮儀禮禮記左傳公羊穀梁論語十經其左傳六卷

後更名曰補注刋板別行故惟存其九曰古義者漢儒專門訓詁之學得以考
於今者也古者漆書竹簡傳寫爲艱師弟相傳多由口授往往同音異字輾轉
多岐又六體孳生形聲漸備毫釐辨别後世乃詳古人字數無多每相假借沿
流承襲遂開通用一門談經者不究其源往往以近代之形聲究古書之義訓
穿鑿附會多起於斯故士生唐宋以後而操管摛文動作奇字則不免於生今
反古至於讀古人之書先當通古人之字庶明其文句而義理可以漸求棟作
是書皆蒐採舊文互相參證其中誇博嗜奇不能割愛者如易之需卦據歸藏
作溽於象飲食之義誠符於爻詞内需泥需沙則義不相協書之曰若稽古用
鄭康成之義實則訓古爲天經典更無佐證儀禮士昏禮之皇舅某子申註疏
張子李子之義駁顧炎武之説實則春秋傳所謂男女辨姓乃指婚姻不指稱
號禮記檀弓之子夏喪明漢冀州從事郭君碑作喪名實係假借之字乃引爾
雅目上爲名謂名爲目珠不思目珠不在眉目之閒公羊隱十一年傳蔡邕石

經以弑爲試引白虎通證之已屬附會又引荀子議兵篇威厲而不試刑措而不用句爲證實則此試字又別一意蔡邕所書義不緣此成二年傳是土齊也自以何休註文爲正解而引周禮司馬法解土爲杜實則盡東其畝原非杜塞鄰國之交通論語之詠而歸據鄭康成王充之說以歸爲饋實則風雩無饋祭之理如斯之類皆不免曲狥古人失之拘執又如據周禮牛人謂任器字出於經文不出子史駁宋祁筆記之誤則體同說部與經訓無關引荀子墨子證學記之撞鐘引荀子證秦穆公之能變引墨子證許止不嘗藥引楊子方五經鉤沈證論語生知亦皆牽引旁文無關訓詁未免爲例不純然自此數條以外大抵元元本本精核者多較王應麟詩考鄭氏易註諸書有其過之無不及也乾隆四十七年二月恭校上

經稗

臣等謹案經稗十二卷　國朝鄭方坤撰方坤號荔鄉建安人雍正癸卯進士

官至兖州府知府是編雜採前人說經之文以多撫諸說部故名曰稗言猶正史之外別有稗官耳漢代傳經專門授受自師承之外罕肯旁徵故治此經者不通諸別經即一經之中此師之訓亦不通諸別師之訓故專而不雜故得精通自鄭康成淹貫六藝參互鉤稽旁及緯書亦多採掇言考證之學者自是始宋代諸儒惟朱子窮究典籍其餘研求經義者大抵斷之以理不甚觀書故其時博學之徒多從而探索舊文網羅遺佚舉古義以補其闕于是漢儒考證之學遂散見雜家筆記之內宋洪邁王應麟諸人明楊愼焦竑諸人　國朝顧炎武閻若璩諸人其尤著者也夫窮經之要在于講明大義得立教之精意原不以搜求奇祕爲長顧有時名物訓詁之不明事迹時地之不考遂有憑臆空談乖聖人之本旨諸人于漢學放失之餘捃摭而存一綫亦未始非餼羊之遺也顧諸家無談經之專書篇帙紛繁頗難尋檢方坤能薈稡衆說部居州次于考核之功深爲有裨特錄存之亦朱子註中庸不廢沈括夢溪筆談之意也原本

易書詩春秋各一卷三禮共一卷四書共一卷篇頁頗爲繁重今析爲十有二卷以便省覽云乾隆四十七年五月恭校上

十三經注疏正字

臣等謹案十三經注疏正字八十一卷　國朝沈廷芳撰廷芳字椒園仁和人乾隆丙辰　召試博學鴻詞授翰林院編修官至山東按察使是編校正十三經注疏以監本重修監本陸氏閩本毛氏汲古閣本參互考證而音義釋文則以徐氏通志堂本爲準凡周易三卷尚書五卷詩十四卷周禮十卷儀禮十一卷禮記十五卷左傳十卷公羊傳四卷穀梁傳二卷孝經一卷論語二卷孟子一卷爾雅三卷考諸經正義宋端拱咸平景德遞有刋校而板本久湮學者無由是正明萬歷來公私刋板雖其中亦有據宋本刋正者而所校輒有不同廷芳是書每條標其本句而疏其訛誤于下其據某本改者並顯出之有未定者則以疑存之或有據某人說者亦綴附焉而于形聲六體尤所究詳然籀改而

篆篆改而八分而隸書偏旁點畫或因或革不能限以許慎之所述又經師口授各據專門春秋則三傳異文詩則四家殊字而假借通用又復錯出于其間故曰若越若書自不同桑葚桑椹詩亦各體此一經自不相同者也周禮之簭不可以通乎周易之筮儀禮之廟不可以通于禮記之廟此諸經各不相謀者也鄭康成之屢稱舊書陸德明之多引別本更無論矣故是書所舉或漏或拘尚未能毫髮無憾然參稽衆本考驗六書訂刋板之舛訛袪經生之疑似注疏有功于聖經此書更有功于注疏較諸訓詁未明而自謂能窮義理者固有虛談實際之分矣乾隆四十七年四月恭校上

朱子五經語類

臣等謹案朱子五經語類八十卷　國朝程川編川字鄜渠號春㠥錢塘人乾隆元年薦舉博學鴻詞是書成於雍正乙巳乃川肄業敷文書院時所刊取朱子語録之說五經者州分部居各以類從以便參考凡易四十卷書九卷詩七

卷春秋三卷禮二十一卷昔朱子之孫鑑嘗緝文公易說二十三卷又緝詩傳遺說六卷　國朝李光地又有朱子禮纂五卷而書與春秋卒無專書特諸家援引遺文據以折衷衆說而已且其間各以意爲去取不能盡睹其全文又不著爲某氏某年所錄亦無以考其異同先後之由黎靖德所編語錄雖薈稡無遺然不及一一詮次亦猝不得其端緒川此編於每經皆以總論居前論舊說得失者次之其餘則以經文爲序各註某人所錄於下且註其年月及朱子是時年若干歲於首條條分縷析至爲明白雖其間記錄或失其眞前後偶異其說者未爲一一辨明然比類而觀互相勘校其得失亦粲然具見矣三禮之末綴以大戴禮記似乎不倫考是書歷代史志皆著錄於禮類史繩祖學齋佔畢稱宋時嘗併大戴記於十三經末稱十四經雖繩祖不詳事在何朝然諒非誣說且其文與三禮多相出入可以爲參考之資附錄於末固不得以泛濫爲疑矣乾隆四十七年四月恭校上

臣等謹案羣經補義五卷　國朝江永撰是書取易書詩春秋儀禮禮記中庸論語孟子九經隨筆詮釋末附雜說補義多能補註疏所未及惟有過矯鄭義者如論語補義謂魯禘行於秋嘗之時周正之秋實是夏月故明堂位曰季夏六月禘周公於明堂也今考閔二年夏五月吉禘於莊公僖八年秋七月禘於太廟文二年八月大事於太廟宣八年夏六月有事於太廟昭十五年二月禘於武宮宣八年冬禘於僖公據此則魯之禘祭四時皆舉不得拘以嘗月也明堂位曰季夏六月以禘禮祀周公於明堂雜記孟獻子曰正月日至可以有事於上帝七月日至可以有事於祖七月而禘獻子爲之也稱七月日至乃夏至建午之月則六月實建巳之月於周正爲夏不爲秋也永既據明堂位六月爲禘月而以六月爲周正之秋則以六月爲建未之月矣同一魯也記者於正月七月稱日至則用周正而於六月則用夏正恐無是理永又引祭統內祭則大

嘗禘書禘於嘗下明大禘在嘗月不知禘在嘗下不過錯舉之詞猶之傳曰烝嘗禘於廟嘗在烝前而錯舉之則曰烝嘗也然則經文嘗在禘上原不謂禘在嘗月也永又引魯頌秋而載嘗夏而楅衡白牡騂剛爲禘在嘗月之證不知毛傳曰諸侯夏禘則不礿秋祫則不嘗惟天子兼之鄭箋曰秋將嘗祭於夏則養牲是毛鄭皆不以此節爲禘祭也今據魯頌爲禘嘗同月尤爲未允其他於禹貢之輿地春秋之朔閏皆考證博核於經文注義均有裨焉乾隆四十七年九月恭校上

經咫

臣等謹案經咫一卷　國朝陳祖范撰祖范字亦韓亦字見復常熟人雍正癸卯會試中式舉人未及　殿試乾隆辛未薦舉經學　特賜國子監司業銜是書皆其說經之文名經咫者用國語晉文公咫聞語也祖范膺薦時曾錄呈御覽此其門人歸宣光等所刊凡易七條書十二條詩七條春秋十三條禮六

條論語十三條中庸二條孟子十條而以雜文之有關禮義者八篇列於禮後其論書不取梅賾論詩不廢小序論春秋不取義例論禮不以古制違人情皆通達之論亦近時說經醇實者也乾隆四十七年九月恭校上

九經辨字瀆蒙

臣等謹案九經辨字瀆蒙十二卷　國朝沈炳震撰炳震字東甫歸安人是書校正九經文字第一卷爲經典重文如翩翩坎坎之類第二卷爲經無重文如褫禇字之類第三卷爲經典傳譌如文言傳重剛而不中重字本義疑衍象傳履霜堅冰魏志作初六履霜之類第四卷第五卷爲經典傳異以註疏本列於上以石經不同者列於下其諸書援引異文亦併附著第六卷爲經典通借如易君子以順德順王肅本作愼磐桓利居貞磐釋文一本作盤之類第七卷第八卷第九卷爲先儒異讀如易大人造也造劉歆引作聚君子體仁仁董逌本作信之類第十卷爲同音易義如彖本訓豕走而易之彖則訓爲斷毒本訓害

而王弼註師卦毒天下訓爲役之類然其音不改第十一卷爲易音易義如元亨之亨在王用亨於岐山則讀饗乾坤之乾在噬嗑乾胏則讀干之類併其音而改之矣併附以異字同義如易之鼫鼠即詩之碩鼠易之𨁛𨁛即書之杌隉之類第十二卷則註解傳述人也其排比鉤稽頗爲細密可以因文字之異同究訓詁之得失於經學頗爲有裨惟末卷註解傳述人全錄陸德明釋文所載無所考證苟盈篇帙殊無可取駢拇支指姑置而不論可矣乾隆四十七年四月恭校上

古經解鉤沈

臣等謹案古經解鉤沈三十卷　國朝余蕭客撰蕭客字仲林長洲人是編採錄唐以前諸儒訓詁首爲敘錄一卷次周易一卷尚書三卷毛詩一卷周禮一卷儀禮二卷禮記四卷左傳七卷公羊傳一卷穀梁傳一卷孝經一卷論語一卷孟子二卷爾雅三卷共三十卷而敘錄周易左傳均各分子卷實則三十三

卷也自宋學大行唐以前訓詁之傳率遭掊擊其書亦日就散亡沿及明人說經者遂憑臆空談或蕩軼于規矩之外　國朝儒術昌明士敦實學復仰逢我

皇上稽古右文　詔校刊十三經注疏　頒行天下風教觀摩凡著述之家爭奮發而求及于古蕭客是書其一也其敘錄備述先儒名氏爵里及所著義訓尚存者不載或名存而其說不傳者亦不載餘則自諸家經解所引旁及史傳類書凡唐以前舊說有片語單詞可考者悉著其目雖有人名而無書名有書名而無人名者亦登之又以傳從經鉤稽排比一一各著其所出之書並仿資暇集龍龕手鏡之例兼著其書之卷第以示有徵又經文同異皆以北宋精本參校正前明監板之訛缺自序謂創始于己卯成稿于壬午晝夜手錄幾于左目青盲而後成帙其用力亦云勤矣考山井鼎七經孟子考文梁皇侃論語義疏日本尚有全帙又唐史徵周易口訣義今永樂大典亦尚有其文是書列皇氏書于佚亡而史氏書亦復未採蓋海外之本僅得諸傳聞而天祿之珍久

藏于淸祕非下里寒儒力所能睹也然經生耳目之所及者則掇摭亦可謂備矣乾隆四十七年五月恭校上

古微書

臣等謹案古微書三十六卷明孫瑴撰瑴字子雙華容人考劉向七略不著緯書其書出西漢哀平之間而盛行於東漢光武以後隋志著錄八十一篇其存於近代者朱彝尊經義考惟稱易乾鑿度乾坤鑿度禮含文嘉猶存顧炎武日知錄又稱見孝經援神契然含文嘉乃宋張師禹所撰非其舊文援神契則自明以來更無一人曾睹之亦未見諸家書目曾著於錄殆炎武一時筆誤實無此本則傳於世者僅乾鑿度二書耳我皇上光崇文治四庫宏開二酉祕藏罔弗津逮又於永樂大典之中蒐得易稽覽圖通卦驗坤靈圖是類謀辨終備乾元序制記六書爲數百年通儒所未見其餘則不可考蓋遺編殘缺十僅存其一矣瑴是編雜采諸書所載裒合成帙凡尚書十一種春秋十六種易八種

禮三種樂三種詩三種論語四種孝經九種河圖十種洛書五種以今所得完本校之數不過蟲存梗槩又唐瞿曇悉達開元占經去隋未遠所引諸緯如河圖聖洽符孝經雌雄圖之類多者百餘條少者數十條數亦未覩其書故多所遺漏又伏勝尚書大傳鄭康成序謂因經屬指名之曰傳歷來不入緯書之中數摘其中五行傳一篇指爲神禹所作尤屬杜撰至其採摭編綴使學者生千百年後猶見東京以上之遺文以資考證其功亦不可沒矣乾隆四十七年五月恭校上

欽定四庫全書提要卷二十一

經部二十一

四書類一

孟子注疏

臣等謹案孟子注疏十四卷漢趙岐注宋孫奭等疏朱子嘗曰孟子疏乃邵武士人假作不曾解出名物制度王應麟亦曰崇文總目館閣書目皆無之然晁公武謂古今注孟子者趙氏之外有陸善經奭撰正義以趙注爲本其不同者兼取善經鄭公曉亦云因趙氏爲正義於是孟子有趙注孫疏並行於世自明刻十三經迄於今莫之能廢也奭又有音義二卷糾正張鎰丁公著二家之說朱彝尊謂勝於正義而舊本皆莫之載今刻本並補入乾隆四十七年四月恭校上

論語集解義疏

臣等謹案論語集解義疏十卷魏何晏注梁皇侃疏書前有奏進論語集解序題光祿大夫關內侯孫邕光祿大夫鄭沖散騎常侍中領軍安鄉亭侯曹羲侍中荀顗尚書駙馬都尉關內侯何晏五人之名晉書載鄭沖與孫邕何晏曹羲荀顗等共集論語諸家訓詁之善者義有不安輒改易之名集解亦兼稱五人今本乃獨稱何晏考陸德明經典釋文于學而第一下題集解二字注曰一本作何晏集解又序錄曰何晏集孔安國包咸周氏馬融鄭玄陳羣王肅周生烈之說并下己意爲集解正始中上之盛行于世今以爲主云云是獨題晏名其來久矣殆晏以親貴總其事歟邕字宗儒樂安青州人沖字文和滎陽開封人羲沛國譙人魏宗室子顗字景倩荀彧之子晏字平叔南陽宛何人進之孫何咸之子也侃梁書作偘蓋字異文吳郡人青州刺史皇象九世孫武帝時官國子助教尋拜散騎侍郎兼助教如故大同十一年卒事跡具梁書儒林傳傳稱所撰禮記義五十卷論語義十卷禮記義久佚此書宋國史志中興書目晁公

武讀書志尤袤遂初堂書目皆尚著録國史志稱侃疏雖時有鄙近然博極羣言補諸說之未至爲後學所宗蓋是時講學之風尚未大熾儒者說經亦尚未盡廢古義故史臣之論云爾迨乾淳以後遂無復稱引之者而陳氏書録解題亦遂不著録知其佚在南宋時矣惟唐時舊本流傳存于海外康熙九年日本國山井鼎等作七經孟子考文自稱其國有是書然中國無得其本者故朱彝尊經義考注曰未見今恭逢我　皇上右文稽古經籍道昌乃發其光于鯨波鮫室之中藉海舶而登祕閣殆若有神物撝訶存漢晉經學之一綫俾待　聖世而復顯者其應運而來信有非偶然者矣據中興書目稱侃以何晏集解去取爲疏十卷又列晉衞瓘繆播欒肇郭象蔡謨袁宏江厚蔡溪李充孫綽周懷范甯王岷等十三人爵里于前云此十三家是江熙所集其解釋于何集案何集二字不甚可解蓋何氏集解之省文今姑仍原本録之無妨者引取以廣異聞此本之前無十三人爵里疑裝緝者佚之其經文與今本亦多異同如舉一隅句下有而示之三字頗爲冗

贅然與文獻通考所引石經論語合天厭之作天壓之尤無文義然與論衡問孔篇所引論語合夫子言性與天道不可得而聞之下有已矣二字亦與錢曾讀書敏求記所引高麗古本合其疏文與余蕭客古經解鉤沈所引雖字句或有小異而大旨悉合知其確爲古本不出依託觀古文孝經孔安國傳鮑氏知不足齊刻本信以爲眞而七經孟子考文乃自言其僞則彼國于授受源流分明有考可據以爲信也至臨之以莊則敬作臨民之以莊則敬七經孟子考文亦疑其民字爲誤衍然謹守古本而不敢改知彼國遞相傳寫偶然訛舛或有之亦未嘗有所竄易矣至何氏集解異同尤夥雖其中以包氏爲苞氏以陳恒爲陳桓之類不可據者有之而勝于明刻監本者亦復不少尤可以旁資考證也乾隆四十七年十一月恭校上

論語注疏

臣等謹案論語注疏二十卷魏何晏集解宋邢昺疏晏字平叔南陽宛人漢大

將軍進之孫以才秀知名後以附曹爽伏誅昺字叔明曹州濟陰人初擢九經及第咸平二年始置翰林侍講學士以昺爲之受詔與杜鎬舒雅等校定羣經義疏蓋唐人止爲五經疏而不及孝經論語至是始成之晏所採孔安國而下凡若干家皆古訓昺復因皇侃所采諸儒之説爲之疏於章句訓詁名器事物之際頗爲詳盡朱子集註出義理更爲精深亦實始基於此自謂凡見於注疏者不復更詳是也舊刻不載陸氏釋文今本悉補入云乾隆四十七年二月恭校上

論語筆解

臣等謹案論語筆解二卷舊本題唐韓愈李翺同注中間所注以韓曰李曰爲別考張籍集祭韓愈詩有論語未訖注手跡今微茫句邵博聞見後録遂引爲論語注未成之據而李漢作韓愈集序則稱有論語注十卷與籍詩異王楙野客叢書又引爲已成之證晁公武讀書志稱四庫邯鄲書目皆無之獨田氏書

目有韓氏論語十卷筆解兩卷是論語注外別出筆解矣新唐書藝文志載愈論語注十卷亦無筆解惟鄭樵通志著錄二卷與今本同意其書出于北宋之末然唐李匡乂宣宗大中時人也所作資暇集一條云論語宰予晝寢梁武帝讀爲寢室之寢晝作胡卦反且云當爲畫字言其繪畫寢室今人罕知其由咸以爲韓文公所訓解又一條云傷人乎不問馬今亦謂韓文公讀不爲否然則大中之前已有此本未可謂爲宋人僞撰且晝寢一條今本有之廐焚一條今本不載使作僞者剽竊此文不應兩條相連摭其一而遺其一又未可謂因此依託也以意推之疑愈注論語時或先於簡端有所記錄翺亦間相討論附書其間迨書成之後後人得其稿本採注中所未載者別錄爲二卷行之如程子有易傳而遺書之中又別有論易諸條朱子有詩傳而朱鑑又爲詩傳遺說之例題曰筆解明非所自編也其今本或有或無者則由王存以前世無刋本傳寫或有異同邵博所稱三月字作音一條王楙所見本亦無之則諸本互異之

明證矣王存本今未見魏仲舉刻韓文五百家注以此書附末今傳本亦稀此本爲明范欽從許勃本傳刻前載勃序仍稱筆解論語一十卷疑字誤也又趙希弁讀書附志曰其間翺曰者李習之也明舊本愈不著名而翺所說則題名以別之此本改稱韓曰李曰亦非其舊矣乾隆四十七年四月恭校上

孟子音義

臣等謹案孟子音義二卷宋孫奭撰奭字宗古博平人九經及第官至龍圖閣學士以太子少傅致仕謚曰宣唐陸德明經典釋文於羣經皆有音義獨缺孟子奭奉勑校定趙岐注因刋正唐張鎰孟子音義及丁公著孟子手音二書兼引陸善經孟子注以爲音義上下卷今十三經注疏中孟子正義稱爲奭撰朱子語類及王應麟困學紀聞皆言邵武士人所假託奭於音義之外未嘗更作正義今考正義序文其前半即此書之序後半乃稍竄改其詞知正義即緣此書而依託也書中所釋稱一遵趙注而以今本校之多不相符孟子注之單行

者世有傳鈔宋本尙可稽考僞正義删改其文非復趙岐原書故與音義不相應也因奭是書可以證岐注之舊並可以證奭疏之僞則是書之有功典籍亦不細矣乾隆四十七年五月恭校上

論語拾遺

臣等謹案論語拾遺一卷宋蘇轍撰前有自序稱少年爲論語略解其兄蘇軾謫黄州時撰論語說取所解十之二三大觀丁亥閒居潁川與其孫籀等講論語因取軾說之未安者重爲此書軾書宋志作四卷文獻通考作十卷今未見傳本莫詳孰是其說亦不可復考此書所補凡二十七章其以思無邪爲無思以從心不踰矩爲無心頗涉禪理以苟志於仁矣無惡也爲有愛而無惡亦寃親平等之見以朝聞道夕死可矣爲雖死而不亂尤去來自如之義蓋眉山之學本雜出于二氏故也其顯駁軾說者凡三條請討陳恒一章軾以爲能克田氏則三桓自服孔子欲借此以張公室轍則以爲雖知其無益而欲明君臣之

義子見南子及齊歸女樂二章軾以爲靈公未受命者故可季桓子已受命者故不可轍則以爲諸侯之如衞靈公者多不可盡去齊閒孔子魯君大夫已受其餌孔子不去則坐受其禍泰伯至德一章軾以爲泰伯不居其名故亂不作魯隱宋宣取其名是以皆受其禍轍則以爲魯之禍始于攝宋之禍成于好戰皆非讓之過也其説皆較軾爲長他如以剛毅木訥與巧言令色相證以六蔽章之不好學與入出孝弟之學文互勘亦頗有所發明歷來著録今亦存備一家焉乾隆四十七年四月恭校上

孟子解

臣等謹案孟子解一卷宋蘇轍撰舊本首題潁濱遺老字乃其晚歲退居之號以陳振孫書録解題考之實少年作也凡二十四章一章謂聖人躬行仁義而利存非以爲利二章謂文王之囿七十里乃山林藪澤與民共之三章謂小大貴賤其命無不出于天故曰畏天樂天四章引責難陳善爲恭敬解畜君爲好

君五章謂浩然之氣即子思之所謂誠六章論養氣在學而待其自至七章論知言由知其所以病八章以克己復禮解射者正己九章論貢之未善由先王草創之初尚立法未密十章論陳仲子之廉病在使天下之人無可同立之人十六章論孔子以微罪行爲上以免君下以免我十八章論事天立命十九章論順受其正二十二章論進鋭退速二十四章論擴充仁義立義皆醇正不支二十章以周官八議駁竊負而逃二十三章以司馬懿楊堅得天下言但當論仁不仁不必論得失亦自有所見惟十一章謂學聖不如學道十二章十三章十四章以孔子之論性難孟子之論性十五章以智屬夷惠力屬孔子十七章以貞而不亮難君子不亮二十一章以形色天性爲强飾于外皆未免駁雜蓋瑕瑜互見之書也然較其晚年著述純入佛老者則謹嚴多矣乾隆四十七年二月恭校上

臣等謹案論語全解十卷宋陳祥道撰祥道字用之福州人元祐中爲太常博士祕書省正字李廌師友談記載其本末甚詳晁公武讀書志云王介甫論語註其子雱口義其徒陳用之解紹聖後皆行於場屋爲當時所重又引或人言謂用之書乃鄒浩所著托之用之考宋史藝文志別有鄒浩論語解義十卷則浩所著原自爲一書並未托之祥道疑或人所言爲誤此本祥道自序之首題門人章粹校勘而每卷皆標曰重廣陳用之眞本入經論語全解未詳其義豈爾時嘗以是本爲經義通用之書故云然耶祥道長于三禮之學所作禮書世多稱其精博故詮釋論語亦于禮制最爲明晰如解躬自厚而薄責于人章則引鄉飲酒之義以明之解師冕見章則引禮待瞽者如老者之義以明之雖未必盡合經意而旁引曲證頗爲有見又如臧文仲居蔡章則云冀多良馬稱驥瀘水之黑稱盧蔡出寶龜稱蔡于關雎之亂章則云治汙謂之汙治弊謂之弊治荒謂之荒治亂謂之亂此類或不免創立別解而連類引伸亦多有裨于義

訓惟其學術本宗信王氏故往往雜據莊子之説以作證佐殊非解經之體然其間徵引詳核可取者多固不容以一眚掩也乾隆四十七年十月恭校上

孟子傳

臣等謹案孟子傳二十九卷宋張九成撰九成字子韶自號無垢居士其先開封人徙居錢塘紹興二年進士第一授鎮東軍簽判歷宗正少卿兼侍講權刑部侍郎忤秦檜誣以謗訕謫居南安軍檜死起知溫州匄祠歸卒贈太師崇國公謚文忠事迹具宋史本傳案宋史藝文志載九成孟子拾遺一卷今附載横浦集中又文獻通考載九成孟子解十四卷朱彝尊經義考注云未見此本爲南宋舊槧實作孟子傳不作孟子解又盡心篇已佚而告子篇以上已二十九卷則亦不止十四卷蓋通考傳寫誤也九成之學出於楊時又喜與僧宗杲遊故不免雜於釋氏所作心傳日新二録大抵以禪機詁儒理故朱子作雜學辨頗議其非惟註是書則以當時馮休作删孟子李覯作常語司馬光作疑孟晁

說之作詆孟鄭厚叔作藝圃折衷皆以排斥孟子爲事故特發明義利經權之辨著孟子尊王賤霸有大功撥亂反正有大用每一章爲解一篇主於闡揚宏旨不主於箋詁文句是以曲折縱横全如論體又辨治法者多辨心法者少故其言亦切近事理無由旁涉於空寂在九成諸著作中此爲最醇至於草介寇讎之說謂人君當知此理而人臣不可有此心足見立說之不苟也乾隆四十七年八月恭校上

尊孟辨

尊孟續辨

尊孟辨別錄

臣等謹案尊孟辨三卷續辨二卷别錄一卷宋余允文撰允文字隱之建安人陳振孫直齋書錄解題載是書卷數與今本合朱彝尊經義考僅云附載朱子全集中而條下註闕字蓋自明中葉以後已無完本矣今考永樂大典所載凡

辨司馬光疑孟者十一條附史剡一條辨李覯常語者十七條鄭厚叔藝圃折衷者十條續辨則辨王充論衡刺孟者十條辨蘇軾論語說者八條此後又有原孟三篇總括大意以反覆申明之其尊孟辨及續辨别録之名亦釐然具有條理蓋猶完書今約略篇頁以尊孟辨爲三卷續辨爲二卷别録爲一卷冠原序于前而繫朱子讀余氏尊孟辨說于後首尾完具復還舊觀亦可謂久湮復顯之祕帙矣考朱子集中有與劉共父書稱允文干預宋家產業出言不遜恐引惹方氏復來生事令陳吴二婦作狀經府告之則允文蓋武斷于鄉里者其人品殊不足重又周密癸辛雜識載晁說之著論非孟子建炎中宰相進擬除官高宗以孟子發揮王道說之何人乃敢非之勒令致仕然則允文此書其亦窺伺意旨迎合風氣而作非眞能闢邪衞道者歟然當羣疑蠭起之日能别白是非而定一尊于經籍不爲無功但就其書而觀固卓然不磨之論也乾隆四十五年十月恭校上

大學章句

論語集註

孟子集註

中庸章句

臣等謹案大學章句一卷論語集註十卷孟子集註七卷中庸章句一卷並宋朱子撰四書之稱實始於此自漢以來註論語者孔安國而下至宋凡百八十餘家註孟子者趙岐而下亦六十餘家朱子融洽衆說著爲集註心得之妙超出前儒若取中庸於戴記而專行之者漢儒已有之藝文志所載中庸說二篇是也其取大學則自司馬光始二程子繼之專爲講明朱子各爲之註名曰章句者則於古本分章有所移改也首大學次論語次孟子次中庸凡十九卷後人便於誦習或以中庸次大學而明時定制科場命題又以中庸次論語至今因之然非朱之舊矣　內府開雕有二本其一夾註即世所稱監本者其一仿

宋板註字亦大書單行蓋取淳祐中泳澤書院本依刻尤爲精善二本間有互異一二字或至數十字今海内童而習之既並從夾註本故繕錄篇式亦盡準之云乾隆四十七年七月恭校上

四書或問

臣等謹案四書或問三十九卷宋朱子撰朱子既作四書章句集注復以諸家之說紛錯不一因設爲問答明所以去取之意以成此書凡大學二卷中庸三卷論語二十卷孟子十四卷其書非一時所著中庸或問原與輯略俱附章句之末論語孟子則各自爲書其合爲一帙蓋後來坊賈所併也中間大學或問用力最久故朱子答潘恭叔問嘗自稱諸書修得一過大學所改尤多比舊已極詳密中庸或問則朱子平日頗不自愜語類載游某問中庸編集如何曰緣前輩諸公說得多了其間儘有差舛處又不欲盡駁難他底所以難下手不比大學都未曾有人說又載朱子以中庸或問授黄㽦云亦未嘗滿意處如評論

程子諸子說處尚多牴云云是其意猶以爲未盡安也至論孟或問則與集注及語類之說往往多所牴牾後人或遂執或問以疑集注不知集注屢經修改至老未已而或問則無暇重編故年譜稱或問之書未嘗出以示人書肆有竊刊行者亟請于縣官追索其板又晦庵集中有與潘端叔書曰論語或問此書久無工夫修得只集注屢更不定卻與或問前後不相應云云可見異同之迹即朱子亦不諱言並錄存之其與集注合者可曉然于折衷衆說之由其與集注不合者亦知朱子當日原多未定之論未可與語錄文集偶摘數語即據爲不刊之典矣乾隆四十七年八月恭校上

論孟精義

臣等謹案論孟精義三十四卷宋朱子撰初朱子于隆興元年輯諸家說論語者爲要義其本不傳後九年爲乾道壬辰因復取二程張子及范祖禹呂希哲呂大臨謝良佐游酢楊時侯仲良尹焞周孚先等十二家之說薈稡條疏名之

曰論孟精義而自爲之序時朱子年四十三後刻板于豫章郡又更其名曰要義晦菴集中有書論語孟子要義序後曰熹頃年編次此書鋟板建陽學者傳之久矣後細考之程張諸先生說尚或時有所遺脱既加補塞又得毘陵周氏說四篇有半于建陽陳焞明仲復以附于本章豫章郡文學南康黄某商伯既以刻于其學又慮夫讀者疑于詳略之不同也屬熹書于前序之左且更定其故號精義者曰要義云云是其事也後又改名曰集義見于年譜今世刊本仍稱精義蓋從朱子原序名之也凡論語二十卷孟子十四卷又各有綱領一篇不入卷數朱子初集是書蓋本程氏之學以發揮經旨其後採擷菁華撰成集註中間異同疑似當加剖析者又别著之于或問似此書乃已棄之糟粕然考諸語録乃謂讀論孟須將精義看又謂論孟集義中所載諸先生語須是熟讀一一記于心下時時將來玩味久久自然理會得又似不以集註廢此書者故今亦仍録存之焉乾隆四十七年十月恭校上

中庸輯略

臣等謹案中庸輯略二卷宋石𡼖原本朱子删定初𡼖作中庸集解朱子爲作序極稱其謹密詳審時在乾道癸巳朱子年四十有四越十有六年淳熙己酉朱子年六十作中庸章句已定因復取集解删訂更名輯略而仍以集解原序冠其首觀朱子中庸章句自序稱既定著章句一篇以俟後之君子而一二同志復取石氏書删其繁亂名以輯略且别爲或問以附其後云云據此則是編及或問皆當與中庸章句合爲一書其後章句孤行而是編漸晦明嘉靖中御史新昌吕信卿始從唐順之得宋槧舊本刻之毘陵凡先儒論説見於或問所駁者多所芟節如第九章游氏以舜爲絶學無爲之説楊氏有能斯有爲之説第十一章游氏離人立於獨未發有念之説竟從删薙不復存其説於此書至如第一章内所引程子答蘇季明之次章或問中亦力斥其記録失真而原本乃仍載書中或爲失於刊削或爲别有取義則其故不可得詳矣乾隆四十七

年三月恭校上

論語意原

臣等謹案論語意原四卷宋鄭汝諧撰汝諧字舜舉號東名處州人陳振孫書錄解題云仕至吏部侍郎浙江通志云中教官科遷知信州召爲考功郎累階徽猷閣待制振孫去汝諧世近疑通志誤也是編前有自序稱二程横渠楊謝諸公互相發明然後論語之義顯謂諸公有功于論語則可謂論語之義備見于諸公之書則不可予于此書少而誦長而辨研精覃思以求其指歸既斷以己說復附以諸公之說期歸于當而已又稱初鋟板于贛于洪始意欲以誘掖晚學失之太詳輒掇其簡要者復鋟于池陽則汝諧此書凡再易稿亦可謂刻意研求矣書錄解題載論語意原一卷不著撰人宋志因之似乎尚別有一書適與同名然振孫載詩總聞訛爲三卷亦云不知撰人及核其解題則確爲王質之書疑所載者即汝諧此書偶未考其名也眞德秀序稱其學出于伊洛然

所說頗與朱子集註異如以衞靈公問陳非不可對乃有託而行以子賤爲人沈默簡重非魯多君子不能取其君子皆足以備一解至以便民戰栗爲魯哀公之語以見善如不及二節連下齊景公伯夷叔齊爲一章則太奇矣然綜其大致則精密者居多故德秀稱其言雖異于先儒而未嘗不合義理之正朱子亦曰贛州所刋論語解乃是鄭舜舉侍郎者中間略看亦有好處是朱子亦不以其異己爲嫌矣乾隆四十九年十月恭校上

論語解

臣等謹案論語解十卷宋張栻撰書成於乾道九年朱子所謂癸巳論語解者也栻因程子餘論推廣以著是編朱子爲之句櫛字比抉摘瑕疵集中所載多至百一十八條又訂其誤字二條今所行本僅改正二十三條似乎斷斷不合者然父在觀其志一章朱子謂舊有兩說當從前說爲順反復辨論至於二百餘言而今本集註乃竟用何晏所引孔安國義與栻說同豈前後自相矛盾耶

古人朋友切磋苟一義未安一疑未析恒不憚極言辨難久而是非論定不復回護其前說此大儒至公之心所爲異於門戶之見也然則此百一十八條者特講習商搉之言未可以是爲栻病且二十三條之外栻不復改朱子亦不復爭則讀是書者更不必以朱子之說相難矣乾隆四十七年五月恭校上

孟子說

臣等謹案孟子說七卷宋張栻撰首有自序云成於乾道九年題曰癸巳孟子說蓋其由左司員外郎出知袁州退而家居時也栻之出也以諫除張說爲執政之故是編於臧倉沮孟子及王驩爲輔行兩章皆微有觸於時事之辭至于解交鄰章云所謂畏天者亦豈但事大國而無所爲也蓋未嘗委于命而已故修德行政光啟王業者太王也養民訓兵卒殄寇仇者句踐也未及周平王惟不怒驪山之事故東周卒以不振其辭感憤皆爲南渡而發然皆推闡經義之所有與胡寅讀史管見務于借事抒義者固有殊焉乾隆四十七年四月恭校

上

石鼓論語答問

臣等謹案石鼓論語答問三卷宋戴溪撰溪有續呂氏家塾讀詩記已著錄是書卷首有寶慶元年許復道序稱淳熙丙午丁未間溪領石鼓書院山長與湘中諸生集所聞而爲此書朱子嘗一見之以爲近道陳振孫書錄解題所載與序相符其書詮釋義理持論醇正而考據間有疎舛如解緇衣羔裘節先加明衣親身次加中衣冬則次加裘裘上加裼衣裼衣之上加朝服其說本于崔靈恩不爲無據然詩羔裘篇孔疏謂玉藻君衣狐白裘錦衣以裼之又云以帛裏布非禮也鄭注云冕服中衣用素朝服中衣用布若皮弁之下即以錦衣爲裼即是以帛裏布故知中衣在裼衣之上其文甚明溪蓋未之深考又解吉月必朝服而朝節謂玉藻天子玄端而朝日於東門之外不必依鄭注改端爲冕蓋稱端者通冠冕言之其說亦據樂記端冕而聽古樂鄭注端爲玄衣孔疏端爲

玄冕凡冕服皆其制正幅故稱端也然玉藻天子玄端而朝日於東門之外與下文玄端而居對舉見異故朝日玄冕即不得通稱玄端此鄭所以決冕之誤爲端溪亦失考也然訓詁義理說經者向别兩家各有所長未可偏廢溪能研究經意闡發微言于學者不爲無補正不必以名物典故相繩矣乾隆五十四年正月恭校上

蒙齋中庸講義

臣等謹案蒙齋中庸講義四卷宋袁甫撰甫字廣微鄞縣人寶文閣直學士燮之子嘉定七年進士官至吏部侍郎兼國子祭酒權兵部尚書謚正肅事迹具宋史本傳史稱所著有孟子解今未見傳本殆已亡佚此書散見永樂大典中而史志顧未之及惟朱彝尊經義考有甫所撰中庸詳說二卷注云已佚或即是書之别名歟其書備列經文逐節訓解蓋平日録以授門弟子者中間委曲推闡往往言之不足而重言以申之其學出於楊簡簡之學則出於陸九淵故

立說多與九淵相合如講語大語小一節云包羅天地該括事物天下不能載者惟君子能載之而天下又何以載幽通鬼神微入毫髮天下不能破者惟君子能破之而天下又何以破此即象山語錄所云天下莫能載者道大無外若能載則有分限矣天下莫能破者一事一物纖悉微末未與道相離之說也其講自誠明一節云誠不可傳可傳者明明即性也不在誠外也此即象山語錄所云誠則明明則誠此非有次第其理自如此之說也其他宗旨大都不出於此雖主持過當或不免惝怳無歸要其心得之處未嘗不自成一家謹依經排輯釐爲四卷以存金谿之學派至其甚謬於理者則于書中別加案語考正其誤以杜狂禪恣肆之漸焉乾隆四十五年十月恭校上

四書集編

臣等謹案眞德秀四書集編二十六卷中惟大學一卷中庸一卷爲德秀所手定其論語十卷孟子十四卷則德秀之子志道因其點校之本而雜采讀書記

及文集衍義諸書以續成之者也朱子四書章句集註以畢生之力爲之至精至密數百年來一字一句儒者皆奉爲指歸然章句多出新意集註鎔鑄羣書其所以去取衆説之意則散見或問輯略語類文集中不能一一載也而數書所載又多一時未定之説與門人記録失眞之語故異同重複讀者往往病焉是編博采朱子之説以相發明復間附以己見以折衷其訛異德秀自稱有銓擇刊潤之功非虚語也後祝宗道有四書附録蔡模有四書集疏吳眞子有四書集成大指與是編相出入然所學不及德秀其精審皆遜之遠矣乾隆四十七年四月恭校上

孟子集疏

臣等謹案孟子集疏十四卷宋蔡模撰先是朱子集注於先儒舊説多所改定論者或有異同蔡氏三世皆傳朱子之學至模信之益篤其爲是書則因其先人沈之志而成沈嘗謂模欲學論孟求諸集注而已足但集注氣象涵蓄語言

精密尤未易讀當取集義或問及張呂諸賢門人高弟往復問答之語蒐輯疏注乃可期於語脈分明宗旨端的模承其訓因與弟抗互相商搉以成是書抗以爲觀集注者當先觀是書然後集注之說可明則是書誠集注之羽翼矣乾隆四十七年四月恭校上

論語集說

臣等謹案論語集說十卷宋蔡節撰淳祐五年嘗表進於朝姜文龍爲刋於湖頖其書博採舊說而附以己意然大旨本之程朱亦間有與集註不合者如訓賢賢易色則謂賢人之賢而爲之改容更貌訓吾猶及史之闕文則謂有馬者借人乘之句即史闕文後人往往述之然終非確論也至其編輯諸說條理詳明深得傳注之體究非後人龐雜割裂之書所能髣髴蓋其學猶有所傳矣節永嘉人官至太府卿兼樞密副都承旨乾隆四十七年三月恭校上

中庸指歸

中庸分章

大學發微

大學本旨

臣等謹案中庸指歸一卷中庸分章一卷大學發微一卷大學本旨一卷宋黎立武撰立武字以常新喻人咸淳中舉進士第三仕至軍器少監國子司業宋亡不仕閒居三十年以終立武官撫州時校文舉吴澄充貢士故澄誌其墓自稱曰門人又稱立武官祕省時閲官書愛二郭氏中庸郭游程門新喻謝尚書仕夷陵嘗傳其學將由謝溯程以嗣其傳故言大學中庸等書間與世所崇尚者異義蓋中庸之學傳自程子後諸弟子各述師説門徑遂岐游酢楊時之説爲朱子所取而郭忠孝中庸説以中爲性以庸爲道亦云程子晚年之定論立武中庸指歸皆闡此旨至其中庸分章皆本諸郭氏之旨所言亦具有條理其大學則發微一卷謂曾子傳道在一貫悟道在忠恕造道在易之艮大旨以止

至善爲歸而以誠意爲要本旨一卷仍用古本皆以爲曾子之書不分經傳而以所稱曾子爲曾晳之言要其歸宿與程朱亦未爲牴牾異乎王守仁等借古本以伸己說者也乾隆四十七年十一月恭校上

四書纂疏

臣等謹案四書纂疏二十九卷宋趙順孫撰順孫字格菴括蒼人其父雷嘗師事朱子門人滕璘故順孫之學一本於朱子是書備引朱子之說以暢章句集註之旨所旁引者黄幹輔廣陳淳陳孔碩蔡淵蔡沈葉味道胡泳陳埴潘柄黄士毅眞德秀蔡模凡一十三家皆爲朱子之學者也可謂篤守師說矣昔之論者頗病此書之冗濫然經師著述體例各殊註者辭尚簡明疏者義存曲證順孫書以疏爲名而自序云陪穎達公彦後則固疏體也繁而不殺於理亦宜略其蕪雜取其宗旨之正可矣乾隆四十七年三月恭校上

大學疏義

臣等謹案大學疏義一卷宋金履祥撰履祥字吉父蘭谿人少師事同郡王柏後又從何基游故儒者謂其能得朱子之遺緒稱爲仁山先生仁山者履祥所居地也其事蹟具元史儒林傳初朱子既定大學章句復作或問以推明其義而改易次序補綴傳文皆出先儒舊説之外學者猶不能無疑履祥因隨其章第作疏義以暢其文又申爲指義一篇以統其會栁貫嘗爲之序今指義已佚惟此書獨存而貫序亦不冠於卷首朱彝尊經義考謂二書皆未見一齋書目有之此本爲金氏裔孫所梓出於彝尊作經義考之後蓋即一齋舊本也書中依文詮解縷析條分闡發頗爲詳密蓋於章句或問之旨融會貫通故發揮獨能親切亦可云朱子之功臣矣乾隆四十七年五月恭校上

論語集註考證

孟子集註考證

臣等謹案論語集註考證十卷孟子集註考證七卷宋金履祥撰後有自跋謂

古書之有註者必有疏論孟考證即集註之疏以有纂疏故不名疏而文義之詳明者亦不敢贅但用經典釋文之例表其疑難者疏之書中各摘集註數字或一句爲標題而詳爲解釋與梁益詩傳旁通陳大猷書傳旁通體例相似蓋俱用釋文舊式也大旨以朱子作論孟集註時多因門人之問而更定之其間所不及者或未之備而事物名數又以其非要而略之因皆爲之修補附益成一家言剖析義理融會羣言於朱子未定之說俱能折衷至當其涉於事蹟典故者考校尤多匡益如論語註公孫枝云左傳及註當從公孫發集註或傳寫之誤孟子註公劉后稷之曾孫云考之漢史則公劉避桀居豳去后稷世遠又考路史則公劉乃后稷之後世孫爾蓋集註以發明理道爲主於此類或尚沿襲舊文未遑詳核履祥獨一一爲之考證以補師說所未備自稱此書不無微牾自我言之則爲忠臣自他人言之則爲讒賊其意惟恐啟學者以妄議先儒之漸故爲此言以防之要其審訂明確旁引曲證於集註實爲有功視俗儒拘

墟廻護之見相去遠矣書首有許謙序一篇後有呂遲刋書跋語朱彝尊謂一

齋書目作二卷蓋未見此本也乾隆四十七年十月恭校上

欽定四庫全書提要卷二十二

經部二十二

四書類二

四書集義精要

臣等謹案四書集義精要二十八卷元劉因撰因字夢吉容城人學者稱靜修先生世祖至元十九年徵拜承德郎右贊善大夫未幾辭歸再以集賢學士徵不起事蹟具元史本傳自朱子爲四書集注凡諸人問答與集注有異同者不及訂歸於一而卒後人因取語類文集所說輯爲四書集義凡數萬言讀者頗病其繁冗因乃擇其指要删其複雜勒成是書張萱內閣書目載集義精要凡三十五卷一齋書目則作三十卷卷目互有不同此本僅存二十八卷至孟子滕文公上篇而止其後並已缺佚亦非完帙然朱彝尊作經義考於是書下注云未見則自來流傳頗罕元人遺笈中之可貴者也書中芟削浮詞標舉要領

於朱子本意實能有所發明蘇天爵以簡嚴粹精稱之良非虚美學者將欲潜心於集注則是書固參核所必資矣乾隆四十七年九月恭校上

四書辨疑

臣等謹案四書辨疑十五卷舊刻不著作者時代姓氏書中稱自宋氏播遷江表南北分隔纔百五六十年經書文字已有不同則元初人所撰矣蘇天爵安熙行狀云國初有傳朱子四書集注至北方者滹南王公雅以辨博自負爲説非之趙郡陳氏獨喜其説增多至若干言是書多引滹南王若虚説殆寧晉陳天祥書也朱彝尊經義考曰四書辨疑元人凡有四家雲峰胡氏偃師陳氏黄巖陳成甫氏孟長文氏成甫長文並浙人雲峰一宗朱子其爲偃師陳氏之書無疑所説當矣其曰偃師者元史稱天祥因兄祐仕河南自寧晉徙家洛陽嘗居偃師南山故也天爵又謂安熙爲書以辨之其後天祥深悔而焚其書今此本具存其毁之不盡歟或天爵欲張大其師學所言未足據也今觀其書大意

主於闕疑而不貴穿鑿故其所列三百餘條皆平心剖析實非有意立異規規爲門戶之爭者齊魯毛韓四詩並存左氏公穀三傳兼列古人說經雖各有專門授受而通儒博考正未嘗暖暖姝姝守一先生之言各尊其所聞各行其所知朱子亦嘗言之矣是編固不妨與集注並存也乾隆四十七年四月恭校上

讀四書叢說

臣等謹案讀四書叢說四卷元許謙撰謙有詩集傳名物鈔已著錄案元史謙本傳謙讀四書章句集註有叢說二十卷謂學者曰學以聖人爲準的然必得聖人之心而後可學聖人之事聖賢之心具在四書而四書之義備於朱子顧辭約意廣讀者安可以易心求之乎黃溍作謙墓誌亦稱是書敷繹義理惟務平實所載卷數與本傳相同明錢溥祕閣書目尙有四書叢說四册至朱彝尊經義考但據一齋書目編入其名而註云未見則久在若存若亡間矣此本凡大學一卷中庸一卷孟子二卷中庸闕其半論語則已全闕已非完書然約計

所存猶有十之五六即益以所闕之帙亦不能足原目二十卷之數殆後來已有所合併歟書中發揮義理皆言簡意該或有難曉則爲圖以明之務使無所疑滯而後已其於訓詁名物亦頗考證尤足補章句集注所未備於朱子一家之學可謂有所發明矣乾隆四十七年十月恭校上

四書通

臣等謹案四書通二十六卷元胡炳文撰炳文號雲峰新安人先是蔡模有四書纂疏吴眞子有四書集成皆闡朱子之學炳文謂其尙有與朱子相戻者因重爲刋削附以己說以成此書所取於纂疏集成者凡十四家增於二書之外者又四十五家自序云會其同而辨其異會之不失其宗辨之不惑於似已盡著作之意矣觀其凡例於一字之筆誤及刋本先後之差别悉加考正則用心亦勤密且也泰定間有張存中者賫此書鐫於建陽又作四書通證以左之稱四書至集成而理晦雲峰去晦而取其明則理通箋義出而事繁已去其繁而

存其簡則事亦通雖不免標榜太過然皆可資討論究愈於後來之陋本又朱子章句集註所引凡五十四家今多不知爲誰是書尚一一載其名字亦足資考正云乾隆四十七年十月恭校上

四書通證

臣等謹案四書通證六卷元張存中撰存中字德庸新安人初胡炳文作四書通釋義理而略名物存中因排纂舊說成此書以附其後故名曰四書通證炳文爲之序稱北方杜緱山有語孟旁通平水薛壽之有四書引證皆失之太繁且各有未完存中能删冗從簡去非取是又曰學者於余之通知四書用意之深于通證知四書用事之審推之可謂至矣今核其書凡引經數典字字必著所出而夏曰瑚商曰璉承包氏之誤者乃置此一條不引禮記以正之蓋不免有所回護不知朱子之學在明聖道之正傳區區訓詁之間不足爲之累亦不必爲之諱也又如三讓引吳越春秋泛及雜說而歷代史事乃置正史而引通

鑑亦非根本之學然大概徵引詳明于人人習讀不察者一一具標出處可省檢閲之煩於學者亦不爲無補也乾隆四十七年九月恭校上

四書疑節

臣等謹案四書疑節十二卷元袁俊翁撰俊翁字敏齋袁州人仕履無可考是書朱彝尊經義考中載之註曰未見此本猶從元板傳鈔其例以四書之文互相參對爲題或似異而實同或似同而實異或闡義理或用考證皆標問於前列答於後蓋當時之體如是雖亦科舉之書而視經義之循題發揮易於敷衍假借者較爲切實延祐定制以經義經疑兼試蓋具深意固不與明人科舉之學同日而語矣乾隆四十七年十一月恭校上

四書經疑貫通

臣等謹案四書經疑貫通八卷元王充耘撰充耘字與耕吉水人元統中進士官至永州同知延祐中定經義取士之制是編以四書同異參互比校各設問

答以明之蓋即爲程試而設者然剖析疑似深有發明非後來科舉之書徒供剽剟者可比蓋元人去宋未遠説經猶有淵源也充耘所註尚書久行于世此書則傳本差稀故黄虞稷千頃堂書目謂其已佚此爲范氏天一閣舊本首尾完具惟第二卷第八卷中有脱簡兩處無可校補今亦姑仍之焉乾隆四十七年二月恭校上

四書纂箋

臣等謹案四書纂箋二十八卷元臨川詹道傳撰此書略仿陸德明經典釋文之例取朱子章句或問集注正其音讀考其名物度數間釋朱子所引之成語如眞積力久出荀子勸學篇孝子愛日出揚子孝至篇皆爲證其出處胡一中嘗稱其羽翼朱子良不誣也其所援引亦間有牴牾如瑚璉之注朱子本因包咸之文道傳既引明堂位夏后氏之四璉殷之六瑚辨其異同而復謂夏曰瑚商曰璉本於爾雅釋器今考爾雅初無其文則道傳杜撰附會也又此書於朱

子所引諸儒皆詳其名字里居而孟子盡心章引陳氏厭於嫡母之説實陳者卿孟子記蒙中語耆卿字壽老臨海人見葉適水心集此獨失載亦未免於疎漏然大致皆有根柢猶元儒之務實學者視蹈襲空言之流過之遠矣乾隆四十七年十一月恭校上

四書通旨

臣等謹案四書通旨六卷元朱公遷撰公遷即作詩傳疏義者是編之例取四書之文條分縷析以類相從凡爲九十八門每門之中又以語意相近者聯綴列之而一一辨別異同各以右明某義云云標立言之宗旨蓋昔程子嘗以此法教學者而公遷推廣其意以成是書其間門目既多間涉冗碎故朱彝尊經義考謂讀者微嫌其繁又如樊遲請學稼不過局於末業乃列之於異端門與許行同譏上士一位中士一位下士一位本周室班爵之制乃列之於士門與處士一例亦頗傷踳駁堯舜禹湯文武周公孔子孔門弟子子思孟子諸門以

人隸事體近類書尤爲無所發明然於天人性命之微道德學問之要多能剖
其疑似詳其次序使讀者因此證彼渙然冰釋於學者不爲無助要非融會貫
通不能言之成理如是也所引諸家之統獨稱饒魯爲饒子其淵源蓋有自矣
明正統中何英作詩傳疏義序稱永樂乙酉因閱四書通旨而語及疏義則是
書行世在疏義之前顧明以來說四書者罕見徵引近通志堂經解始刊行之
蓋久微而復出也句下間列異同如喜怒哀樂一條謂右以體言而註亦曰以
性言允執其中一條謂右以用言而註亦曰以事理言如是者不一疑刊是書
者參校諸本所附非公遷之舊其出自誰手則不可考矣乾隆四十七年三月
恭校上

四書管窺

臣等謹案四書管窺八卷元史伯璿撰伯璿字文璣溫州平陽人據所作管窺
外篇成于至元丁未即元亡之年計其人當已入明然始末不可考矣是編見

于祕閣書目者五册楊士奇東里集則稱有四册刻板在永嘉郡學永嘉葉琮知黄州府又刊置府學是明初印行已有二本然刊板皆散佚不傳故朱彝尊經義考注云未見此本乃毛晉汲古閣舊鈔大學中庸孟子尚全惟論語闕先進篇以下蓋傳寫有所佚脱然量其篇頁釐而析之已成八卷經義考乃作五卷或誤以五册爲五卷歟其書引趙順孫四書纂疏吴眞子四書集成胡炳文四書通許謙四書叢説陳櫟四書發明及饒氏張氏諸説取其與集注異同者各加論辨于下諸説之自相矛盾者亦爲條列而釐訂之凡三十年而後成于朱子之學頗有所闡發大旨與劉因四書集義精要同而因但稍爲刊除伯璿更加以别白昔朱子嘗憾孔門諸子留家語作病痛如伯璿者可不謂深得朱子之心歟乾隆四十七年十月恭校上

學庸集説啟蒙

臣等謹案學庸集説啟蒙二卷元景星著星餘姚人號訥菴其書矩矱朱子而

兼采羣言以發明之條分縷析示人易曉故題曰啟蒙至於大學傳之五章附識矩堂董氏之說中庸首章并引雙峯饒氏之論與章句之旨間有不同蓋古來惟聖人之經萬全無弊自大賢以下皆不能無千慮之一失胡炳文等尊奉紫陽字字曲爲迴護轉爲異學所藉口固不如景之並存異同以待論定爲能掃除門戶之見也大學先刊行中庸則明人夏時得蔣驥寫本始補刊驥錢塘人曾受業於星者也乾隆四十七年十月恭校上

四書大全

臣等謹案大學章句大全一卷或問一卷論語集註大全二十卷孟子集註大全十四卷中庸章句大全二卷或問二卷總名四書大全共四十卷明胡廣等撰四書自朱子章句集註以後眞德秀始采朱子語錄附於大學章句之下爲集編祝洙復仿而足之爲四書附錄其後蔡模之集疏趙順孫之纂疏吳眞子之集成皆薈萃衆說以相闡發而不免稍涉氾濫惟陳櫟四書發明胡炳文四

書通較爲簡當櫟門人倪士毅又合二書爲一頗加刪正名曰四書輯釋至明成祖永樂中詔儒臣胡廣楊榮等編集諸家傳註之說彙成一編賜名四書大全御製序文頒行天下學校於是明代士子爲制義以應科目者無不誦習大全而諸家之說盡廢然廣等撰集此書實全以倪氏輯釋爲藍本顧炎武謂其中特少有增刪其詳其簡或多不如倪氏大學中庸或問則全不異而間有舛誤朱彝尊亦譏其專擴成書蓋諸臣承命纂排不能詳搜博採而僅取已成舊帙塞責鈔謄宜其啟後人之訾議惟是倪氏原書最爲審要其義理明備采擇精醇實迥出他家之上則當日諸臣據以編訂亦不爲無因且明世解四書者如蔡清之蒙引陳琛之淺說其折衷是正皆以此書爲宗故著之於錄以見一代學校定制之所在焉乾隆四十七年四月恭校上

四書蒙引

臣等謹案四書蒙引十五卷別册一卷明蔡清撰清字介夫晉江人成化甲辰

進士官至江西提學副使乞休歸起國子監祭酒甫聞命而卒事蹟具明史儒林傳清爲此書先有稿本失去乃更加綴錄久而復得原稿參會所錄重複過半又有前後異見者欲删正而未暇乃題爲蒙引初稿以明其非定說有所自作序見虚齋集中嘉靖間武進莊煦參校二稿刊削冗複十去三四輯成一書而梓行之書末又別附一册則煦與學錄王升商搉訂定之語也清品行端粹學術極爲醇正此書本意雖爲時藝而作而體味眞切闡發深至實足羽翼傳注不徒爲舉業準繩刁包稱朱注爲四書功臣蒙引又朱注功臣陸之輔稱說四書者不下百種未有過於此者其爲學人推重如此與後之剽掇儒先膚語以爲講章者相去固霄壤矣乾隆四十七年四月恭校上

四書因問

臣等謹案四書因問六卷明呂柟撰柟字仲木號涇野高陵人正德戊辰進士第一人官至南京禮部右侍郎謚文簡事蹟具明史儒林傳是編記其門人質

問四書之語大學中庸各一卷論語孟子各二卷然其中稱柟爲先生又原本先生字或跳行似乎非柟自作卷首有其門人魏廷萱等校刊字當即廷萱等所記也其書大學從古本次序中庸亦從古本分章所說多因四書之言推而證諸躬行見諸實事如因講八佾舞於庭章而指在座門人衣服華靡者曰此便是僭之類皆開示親切不徒爲訓詁空談柟文集佶屈聱牙純爲僞體而其解四書平正篤實乃如此蓋其文章染李夢陽之派而學問則宗法薛瑄二事淵源各别故一人而如出兩手耳乾隆四十七年三月恭校上

問辨録

臣等謹案問辨録十卷明高拱撰拱字肅卿新鄭人嘉靖辛丑進士官至禮部尚書文淵閣大學士卒贈太師諡文襄事蹟具明史本傳此編取朱子四書章句集注疑義逐條辨駁如其首論大學謂新民即明德中事不應分之爲三綱領不知三在字固顯然並列也至其言賢賢易色四事謂能如是必其務學之

至覺生質之美四字朱子可不必加然涵泳語意終以朱子之說爲圓但如伊川謂敬事而信一章皆言所存而不及于事拱則謂節用使民非事而何謂孔子之責臧文仲正以其賢而責之備則皆確有所見如此之類亦足備參考而廣聞見明之中葉士大夫務以異說相高尊陸攻朱故相牴牾其猥薄固不可訓至于聖賢經典包括宏深學者見智見仁各明一義但于微言奧旨有所發明則亦不必盡斥羣言堅持門戶周易一經程朱往往異義至今原不害並行也拱此書自抒所見時有心得初非故立異同固無庸定繩以一家之說矣乾隆四十七年十月恭校上

論語類考

臣等謹案論語類考二十卷明陳士元撰士元有易象鉤解別著錄是編皆考證論語名物典故分十八門又分子目四百九十有四朱子以後解四書者如眞德秀蔡節請家主於發明義理而已金履祥始作論語孟子集註考證後有

杜瑛語孟旁通薛引年四書引證張存中四書通證詹道傳四書纂箋始考究典故以發明經義今杜薛之書不傳惟金氏張氏詹氏書尚傳於世三人皆篤信朱子然金氏於集註之承用舊文偶失駁正者必一一辨析張氏詹氏皆於舛誤之處諱而不言其用意則小異士元此書大致遵履祥之例於集註不爲苟同每條必先列舊說而蒐討諸書互相參訂皆以元案二字別之凡一切杜撰浮談如薛應旂四書人物考稱有若字子有之類悉爲糾正較明代諸家之書殊有根柢特以專考論語不備四書故不及應旂書之盛傳實則有過之無不及也乾隆四十七年十月恭校上

孟子雜記

臣等謹案孟子雜記四卷明陳士元撰士元有易象鉤解別著錄自宋熙寧以前孟子僅列於儒家史記以孟子荀卿合傳寥寥十數語於所歷鄒滕任薛魯宋之事略不一書至朱子綱目始於適魏至齊大書特書明聖賢之去就爲不

經而體屬編年不能詳一人之始末明薛應旂撰四書人物考始采摭他書以爲補傳而應旂不長於考證舛漏甚多士元嗣輯此書第一卷序孟子之事後三卷發明孟子之書名爲傳記實則經解居多其所援引於經類則取韓詩外傳孔叢子之類於正史外則取通鑑綱目荀悅袁宏漢紀之類於諸子則取列子揚子說苑新書鹽鐵論之類於著述則取通志玉海之類若趙岐注義以尾生解不虞之譽以陳不瞻釋求全之毀一切悠謬之談槩加刪薙亦頗爲審慎與所作論語類考均爲有裨於經義故今特附之四書類焉乾隆四十七年四月恭校上

學庸正說

臣等謹案學庸正說三卷明趙南星撰南星字夢白號儕鶴高邑人萬歷甲戌進士官至吏部尚書謚忠毅事蹟具明史本傳是編凡大學一卷中庸二卷每節衍爲口義逐句闡發而又以不盡之意附載于後略如近世講章然詞旨醇

正詮釋詳明其說大學不從姚江之知本而仍從朱子之格物併補傳一章亦爲訓解其說中庸不以無聲無臭虚擬性天而始終歸本于慎獨皆確然守先儒之舊蓋南星爲一代名臣守正不阿出其天性故當狂禪横溢之時能卓然有以自立雖不以講學名而所言篤實過于講學者多矣未可以其近而忽之也乾隆四十七年十月恭校上

論語商

臣等謹案論語商二卷明周宗建撰宗建字季侯吴江人萬歷癸丑進士官至監察御史巡按湖廣爲魏忠賢所害崇禎初追贈太僕寺卿謚忠毅事迹具明史本傳此其官武康縣時與諸生講論所彙成也宗建剛方正直爲一代名臣而其學則沿當時流派乃頗近於禪如云人心之樂非情非趣非思非爲虚中之影水中之相如斯之類殆似宗門語錄然如講素絢章謂後人求深反淺在當時夫子子夏不過隨境觸悟非子夏欲抹殺禮亦非夫子不重禮講顔淵問

爲邦章云夫子略指大意非只執定數件其言皆簡要明通足釋訓詁之轇轕且其人與日月爭光則其書亦自足不朽小小疵瑕不足累之此固不與章句之儒爭一句一字之出入也乾隆四十七年四月恭校上

論語學案

臣等謹案論語學案十卷明劉宗周撰宗周有周易古文鈔已著錄宗周講學以慎獨爲宗故其解爲政以德及朝聞道首揭此旨其傳出姚江而頗能救正其失其解多聞擇善多見而識章有云世謂聞見之知與德性之知有二予謂聰明睿知非性乎睿知之體不能不窮於聰明而聞見啟焉今必以聞見爲外而欲隳明黜聰求睿知並其睿知而槁矣是隳性於空而禪學之談柄也其鍼砭良知之末流最爲深切其解性相近章謂氣質還他氣質如何扯著性性是就氣質中指點義理者非氣質即爲性也雖與朱子之説稍異然亦頗分明不苟蓋宗周此書直抒己見其論不無純駁然要皆抒所實得非剽竊釋氏以説

儒書自矜爲無上義諦者也其解見危致命章曰人未有錯過義利關而能判然於生死之分者卒之明社既屋甘蹈首陽之一餓尤可謂大節皭然不負其言矣乾隆四十七年四月恭校上

四書留書

臣等謹案四書留書六卷明章世純撰世純字大力臨川人天啟辛酉舉人官至柳州府知府聞流寇陷京師悲憤而卒明史文苑傳附見艾南英傳中所著總名曰留書此其說四書者六卷又別有内集一卷乃所著子書散集一卷乃所作筆記明史藝文志總題曰留書入之儒家類中然說四書六卷之前有天啟丁卯世純自序後有世純自作四書留書跋皆言詮釋四書之意不及其他其書分章抒論體例類劉敞春秋意林但敞不標經文此標某章某章耳解經家本有此體入之子書殊非其類今割其内集散集别著録而説四書者入經部存其實也世純與艾南英羅萬藻陳際泰號臨川四家悉以制義名一時而

世純運思尤銳其詁釋四書往往于章句之外標舉精義發前人所未發不規
規于訓詁而亦未嘗如講良知者至于滉瀁以自恣揚雄所謂好深湛之思者
世純有焉乾隆四十七年十月恭校上

日講四書解義

臣等謹案日講四書解義二十六卷康熙十六年總裁臣庫勒納等奉敕
校刊欽惟聖祖仁皇帝以夙齡即阼典學懋修孜孜不輟儒臣排日進講
寒暑罔間復命撰爲講義以次進覽年終彙呈諸經並有成編而四書
最先刊布伏讀序文所云厚風俗必先正人心正人心必先明學術則知
生安之聖不廢問學洵有以揚萬禩文明盛矣乾隆四十七年三月恭校上

四書近指

臣等謹案四書近指二十卷國朝孫奇逢撰奇逢有周易大旨別著錄是編
於四子之書挈其要領統論大旨間引先儒之說以證異同然意旨不無偏

如云聖人之訓無非是學此論最確乃兩論逐章皆牽合學字至謂道千乘之國章敬信節愛時使皆時習事大學聖經章所論本末先後以明德須在民上明修身須在天下國家上修又云格物無傳是大學最精微處以物不可得而名無往非物即無往非格朱子所謂窮至事物之理乃通大學數章而言云云皆不免高明之病蓋奇逢之學兼採朱陸而大本主於窮則勵行出則經世故其說如此雖不必一一皆合於經義而讀其書者知反身以求實用於學者亦不爲無益也乾隆四十七年三月恭校上

孟子師說

臣等謹案孟子師說二卷　國朝黄宗羲撰宗羲受業於劉宗周以宗周於論語有學案於大學有統義於中庸有愼獨義獨於孟子無成書乃述其平日所聞著爲是書以補所未備其曰師說者倣趙汸述黄澤春秋之學題曰春秋師說例也宗周之學雖標愼獨爲宗而大旨淵源究以姚江爲本故宗羲所述仍

多闡發良知之旨然於滕文公爲世子章力闢沈作喆語辨無善無惡之非於居下位章力闢王塘南語辨性亦空寂隨物善惡之說則亦不盡主姚江矣其他議論大都按諸實際推究事理不爲空疎無用之談略其偏駁而取其明切於學者不爲無益固不必執一格而廢衆論因一眚而廢全書也乾隆四十七年五月恭校上

大學翼眞

臣等謹案大學翼眞七卷　國朝胡渭撰渭有禹貢錐指别著錄是書卷一分四目曰大學二字音義曰先王學校之制曰子弟入學之年曰鄉學之教卷二分三目曰小學之教曰大學之教曰學校選舉之法卷三分三目曰大學經傳撰人曰古本大學曰改本大學皆引據精核考證詳明非空疎游談者可比卷四以下爲渭所考定之本大旨仍以朱子爲主力闢王學改本之誤以經爲一章傳爲八章其誠意章以下與諸本並同惟以康誥曰至是故君子無所不用

其極爲第一章統釋三綱領以詩云邦畿千里至此以沒世不忘也爲第二章謂前三節釋經知止能得之序後兩節釋知止之由與能得之序以聽訟吾猶人也一節爲第三章謂釋本末之意而移此謂知本二句於前章止於信之下謂知本爲知止之訛與諸本爲異雖少變朱子之説然僅謂格致一章不必補傳耳其論格物固仍然朱子之旨也其卷末一條謂古之大學所以教人者其文則詩書禮樂其道則父子君臣夫婦長幼朋友其法則博學審問愼思明辨篤行故孟子謂庠序學校皆所以明人倫云云所見切實視泛爲性命理氣之談以五常百行之外别有一物謂之道别有一事謂之學者勝之遠矣乾隆四十七年三月恭校上

四書講義困勉録

臣等謹案四書講義困勉録三十七卷　國朝陸隴其撰隴其所訂三魚堂四書大全諸書已各著於録是書乃因彥陵張氏所輯講義原本删翦精要復益

以明季諸家之說而以己見折衷之始於順治戊戌越康熙癸卯而書成蓋以續大全之後而補其所未備者凡大學一卷中庸二卷論語二十卷孟子十四卷本隴其未定草稿隴其殁後其族人公穋始爲繕寫編次以授其門人席永恂等梓行之其曰困勉錄者則隴其所自署也自朱子集注出四書大指闡發始明其後宋元諸儒各有成編剖晰益無遺蘊明代諸儒所說如蒙存淺達之類雖經生所傳習要不能盡出其範圍然聖賢之書旨趣深長其理愈推而愈顯凡節目所在得後人爲之融會貫通其足以羽翼集注者固亦不少隴其詳加別擇舉明末陽儒陰釋似是而非之說一舉廓清之而獨取其純粹無疵可與集注相表裏者洵朱子之功臣固不徒爲舉業家津梁之導矣乾隆四十七年九月恭校上

松陽講義

臣等謹案松陽講義十二卷　國朝陸隴其撰隴其有三魚堂四書大全四書

講義困勉錄諸書已著錄是書乃其官靈壽知縣時與諸生講論而作故所説止一百十八章於四書不能遍及蓋隨時劄記非節節而爲之解也隴其潛心正學於四子書用力尤勤立説一以朱子爲歸而凡異論紛呶是非蠭起者皆拒之惟恐不力其增删大全及困勉錄中所引明儒之言類皆本此意以爲決擇之準是編乃與諸生講授之語大都出其所心得故於闢邪衞道之旨尤反覆致意焉其間融貫舊説亦多深切著明剖析細密自明代迄今講四書者醇正精實罕有能出其右故數十年來經生家多採其説以爲講習之用其有功於學者非淺鮮云乾隆四十七年八月恭校上

大學古本説

中庸章段

中庸餘論

讀論語劄記

讀孟子劄記

臣等謹案大學古本說一卷中庸章段一卷中庸餘論一卷讀論語箚記二卷讀孟子箚記二卷　國朝李光地撰光地有周易觀彖別著錄是編大學用古本後有自記稱讀朱子之書五十年凡如易之卜筮詩之雅鄭周子無極之旨邵子先天之傳皆能灼然不惑老而逾篤于此書亦牽勉應和焉而非所謂心通而嘿契者問考鄭氏舊本尋逐經意竊疑舊貫之仍文從理得況知本誠身二義尤爲大學樞要所存似不應溷於衆目中致陸王之徒得攘袂扼擊自託於據經詁傳云云蓋意所未合不欲附和以自欺非故與朱子爲難也其中庸不用朱子本亦不用鄭注古本自分爲一十二章然特聯屬其文使節次分明大旨則固無異餘論一卷闡發精義尤多論語孟子則隨其所見即自箚記之但舉經文首句標曰某章其無所詮解者則併其章目不存焉大旨皆主於尋求義理宛轉發明不似近代講章惟以描摹語氣爲時文敷衍地也乾隆四十

七年十一月恭校上

論語稽求篇

臣等謹案論語稽求篇七卷　國朝毛奇齡撰皆辨駁朱子集注之説蓋元陳天祥四書辨疑之類也朱子集注研究文義期於愜理而止原不以考證爲長奇齡學博而好辨遂采古義以相詰難其中有强生支節者如古人有所師法皆謂之學即至學炙學謳亦無異訓朱子注學爲效原無疵病奇齡必謂學者業道之名泛訓作效與工師授受何别不知學道學藝所學之事異而學字不能别釋亦猶喻義喻利所喻之事異而喻字不能兩解以此發難未見其然有牛是牛非者如非其鬼而祭之注引季氏旅泰山固爲非類奇齡謂鬼是人鬼專指祖考故曰其鬼引周禮大宗伯文爲證謂泰山之神不可稱泰山之鬼其説亦辨然鬼實通淫祀不專言人鬼果如奇齡之説宋襄公用鄫子于次睢之社傳稱淫昏之鬼者其鬼誰之祖考耶有全然無理者如無所取材鄭康成注

材爲桴材殊非事理即牛刀之戲何至于斯奇齡引而申之以攻集注不幾於侮聖言乎然其中如謂甯俞不仕文公及祿去公室三世政逮大夫四世之類考據特詳解爲政以德之類持論亦正漢代學官齊論魯論古論三家並立兼存異說以備參考是亦古人不廢諸家之義也乾隆四十七年二月恭校上

四書賸言

臣等謹案四書賸言四卷補二卷　國朝毛奇齡雜論四書之語其門人子姪輩輯而錄之前二卷爲盛唐王錫所編後二卷爲其子遠宗所編補二卷則章大來所編也其書隨文雜錄不以經文爲先後亦不以四書分類惟每卷目錄各稱論語若干條大學若干條中庸若干條孟子若干條耳奇齡說經善考證而喜辨論故詮釋義理往往反覆推衍以典籍助其駁詰支離蔓衍不顧其安至於考核事實徵引訓詁則偏僻者固多而精核者亦復不少如以姚方興所補二十八字爲僞其說本確而考其所著古文尚書冤詞則力以此二十八字

爲眞引證諸史亦言之鑿鑿豈非辨之所至輒負氣求勝遂不暇顧其矛盾耶至於以畏匡爲鄭地以公山弗擾之畔不在定公十二年諸條則證據確然實有出於集註之外者汰短取長未嘗不可與閻若璩四書釋地並傳也補二卷中多載其門人子姪之説疑唐錫等亦有所删潤非盡奇齡之舊觀大來序稱補綴所聞各有記憶且亦陸續成此書不能一轍則雜出衆手如語錄之類明矣乾隆四十七年九月恭校上

大學證文

臣等謹案大學證文四卷　國朝毛奇齡撰是書備述諸家大學改本之異同首列註疏本大學之眞古本也次列漢熹平石經本有錄無書以原本不傳且考驗舊文知即今注疏之本故不復列次爲魏正始石經本即豐坊所依託者仍列於前從其所僞之時代也次爲明道程子改本次爲伊川程子改本次爲朱子改本皆錄全文次爲王柏改本次爲季本改本次爲高攀龍改本即崔銑

改本次爲葛寅亮改本皆僅列其異同之處而不錄全文漢以來專門之學各承師說但有字句訓詁之異無人敢竄亂古經費直始移周易杜預始移左傳亦未敢顚倒次序自劉敞改武成俞庭椿改周禮而改經之風遂盛於北宋以後譬如增減古方以治今病不可謂無裨於醫療而亦不可謂即扁鵲倉公之舊劑也奇齡備列諸本使沿革秩然亦足以資考證蓋一則欲綱目分明使學者便於致力一則欲章句不易使古經不至失眞各明一義固可以並行不悖耳乾隆四十七年五月恭校上

四書釋地

臣等謹案四書釋地一卷釋地續一卷釋地又續二卷釋地三續三卷　國朝閻若璩撰若璩字百詩太原人流寓淮安因爲山陽人康熙己未以監生薦舉博學鴻詞若璩因解四書者昧於地理往往致乖經義遂撰釋地一卷凡五十七條復摭所未盡爲釋地續一卷因牽連而及人名凡八十條後因地理人名

而及物類訓詁典制得一百六十三條謂之又續其他解釋經義者又得一百二十六條謂之三續總以釋地爲名從其朔也大抵事必求其依據旁參互證多所貫通雖其中過執己意如以鄒君假館謂曹國爲復封以南蠻鴃舌指許行爲永州人者亦閒有之然四百二十六條之中可據者十之七八蓋若璩博極羣書又精于考證百年以來自顧炎武以外罕能與之抗行者觀是書與尚書古文疏證可以見其大槩矣乾隆四十七年五月恭校上

四書劄記

臣等謹案四書劄記四卷　國朝楊名時撰名時有周易劄記已著錄是編乃其讀四書所記也大學不標古本之名亦不顯言古本改本之是非而皆用李光地古本之說故其首條曰文貞公以知止屬志學以靜安屬主敬能慮能得屬致知力行知所先後爲知本知至此解確不可易其以格物爲明善不取王守仁格庭前一竹之說亦不主朱子補傳之說論語如謂之吳孟子句及非禮

勿視四句雖以時文爲說而大致主於闡明義理多所心得中庸立論尤爲切實如云鬼神之爲德章以前說子臣弟友妻子父母忽然說到鬼神似乎隱怪不知如何接逗曰宗廟社稷即人倫之極致處不說到此如何得完人倫分量又云無聲臭即以無極言之亦無弊然卻落空不如以天無心而成化言之又云無聲無臭謂天命本然莫說入於元妙其宗旨可見孟子一卷最簡略疑其未成之書然總非近時講章所有也乾隆四十七年四月恭校上

此木軒四書說

臣等謹案此木軒四書說九卷　國朝焦袁熹撰據其子以敬以恕所作凡例袁熹手定者十之六以敬等掇拾殘稿補綴成編者十之四故與所作經說偶有重複較經說多可取其中强傅古義者如大學章句中常目在之自爲所在之在乃從尚書訓爲察中庸如鼓瑟琴即本詩亦但言聲和耳乃以爲琴屬陽瑟屬陰喻陰陽之和論語女弗能救自是匡救乃引周禮司救註解爲防禁天

將以夫子爲木鐸自取覺世之義乃引明堂位天子振木鐸謂夫子當有天下達巷黨人本無名氏乃因史記有童子二字指爲項櫜雖不免賢智之過然其他皆疏理簡明引據典確間與章句集註小有出入要能釐然有當於人心自明以來講四書者多爲時文而設袁熹是書獨能深求於學問原序稱其心師陸隴其終身不名不字而不走其門蓋志不近名宜其言之篤實矣乾隆四十七年五月恭校上

鄉黨圖考

臣等謹案鄉黨圖考十卷 國朝江永撰是書取經傳中制度名物有涉于鄉黨者分爲九類曰圖譜曰聖蹟曰朝聘曰宮室曰衣服曰飲食曰器用曰容貌曰雜典考核最爲精密其中若深衣車制及宮室制度尤爲專門繪之精核亦非諸家所及間有研究未盡者若謂每日常朝王但立於寢門外與羣臣相揖而已既畢朝若有所議則入內朝引左傳成公六年晉人謀去故絳韓獻子新

將中軍公揖之入獻子從公立於寢庭爲內朝議政之證謂鄭注太僕燕朝至圖宗人嘉事者特舉其一隅非謂宗人得入異姓之臣不得入後儒誤會太僕注以異姓之臣不得入路門遂謂攝齊升堂爲升路門外之堂其實路門之外無堂云云今考永以爲異姓之臣得入內朝永說爲是若謂路門之外無所議欲有所議必入內朝則永未詳考魯語曰天子及諸侯合民事于外朝注言與百官合考民事於外朝也又曰合神事於內朝注內朝在路門內是則路門外之朝天子諸侯於以合考民事豈謂無所議耶然全書數十百條其偶爾疏漏者不過如此亦可謂邃於三禮者矣乾隆四十七年十一月恭校上

四書逸箋

臣等謹案四書逸箋六卷　國朝程大中撰大中字拳時號是菴應城人是書採輯注疏及經史子集內有與四子書相發明者或集註所已引而語有舛誤或集注所未發而義可參訂者爲之箋其出處其與集注小異者則爲附錄其

他書中所載四子書及與今本異者則爲附記第六卷內專考四書人物遺事及雜事數十則別爲雜記援據頗極精博中惟束帶一條不引玉藻肆束及帶勤者有事則收之之文朋友死無所歸一條引白虎通而不引檀弓夫子曰生於我乎館死於我乎殯之文廛無夫里之布一條集注止引載師職而此不引閭師職凡無職者出夫布之文以補之未免疏漏至雜記內因論語有夢周公一語遍引堯舜禹文諸夢事如夢書六帖皆爲引入亦稍涉泛濫然詞皆有據固可與閻若璩四書釋地相輔而行也乾隆四十七年九月恭校上

欽定四庫全書提要卷二十三

經部二十三

樂類

皇祐新樂圖記

臣等謹案皇祐新樂圖記三卷宋阮逸胡瑗奉勅撰仁宗景祐三年二月以李照樂穿鑿特詔校定鍾律依周禮及歷代史志立議範金至皇祐五年樂成奏上此其圖記也舊本從明文淵閣錄出後有元天歷二年吳壽民跋又有明萬歷三十九年趙開美跋敘是書源委頗詳考初置局時逸瑗與房庶等皆驛召預議詔命諸家各作鍾律以獻而持論互異司馬光主逸瑗之說范鎮主房庶之說往反爭議卒不能以相一其往返書牘具光傳家集中而鎮所作東齋記事亦略存其槩是書上卷具載律呂黍尺四量權衡之法皆以橫黍起度故樂聲失之於高中下二卷考定鐘磬晉鼓及三牲鼎鸞刀制度則精核可取云乾

隆四十七年十一月恭校上

樂書

臣等謹案樂書二百卷宋陳暘撰暘字晉之閩清人紹聖中登制科官至禮部侍郎事迹具宋史本傳此書乃建中靖國間暘爲祕書省正字時所進也自第一卷至九十五卷引三禮詩書春秋周易孝經論語孟子之言各爲之訓義其第九十六卷至二百卷則專論律吕本義樂器樂章及五禮之用樂者爲樂圖論引據浩博辨論亦極精審視其兄祥道禮書殆相伯仲第禮書所載祇詳於三代器數是書則又推及律吕本原及後世雅俗諸部故陳振孫書錄解題謂樂書博則博矣未能免於蕪穢也然暘書包括歷代總述前聞既欲備悉源流自不得不兼陳正變使振孫操筆而修史將舉古來秕政亂法一切删之不載乎此南宋人迂繆之見不足據也其中惟辨二變四清二條實爲紕繆至以七音爲八音虛土而言尤爲牽强矣又其釋周官三宫之樂以圜黃太姑爲宫之

旋而在天者故其合别而爲四函太姑南爲宫之旋而在地者故其合降而爲三黄大太應爲宫之旋而在人者故其合降而爲二若然則天宫用八律地宫用六律人宫用四律以多少爲差别也而圜丘樂六變方丘樂八變宗廟樂九變又何以解耶凡此之類皆不可據爲典要然唐以來樂書無傳北宋樂書惟皇祐新樂圖記及此書存耳遺文緒論條理可徵又安可以一眚廢耶乾隆四十七年十一月恭校上

律吕新書

臣等謹案律吕新書二卷宋蔡元定撰元定字季通建陽人慶元中坐黨禁流道州卒事迹具宋史道學傳朱子稱其律書法度甚精近世諸儒皆莫能及又云季通理會樂律大段有心力看得許多書及爲是書作序又曰黄鍾圍徑之數則漢斛之積分可考寸以九分爲法則淮南太史小司馬之説可推五聲二變之數變律半聲之例則杜氏之通典具焉變宫變徵之不得爲調則孔氏之

禮疏固亦可見至於先求聲氣之元而因律以生尺則尤所謂卓然者而亦班班雜見於兩漢之制蔡邕之說與夫國朝會要以及程子張子之言蓋是書實朱蔡師弟子相與共成之者故獨見許如此書分二卷一爲律呂本原凡十三篇一爲律呂證辨凡十篇今考元定之說多截竹以擬黃鍾之管皆即以其長權爲九寸而度其圍徑如黃鍾之法更迭以吹則中聲可得淺深以列則中氣可驗是截管之法必本之候氣也而候氣之說最爲荒渺後漢晉隋志所載又各異同詳考是編亦足備參核也乾隆四十七年十一月恭校上

瑟譜

臣等謹案瑟譜六卷元熊朋來撰朋來有五經說已著録是書大旨以爲在禮堂上侑歌惟瑟而已他弦莫侑爲古人所重自瑟教廢而歌詩者莫爲之譜既作瑟賦二篇發明其理復援據古義參以新意定爲一編首爲瑟弦律圖次爲宮六十調圖次爲雅律通俗譜例次爲指法次爲詩舊譜凡鹿鳴四牡皇皇者

華魚麗南有嘉魚南山有臺關雎葛覃卷耳鵲巢采蘩采蘋十二篇即趙彥肅所傳開元十二詩譜次曰詩新譜凡騶虞淇澳考槃黍離緇衣伐檀蒹葭衡門七月菁菁者莪鶴鳴白駒文王抑崧高烝民駉十七篇皆朋來所補次曰樂章譜爲學宮釋奠樂章終以瑟譜後錄則古來論瑟之語也其瑟弦律圖以中弦爲極清之弦虛而不用駁姜氏瑟圖二十五弦全用之非案聶崇義三禮圖雅瑟二十三弦其常用者十九弦其餘四弦謂之番番贏也頌瑟二十五弦盡用之又莊子淮南子均有鼓之二十五弦皆動之文則姜氏之說于古義有徵未可盡斥其旋宮圖内所列六十調皆據律呂新書所推其十二宮則用禮記正義黃鍾一林鍾二之次與蔡氏黃鍾一大呂二之次不同又改二變爲二少少與老相應與正不相應實不如律呂新書之確又黃鍾一均惟黃鍾宮用七正律無射商則一正一半五變半夷則角則二正二半三變半朋來列七正律於黃鍾宮之前而無射商以下不書正變及半律變半律亦不可解其樂章譜既

用唐樂三和之法註曰如大呂爲角則於大呂均取中呂起調畢曲太簇爲徵則於太簇均取南呂起調畢曲應鍾爲羽則於應鍾均取夷則起調畢曲然於黃鍾爲宮無義又曰今釋奠迎神或祇用黃鍾爲宮一曲疊奏之云云按范鎮皇祐新樂圖記曰黃鍾爲角者夷則爲宮黃鍾之角者姑洗爲角十二律之於五聲皆如此率而世俗之說乃去之字謂太簇曰黃鍾商姑洗曰黃鍾角林鍾曰黃鍾徵南呂曰黃鍾羽其論至明今因大呂爲角而取中呂起調畢曲太簇爲徵而取南呂起調畢曲應鍾爲羽而取夷則起調畢曲則是大呂之角太簇之徵應鍾之羽而非大呂爲角太簇爲徵應鍾爲羽矣至於黃鍾爲宮與黃鍾之宮則同一黃鍾無以異也朋來既用唐制而又云祇用黃鍾爲宮一曲疊奏豈非於意亦有所未安而爲騎牆之論歟他如後錄中以堯作十五弦之瑟見于呂覽者誤爲樂記記憶偶疎又其小疵矣然樂律一門諸家著錄琴譜爲多瑟則東晉之初尚有桓伊歌曹植詩事以後傳者寥寥錢起所云二十五弦彈

夜月李商隱所云錦瑟無端五十弦者特詩人寄興之詞不必眞有其事古調之僅存不過郊廟朝會備雅樂之一種而已朋來於舊譜放失之餘爲之考訂蒐羅尙存梗槩史稱其通曉樂律尤善鼓瑟則與儒者不通宮調而坐談樂理者尙屬有殊存之猶足見古樂之遺也乾隆四十六年九月恭校上

韶舞九成樂補

臣等謹案韶舞九成樂補一卷元余載撰載始末無考惟據其進書原序自稱三山布衣前福州路儒學錄又據其門人新安朱模進樂通韶舞補略序知爲文宗天歷中人其字曰大車以養親辭官篤行授徒自甘嘉遯而已是編文淵閣書目著錄世無傳本惟永樂大典所載編帙猶完首爲九德之歌音圖次爲九德之歌義圖次爲九聲之舞綴兆圖次爲九聲之舞釆章圖其歌圖以五聲五言相配所謂平濁平清者與沈約徐景安分平聲爲上下以配五音者異沈約說見米芾畫史徐景安說見王應麟困學紀聞與司馬光劉鑑諸家以喉舌脣齒牙配五音者亦異

又以六律六呂分用與諸家樂書以十二律相生之次爲旋宮七音之次者尤截然不同然考周德清中原音韻所謂陰平陽平即載平濁平清之説也周官大司樂鄭元注所謂六律合陽聲六呂合陰聲即載律呂分用之説也則雖自出新意亦不爲無據至於準大衍之數以製河圖準太乙行九宮法以造洛書皆起於陳摶以後后夔典樂之日實無是文載所定舞圖皆根河洛以起數尤不免附會牽合然數不外於奇偶奇偶不外於陰陽易道廣大事事可通亦未始不言之成理束晳之補六詩皮日休之補九夏不必其定合於古要猶存古義於萬一終勝於側調幺弦導欲增悲者也則載是書亦不妨存備一説矣其書屢經傳寫誤字頗多如音圖第八章至哉坤元之坤字據後義圖應在第八格而舊本誤在第七格又如綴兆始成圖中屑左右皆闕兩位據舞用八佾當得六十四人不應再成以下皆六十四始成乃止六十且復綴即始成之位次後采章圖内亦各有黄衣二人之位則此圖之佚脱顯然今並校正使復其舊

其以朱圈黑圈記舞人之位者亦間有淆亂並釐正焉乾隆四十六年九月恭

校上

律呂成書

臣等謹案律呂成書二卷元劉瑾撰瑾有詩集傳通釋已著錄是書以候氣爲定律之本因而推其方圓周徑以考求其積分蓋瑾之學篤信宋儒故其注詩守朱子之説不踰尺寸其論樂守蔡氏彭氏之説亦不踰尺寸也考管子地員篇稱呼音中徵中羽之類及呂氏春秋古樂篇稱伶倫先制黄鍾之宮次制十有二筩咸不言候氣至司馬彪續漢書志始載其法相傳爲出於京房然別無顯證隋書載後齊信都芳能以管候氣仰觀氣色常與人對語即指天曰孟春之氣至矣人往驗管而飛灰果應又稱毛爽草候氣法述漢魏以來律尺稍長灰悉不飛其先人柄誠與其兄喜所爲律管皆飛灰有徵應然後來均不用其法蔡邕有言古之爲鍾律者以耳齊其聲後人不能假器以定其度量者可以

文載口傳然不如耳治之明決也然則舍可辨之音而求杳茫不可知之氣斯亦末矣至蔡氏律呂新書推衍舊文仍言候氣其數以徑一圍三立度爲算頗疎彭氏覺其未合改用祖沖之徑七圍二十二之率然稽諸隋志此猶約率非密率也瑾合二家之書反覆推衍以成是編較諸古人之神解誠未必窺其精微然宋儒論樂所見不過如此有元一代著述尤稀此書猶不甚支離者長短兼存以資考訂固亦不妨姑備一說云爾乾隆四十六年九月恭校上

苑洛志樂

臣等謹案苑洛志樂二十卷明韓邦奇撰邦奇有易學啟蒙意見已著録是書首取律呂新書爲之直解凡三卷前有邦奇自序後有衞淮序第三卷以下乃邦奇所自著史稱邦奇性嗜學自諸經子史及天文地理樂律術數兵法之書無不通究所撰志樂尤爲世所稱今案其書臆斷傅會皆所不免夫自雲門咸池以至大武古僅存其名無其辭也其聲其器邦奇安從而知之至周有房中

樂秦名曰壽人漢則曰安世房中歌亦僅載其辭宮調本不可考即詩鹿鳴四牡諸章序所云君能下下者亦但據辭義定之耳邦奇乃懸擬其節奏已屬無稽若世子之禮詳見禮記文王世子之篇無所用何樂也至世孫則古所未有自漢宣帝始命成帝字曰太孫晉惠帝始立臨淮王臧爲太孫邦奇狃於太孫之説故撰爲世孫之稱則曲學阿世矣凡音之起由人心生安有懷私揣度而可語於樂者況樂非聖人不能作亦非聖人莫能知我　聖祖仁皇帝心通造化默契元音　御製律呂正義一編於凡審音定律制器協均之奧與夫五聲二變應和之原精析毫釐自尼山正樂以後始集聲振之大成矣我　皇上復纂後編　親加釐定凡樂器樂制樂章兼綜條貫罔不賅洽而且大凱奏於郊臺裔樂陳於陛燕功成作樂萬世一時固非一二儒生扣槃捫籥之見所能喻者邦奇是編本駁雜無足采録惟其中摭拾前人遺説尚有決擇存之以資博證焉乾隆四十七年十一月恭校上

鍾律通考

臣等謹案鍾律通考六卷明倪復撰復字汝新寧波人是書凡二十七章始于黄鍾本原定法章終于風雅十二詩圖譜章其中有標卷目者又有不標卷目者蓋編次之失或鈔錄者所合併也卷首有嘉靖丙戌張邦奇序謂其本之儀禮經傳參之西山蔡氏之說歷考古今制度辨正百家之得失以求合乎聲氣之元今考其書大端能守古訓而亦間有好奇之癖如吕氏春秋黄鍾三寸九分與歷代律書九寸之說自不得合而爲一而復則謂三寸者三三九寸也九分者九方分也其論亦本何瑭及鄭世子而穿鑿無義何關典訓五聲二變明有國語伶州鳩之說可證而是書乃謂宫屬君周加變宫因誅紂徵屬事周加變徵示革商之舊政也說皆杜撰又所載六十調圖若黄鍾五調亦無射爲商夷則爲角仲呂爲徵夾鍾爲羽之故說同時韓邦奇于蔡氏舊圖疏解甚詳而此書乃不之及俱不免于漏略然其中亦間有可採如左氏傳中聲以降五降

之後不容彈矣蔡元定謂五聲之後二變不容爲調朱子謂蕤賓以下不可爲宮是書謂朱子之說與禮記所云旋相爲宮似有未合故特從元定又若黃鍾生十一律倍其實四其實三其法及角音六十四變變宮變徵之類能並列朱蔡異同之法參互詳審頗爲不苟亦可謂勤于此事者矣乾隆四十七年十一月恭校上

樂律全書

臣等謹案樂律全書四十四卷明朱載堉撰載堉鄭恭王厚烷世子也是書萬曆間嘗進於朝明史藝文志作四十卷今考此本所載凡書十一種惟律呂精義内外篇各十卷律學新說四卷鄉飲詩樂譜六卷皆有卷數其樂學新說算學新說操縵古樂譜六代小舞譜八佾綴兆圖靈星小舞譜旋宮合樂譜七種則皆不分卷與藝文志所載不符疑史誤也載堉究心律數積畢生之力以成是書卷帙頗爲浩博而大旨則盡於律呂精義一書其說謂度本起於黃鍾之

長就此黃鍾而均分爲十寸寸十分命曰一尺當橫黍百粒是爲度尺若以此黃鍾分爲八寸一分寸九分凡八十一分當縱黍八十一粒是爲律尺又橫黍百粒縱黍八十一粒當斜黍九十粒是黃鍾之長以橫黍尺度之則爲一尺寸十分凡百分以縱黍尺度之則爲八寸一分寸九分凡八十一分以斜黍尺度之則爲九寸寸十分凡九十分也其十二律長短之數則據㮚氏爲量內方尺而圜其外之文爲圓徑即方斜命黃鍾正律爲一尺用句股求弦術得弦爲甤賓倍律蓋黃正爲句股則甤倍爲弦甤正爲句股則黃正爲弦黃甤二律互爲句股也其生南呂應鍾諸律非句股所能御蓋本於諸乘方比例相較之法載堉云句股術者飾詞也律管長短由於尺有大小其云黃鍾九寸者蓋算術設率如此亦猶鄭康成注十二律分寸釐毫絲之數破一寸以爲十分乃審度之正法太史公約十爲九則欲其便於損益而爲假設之權制也或者訶其以一尺爲黃鍾與九寸之文相反可謂不達其意矣仲呂反生黃鍾自何承天劉焯

胡瑗皆有是說蔡氏論之以爲惟黃鍾一律成律他十一律皆不成律不知律生于聲不生于數吹之而聲應則成律矣若遷就其聲以就數則五音且不和矣尚得謂之律耶又或者以其開方乘除有不盡之數爲病夫理之當用開方乘除而數有畸零者雖秒忽不盡何害假令句股求弦而句方股方相併以平方開之不盡亦將謂之不成弦耶此不知算術者也是書所論横黍百粒當縱黍八十一粒之尺度及半黃鍾不與黃鍾應而半太簇與黃鍾應之說皆精微之論 聖祖仁皇帝律呂正義一書備採其說不可以其與蔡氏有異同而置之也至其十二律相生之法以黃鍾正律一尺爲第一率倍黃鍾二尺爲第十三率則蕤賓倍律爲第七率故仲呂可以反生黃鍾左旋右旋皆可徑求次律即諸乘方用連比例相求之法也試列十三率明之以眞數一爲首率即第一率方邊二爲二率平方四爲三率立方八爲四率三乘方十六爲五率四乘方三十二爲六率五乘方六十四爲七率六乘方一百二十八爲八率七乘方二

百五十六爲九率八乘方五百一十二爲十率九乘方一千零二十四爲十一
率十乘方二千零四十八爲十二率十一乘方四千零九十六爲末率即十三
率以首率一乘末率四千零九十六開平方即得七率六十四即黄鍾求㽔賓
法以七率六十四乘首率一開平方得八爲四率即㽔賓求南吕法也以首率
一自乘之又以四率八乘之開立方得二率方邊二即南吕求應鍾法也若四
率八自乘之再以首率一乘之開立方得三率四即南吕求無射法也其比例
則首之於二猶二之于三二之于三猶三之于四依次至第十三率比例皆同
或前隔一位隔二三位與後隔一位隔二三位比例亦同即各律求各次律法
也書中未明言其立法之根又黄鍾正律倍律相乘開方有類句股求弦與方
求斜二術自㽔賓求南吕法以下非句股法所能御而亦以句股言之未免過
于祕惜以塗人耳目耳江永著律吕闡微一書專解載堉之法永最深晰算術
而猶不能得其立法之意餘可知矣乾隆四十六年十一月恭校上

御製律呂正義

臣等謹案律呂正義五卷　聖祖仁皇帝御製乃律歷淵源中第三部也爲編有三上編二卷曰正律審音以發明黄鍾起數及縱長體積面冪周徑律呂損益之理管絃律度清濁旋宫之法下編二卷曰和聲定樂以明八音制器之要器各有圖有說而于各篇之中詳考古今諸樂之同異續編一卷曰協均度曲則取西洋波爾都哈兒國人徐日昇及壹大里呀國人德禮格所講聲律節奏證以經史所載律呂宫調諸法分配陰陽二均字譜上圖下說以之晰理即以之入用綜古今樂律之大成洵乎得中聲以定大樂與天地同和矣乾隆四十七年十一月恭校上

御製律呂正義後編

臣等謹案　御製律呂正義後編一百二十卷乾隆十一年奉　勅撰律呂之書人各異說　聖祖仁皇帝累黍而得黄鍾眞度陰陽分用各加以一半律而

成七音共爲清濁一十四音又以管律絃度生聲取分各有不同明絃音不可以律呂之度取分凡所以定尺考度制器審音與夫五聲五變應和之原剖析微芒發千古未有之精義而樂器樂章則尚未及釐定蓋欲俟審比樂音之法具有成書而後考證古今勒爲定制以徵大樂之明備也我　皇上德蘊中和業隆繼述凡太常之襲謬承譌者音節篇章　親加釐定合則仍其故不合則易其詞更其調字櫛句比盡美盡善爰　命廷臣詮次以成是編凡分十類曰祭祀樂曰朝會樂曰宴饗樂曰導引樂曰行幸樂並詳其用樂節次隨月旋宮之法而備及曲詞調譜佾數舞勢鼓拍疾徐之節次曰樂器考器各有圖圖各有說而　御製諸銘具載焉次曰樂制考溯自上古若雲門大巷以降迄於前明博採經義徧徵史志凡其制作命名之由因革損益之故靡不殫述次曰樂章考亦自上古迄明依類臚舉次曰度量權衡考制器定律之本也次曰樂問則設爲問答以窮竟其義而前人舊説可采者間亦附錄蓋　御製律呂正義

殫窮理數之藴妙契聲氣之元者至是而被諸金石形諸歌頌一一徵實用焉
神聖制作洵先後同揆矣至於首載歷奉 諭旨及館臣諸奏議積盈二卷
於古今同異之辨名物度數之詳並 指示是非考詢得失務協於伶倫榮援
之舊又豈皇祐定樂但聽司馬光范純仁等盈庭聚訟莫能稱制臨決者所可
比擬萬一哉古者六經並重而樂無專書漢魏而下歷代沿革之故具在史册
先儒殫精推測究莫能以相一者一則尺度不同莫能定黃鍾之眞數一則無
制作之權而空談其理未能實諸諸管絃也是編本 御製律呂正義正律審
音和聲定樂之法而審訂源流驗諸器數揚雄法言所謂羣言淆亂折諸 聖
鄭氏禮記註所謂作禮樂者必 聖人在 天子之位也依永和聲之盛蔑以
加於此矣乾隆五十四年四月恭校上

御製律呂正義後編

臣等謹案律呂正義後編一百二十卷乾隆十一年 御定製序頒行云後編

者繼　聖祖仁皇帝律呂正義而作也爲門有十曰祭祀樂曰朝會樂曰宴饗樂曰導迎樂曰行幸樂並詳其用樂節次隨月旋宮之法而備及曲辭調譜佾數舞勢鼓拍疾徐之節次曰樂器考器各有圖圖各有說而　御製諸銘具載焉次曰樂制考溯自上古若雲門大卷以降迄於前明博采經義徧徵史志凡其制作命名之由因革損益之故靡不殫述次曰樂章考亦自上古迄明依類臚舉次曰度量權衡考制器定律之本也次曰樂問則設爲問答以窮竟其義而前人舊說可采者間亦附焉卷前載歷奉　諭旨及館臣諸奏議於凡古今雅俗之辨律調淸濁抑揚抗墜之微闡發藴奥直通造化之元仰惟　聖祖仁皇帝功德大成制作極盛而律呂未盡施行我　皇上覲揚繼述研求律本施諸實用益爲精備是編誠集千古聲振之大成以建中和而宏解阜無出範圍矣乾隆四十七年十一月恭校上

臣等謹案欽定詩經樂譜全書三十卷我皇上啟六義不傳之祕示千秋大樂之原特命皇子暨樂部諸臣據文義以定宮調援古證今親加指示而於永言之微旨御定爲一字一音合於大音希聲之義並尊御製律呂正義體例分列八音譜旋宮表字色各異而聲律則同可謂盡美盡善足以識性情之正而建中和之極矣考歌詩之見於史册者漢宗廟樂用登歌而猶仿清廟遺音晉正會樂奏於赫而不改鹿鳴聲節則知古樂雖屢變而其音節不能盡變也唐開元間鄉飲樂雖不著宮譜而獨取一字一音朱子蓋嘗言之豈非古有其法而不能用我皇上深究其本而適合於古哉後世譜詩者明朱載堉樂律全書所載關睢數篇琴瑟至用一字十六彈皇上親命樂工按譜試之具不成聲屢降諭旨駁正之又撰樂律正俗一書以糾其誤又考嘉靖十五年國子祭酒呂柟著詩樂圖譜共六集分爲六譜以教六館諸生而其譜專取黄鍾一調即朱載堉以笛合字爲宮聲之法也歌字不論平仄亦不取

某字起某字止之例鐘磬止用黄大仲林南淸黄六音而虚其十二不用琴瑟止用六絃蓋以意爲之不知而作者也且自周南至商頌僅八十餘譜烏足與語全詩之盛美　聖皇之作述哉總計原詩三百五篇增入　御製補笙詩六篇凡三百十一篇簫笛鐘琴瑟凡一千五百五十五譜云乾隆五十四年四月恭校上

古樂經傳

臣等謹案古樂經傳五卷　國朝李光地撰光地所著尙書解義諸書已别著録是書乃所作古樂經解詁取大司樂以下二十官爲經以樂記爲之記又有附樂經附樂記統爲五卷樂經樂記爲光地所自訂其樂教樂用二篇則其孫淸植以遺稿集成者也樂經之最不易通爲千古聚訟者莫若大司樂一篇蓋竇公以後久失其傳康成之注亦自隱奥難曉學者各爲之說遂至紛紜轇轕無所折衷光地之論謂經文圜鍾爲宫當作黄鍾爲宫蓋即以黄鍾爲宫也黄

鍾爲角則黃鍾角調也其起調畢曲之律以姑洗太蔟爲徵則太蔟徵調也其起調畢曲之律以南呂姑洗爲羽則姑洗羽調也其起調畢曲之律以大呂據此則黃鍾爲角乃姑洗爲黃鍾之角太蔟爲徵乃南呂爲太蔟之徵姑洗爲羽乃大呂爲姑洗之羽經文自當爲黃鍾之角太蔟之徵姑洗之羽不得云黃鍾爲角太蔟爲徵姑洗爲羽光地錯綜比附亦未免迂曲而不可通然其以上文祀天神四望所用之律爲證亦自有意義雖近於穿鑿正不妨存此一解以補前人所未備其他立說則多考核確當議論精詳蓋其用功甚深迥非師心臆度者所可及矣乾隆四十七年四月恭校上

古樂書

臣等謹案古樂書二卷　國朝應撝謙撰撝謙字嗣寅仁和人是書上卷論律呂本原大旨本蔡氏新書而參以注疏及朱子之說下卷論樂器制度則本陳祥道禮書及李之藻頖宮禮樂疏者爲多議論醇正考訂簡核頗得要領其間

立說精審處往往足資考證如考工記鳧氏爲鐘兩欒謂之銑銑間謂之于于上謂之鼓鼓上謂之鉦鉦上謂之舞十分其銑以其二爲之鉦以其鉦爲之銑間去二分以爲鼓間以其鼓間爲之舞脩去二分以爲舞廣記文不言鉦間及鼓徑之度鄭注云鉦間亦當六故又云鉦六鼓六舞四此鐘口十者其長十六然鉦間鼓間既同方六而記又云大鐘十分其鼓間以其一爲之厚小鐘十分其鉦間以其一爲之厚則鼓間鉦間不得同度撝謙云鉦間與舞廣同爲四校之鄭注頗爲可通又銑間謂之于先儒皆無明訓撝謙作正體側體二圖則鼓間下段兩角之下垂者即銑間蓋古鐘制如鈴而不圓兩角相距之中徑爲十分其自兩角至鼓間之長體爲八分至兩角相距之外體獨缺故鄭注鐘長十六不算銑間而又以于鼓銑舞四名爲皆鐘體則銑間自有體長之度可知撝謙此二圖固最爲明晰也乾隆四十七年十月恭校上

臣等謹案　聖諭樂本解說二卷　國朝毛奇齡撰書成於康熙三十一年五月擬進　呈未果至三十八年三月　聖祖仁皇帝南巡奇齡迎　駕於嘉興乃以是書恭　進故卷首載三十五年一疏而卷末又有三十八年附記其書因大學士桑伊阿論樂原疏本於徑一圍三隔八相生之　聖諭故推闡考證分條註釋其進書原疏稱合三書十三卷首爲樂本解說一卷今此本乃分二卷蓋全書文義相屬本爲一篇刊板之時乃以論徑一圍三者爲前卷論隔八相生者爲後卷取其條理易明當迎　駕恭　進之時即用此刊本故集中定著爲二卷其所徵引亦頗見詳博云乾隆四十七年九月恭校上

皇言定聲錄

臣等謹案　皇言定聲錄八卷　國朝毛奇齡撰其書皆闡論樂律凡一百餘條爲圖者十六自稱推本　聖祖仁皇帝論樂之明訓而抒其所見故以名書其所斷斷致辨者乃九聲七調之說合五聲及宮清商清角清徵清爲九聲合

五聲及變宮變徵爲七調謂曲聲不用二變而器色以七調之色字應之故九聲爲聲七調爲調因又辨昔人以變宮在宮前變徵在徵前爲非而移二變於二正後蓋熟於吹簫笛者翻宮換調以宮逐羽聲則羽爲宮而宮當商商當角角當徵徵當羽皆差一位故變宮本在羽後宮前者變而居宮後商前矣變徵本在角後徵前者變而居徵後羽前矣此今管色字所常用並非奇齡以獨創得之者也其餘自行己意往往攻駁古人辭氣亦不免太過以其議論頗見辨博姑存之以備參考焉乾隆四十七年十一月恭校上

竟山樂録

臣等謹案竟山樂録四卷　國朝毛奇齡撰其書據明寧王權唐樂笛色譜爲準以四乙上尺工凡六字循環成七調如四爲領調則乙爲變宮上爲商尺爲角工爲徵凡爲變徵六爲羽又除羽無清聲置乙凡二字不用復從六而推高四爲宮清高上爲商清高尺爲角清高宮爲徵清合之共爲九聲蓋簫笛色字

譜及金元曲調其動盪曲折總不出此九聲之環轉伶官遞相授受稱爲唐樂之遺法奇齡遂據以解五音十二律還相爲宫以攻司馬遷律書蔡元定律吕新書之説欲舉古來所謂三分損益隔八相生者一切廢之併伶州鳩所對亦斥爲妄言夫寧王笛色譜果否爲唐人之舊未可知也即眞出唐人而唐之雅樂固未聞能與三代比乃執其優伶賸譜以定天地之元音舉漢以來諸儒相傳去古未遠者悉指爲謬撰以事理似乎未然惟寧王譜今已不傳存録是編俾唐以來敎坊舊調金以來院本遺音猶有考焉亦技藝之一種也是書本奇齡所作而託於其父鏡所傳故題曰竟山樂録竟山者鏡之字也末一卷爲采衣堂論樂淺説十四條稱出自其兄仁和敎諭萬齡而詞氣乃宛似奇齡無可佐證亦姑妄聽之焉乾隆四十七年八月恭校上

李氏學樂録

臣等謹案李氏學樂録二卷　國朝李塨撰塨字恕谷蠡縣人塨嘗學五音七

聲十二律以器色相配之説於毛奇齡作宮調圖七調全圖及十二律旋相爲宮隔八相生合圖器色七聲還相爲宮隔八相生圖簫色下生上生圖五音七聲十二律器色七字爲七調還相爲宮隔八相生全圖六律正五音圖而皆爲之論其説主於四上尺工六五字除一領調字餘字自領調一聲遞高又自領調一聲遞低圓轉爲用雖於黄鍾之宮所以爲律本者無所發明然亦可備一家之説是書本塨所編以皆述其聞於奇齡者奇齡又手定之故後人編入西河集中而題奇齡之名於首然實非奇齡所自著趙汸春秋師説未嘗題黄澤之名古之例也故今改題塨名以不沒其眞焉乾隆四十七年十月恭校上

樂律表微

臣等謹案樂律表微八卷　國朝胡彦昇撰彦昇字竹軒德清人雍正庚戌進士官定陶縣知縣是書凡度律二卷審音二卷製調二卷考器二卷其中如謂荀勗十二笛是古人遺法今但作黄鍾大呂二笛而十二畢具其法黄鍾笛用

黃林太南姑應蕤七律大呂笛用大夷夾無仲黃林七律作大呂笛之法但以
黃鍾笛相較其黃林二律之孔無所挪移餘四孔及出音孔皆下黃鍾笛半孔
其七調除黃林二調相同外其大夾仲夷無五調合黃鍾笛之七調爲十二律
調較古人之云六十調及八十四調者亦爲簡易可從在近代講樂諸家猶爲
有所心得者也乾隆四十七年十月恭校上

律呂新論

臣等謹案律呂新論二卷　國朝江永撰永有周禮疑義諸書皆别著録是編
其論樂之書也上卷首論蔡氏律書次論五聲次論黃鍾之宫次論黃鍾之長
次論黃鍾之積次論十二律次論三分損益次論二變聲次論變律下卷首論
琴次論四淸聲次論旋宫次論樂調次論造律次論候氣次律呂餘論其大旨
以琴音立説考古律皆以管爲定漢京房始造爲均由十二律生六十律因而
生三百六十律此用弦求聲之始永之説殆源於是然管音弦音其生聲取律

微有不合故不免有牽合之處特其論黄鍾之積論宋儒算術之誤論律生於歷諸條皆能自出新意蓋律歷皆由算積故漢書併爲一志永深於算法故於律度能推其幼眇也至於定黄鍾之宫則據蔡邕月令章句以校吕氏春秋之訛併糾漢志删削之誤辨損益相生以爲均勻截管則不致往而不返亦能發前人所未發固亦可存備一家之學者矣乾隆四十七年九月恭校上

律吕闡微

臣等謹案律吕闡微十卷　國朝江永撰是書引　聖祖仁皇帝論樂五條爲皇言定聲一卷冠全書之首而　御製律吕正義五卷永實未之見故於西法五線六名八形號三遲速多不能解其作書大旨則以明世子載堉爲宗而方圓周徑用密率起算則與之微異載堉之書後人多未得其意或妄加評隲今考載堉命黄鍾爲一尺者假一尺以起句股開方之率非於九寸之管有所益也其言黄鍾之律長九寸縱黍爲分之九寸也寸皆九分凡八十一分是爲

律本黄鍾之度長十寸横黍爲分之十寸也寸皆十分凡百分是爲度母縱黍之律横黍之度名數雖異分劑實同語最明晰而昧者猶執九寸以辨之不亦惑乎永於載堉之書疏通證明具有條理而以蕤賓倍律之率生夾鍾一法又補原書所未備惟其於開平方得南吕之法知以四率比例解之而開立方得應鍾未能得其立法之根而暢言之蓋連比例四率之理一率自乘用四率再乘之與二率自乘再乘之數等今以黄正爲首率應倍爲二率無倍爲三率南倍爲四率則黄正自乘又以南倍乘之開立方即得二率爲應鍾倍律之率也其實載堉之意欲使仲吕反生黄鍾故以黄正爲首率黄倍爲末率依十二律長短之次列十三率則應鍾爲二率南吕爲四率蕤賓爲七率也其乘除開平方立方等術皆連比例相求之理而特以方圓句股之説隱其立法之根故永有所不覺耳乾隆四十七年十一月恭校上

琴旨

臣等謹案琴旨二卷　國朝王坦撰坦字吉途南通州人自來言琴律者其一在不明管子三因九開之法而以管音律呂定絃音一在不知以五聲二變明絃音之度分而以律呂分徵位一在不知管子一百八爲倍徵及白虎通離音尙徵之意泥於大不踰宮之說而以大絃爲宮一在不知三絃爲宮而以一絃十徽爲仲宮一在據正宮一條論律呂謂隋廢旋宮止存黃鍾一均而不知五聲旋宮轉調之全惟　御製律呂正義一書考定詳明發古人之所未發坦作是書一一本正義之旨而反復推闡其五聲數論琴說謂絲樂絃音其體本實當以五聲之數定其絲綸多寡之數爲之體徽分疏密之數爲之用不可以黃鍾九寸太蔟八寸爲準於正義諸圖說尤能精思闡發在近時言琴諸家可謂不失其旨矣乾隆四十七年十一月恭校上

欽定四庫全書提要卷二十四

經部二十四

小學類一

爾雅注疏

臣等謹案爾雅注疏十一卷晉郭璞注唐陸德明音義宋邢昺等疏璞字景純河東聞喜人官著作郞弘農太守後爲王敦所害事蹟詳晉書列傳昺字叔明曹州濟陰人九經及第官至禮部尚書治爾雅者自犍爲文學而下凡十餘家璞薈萃爲注陸德明謂其洽聞强識詳悉古今爲世所重自是以後爲解義者甚多釋文而外傳者甚少晁公武曰舊有孫炎高璉疏咸平初以其淺略詔昺與杜鎬舒雅等別著此書前有昺序詳述經注原委及奉勑校定之勤然據程敏政以爲此序見舒雅集內題曰代邢昺作則此注當亦廣集衆長而昺總其成耳其後若陸佃之埤雅羅願之爾雅翼又因邢疏而廣之者也明刻本不載

釋文今補入又取鄭樵注本參校是正爲多皆乾隆四年奉　勅校定本也乾
隆四十七年十月恭校上

爾雅鄭注

臣等謹案爾雅鄭注三卷宋鄭樵撰樵字漁仲莆田人居夾漈山中因以爲號
又自稱西溪逸民紹興間以薦召對授右迪功郎兵部架閣尋改監潭州南嶽
廟給札歸鈔所撰通志書成入爲樞密院編修南宋諸儒大抵崇義理而疎考
證故樵以博洽傲睨一時遂至肆作聰明詆諆毛鄭其詩辨妄一書開數百年
杜撰說經之捷徑爲通儒之所深非惟作是書乃通其所可通闕其所不可通
文似簡略而絕無穿鑿附會之失于說爾雅家爲善本中間駁正舊文如後序
中所列饘餬訊言襺袍袞黼四條㦸㦸丁丁嚶嚶三條註中所列釋詁台朕陽
之予爲我賚畀卜之予爲與一條關關噰噰當入釋訓一條釋親據左傳辨正
娣姒一條釋天謂景風句上脫文一條星名脫實沈鶉首鶉尾三次一條釋水

天子造舟一條釋魚鯉鱧一條釋蟲食根蟊一條蝮虺首大如臂一條皆極精確惟魚枕謂之丁一條務牽引假借以就其六書略之說據湅雨一字謂爾雅作于離騷後又堅執作爾雅者江南人凡郭璞所云蜀語河中語者悉駁辨之是則偏僻之過習氣猶未盡除別白觀之可矣乾隆四十七年九月恭校上

方言注

臣等謹案方言十三卷舊本題漢揚雄撰晉郭璞注考晉書郭璞傳有注方言之文而漢書揚雄傳備列所著之書不及方言一字藝文志亦惟小學有雄訓纂一篇儒家有雄所序三十八篇注云太元十九法言十三樂四箴二雜賦有雄賦十二篇皆無方言東漢一百九十年中亦無稱雄作方言者至漢末應劭風俗通義序始稱周秦常以歲八月遣輶軒之使求異代方言還奏籍之藏于祕室及嬴氏之亡遺棄脫漏無見之者蜀人嚴君平有千餘言林閭翁孺才有梗概之法揚雄好之天下孝廉衛卒交會周章質問以次注續二十七年爾乃

治正凡九千字又劭注漢書亦引揚雄方言一條是稱雄作方言實自劭始魏晉以後諸儒轉相沿述皆無異詞惟宋洪邁容齋隨筆始考證漢書斷非雄作然邁所摘劉歆與雄往返書中既稱在成帝時不應稱孝成皇帝又東漢明帝始諱莊不應西漢之末即稱莊遵爲嚴君平則未深中其要領考書首成帝時云云乃後人題下標注之文傳寫舛譌致與書連爲一實非歆之本詞文義尚釐然可辨書中載揚莊之名不作嚴字實未嘗豫爲明帝諱其嚴君平字或後人傳寫追改亦未可知皆不足斷是書之僞惟後漢許愼說文解字多引雄說而其文皆不見于方言又愼所注字義與今方言相同者不一而足亦皆不標揚雄方言字知當愼之時此書尙不名方言亦尙不以方言爲雄作故馬鄭諸儒未嘗稱述至東漢之末應劭始有是說魏孫炎注爾雅莫貈螳蜋蛑字晉杜預注左傳授師孑焉句始遞相徵引沿及東晉郭璞遂注其書後儒皆稱揚雄方言蓋由于是然劭序稱方言九千字而今本乃一萬一千九百餘字則字數

較原本幾益三千雄與劉歆往返書皆稱方言十五卷郭璞序亦稱三五之篇而隋志唐志乃並載揚雄方言十三卷與今本同則卷數較原本闕其二均爲牴牾不合考雄答歆書稱語言或交錯反相方復論思詳悉集之如可寬假延期必不敢有愛云云疑雄本有此未成之書歆借觀而未得故七略不載漢志亦不著錄後或侯芭之流收其殘稿私相傳述閲時既久不免于輾轉附益如徐鉉之增說文故字多于前厥後傳其學者以漢志無方言之名恐滋疑竇而小學家有別字十三篇不著撰人名氏可以假借影附證其實出於雄遂併爲十三卷以就其數故卷減於昔歟反覆推求其眞僞皆無顯據姑從舊本仍題雄名亦疑以傳疑之義也雄及劉歆二書據李善文選注引懸諸日月不刊之書句已稱方言則自隋唐以來原附卷末今亦仍之其書世有刊本然文字古奧訓義深隱校讎者猝不易詳故斷爛訛脫幾不可讀錢曾讀書敏求記嘗據宋槧駁正其誤然曾家宋槧今亦不傳惟永樂大典所收猶爲完善檢其中秦

有㯃娥之臺一條與錢曾所舉相符知即從宋本錄入今取與近本相較始知明人妄行改竄顚倒錯落全失其初不止錢曾所舉之一處是書雖存而實亡不可不亟爲釐正謹參互考訂凡改正二百八十一字刪衍文十七字補脫文二十七字神明煥然頓還舊觀併逐條援引諸書一一疏通證明具列案語如左庶小學訓詁之傳尚可以具見崖略併以糾坊刻之謬俾無迷誤後來舊本題曰輶軒使者絕代語釋別國方言其文冗贅故諸家援引及史志著錄皆省之謂之方言舊唐書經籍志則謂之別國方言實即一書又容齋隨筆稱此書爲輶軒使者絕域語釋別國方言以代爲域其文獨異然諸本並作絕代書中所載亦無絕域重譯之語洪邁所云蓋偶然誤記今不取其說焉乾隆四十七年十一月恭校上

釋名

臣等謹案釋名八卷漢劉熙撰熙字成國北海人其書二十篇以音聲髣髴推

論稱名辯物之意中間頗傷於穿鑿然去古未遠所釋器物有可因以推求古人制度之遺者如楚辭九歌薜荔拍兮蕙綢王逸云拍搏壁也今併搏壁二字亦莫名其何物觀是書釋牀帳篇乃知搏壁爲以席搏著壁上孔穎達禮記義疏以深衣十二幅皆交裁謂之袵是書釋衣服篇云袵襜也在旁襜襜然也則與玉藻言袵當旁合釋兵篇云刀室曰削室口之飾曰琫室末之飾曰琕又足正毛詩詁訓傳之訛其有資考證者非一也别本或題曰逸雅蓋明郎奎金取是書與爾雅小爾雅廣雅埤雅合刻名曰五雅以四書皆有雅名遂題逸雅以從類非其本目今不從之乾隆四十七年十月恭校上

廣雅

臣等謹案廣雅十卷魏張揖撰揖字稚讓清河人太和中官博士其名或從木作楫然證以稚讓之字則爲揖讓之揖審矣後魏江式論書表曰魏初博士清河張揖著埤倉廣雅古今字詁究諸埤廣增長事類抑亦于文爲益者也然其

字詁方之許篇或得或失矣是式謂埤倉廣雅勝于字詁今埤倉字詁皆久佚惟廣雅存其書因爾雅舊目博采諸儒箋註及三蒼說文諸書以增廣之于揚雄方言亦備載無遺隋祕書學士曹憲爲之音釋避煬帝諱改名博雅故至今二名並稱實一書也前有揖進表稱凡萬八千一百五十文分爲上中下隋書經籍志亦作三卷與表所言合然註曰梁有四卷唐志亦作四卷館閣書目又云今逸但存音三卷憲所註本隋志作四卷唐志則作十卷卷數各參錯不同蓋揖書本三卷七錄作四卷者由後來傳寫析其篇目憲註四卷即因梁代之本後以文句稍繁析爲十卷又嫌十卷煩碎復併爲三卷觀諸家所引廣雅之文皆具在今本無所脫佚知卷數異而書不異矣然則館閣書目所謂逸者乃逸其無註之本所謂存音三卷者即憲所註之本揖原本實附註以存未嘗逸亦未嘗缺惟今本仍爲十卷則又後人析之以合唐志耳乾隆四十七年十月恭校上

匡謬正俗

臣等謹案匡謬正俗八卷唐顔師古撰師古名籀以字行雍州萬年人歷官祕書監事迹具唐書本傳是書永徽二年其子符璽郎揚庭表上於朝高宗勅錄本付祕書閣卷首載揚庭表稱稾草纔半部帙未終蓋猶未竟之本又稱謹遵先範分爲八卷勒成一部則今本乃揚庭所編宋人諸家書目多作刋謬正俗蓋避太祖之諱改匡爲刋錢曾讀書敏求記作列謬正俗則刻本偶誤也前四卷凡五十五條皆論諸經訓詁音釋後四卷凡一百二十七條皆論諸書字義字音及俗語相承之異考據極爲精審師古一代通儒而拘於習俗不能知音有古今又不知齊梁以前無平仄四聲之别故其註漢書動以合聲爲言遂開後來叶音之説如謂葬音臧誼議音宜反音扶萬反歌音古賀反彝音上聲怒有上去二聲壽有受授二音縣有玄炫二音迴音戸鎣反皆誤以今韻讀古音如穰音而成反上音盛又音市郢反先音西逢音如字不讀龐皆誤以古音讀

今韻未免千慮之一失耳古人考辨小學之書今皆失傳自顔之推家訓音證篇外實莫古於是書其邸區禹字之論韓愈諱辨即引之知唐人已絶重之矣戒山堂讀史漫筆解都鄙二字訛爲獨解不知爲此書所已駁毛奇齡引書序俘厥寶玉解春秋衞俘訛爲特見不知爲此書所已引洵後人證據終不及古人有根柢也乾隆四十七年四月恭校上

羣經音辨

臣等謹案羣經音辨七卷宋賈昌朝撰昌朝字子明獲鹿人仁宗天禧初賜同進士出身慶歷中同中書門下平章事英宗初加左僕射封魏國公謚文元事迹具宋史此書其侍講天章閣時所上凡羣經之中一字異訓音從而異者集爲五門卷一至卷五曰辨字同音異仿唐張守節史記正義發字例依許慎說文解字部目次之卷六曰辨字音清濁曰辨彼此異音曰辨字音疑混皆即經典釋文序錄所舉分立名目卷七曰辨字訓得失所辨論者凡九字則附錄也

書中沿襲舊文不免謬誤者如卷一言部謙慊也下云鄭康成說謙爲慊慊厭也厭謂閉藏貌據禮記注曰謙讀爲慊慊厭也此解正文自謙注又曰厭讀爲黶黶閉藏貌也此解正文厭然與上注厭足之厭絕不相蒙昌朝混而一之殊爲未考又卷二丌部典堅刃貌也據考工記輈欲頎典注曰頎典堅刃貌是連頎典二字爲形容之辭不得單舉一典字訓爲堅刃卷三巾部幓頭括髮也幓本幧字之訛據儀禮注一以解婦人之髽以麻中之曰以麻者如著幓頭焉一以解括髮以麻免而以布申之曰此用麻布爲之狀如今著幓頭矣是括髮免髽皆如著幓頭幓頭自是吉服揚雄方言帞頭自河以北趙魏之間曰幧頭劉熙釋名作綃頭又有鬠帶鬟帶等名豈可以括髮釋之是皆疏于考證之故然釋文散見各經頗難檢核昌朝會集其音義絲牽繩貫同異粲然俾學者易於尋省不爲無益小學家至今不廢亦有以也乾隆四十七年十一月恭校上

埤雅

臣等謹案埤雅二十卷宋陸佃撰佃字農師越州山陰人少從學於王安石熙寧三年擢甲科授蔡州推官選爲鄆州教授召補國子監直講歷轉至左丞未幾罷爲中大夫出知亳州卒於官史稱其精於禮家名數之學著書二百四十二卷如埤雅禮象春秋後傳皆傳於世王應麟玉海記其修說文解字其子宰作埤雅序又稱其有詩講義爾雅註今惟爾雅新義及是書傳其書釋魚二卷釋獸三卷釋鳥四卷釋蟲二卷釋馬一卷釋木二卷釋草四卷釋天二卷刊本釋天之末註後缺字然則原書不止此矣陸宰記佃神宗時預修說文進書召對言及物性因進說魚說木二篇後乃益加筆削初名物性門類註爾雅畢更修此書易名埤雅言爲爾雅之輔也其說諸物大抵略於形狀而詳於名義尋究偏旁比附形聲務求其得名之所以然而蔓衍縱橫旁推其理以申之多引王安石字說蓋佃以不附新法故得入元祐黨籍其學問則未嘗異安石晁公武謂不專主王氏亦似特立是誤以論其人者論其書也乾隆四十七年五月

恭校上

爾雅翼

臣等謹案爾雅翼三十二卷宋羅願撰元洪焱祖音釋願字端良歙縣人孝宗時爲鄂州守焱祖字潛夫亦歙縣人官休寧縣尹是書卷端有願自序及王應麟序又有方回及焱祖跋語應麟序謂以咸淳庚午刻之郡齋而其所爲玉海藝文志内乃失載蓋偶疎也焱祖跋語稱釋草八卷凡一百二十名釋木四卷凡六十名釋鳥五卷凡五十八名釋獸六卷凡七十四名釋蟲四卷凡四十名釋魚五卷凡五十五名今案之全書名數皆合惟謂獸七十四名今書乃有八十五疑原跋字畫有誤或後人有所附益非復焱祖舊本矣其書考據精博在陸佃埤雅之上應麟序稱其即物精思體用相涵本末靡遺非溢美也乾隆四十七年四月恭校上

駢雅

臣等謹案駢雅七卷明朱謀㙔撰謀㙔字鬱儀寧獻王權七世孫以鎮國中尉攝石城王府事好學敦行貫串羣籍著書百十二種皆手自繕寫明代宗人以文學著者惟謀㙔與周藩睦㮮最爲有名此書皆剌取古書文句之典奥者依爾雅體例分章訓釋自釋詁釋訓以至蟲魚鳥獸凡二十篇其說以爲聯二爲一駢異爲同故名駢雅中間徵引詳博頗具條理而亦間有舛誤如藻井乃屋上方井刻爲藻文而謀㙔以爲刻扉之屬詮解未確又謂都御史爲大司憲詹事爲端尹乃流俗之稱殊乏典據至如釋天内之歲陽月名釋地内之五邱四荒以及太蒙丹穴空桐諸名目皆爾雅所已具而亦摭引無遺尤不免於冗複蓋其本意祇以供行文徵採之用而不專於訓釋名義故或不能盡免於雜糅然奇文僻字搜輯良多擷其膏腴於詞章要不爲無補也乾隆四十七年五月

恭校上

臣等謹案字詁一卷　國朝黄生撰生字扶孟歙縣人前明諸生是編取晉張揖字詁以名其書于六書多所發明每字皆有新義而根據博奧與穿鑿者有殊間有數字未安者如謂打字始于六朝今考後漢王延壽夢賦曰捎魍魎拂諸渠撞縱目打三顱又易林曰口饑打手則打字不始于六朝明矣此類殊爲失考其他若謂大鼎七个之鼏當從冂諧聲與從冖者不同似蛇之鱓既借徒何切之鱓又借張演切之鱣而皆轉爲常演切漢書注誤以張連切之鱣爲釋又謂周禮玉人注瓚讀爲餈屭之屭説文饡以羹澆飯釋文膏屭作膏饡故篇海屭即饡字内則釋文酏讀爲餈之然反屭本又作餈並之然反此蓋明酏屭當並讀爲餈非謂屭即餈字若以諸延切屭何以處玉人注之餈屭乎又謂干乾字通引後漢書獨行傳云明堂之奠干飯寒水又在晉帖所云淡悶干嘔之前此類則最爲精核其他條似此者不可枚舉蓋生致力漢學而于六書訓詁尤爲專長故不同明人勦説焉乾隆四十七年十月恭校上

續方言

臣等謹案續方言二卷　國朝杭世駿撰世駿字大宗號堇浦仁和人乾隆丙辰　召試博學鴻詞授翰林院檢討是書採十三經注疏說文釋名諸書以補揚雄方言之遺前後類次一依爾雅但不明標其目耳蒐羅古義頗有裨於訓詁惟是所引之書既及王應麟急就篇補註則宋以前皆當詳採今即耳目之前顯然遺漏者如玉篇引倉頡篇云楚人呼竈曰䆯列子黃帝篇註引何承天纂文云吳人呼瞬目為眴目韻會舉要引魏李登聲類云江南曰辣中國曰辛爾雅釋草釋文宋庠國語補音引晉呂忱字林云楚國名蔆曰芰初學記及太平御覽引纂文云梁州以豕為豨河南謂之彘漁陽以豬為豝齊徐以小豬為豯凡此諸條皆六朝以前方言正可以續揚雄所闕而俱佚之則以其引書過隘故也又如書中引說文秦晉聽而不聞聞而不達謂之聹引史記集解齊人謂之顙汝南淮泗之間曰顔諸條本為揚雄方言所有而複載亦為失檢然大

致引據典核在近時小學家猶最有根柢者矣乾隆四十七年九月恭校上

別雅

臣等謹案別雅五卷　國朝吳玉搢撰玉搢字山夫山陽人廩貢生官鳳陽縣訓導是書取字體之假借通用者依韻編之各注所出而爲之辨正於考古深爲有功惟是古人用字有同聲假借有轉音變異有別體重文同聲轉音均宜入之此書至於郊酆一作岐豐之類則郊乃岐之本字說文明云郊一作岐實屬重文偶然別體說文玉篇以後累千盈百何可勝收未免自亂其例又徵引雖博而挂漏亦夥即以開卷東冬二韻覈之若大戴禮一室而有四戶八牕牕即窗楚辭九嘆登逢龍而下隕兮注古本逢即蓬荀子榮辱篇引詩下國駿蒙注今詩作駿厖莊子盜跖篇士皆蓬頭突鬢注蓬本作鏠吳越春秋吳王壽夢傳使公子蓋餘燭傭注左傳傭作庸史記秦始皇本紀秦王爲人蜂準徐廣曰蜂一作隆龜策傳雄渠蠭門注新序有熊渠子漢書古今人表鬼臾區師古注

云即鬼容區陳豐師古注云即陳鋒衞靑傳靑至籠城師古注云籠讀爲龍皆
目前習見者乃佚而不載則推之儀禮之古文周禮之故書及漢人箋注某讀
作某之類一一考之所漏多矣然就所徵引足以通古籍之異同疏後學之疑
滯猶可以考見漢魏以前聲音文字之槩是固小學之資糧藝林之津筏非俗
儒剽竊之書所能彷彿也乾隆四十七年九月恭校上

欽定四庫全書提要卷二十五

經部二十五

小學類二

急就篇

臣等謹案急就篇四卷漢史游撰漢書藝文志注稱游爲元帝時黄門令蓋宦官也其始末則不可考矣是書漢志但作急就一篇而小學類末之敍錄則稱史游作急就篇故晉夏侯湛抵疑稱鄉曲之徒一介之士曾諷急就通甲子北齊書稱李鉉九歲入學書急就篇或有篇字或無篇字初無一定隋志作急就章一卷魏書崔浩傳亦稱人托寫急就章是改篇爲章在魏以後然考張懷瓘書斷曰章草者漢黄門令史游所作也王愔云案此蓋引王愔文字志之語漢元帝時史游作急就章解散隸體漢俗簡惰漸以行之是也然則所謂章草者正因游作是書以所變草法書之後人以其出於急就章遂名章草耳今本每節之首俱有

章第幾字知急就章乃其本名或稱急就篇或但稱急就乃偶然異文也其書自始至終無一複字文詞雅奧亦非蒙求諸書所可及玉臺新詠載梁蕭子顯烏栖曲有帬邊雜佩琥珀龍句馮舒校本改龍爲紅今檢此書有繫臂琅玕虎魄龍句乃知子顯實用此語馮氏不知而誤改之則遺文瑣事亦頗賴以有徵不僅爲童蒙識字之用矣乾隆四十七年九月恭校上

說文解字

臣等謹案說文解字三十卷漢太尉南閤祭酒汝南許慎撰凡十四篇合目錄一篇爲十五篇分五百四十部爲文九千三百五十三重文一千一百六十三註十三萬三千四百四十字推究六書之義分部類從至爲精密而訓詁簡質猝不易通又音韻改移古今異讀諧聲諸字亦每難明故傳本往往訛異宋雍熙三年詔徐鉉葛湍王惟恭句中正等重加刊定凡字爲說文注義序例所載而諸部不見者悉爲補錄又有經典相承時俗要用而說文不載者亦皆增加

別題之曰新附字其本有正體而俗書訛變者則辨於注中其違戾六書者則別列卷末或注義未備更爲補釋亦題臣鉉等案以別之音切則一以孫愐唐韻爲定以篇帙繁重每卷各分上下即今所行毛晉刊本是也自魏晉以來言小學者皆祖慎至李陽冰曲相排斥未協至公然慎書以小篆爲宗其中兼收籀古李燾已疑爲呂忱所加至於隸書章草則各爲一體孳生轉變時有異同不能悉以小篆相律顏之推家訓所論最得其平戴侗等乃以篆入楷詭激取名亦非慎本意又所引五經文字與今本多不相同如江有汜復作江有洍之類亦時時自相違異蓋漢人師說本不一家各尊所聞不爲慎累好奇者或據之以改經則謬戾甚矣乾隆四十七年九月恭校上

說文繫傳

臣等謹案說文繫傳四十卷南唐徐鍇撰鍇字楚金廣陵人仕李煜爲校書郎宋兵下江南卒於圍城之中事迹具南唐書本傳是書凡八篇首通釋三十卷

以許慎說文解字十五篇篇析爲二凡鍇所發明及徵引經傳者悉加臣鍇曰及臣鍇案字以別之次以部敍二卷通論三卷祛妄類聚錯綜疑義系述各一卷祛妄斥李陽冰臆說疑義舉說文偏旁所有而闕其字及篆體筆畫相承小異者部敍擬易序卦傳以明說文五百四十部先後之次類聚則舉字之相比爲義者如一二三四之類錯綜則旁推六書之旨通諸人事以盡其意終以系述則猶史記之自敍也鍇嘗別作說文篆韻譜五卷宋孝宗時李燾因之作說文解字五音譜燾自序有曰韻譜當與繫傳並行今韻譜或刻諸學官而繫傳迄莫光顯余蒐訪歲久僅得其七八闕卷誤字無所是正每用太息則繫傳在宋時已殘闕不完矣今相傳僅有鈔本錢曾讀書敏求記至詫爲驚人祕笈然脫誤特甚卷末有熙寧中蘇頌記云舊闕二十五三十共二卷俟別求補寫此本卷三十不闕或續得之以補入卷二十五則直錄其兄鉉所校之本而去其新附之字殆後人求其原書不獲因摭鉉書以足之猶之魏書佚天文志以張

太素書補之也其餘各部闕文亦多取鉉書竄入考鉉書用孫愐唐韻而鍇書則朝散大夫行祕書省校書郎朱翺别爲反切鉉書稱某某切而鍇書稱反今書内音切與鉉書無異者其訓釋亦必無異其移掇之迹顯然可見至示部竄入鉉新附之祧祆祚三字尤鑿鑿可證者鍇綜篇末其文亦似未完無可采補則竟闕之矣此書成於鉉書之前故鉉書多引其説然亦時有異同此書本出蘇頌所傳篆文爲監察王聖美翰林祇候劉允恭所書卷末題子容者即頌字也乾道癸巳尤袤得於葉夢得家寫以與李燾詳見袤跋書中有稱臣次立案者張次立也次立官至殿中丞嘗與寫嘉祐二字石經陶宗儀書史會要載其始末云案是書在徐鉉校文之前而列其後者鉉校許慎之原本以慎爲主而鉉附之此書鍇所論著以鍇爲主故不得而先慎也乾隆四十七年九月恭校上

說文繫傳考異

臣等謹案說文繫傳考異四卷附錄一卷　國朝汪憲撰憲號魚亭仁和人乾隆丁丑進士候選主事未就銓而卒南唐徐鍇作說文繫傳四十卷歲久散佚鄭樵通志所載已亡二卷李燾蒐訪歲久僅得七八闕卷誤字無所是正見所作五音譜序厥後雖有傳本而其中第二十五卷迄不復得據王應麟玉海則宋時已無完帙矣自明以來錢曾號富於藏書而讀書敏求記中稱爲驚人祕笈方以智號精於小學而通雅稱楚金所繫今皆遺失則世罕傳本已非一日好事祕相傳寫魚魯滋多或至於不可句讀憲所見者仍屬影宋鈔本然已訛不勝乙因參以今本說文及旁參所引諸書證其同異以成是編訛者正之其不可解者則並存以俟校正洪适隸釋載漢石經論語碑末有而在於蕭牆之內盍毛包周無於一行是則考異之鼻祖經典釋文以下沿流而作者頗衆惟韻書字書節目繁碎從未有縷析舊文徵首徵末訂舛互而彙爲一編者憲作是書亦可云留心小學者矣末有附錄二卷乃朱文藻所編上卷爲諸家評論

繫傳之詞下卷載鍇詩五百及其兄弟佚事亦頗費蒐羅然所收李燾序一篇採自文獻通考本所作説文五音韻譜之序因通考刻本誤脱標題一行遂聯屬於説文繫傳下乃不辨而收之殊失考訂至於二徐瑣記於繫傳更爲無關以是爲例將郭璞爾雅方言注末亦附載游仙詩乎今存其上卷以資考核其下卷則竟從删汰庶不以貪博嗜奇破著書之體例焉乾隆四十七年十月恭校上

説文解字篆韻譜

臣等謹案説文解字篆韻譜五卷南唐徐鍇撰其書取許慎説文解字以四聲部分編次成書凡小篆皆有音訓其無音訓者皆慎書所附之重文注史字者籀書注古字者古文也所注頗爲簡略蓋六書之義已具於説文繫傳中此特取便檢閲故不更複贅耳前後有其兄鉉序二篇後序稱韻補既成廣求餘本孜孜讎校頗有刊正今承詔校定説文更與諸儒精加研覈又得李舟所著切

音殊有補益其間有說文不載而見於序例注義者必知脫漏並加編錄疑者則以李氏切韻爲正是此書鉉又更定不僅出鍇一手其以序例注義中字添入亦鉉所爲也前序稱命鍇取叔重所記以切韻次之聲韻區分開卷可睹云云考後序稱又得李舟切韻則所謂以切韻次之者當指陸法言之切韻即唐韻廣韻之所因也然鍇所編部分與廣韻稍異又上平聲內痕部併入魂部下平聲內一先二仙後別出三宣一部又魂部之下注痕部附字宣部則不注別分似乎切韻原有此部殆不可曉或此書部分鉉亦以李舟切韻改定之故分合不同歟是書傳本甚少此爲明巡撫李顯所刻寒部讕瀾灡漣闌五字當在乾蘭讕調四字之後豪部高皋䓘羔膏五字當在獋謼號號郘五字之後皆訛前一行麻部媧譁諸䲹鯊五字當在秅庛誇侉夸家加茄葭九字之前訛後二行蓋刻是書者失於校覆其後序一篇亦佚去不載今從鉉騎省集中錄出補入以成完帙也乾隆四十七年十月恭校上

玉篇

臣等謹案玉篇三十卷梁大同九年黄門侍郎兼太學博士顧野王撰唐上元元年富春孫强增加字宋大中祥符六年陳彭年吳鋭邱雍等重修凡五百四十部今世所行凡三本爲張士俊所刊前有野王序一篇啟一篇後有神珙反紐圖及分毫字樣朱彝尊序之稱上元本一爲曹寅所刊與張本一字無異惟前多大中祥符勅牒一道稱重修本一爲明内府所刊字數與二本同而每部之中次序不同註文稍略亦稱大中祥符重修本案文獻通考載玉篇三十卷引晁公武讀書志曰梁顧野王撰唐孫强又嘗增字釋神珙反紐圖附于後又載重修玉篇三十卷引崇文總目曰翰林學士陳彭年與史館校刊吳鋭直集賢院邱雍等重加刊定是宋時玉篇原有二本彭年等進書稱肅奉詔條俾從詳閲訛謬者悉加刊定膚淺者仍事討論其勅牒後所列字數稱舊一十五萬八千六百四十一言新五萬一千一百二十九言新舊總二十萬九千七百七

十言註四十萬七千五百有三十字是彭年等大有增删已非孫强之舊故明
内府本及曹本均稱重修張本既與曹本同則亦重修本乃删去重修之牒詭
稱上元本而大中祥符所改大廣益會之名及卷首所列字數仍未及削改可
謂拙于作僞彝尊序乃謂勝于今大廣益本殆亦未見所刊而以意漫書歟乾
隆四十七年四月恭校上

干禄字書

臣等謹案干禄字書一卷唐顔元孫撰元孫杲卿之父眞卿之諸父也官至滁
沂濠三州刺史贈祕書監大歷九年眞卿官湖州時嘗書是編勒石開成四年
楊漢公復摹刻于蜀中今湖本已泐缺蜀本僅存宋寶祐丁巳衡陽陳蘭孫始
以湖本鋟木國朝揚州馬曰璐得宋槧翻雕之即此本也然證以蜀本率多
謬誤如卷首序文本元孫作所謂伯祖故祕書監乃師古也蘭孫以元孫亦贈
祕書監遂誤以眞卿稱元孫而以序中元孫二字改爲眞卿以就之曰璐亦承

其訛殊爲失考其他缺誤亦處處有之今以蜀本互校補缺文八十五字改訛體十六字删衍文二字始稍還顏氏之舊是書爲章表書判而作故曰干祿其例以四聲隸字又以二百六部排比字之後先每字分俗通正三體頗爲詳核其中如虫蟲啚圖商商涷湅截然兩字而以爲上俗下正又如皃古貌字而云貌正皃通氐之作互非之作韭芻之作蒭萋直是俗字而以爲通用雖皆不免千慮之失然其書酌古準今實可行用非詭稱復古非篆非隸以奇怪釣名者比元孫序曰自改篆行隸漸失本眞若總據說文便下筆多礙當去泰去甚使輕重合宜其言本諸顏氏家訓可謂通方之論非一隅之見矣乾隆四十七年十月恭校上

五經文字

臣等謹案五經文字三卷唐張參撰參里貫未詳自序題大歷十一年六月七日結銜稱司業蓋代宗時人唐書儒學傳序稱文宗定五經鑱之石張參等是

正文訛誤也考後漢書熹平四年春三月詔諸儒正五經文字刻石立於太學門外參書立名蓋取諸此凡三千二百三十五字依偏旁爲百六十部劉禹錫國學新修五經壁記云大歷中名儒張參爲國子司業始詳定五經書於講論堂東西廂之壁積六十餘載祭酒皡博士公肅再新壁書乃析堅木負墉而比之其製如版牘而高廣背施陰關使衆如一觀此言可以知五經之字初書於屋壁其後易以木版至開成間乃易以石刻也朱彝尊跋云五經文字獨無雕本爲一闕事考册府元龜稱周顯德二年尙書左丞兼判國子監事田敏獻印版書五經文字奏稱臣等自長興三年校勘雕印九經書籍然則此書雕本在印版書甫創之初已有之特其本不傳今馬曰璐新刋版本跋云舊購宋拓石經中有此因依樣繕寫雕版於家塾然曰璐雖稱摹宋拓本今以石刻校之有字畫尙存而其本改易者又下卷幸部脱去睪字註十九字盩字倂註凡八字今悉依石刻補正俾不失其眞焉乾隆四十七年九月恭校上

九經字樣

臣等謹案九經字樣一卷唐唐元度撰元度里籍未詳惟據此書知其開成中官翰林院待詔考唐會要稱太和七年二月敕唐元度覆定石經字體十二月敕于國子監講論堂兩廊創立石九經元度字樣蓋作于是時凡四百二十一字依倣五經文字爲七十六部前載開成二年八月牒云准太和七年十二月敕覆九經字體者今所詳覆多依司業張參五經文字爲准諸經之中別有疑闕古今體異隸變不同如總據說文則古體驚俗若依近代文字或傳寫乖訛今與校勘官同商較是非取其適中纂錄新加九經字樣一卷請附于五經字樣之末蓋二書相輔而行當時即列石壁九經之後明嘉靖乙卯地震二書同石經並損闕焉近時馬曰璐得宋拓本而刋之猶屬完善其間轉寫失眞及校者臆改往往不免今更依石刻殘碑詳加覆訂各以案語附之下方五經文字音訓多本陸德明經典釋文或註某反或註音某元度時避言反字無同音字

可註者則云某平某上就四聲之轉以表其音是又二書義例之異云耳乾隆

四十七年十月恭校上

汗簡

臣等謹案汗簡三卷目錄敘略一卷宋郭忠恕撰忠恕字恕先洛陽人是書首

有李建中題字後有附題兩行稱忠恕仕周朝爲朝散大夫宗正丞兼國子書

學博士疑亦建中所記然據郭若虛圖畫見聞志及蘇軾集所載忠恕小傳並

稱宋太宗時召忠恕爲國子監主簿後流登州道卒則不得爲周人又陶岳五

代史補載周祖入京師時忠恕爲湘陰公推官面責馮道之賣國則先已仕漢

題周更誤矣宋史藝文志以此書與佩觿並載而晁陳諸家書目皆不爲著錄

則在宋代亦罕見此本乃宋李建中得之祕府大中祥符五年李直方得之建

中初無撰人名氏建中以字下註文有臣忠恕字證以徐鉉所言定爲忠恕所

作其分部從說文之舊所徵引古文凡七十一家前列其目字下各分註之時

王球呂大臨薛尙功之書皆未出故鐘鼎闕焉其分隸諸字即用古文之偏旁與後人以眞書分部案韻繫字者不同鈍吟雜錄載馮舒嘗論此書以沔汸滕駛諸字援文就部爲疑然古文部類不能盡繩以隸楷猶之隸楷轉變不能盡繩以古文舒之所疑蓋不足爲累且所徵七十一家存于今者不及二十分之一後來談古文者輾轉援據大抵從此書相販鬻則忠恕所編實爲諸書之根柢尤未可以忘所自來矣乾隆四十七年十一月恭校上

佩觿

臣等謹案佩觿三卷宋郭忠恕撰忠恕字恕先河南洛陽人周廣順初召爲宗正丞兼國子書學博士宋建隆初貶乾州司戶參軍太宗初召授國子監主簿令刊定歷代字書蘇軾集有忠恕傳載其始末甚詳此書上卷列造字四聲傳寫三科中下卷以四聲分十條曰平聲自相對曰平聲上聲相對曰平聲去聲相對曰平聲入聲相對曰上聲自相對曰上聲去聲相對曰上聲入聲相對曰去

聲自相對曰去聲入聲相對曰入聲自相對俱取字體之小異者兩兩剖別又有與篇韻音義異者十五字及所辨證舛誤者一百十九字均載卷後蓋忠恕洞解六書故所言具中條理其辨逢姓之逢音皮江反不得讀如逢遇本字證之漢隸字源逢字下引逢盛碑通作逢則姓氏之逢雖通作逢亦仍作皮江反與忠恕說同又若辨角里本作角里與角亢字無異不用顔師古恐人誤讀故加一拂之説證之漢四老神位神祚几石刻角里本作角里與忠恕之説亦合則知忠恕所據實爲精確非以意穿鑿者矣乾隆四十七年五月恭校上

古文四聲韻

臣等謹案古文四聲韻五卷宋夏竦撰竦字子喬江州德安人景德三年舉賢良方正官至武寧軍節度使謚文莊事迹具宋史本傳據吾邱衍學古編稱夏竦古文四聲韻五卷前有序併全銜者好别有僧翻本不可用又據全祖望鮚崎亭集有是書跋稱借鈔於范氏天一閣爲紹興乙丑浮屠寶達重刊蓋即吾

邱衍所謂僧翻本也此本從汲古閣影寫宋刻翻雕有慶曆四年竦自序卷首題開府儀同三司行吏部尙書知亳州軍州事夏竦集是吾邱衍所謂前有序及全銜者矣其書以四聲分隸古篆全祖望跋稱所引遺書八十八家以校郭氏汗簡未嘗多一種實即取汗簡而分韻錄之絕無增減異同雖不作可也其說固是然汗簡以偏旁分部而偏旁又全用古文不從隸體猝不易尋此書以韻分字而以隸領篆較易於檢閱此如既有說文而徐鍇復作篆韻譜相輔而行固未可廢其一也乾隆四十七年十月恭校上

類篇

臣等謹案類篇四十五卷舊本題宋司馬光撰嘉定癸亥董南一作光切韻指掌圖序亦稱光嘗被命修纂類篇古文奇字蒐獵殆盡然光於是書特監繕寫經奏進而已傳寫光修非其實也書凡十五卷每卷各分上中下故稱四十五卷末一卷爲目錄用說文解字例也凡分部五百四十三其編纂之例有九一

曰同音而異形者皆兩見二曰同意而異聲者皆一見三曰古義之不可知者
皆從其故四曰變古而有異義者皆從今五曰變古而失眞者皆從古六曰字
之後出而無據者皆不特見七曰字之失故而遂然者皆明其由八曰集韻之
所遺者皆載九曰字之無部分者皆以類相聚考集韻所收併重文爲五萬三
千五百二十五字此書凡文三萬一千三百一十九重音二萬一千八百四十
六僅五萬三千一百六十五字較集韻所收尚少三百六十字而例云集韻所
遺皆載者蓋集韻重文頗爲雜濫此書凡字之後出而無據者皆不特見故所
删之數多於所增之數也其所編錄雖不及說文玉篇之謹嚴然字者孳也輾
轉相生有非九千舊數所能盡者玉篇已增於說文此書又增於玉篇時會所
趨久則爲律有不知其然而然者固難以一格拘矣乾隆四十七年四月恭校
上

臣等謹案歷代鐘鼎彝器款識法帖二十卷宋薛尙功撰尙功字用敏錢塘人紹興中以通直郎僉定江軍節度判官廳事是書見於晁公武讀書志者二十卷宋史藝文志亦同均與今本相合惟陳振孫書錄解題作鐘鼎法帖十卷卷數互異似傳寫誤脱二字然吾邱衍學古編亦作十卷所云刻於江州與振孫之說亦符蓋當時原有二本也所錄篆文雖大抵以考古博古二圖爲本而蒐輯較廣實多出於兩書之外其中如十六卷中載比干墓銅槃銘之類未免眞僞雜糅然大致可稱博洽即以卷首商鼎一類考之若箕鼎及維揚石刻之出於古器物銘濟南鼎之出於向潞刻本皆非舊圖之所有至其箋釋名義考據尤精蓋尙功嗜古好奇又深通篆籀之學能集諸家所長而比其同異頗有訂訛刊誤之功非鈔撮蹈襲者比也尙功所著別有鍾鼎篆韻七卷蓋即本此書而部分之其本不傳然梗槩已具於此矣舊刊久佚此本爲明崇禎中朱謀垔所刊自序稱購得尙功手書本雖果否眞跡無可證明然鉤勒特爲精審較世

傳寫本爲善云乾隆四十七年十月恭校上

復古編

臣等謹案復古編十一卷宋張有撰有字謙中湖州人張先之孫出家爲道士是書根據說文解字以辨俗體之訛以四聲分隸諸字篆書正體而別作俗體則附之註中下卷入聲之後附六篇一曰聯緜字二曰形聲相類三曰形相類四曰聲相類五曰筆迹小異六曰上正下訛皆剖析毫釐至爲精密然惟以說文正小篆而不以小篆改隸書故小篆之不可通於隸者則曰隸作某樓鑰集有此書序稱其嘗篆楊時踵息菴記以小篆無菴字竟作隸體書之知其第不以俗體入篆爾隸則未嘗不諧俗也鑰序又記有爲林攄母撰墓碑書魏字作巍終不肯去山字陳振孫所記亦同然考此書巍字下注曰今人省山以爲魏國之魏不言爲俗體別字是其說復古而不戾今可謂通人之論視魏校等之詭僻盜多强以篆籀入隸者其識趣相去遠矣此本爲明萬歷中黎民表所刊

不載鑰序鑰所云陳瓘程俱前後序則皆相符合云乾隆四十七年九月恭校

上

漢隸字源

臣等謹案漢隸字源六卷宋婁機撰機字彥發嘉興人乾道二年進士寧宗朝累官禮部尚書兼給事中權知樞密院事兼太子賓客進參知政事提舉洞霄宮事迹詳宋史本傳其書前列考碑分韻辨字三例次碑目一卷凡漢碑三百有九魏晉碑三十有一各紀其年月地里書人姓名以次編列即以其所編之數註卷中碑字之下以省繁文次以禮部韻略二百六部分爲五卷皆以眞書標目而以隸文排比其下韻不能載者十四字附五卷之末終焉其文字異同亦隨字附註如後漢修孔子廟器碑內韓明府名勑字叔節歐陽修謂前世見于史傳未有名勑者而此書引繁陽令楊君碑陰亦有程勑以證集古錄考核之疎又若曲江之爲曲紅引周憬碑遭羅之爲遭離引馬江碑陂障之爲波障

引孫叔敖碑委蛇之爲禕隋引衡方碑於古音古字亦多存其梗概皆足爲考證之資不但以點畫波磔爲書家模範已也乾隆四十七年十一月恭校上

班馬字類

臣等謹案班馬字類五卷宋婁機撰前有樓鑰序稱爲史漢字類案司馬在前班固在後倒稱班馬起於杜牧之詩於義未協似宜從鑰序之名然機跋實自稱班馬今姑仍之其書采史記漢書所載古字僻字以四聲部分編次雖與文選雙字兩漢博聞漢雋諸書大概略同而考正訓詁辨別音聲於假借通用諸字臚列頗詳實有裨於小學非僅供詞藻撏撦也惟其中有如降古音洪眉古作眘之類可以不載者亦有如璇璣玉衡本尚書袀服振振本左傳之類不得以史漢爲出典者與幾致刑措之幾不茹園葵之茹音義與今並同者皆可無庸采錄未免小失簡汰耳末有機自跋二則辨論字義尤極明晰云乾隆四十七年九月恭校上

字通

臣等謹案字通一卷宋李從周撰從周始末未詳據嘉定十三年魏了翁序但稱爲彭山人字曰肩吾末有寶祐甲寅虞兟刻書跋亦但稱得本於了翁均不及從周之仕履莫能考也是書以說文校隸書之偏旁凡分八十九部爲字六百有一其分部不用說文門類而分以隸書之點畫既乖古法又既據隸書分部乃仍以篆文大書隸書夾註於體例亦頗不協且如水字火字既入上兩點類而下三點類又出水字火字旁三點類示字類又再出水字下四點類又出水字火字如此之類凡一百二十三字破碎冗雜殊無端緒至於干字收於上兩點類獨從篆而不從隸既自亂其例回字收於中日字類臣字巨字臣字收於阜字類東字收於里字類併隸書亦不相合均爲乖剌然其大旨出於明隸書源流而非欲以篆文改隸猶顏元孫所謂去泰去甚使輕重合宜者宋人舊帙流傳已久存之亦可備檢閱也乾隆四十七年十月恭校上

六書故

臣等謹案六書故三十三卷宋戴侗撰考姓譜侗字仲達永嘉人淳祐中登進士第由國子監簿守台州德祐初由祕書郎遷軍器少監辭疾不起其所終則莫之詳矣是編大旨主于以六書明字義謂字義明則貫通羣籍理無不明凡分九部一曰數二曰天文三曰地理四曰人五曰動物六曰植物七曰工事八曰雜九曰疑小學家盡變說文之部分實自侗始其論假借之義謂前人以令長爲假借不知二字皆從本意而生非由外假若韋本爲韋背借爲韋革之韋豆本爲俎豆借爲豆麥之豆凡義無所因特借其聲者然後謂之假借說亦頗辯惟其文皆從鐘鼎其註既用今文又皆改從篆體非今非古頗礙施行元吾邱衍學古編曰侗以鍾鼎文編此書不知者多以爲好以其字字皆有不若說文與今不同者多也形古字今雜亂無法鍾鼎偏旁不能全有卻只以小篆足之或一字兩法人多不知如𠂤本音睘加宀不過爲寰字乃音作官府之官郁

字不從寸木乃書爲村引杜詩無村眺望賒爲證甚誤學者云云其詆諆甚至雖不爲不中其病然其苦心考據亦有不可盡泯者略其紕繆而取其精要于六書亦未嘗無所發明也乾隆四十七年九月恭校上

龍龕手鑑

臣等謹案龍龕手鑑四卷遼僧行均撰行均字廣濟俗姓于氏晁公武讀書志謂此書卷首僧知光序題云統和十五年丁酉七月一日沈括夢溪筆談乃謂熙寧中有人自契丹得此書入傅欽之家蒲傳正取以刻板其序末舊云重熙二年五月序蒲公削去之云云今案此本爲影鈔遼刻卷首智光原序尚存其紀年實作統和不作重熙與晁公武所説相合知沈括誤記又文獻通考載此書三卷而此本實作四卷智光原序亦稱四卷則通考所載顯然誤四爲三殆皆隔越封疆傳聞紀載故不免失實歟其書凡部首之字以平上去入爲序各部之字復用四聲列之後南宋李燾作説文五音韻譜實用其例而小變之每

字之下必詳列正俗今古及或作諸體則又行均因唐顏元孫干祿字書之例而小變之者也所錄凡二萬六千四百三十餘字注一十六萬三千一百七十餘字幷注總一十八萬九千六百一十餘字於説文玉篇之外多所搜輯雖行均尊其本教每引中阿含經賢愚經中諸字以補六書所未備然不專以釋典爲主沈括謂其集佛書中字爲切韻訓詁殊誤不知括何以云爾也括又謂契丹書禁至嚴傳入列國者法皆死故有遼一代之遺編諸家著録者頗罕此書雖頗參俗體亦間有舛誤然吉光片羽幸而得存固小學家所宜寶貴矣乾隆四十七年四月恭校上

六書統

臣等謹案六書統二十卷元楊桓撰桓字武子號辛泉兖州人中統四年以郡諸生補濟州教授累官太史院校書監察御史國子監司業桓事蹟具元史本傳是書至大丙申其子守義進于朝詔下江浙鏤板其書大旨以六書統諸字

故名曰統凡象形之例十會意之例十有六指事之例九轉注之例十有八形聲之例十有八案說文本作諧聲此作形聲蓋從周禮之文假借之例十有四其象形會意轉注形聲四例大致因戴侗六書故門目而衍之指事假借二例則桓以意鉤稽自生分別所列先古文大篆次鍾鼎文次小篆其說謂文簡意足莫善於古文大篆惜其數少不足于用文字備用者莫過小篆而訛謬於後人之傳寫者亦所不免今以古文證之悉復其舊蓋桓之自命在是然桓之紕繆亦即在于是故其說至于不可通則變一例所變之例復不通則不得不又變一例數變之後紛如亂絲輾轉迷瞀幾于不可究詰以六書論之其書本不足取惟是變亂古文始于戴侗而成于桓侗則小有出入桓乃至于橫決而不顧後來魏校諸人隨心造字其弊實濫觴于此置之不錄則桓穿鑿之失不彰故于所著三書之中錄此一編以著變法所自始朱子所謂存之正以廢之者茲其義矣乾隆四十七年十月恭校上

周秦刻石釋音

臣等謹案周秦刻石釋音一卷，元吾邱衍撰。衍字子行，其先本太末人，居於錢塘。所著竹素山房集已別著錄。初宋淳熙間有楊文昺者著周秦刻石釋音一書，載石鼓文、詛楚文、泰山嶧山碑。至是衍以所取瑯琊碑不類秦碑，不應收入，因重加删定以成是書。前有至大元年衍自序，謂石鼓以所藏甲秀堂圖譜爲之，而削去鄭樵音訓。又正詛楚文二字，合泰山嶧山石刻字，共爲一卷，而仍其書名。又列諸家音注書評於後。其敘石鼓次第與薛尚功、楊愼本合，而與今本異。其曰文幾行，行幾字，重文闕文幾字者，即朱彝尊據以編石鼓考者也。然其所謂闕文幾字者，仍第執一時所見之本而言，即潘迪音訓與衍是書同作於元時，其音釋亦不盡同。蓋金石之文摹搨有明晦，裝潢有移掇，言人人殊，不足異也。至所正詛楚文二字，絆之爲縫，其說不見於前人，以文義字體按之，皆未可信。遲之爲遂，則遲遂二字詛楚文石本、板本皆無其文，不知衍所據何本。然

衍距今日四百年其所見之本固未可全執今本相詰難錄備一說要亦足廣
異聞耳乾隆四十七年九月恭校上

字鑑

臣等謹案字鑑五卷元李文仲撰文仲長洲人自署吳郡學生蓋以弟子員著
籍者也文仲從父世英以六書惟假借難名因輯類韻二十卷以字爲本音爲
幹義訓爲枝葉自一而二井然不紊凡十年始成而韻內字書尚有未正者文
仲因續爲是書依二百六部之韻而編之辨正點畫刋除俗謬於諸家皆有所
駁正中間如稾从禾高聲而誤作槀隙从𨸏从𡭴而誤作隟則糾干祿字書之
失如肇肈原有二字而止收肈字反以肇爲俗豎字誤从立作竪徹字誤从去
作徹析字誤从片作㭊則糾五經文字之失如屯本訓難借屯聚字而郭忠恕
以屯音迍別出𣅊爲屯聚字於假借之義不合則糾佩觿之失大抵皆精確徵
至深得六書本意他若增韻韻會諸本則舉正之處尤多大旨悉本之說文以

訂後來沿襲之謬於小學實深有裨益至若㚇字變爲孶陊字變爲墮隓字變爲隳之類則以爲承譌既久難於遽改而但於本字下剖晰其所當然深得變通之宜亦非泥古駭俗者所可比也其書久無傳本康熙中秀水朱彝尊從古林曹氏鈔得始付長洲張士俊刊行之云乾隆四十七年九月恭校上

說文字原

六書正譌

臣等謹案說文字原一卷六書正譌五卷元周伯琦撰伯琦字伯溫饒州人官至兵部侍郎明郎瑛七修類稿載其降於張士誠士誠破後爲明太祖所誅謂元史稱其後歸鄱陽病卒爲誤考徐禎卿翦勝野聞先有此說然宋濂修史在太祖時使伯琦果與士誠之黨同誅濂等不容不知至翦勝野聞本出依託不足爲據瑛所言殆傳聞失實也昔許愼說文凡分五百四十部其先後之序或有義或無義不盡可考徐鍇作說文繫傳仿周易序卦之例一一明其次第連

屬之故未免失之牽合伯琦是書又以愼之部分增改各十七部移其原第使以類相從以明輾轉孳生之義與愼亦頗有異同至於以側山爲𠂤倒㞢爲帀之類訓爲轉注則仍與會意無分未免自我作古耳其六書正譌以禮部韻略部分分隸諸字列小篆爲主先注制字之義而以隸作某某俗作某某辨別於下略如張有復古編之意大抵伯琦此二書推衍說文者半參以己見者亦半瑕瑜互見通蔽相仿不及張有復古編之精密而亦不至於楊桓六書統之糅雜采葑采菲無以下體姑存以備一解亦兼收並蓄之義云爾乾隆四十七年五月恭校上

漢隸分韻

臣等謹案漢隸分韻七卷不著撰人名氏亦無時代考其分韻以一東二冬三江等標目是元韻非宋韻矣其書取洪适等所集漢隸依次編纂又以各碑字迹異同縷列辨析考吾邱衍學古編有合用文集品目一門其第七條隸書品

中列有隸韻兩册麻沙本與隸韻爲一副刋（案此隸韻謂劉球碑本隸韻十卷）字體不好以其册數少乃可常用之故列目于此云云疑即此本顧藹吉隸辨序稱別有漢隸分韻字既乖離迹復醜惡其詆諆此書與吾邱衍略同然二人第以書迹筆法論耳要其比校點畫訂正舛互亦有足資考證者前人舊本寸有所長要未可竟從屏斥也乾隆四十七年十月恭校上

六書本義

臣等謹案六書本義十二卷明趙撝謙撰撝謙原名古則餘姚人宋秦悼惠王之後明初徵修洪武正韻持義不協出爲中都國子監典簿罷歸尋以薦爲瓊山縣敎諭事迹具明史文苑傳焦竑筆乘稱其字學最精行世者惟六書本義及學範六篇學範蕪雜殊無可取是編六書譜及六書相生諸圖大抵祖述鄭樵之說其凡例有曰說文原作五百四十部今定爲三百六十部不能生者附各類後今以其說考之若說文畕字爲一部以畺字爲子而撝謙則併入田部

說文包字爲一部以胞匏字爲子而攝謙則併入勹部說文絲字爲一部以幾幽字爲子而攝謙則併入幺部凡若此類以母生子雖不過一二而未嘗無所生之子與凡例所云不能生者不同乃一槩併之似爲未當又若說文儿部儿讀若人充兌諸字從之與人字異體而攝謙則併入人部說文本部皋字從本從白而攝謙誤以從白爲從自附入自部則于字體尤舛第于各部之下辨別六書之體頗爲詳晰其研索亦具有苦心故錄而存之以不沒所長焉乾隆四十七年十一月恭校上

奇字韻

臣等謹案奇字韻五卷明楊慎撰慎既作古音叢目諸書又別標字體之稍異者類以四聲以是成編考六書以說文所載小篆爲正若衞宏揚雄所學則別有古文奇字以非六書偏旁所可推也此書以奇字標名而若說文引經豐其屋豐作寷克岐克嶷嶷作㘈靜女其姝姝作[illegible]庶草繁廡廡作無營營靑蠅止

于樊樊作楙故源源而來源源作謜謜之類雖與今經文小異而皆有六書偏旁可求則正體而非異字且此類甚多不可勝載如説文引尚書嵎夷作堣夷引論語便辟便作諞引詩赫兮喧兮喧作愃引周禮膳膏臊臊作鱢異同之處不可殫數此書所載殊不及十之二三至于岷之作汶禱之作禂皆假借字而亦概列爲奇字尤屬不倫又如蝯字下注與猨同而不知漢書李廣傳又作爰臂如淳曰臂如猨臂其闕佚又不可枚舉蓋愼充于腹笥特就所記憶者録之故于讀書不暇詳考然于秦漢載籍亦已十得三四講六書者去其疵而取其醇或亦不無所助焉乾隆四十七年九月恭校上

古音駢字

臣等謹案古音駢字二卷續編五卷古音駢字二卷明楊愼撰續編五卷 國朝莊履豐莊鼎鉉仝撰古人字少而韻寛故用字往往假借是書取古字通用者以韻分之各註引用書名于其下由字體之通求字音之通于秦漢以前古

音頗有考證但遺闕過多牽合亦復時有即以開卷東韻論之如荀子議兵篇云案角鹿埵隴種東籠而退耳曰隴種新序作龍鍾禮論篇曰彌龍註曰彌如字又讀爲弭楚辭九章曰蓀詳聾而不聞補註云詳與佯同九嘆云登逢龍而下隕兮違故都之漫漫註云逢一作逄古本作蓬五帝德曰鳥獸昆虫考說文以虫爲虺然漢代碑刻即用虫爲蟲則虫蟲通此書原本續本均未舉及則採摭之未備也又如原蠭門二字註出荀子而史記龜策列傳亦作蠭門乃不註續本于虋冬滿冬門冬引爾雅註而山海經曰其草多芎藭虋冬乃不註又引廣雅䐢匈二字謂匈胷通而管子內政篇曰平正擅匈註曰和氣獨擅匈中亦作古胷字乃亦不註則訓釋之未詳也他如圜鍾函鍾是黃鍾林鍾別名非黃通爲圜林通爲函其浸盧維讀作盧濰恐亦鄭康成之改字未可盡槩以古音乃一例定爲通用未免附會然大勢徵引賅洽足資考證古字之見于載籍者十已得其四五亦可云小學之善本矣乾隆四十七年八月恭校上

俗書刊誤

臣等謹案俗書刊誤十二卷明焦竑撰竑字弱侯萬歷乙未進士第一人官翰林修撰其書第一卷至第四卷類分四聲刊正訛字若芈之非丰容不從谷是也第五卷略記字義若赤之通尺䠆之同猶是也第六卷略記駢字若句婁之不當作岣嶁辟歷之不當作霹靂是也第七卷略記字始若對之改口從士本於漢文疊之改晶從畾本於新莽是也第八卷音義同字異若庖犧之爲炮羲神農之爲神由是也第九卷音同字義異若鉏鋙之與琨珸滄浪之與蒼筤是也第十卷字同音義異若敦有九音湛凡七讀是也第十一卷俗用雜字若山岐曰岔水岐曰汊是也第十二卷論字易譌若禾之與禾支之與攴是也其辨最詳而又非不可施用之僻論愈於拘泥篆文不分字體者多矣乾隆四十七年九月恭校上

臣等謹案字孿二卷明葉秉敬撰秉敬字敬君衢州西安人萬歷辛丑進士以部郎出知開封府進河南提學僉事再遷荊西道參議尋移南瑞未行而卒秉敬學頗淹通著書凡四十餘種是編乃取字形似而義殊者分類注之與郭忠恕佩觿大旨略同而每字綴以四言歌訣則秉敬自創之體例凡例謂孿子眉目髮膚無別而伯仲先後弗淆當察乎子母相生之徵而引伸觸類故其說悉根柢說文毫釐辨析於偏傍點畫分別了然又該以韻語便於記誦亦小學入門之津筏也其書爲杭人潘之淙所刻附有篆體辨訣一篇乃以七言歌括辨篆文偏傍之同異不知何人所撰由來已久之淙以其與此書可互相參究故附刊以行其區別形體亦頗有資於六書惟其末比舊本增多一百二十四句則紕繆杜撰不一而足如謂抽字不當從由咽字不當從因已顯與說文相背甚且臆造篆文如琴上加一對內從干均極訛謬至勇本從甬而云角力爲勇稷古文省作畟而云與槐柳同此類尤爲乖舛蓋無識者所竄入不足依據今

姑從原本錄之而糾正其失於此庶不疑誤後學焉乾隆四十七年十月恭校

上

御定康熙字典

臣等謹案康熙字典　聖祖仁皇帝御定大學士臣張玉書等修纂自子至亥爲子二集集各有上中下始一終龠凡一百十九部並以筆之多寡爲次前有總目檢字辨似等韻後附補遺備考俱不標卷第今謹依原書次序自子上至亥下爲三十六卷前爲總目檢字辨似等韻各一卷後補遺備考各一卷總四十二卷字書之作肇於許愼說文而顧野王玉篇繼之其分部各有義例迨字彙正字通二書始以今體筆數爲次取便檢閱是書實因之而詮訓簡當可以訂正字通之繁冗徵引博辨可以補字彙之遺闕於以釋經考字析疑衷是洵乎集千古字書之大成矣乾隆四十七年十一月恭校上

欽定西域同文志

臣等謹案欽定西域同文志二十四卷乾隆二十八年　命大學士傅恒劉統勳等編纂以備西域諸部之字書其部之別曰天山北路曰天山南路曰青海曰西番其門之別曰地曰山曰水曰人其字之別首列　國書以爲樞紐次以漢字又次以三合切音以求音韻又次列各部曰蒙古曰西番曰托忒曰回字以次相綴各以其語爲主餘取對音每條俱於漢字下詳具訓詁名義瞭如指掌一展卷而凡絕域之方言皆得尋音考義洵爲同文之極軌矣古來誌外域者多出傳聞髣髴文人傅會未足徵信我　朝重譯所通遠越前代迨於西陲式廓雁臣星使中外如一編輯諸臣既得諮詢譯語考求眞實而書成上進復
親御丹毫指示更定以故音義精審略無遺憾足以示萬古云乾隆四十七年十一月恭校上

增訂清文鑑

臣等謹案增訂清文鑑三十二卷補編四卷總綱八卷補編總綱一卷乾隆三

十六年　欽定製序頒行　國書字頭切音之法實備形聲之用自　聖祖仁
皇帝定爲清文鑑一書分類編排體裁大備而未有音切漢字我　皇上紹纘
文明　指授館臣詳加增訂每條標著　國語左爲漢字或一字對音或二
合三合切音毫髮不爽其右列漢語又其右音以　國書俾覽者皆可成誦其
註釋並取日用常言期於人人共曉不致有拘牽傅會之失而新定　國語增
入者尤爲詳備於以昭示來茲爲萬萬世同文之準云乾隆四十七年十一月
恭校上
御定滿珠蒙古漢字三合切音清文鑑
臣等謹案滿珠蒙古漢字三合切音淸文鑑三十二卷乾隆四十四年　御定
初　聖祖仁皇帝勅撰淸文鑑　皇上既　命補注漢字各具翻切釋文嗣以
蒙古字尚未備列因　再命詳加考校續定是編以　國書爲主而貫通于蒙
古書漢書每　國語一句必兼列蒙古語一句漢語一句以明其義又以蒙古

字漢字各對　國語之音以定其聲漢字之音不具則三合以取之蒙古字之音不具則分各種讀法寫法收法以取之經緯貫穿至精密而至明顯循文伏讀無不一覽了然考遼史太祖本紀稱神册五年始製契丹大字天贊三年詔礲闢遏可汗故碑以契丹突厥漢字紀其功云云然則三體互通使彼此共喻實本古義許愼作說文小篆之下兼列籀文古文以互證其字揚雄作方言每一語一物亦具載某地謂之某以互證其語則三體彙爲一編使彼此相釋亦因古例用達書名于四方雖成周大同之盛亦無以踰于斯矣乾隆四十七年十月恭校上

篆隸考異

臣等謹案篆隸考異四卷　國朝周靖撰靖字敉寧吳縣人明吏部文選司郎中周順昌之曾孫也是書辨別篆隸異同用意與張有復古編相類其小異者有書以篆文爲綱而附列隸字之正俗此則以隸字爲綱於合六書者注曰隸

不合六書者注曰俗於隸相通而篆則不相假借者注曰別如隸字好醜之好與好惡之好爲一字篆則分好玫二字之類而各列篆文於其下又說文分部五百四十此則以隸字點畫多少爲次分部二百五十有七俾讀者以所共知通其所未知較易於尋檢大旨斟酌於古今之間盡斥鄙俚杜撰之文而亦不爲怪僻難行之論其凡例有曰庖犧畫卦已開書契之宗降至小篆無慮幾變然許叔重以前雖有周鼓秦碑究無成書可據故鄭樵曰六書無傳惟藉說文此考以說文爲主鐘鼎款識一槪不錄又曰如犅茁等字止載說文而剛曲見於經史反覺簡易此考寧取其簡無取其繁故去牛與艸是非悖謬說文實欲羽翼經史閱者可舉一以例百云云汪琬作是書序亦以泥古變古二者交譏而稱是書上引六經旁及子史究其本末晰其是非至詳至細而未嘗有詭異之說其論允矣其書未有刊板此本爲康熙丙辰長洲文含所手錄篆文頗爲工整迥非鈔胥所能驗其私印有小停雲字蓋文徵明之裔故筆法猶有家傳歟今錄存其書以著顏元孫去

泰去甚之義俾從俗而戾古與從古而不可行於今者均知所別擇焉乾隆四十七年十月恭校上

隸辨

臣等謹案隸辨八卷　國朝顧藹吉撰藹吉號南原長洲人是書鉤摹漢隸之文以宋禮部韻編次每字下分注碑名併引碑語前有自序云銳志精思采摭漢碑所有字以爲解經之助有不備者求之漢隸字又云字源多錯謬舩船冄再體或不分血皿朋多形常莫別悉從隸釋隸續詳碑定字指摘無餘今考此書字形廣狹與世所刻婁機漢隸字源相同是陰以機書爲稾本漢碑之出於機後者僅魯孝王刻石太室少室開母諸石闕及尹宙孔褒曹全張遷韓仁數種視機書所列不過百分之一二機所見三百九種其存於今者不過景君孔和史晨韓勑孔謙孔宏魯峻鄭固孔宙蒼頡衡方張壽孔彪潘乾武榮王渙鄭季宣白石神君西狹頌郙閣頌二十餘種較其碑目所列已不及十分之一此

二十餘種之外縱舊拓流傳亦斷璧零璣偶然一遇決不能如是之多藹吉何由得見原碑一一手摹其字則所云不備之字始求之字源殆不足憑惟其於婁機以後續出之碑盡爲摹入修短肥瘠不失本眞則足補字源之闕所摹偏旁一卷五百四十部能依說文次第辨正精核又附碑考二卷碑之存者注今在某處亡者引某書云在某處具有引證以年代先後爲次條理頗爲秩然則較字源碑目爲詳核後附隸八分考筆法二篇採輯舊說亦均有裨後學與婁氏書相輔而行固亦不必盡以重儓譏也乾隆四十七年十一月恭校上

欽定四庫全書提要卷二十六

經部二十六

小學類三

廣韻

臣等謹案廣韻五卷不著撰人名氏考世行廣韻凡二本一爲宋陳彭年邱雍等所重修一爲此本前有孫愐唐韻序注文比重修本頗簡朱彝尊作重修本序謂明代內府刋本中涓欲均其字數取而刪之然永樂大典引此本皆曰陸法言廣韻引重修本皆曰宋重修廣韻世尙有麻沙字一本與明內府板同題曰乙未歲明德堂刋內匡字紐下十三字皆闕一筆避太祖諱其他宋諱則不避邵長蘅古今韻略指爲宋槧雖未必然而平聲東字注中引東不訾事重修本作舜七友此本訛作舜之後熊忠韻會舉要已引此本則當爲元刻矣非明中涓所刪也又宋人諱殷故重修本改二十一殷爲欣此尙作殷知非作於宋

代且唐人諸集以殷韻字少難於成詩間或附入眞諄臻韻如杜甫東山草堂詩李商隱五松驛詩不一而足說文所載唐韻翻切殷字作於身切欣字作許巾切亦借眞韻中字取音並無一字通文此本注殷獨用重修本始注欣與文通尤確非宋韻之一徵考唐志宋志皆載陸法言廣韻五卷而陸德明莊子釋文亦引廣韻則廣韻之名實在唐韻之前叉孫愐以後陳彭年等以前修廣韻者尙有嚴寶文裴務齊陳道固三家重修本中皆顯列其名氏此本當即三家之一故彭年等之本不曰新修而曰重修明先有此本也彝尊精於考證乃以原書爲在後不免千慮之一失矣乾隆四十七年九月恭校上

廣韻

臣等謹案廣韻五卷宋陳彭年邱雍等奉勅撰初隋陸法言以吕靜等六家韻書各有乖互因與劉臻顏之推魏淵盧思道李若蕭該辛德源薛道衡八人撰爲切韻五卷書成於仁壽元年唐儀鳳二年長孫訥言爲之註後郭知元關亮

薛峋王仁煦祝尚邱遞有增加天寶十載陳州司法孫愐重爲刋定改名唐韻後嚴寶文裴務齊陳道固又各有添字宋景德四年以舊本偏旁差訛傳寫漏落又註解未備乃命重修大中祥符四年書成賜名大宋重修廣韻即是書也舊本不題撰人以丁度集韻考之知爲彭年雍等爾其書二百六韻仍陸氏之舊所收凡二萬六千一百九十四字考唐封演聞見記載陸法言韻凡一萬二千一百五十八字則所增凡一萬四千三十六字矣此本爲蘇州張士俊從宋槧翻雕中間已缺欽宗諱蓋建炎以後重刋本朱彝尊曝書亭集有爲士俊所作序力斥劉淵韻合殷於文合隱於吻合焮於問之非然此本實合殷隱焮於文吻問彝尊未及檢也註文凡一十九萬一千六百九十二字較舊本爲詳而冗漫頗甚如公字之下載姓氏至千餘言殊乏翦裁東字之下稱東宫得臣爲齊大夫亦多紕繆考孫愐唐韻序稱異聞奇怪傳說姓氏原由土地物産山河草木鳥獸蟲魚備載其間已極蔓引彭年等又從而益之丁度譏其一字之左

兼載他切既不該盡徒釀細文又姓望之出廣陳名系既乖字訓復類譜牒其說當矣潘耒遂初堂集亦有此書序極以註文繁複爲可貴是將以韻書爲類書也著書各有體例豈可以便利於剽竊遂推爲善本哉流傳既久存以備韻書之源流可矣乾隆四十七年十月恭校上

集韻

臣等謹案集韻十卷舊本題宋丁度等奉敕撰前有韻例稱景祐四年太常博士直史館宋祁太常丞直史館鄭戩等建言陳彭年邱雍等所定廣韻多用舊文繁略失當因詔祁戩與國子監直講賈昌朝王洙同加修定刑部郎中知制誥丁度禮部員外郎知制誥李淑爲之典領晁公武讀書志亦同然考司馬光切韻指掌圖序稱仁宗皇帝詔翰林學士丁公度李公淑增崇韻學自許叔重而降凡數十家總爲集韻而以賈公昌朝王公洙爲之屬治平四年余得旨繼纂其職書成上之有詔頒焉常因討究之暇科別清濁爲二十圖云云則此書

奏于英宗非仁宗時成于司馬光之手非盡出丁度等也熊忠韻會舉要稱舊

韻但作平聲一二三四集韻乃改爲上下平今檢其篇目乃舊韻作上下平此

書改爲平聲一二三四忠之所言殊爲倒置惟廣韻所註通用獨用封演見聞

記稱爲唐許敬宗定者改併移易其舊部則實自此書始而重刋廣韻者誤據

集韻以校之遂移其舊第耳其駁廣韻註凡姓望之出廣陳名系旣乖字訓復

類譜牒誠爲允協至謂兼載他切徒釀細文因併删其字下之互註則音義俱

別與義同音異之字難以遽明殊爲省所不當省又韻主審音不主辨體乃篆

籀兼登雅俗並列重文復見有類字書亦爲繁所不當繁其與廣韻蓋亦互有

得失至今二書並行莫能偏廢焉乾隆四十七年十月恭校上

切韻指掌圖

臣等謹案切韻指掌圖三卷宋司馬光撰其檢例一卷則明邵光祖所補正也

光有溫公易説已著録光祖字宏道自稱洛邑人始末未詳據王行後序作於

洪武二十三年稱其沒已數年則明初人矣光書以三十六字母科别清濁爲二十圖首獨韻次開合韻每類之中又以四等字多寡爲次故高爲獨韻之首千官爲開合韻之首舊有檢例一卷光祖以爲全背圖旨斷非光作因自撰爲檢圖之例附於其後考光自序實因集韻而成是圖光祖乃云廣韻凡二萬五千三百字其中有切韻者三千八百九十文止取其三千一百三十定爲二十圖餘七百六十字應檢而不在圖者則以在圖同母同音之字備用而求其音則是據廣韻也然光祖據光之圖以作例則其例仍與圖合所註七百六十字之代字及字母亦足補原圖所未備光例既佚即代以光祖之例亦無不可矣光書反切之法據嘉定癸亥董南一序云遞用則名音和旁求則名類隔同歸一母則爲雙聲同出一韻則爲叠韻同韻而分兩切者謂之憑切同音而分兩韻者謂之憑韻無字則點窠以足之謂之寄聲韻闕則引鄰以寓之謂之寄韻所謂雙聲叠韻諸法與今世所傳劉鑑指南諸門法並同惟音和類隔二門則

大相懸絶檢例云取同音同母同韻同等四者皆同謂之音和取脣重脣輕舌頭舌上齒頭正齒三音中清濁同者謂之類隔是音和統三十六母類隔統脣舌齒等二十六母也劉鑑法則音和專以見溪羣疑爲說而又別立爲一四音和四一音和兩門類隔專以端知八母爲說又別出輕重重輕交互照精精照互用四門似乎推而益密然以兩法互校實不如原法簡該也其廣韻類隔今更音和一條皆直以本母字出切同等字取韻取字於音和之理至爲明了獨其辨來日二母云日字與泥娘二字母下字相通辨匣喻二字母云匣闕三四喻中覓喻虧一二匣中窮即透切之法一名野馬跳澗者其法殊爲牽强又其法兼疑泥娘明等十母此獨舉日泥娘匣喻五母亦爲不備是則原法之疎不可以立制者矣等韻之說自後漢與佛經俱來然隋書僅有十四韻之說而不明其例華嚴四十二字母亦自爲梵音不隸以中國之字玉篇後載神珙二圖廣韻後列一圖不著名氏均粗舉大綱不及縷舉節目其有成書傳世者惟光

此書爲最古孫奕示兒編辨不字作逋骨切惟據光說知宋人用爲定韻之祖矣第光傳家集中下至投壺新格之類無不具載惟不載此書故傳本久絶今惟永樂大典尚有完本謹詳爲校正俾復見於世以著等韻之舊譜其例不過如此且以見立法之初實因集韻而有是書非因是書而有集韻凡後來紛紜轇轕均好異者之所爲焉乾隆四十六年十月恭校上

韻補

臣等謹案韻補五卷宋吳棫撰棫字才老武夷徐蕆爲是書序稱與蕆本同里而其祖後家同安王明清揮麈三錄則以爲舒州人疑明淸誤也宣和六年進士第召試館職不就紹興中爲太常丞以爲孟仁仲草表忤秦檜謫泉州通判以終蕆序稱所著有書稗傳詩補音論語指掌考異續解楚辭釋音韻補凡五種陳振孫書錄解題詩類載棫毛詩補音十卷註曰棫又別有韻補一書不專爲詩作小學類載棫韻補五卷註曰棫又有毛詩補音一書别見詩類今毛詩

補音已亡惟此書存自振孫謂朱子註詩用棫之説朱彝尊作經義考未究此書僅五卷于補音十卷條下誤註存字世遂謂朱子所據即此書莫敢異議考詩集傳中音切爲此書所無者不可殫舉周密齊東野語稱朱子用棫之説以艱音巾替音天此書有艱而無替則朱子所據非此書明甚世儒不察乃執此書以誣朱子其僨殊甚然自宋以來著一書以明古音者實自棫始而程迥之韻式繼之迥書以三聲通用雙聲互轉爲説所見較棫差的今已不傳棫書雖牴牾百端而後來言古音者皆從而推闡加密故闢其謬而仍序之以不没篳路藍縷之功焉乾隆四十七年十月恭校上

附釋文互註禮部韻略

臣等謹案附釋文互註禮部韻略五卷舊本不題撰人晁公武讀書志云丁度撰今考所併舊韻十三部與度所作集韻合當出度手其上平聲三十六桓作歡則南宋重刊所改觀卷首載郭守正重修條例稱紹興本尙作桓是其證也

此書爲宋代官韻行之最久然收字頗狹如歡韻漏判字添韻漏尖字之類嘗爲俞文豹吹劍錄所議故紹興中朝散大夫黃積厚福州進士黃啓宗淳熙中吳縣主簿張貴謨嘉定中嘉定府教授吳杜皆屢請增收而楊伯嵒亦作九經補韻以拾其遺然每有陳奏必下國子監看詳再三審定而後附刋韻末故較他韻書特爲謹嚴當時官本已不可見其傳於今者題曰附釋文互註禮部韻略每字之下皆列官註於前其所附互註則題一釋字別之凡有二本一本爲康熙丙戌曹寅所刻冠以余文焴所作歐陽德隆押韻釋疑序一篇郭守正重修序一篇重修條例十則淳熙文書式一道一本爲常熟錢孫保家影鈔宋刻前五卷與曹本同但首無序文條例而末附貢舉條式一卷凡五十三頁所載上起元豐五年下至紹興五年凡一切增删韻字廟諱祧諱書寫試卷格式以及考校章程無不備載多史志之所未備猶可考見一代典制視曹本特爲精善惟每卷之末各以當時避諱不收之字附錄一頁據跋乃孫保所加非原書

所有今削去不載以存其舊至曹寅所刻不完之本則附見於此不別著錄焉

乾隆四十七年九月恭校上

增修互註禮部韻略

臣等謹案增修互註禮部韻略五卷宋衢州免解進士毛晃增註其子居正校勘重增諸家所稱增韻卽此書也晃嘗作禹貢指南居正嘗作六經正誤又嘗校定監版九經蓋以經義世其家者是書因丁度禮部韻略收字太狹元祐五年博士孫諤陳乞添收紹興十一年進士黃啓宗更爲補輯猶未完備乃蒐采典籍依韻增附又韻略之例凡字有別體別音者皆以墨闌圈其四圍亦往往舛漏晃併爲釐定于音義字畫之誤皆一一辨證凡增二千六百五十五字增圈一千六百九十一字訂正四百八十五字居正續拾所遺復增一千四百二字各標總數于每卷之末而每字之下又皆分註其曰增入曰今圈曰今正者皆晃所加曰重增者皆居正所加其辨論考正之語則各著名以別之父子相

繼以成一書用力頗爲勤摯其每字疊收重文用集韻之例每字别出重音用廣韻之例明代刋板頗多譌舛此本凡宋代年號皆空一格猶從舊式末題太歲丙午仲夏秀岩山堂重刋蓋理宗寶祐四年蜀中所刻視近本特爲精善云

乾隆四十七年十月恭校上

增修校正押韻釋疑

臣等謹案增修校正押韻釋疑五卷押韻釋疑宋紹定庚寅廬陵進士歐陽德隆撰景定甲子郭守正增修守正字正己自號紫雲山民永樂大典所引紫雲韻即此書也初德隆以禮部韻略有字同義異義同字異者與其友易有開因監本各爲互註以便程試之用辰陵余文焴爲之序後書肆屢爲刋刻多所竄亂守正因取德隆之書參以諸本爲删削增益各十餘條以成此書每字之下先列監註次列補釋次列他韻他紐互見之字詳其音義點畫之同異而辨其可以重押通用與否多引當時程試詩賦某年某人某篇曾押用某字考官看

詳故事以證之每韻之末列紹興中黄啟宗淳熙中張貴謨等奏添之字或常用之字而官韻不收者如帲幪之幪諸字則註曰官韻不收宜知考證頗爲詳密但孰爲德隆原註孰爲守正之所加不復分别未免體例混淆耳其書久無刊板此本猶從宋槧鈔出曹寅所刻别本序中闕六字條例中闕二字此本皆完知寅未見此本也乾隆四十七年十月恭校上

九經補韻

臣等謹案九經補韻一卷宋楊伯嵒撰伯嵒字彦思號泳齋自稱代郡人然南宋時代郡已屬金蓋署郡望也淳祐間以工部郎守衢州宋時禮部韻略自景祐中丁度修定頒行與九經同列學官莫敢出入其有增加之字必奏請詳定而後入然所載續降六十三字補遺六十一字猶各於字下註明其音義弗順及喪制所出者仍不得奏請入韻故校以廣韻集韻所遺之字頗多伯嵒是書蓋因官韻漏略擬摭九經之字以補之周易尚書各一字毛詩六字周禮禮記

各三十一字左傳五字公羊傳孟子各二字凡七十九字各註合添入某韻內或某字下又附載音義弗順喪制所出者八十八字蓋當時於喪制一條拘忌過甚如檀弓何居之居本爲語詞亦以爲涉於凶事不敢入韻故附載之然自序稱非敢上於官以求增補則並所列應補之字亦未行用也其書考據經義精確者頗多惟其中如周禮司尊彝修爵之修音滌禮記聘義孚尹之孚音浮之類乃古字假借不可施於今韻又如詩泮水之黮字周禮占人之簭字公羊傳成五年之涿字乃重文別體與韻無關一概擬補未免少失斷限耳乾隆四十七年十月恭校上

五音集韻

臣等謹案五音集韻十五卷金韓道昭撰道昭字伯暉眞定松水人世稱以等韻顚倒字紐始于元黃公紹韻會然是書以三十六母各分四等排比諸字之先後已在其前所收之字大抵以廣韻爲藍本而增入之字則以集韻爲藍本

又廣韻註獨用同用實仍唐人之舊封演聞見記言許敬宗奏定者是也終唐之世下迄宋景祐四年功令之所遵用未嘗或改及禮部韻略頒行始因賈昌朝請改併窄韻十有三處今廣韻各本儼移鹻檻之前釅移陷鑑之前獨用同用之註如通殷于文通隱于吻皆因韻略頒行後竄改致舛是書改二百六韻爲百六十而併忝于琰併檻于豏併儼于范併㮇于豔併鑑于陷併釅于梵足證廣韻原本上去聲末六韻之通爲二與平聲入聲不殊其餘如廢不與隊代通殷隱焮迄不與文吻問物通尙仍唐韻之舊未嘗與韻略錯互故十三處犂然可考尤足訂重刊廣韻之訛其等韻之學亦深究要眇或以顚倒音紐之次第過相詬病非通方之論矣乾隆四十七年十月恭校上

古今韻會舉要

臣等謹案古今韻會舉要三十卷元熊忠撰楊愼丹鉛錄謂蜀孟昶有書林韻會元黃公紹舉其大要而成書故以爲名然此書以禮部韻略爲主而佐以毛

晃劉淵所增併與孟昶書實不相關舊本凡例首題黃公紹編輯熊忠舉要而第一條即云今以韻會補收闕遺增添註釋是韻會別爲一書熊忠用之明矣其前載劉辰翁韻會序正如廣韻之首載陸法言孫愐序耳亦不得指舉要爲公紹也其書雖本韻略而一遵壬子新刊不存丁度之舊部其排比字紐一以七音四等三十六母爲序而顛倒唐宋舊譜之次蓋景祐變獨用通用而未更其部平水併部而未移其字至是書而古韻始變其字母通考之首力排江左吳音洪武正韻之鹵莽此已胚其兆矣又其中今韻古韻漫無分別如東韻收窗字先韻收西字之類雖舊典有徵而施行頗駭子注文繁例雜亦病蓁蕪惟其援引浩博足資考證而一字一句必舉所本無武斷僞撰之處較後來明人韻譜尚有典型耳公紹字直翁忠字子忠皆昭武人云乾隆四十七年五月恭校上

四聲等子

臣等謹案四聲等子一卷不著撰人名氏錢曾讀書敏求記謂即劉鑑所作切韻指南曾一經翻刻特易其名今以二書校之若辨音和類隔廣通偈狹內外轉攝振救正音及雙聲疊韻之例雖全具于指南門法玉鑰匙內然詞義詳略顯晦迥有不侔至內攝之通止遇果宕曾流深外攝之江蟹臻山效假梗咸十六攝圖雖亦與指南同然此書曾攝作內八而指南作內六流攝此書作內六而指南作內七深攝此書作內七指南作內八皆小有不同至以江攝外一附宕攝內五下梗攝外七附曾攝內六下與指南之各自爲圖則爲例迥殊雖指南假攝外六附果攝內四之下亦間併二攝然假攝統歌麻二韻歌麻本通故假得附果若此書之以江附宕則不知江諸東冬不通陽唐以梗附曾則又誤通庚蒸爲一韻似不出于一手矣關西劉士明著書曰經史正音切韻指南則劉鑑之指南十六攝圖乃因此書而革其宕攝附江曾攝附梗之誤此書實非鑑作也以字學中論等韻者司馬光指掌圖外此書頗古故並錄存之以備一

家之學焉乾隆四十七年十月恭校上

經史正音切韻指南

臣等謹案經史正音切韻指南一卷元劉鑑撰鑑字士明自署關中人關中地廣不知隸籍何郡縣也切韻必宗等子司馬光作指掌圖等韻之法於是始詳鑑作是書即以指掌圖爲粉本而參用四聲等子增以格子門法於出切行韻取字乃始分明故學者便之至於開合二十四攝內外八轉及通廣侷狹之異則鑑皆略而不言殆立法之初已多挂礙糾紛故姑置之耶然言等韻者至今多稱切韻指南今姑錄之用備彼法沿革之由原本末附明釋眞空直指玉鑰匙一卷驗之即眞空編韻貫珠集中之第一門第二門又若愚直指法門一卷詞旨拙澀與貫珠集相等今並刪不錄焉乾隆四十七年十一月恭校上

洪武正韻

臣等謹案洪武正韻十六卷明洪武中奉勅撰時預纂修者爲翰林侍講學士

樂韶鳳宋濂待制王僎修撰李淑允編修朱右趙壎朱廉典簿瞿莊鄒孟達典籍孫蕡荅祿與權預評定者爲左御史大夫汪廣洋右御史大夫陳寧御史中丞劉基湖廣行省參知政事陶凱書成于洪武八年濂奉勅爲之序大旨斥沈約爲吳音一以中原之韻更正其失併平上去三聲各爲二十二部入聲爲十部于是古來相傳之二百六部併爲七十有六其註釋一以毛晃增韻爲稾本而稍以他書損益之蓋歷代韻書自是而一大變考隋志載沈約四聲一卷新舊唐書皆不著錄是其書至唐已佚濂序乃以陸法言以來之韻指爲沈約其謬殊甚廣韻平聲三鍾部恭字下註曰陸以恭蜙縱等入冬韻非也蓋一紐之失古人業已改定又上聲二腫韻湩字下註曰此冬上聲蓋冬部上聲惟此一字不能立部附于腫部之中亦必註明不使相亂古人分析不苟至于如此濂乃以私臆妄改悍然不顧不亦傎乎當時以天子之力濟以太祖之剛厲竟不能行于天下太祖子孫相傳二百餘年雖懸此書于令甲卒亦聽天下自用舊

韻不能申明祖宗之法則是非之心終有不可奪者矣其書本不足録以其爲有明一代同文之治刋而不載則韻學之沿革不備猶之前代典制雖其法極爲不善亦必録諸史册固不能泯滅其迹使後世無考耳乾隆四十七年九月恭校上

古音叢目等四種

臣等謹案古音叢目五卷古音獵要五卷古音餘五卷古音附録一卷明楊愼撰愼有檀弓叢訓已著録是四書雖各有卷帙而核其體例實本一書特以陸續而成不及待其完備每得數卷即出問世故標目各别耳觀其古音獵要東冬二韻共標鞠朋衆務調夢窗誦雙明萌用江十三字與古音叢目東冬二韻所標者全複與古音餘東冬二韻所標亦複五字是即隨所記憶觸手成編參差互出未歸畫一之明證矣其書皆仿吳棫韻補之例以全韻分部而以古音之相協者分隸之然條理多不精密葢愼博洽過陳第而洞曉古音之根柢則

不及之故蒐輯秦漢古書頗爲該備而置之不得其所遂往往舛漏牴牾以其援據繁富究非明人空疎者所及故仍錄其書以備節取焉乾隆四十七年十月恭校上

古音略例

臣等謹案古音略例一卷明楊慎撰是書取易詩禮記楚辭老莊荀管諸子有韻之詞標爲略例若易例日昃之離離音羅與歌嗟爲韻三歲不覿覿音徒谷切與木谷爲韻並受其福福音偪與食汲爲韻吾與爾靡之靡音磨與和爲韻頗與古音相合他如嘒彼小星維參與昴舊叶力求切慎據史記天官書徐邈音昴爲旄下文抱衾與裯之裯音調實命不猶之猶音搖今考郭璞註方言裯丁牢反檀弓咏斯猶鄭註猶當作搖則二音實有所據慎又謂吳棫于詩棘心夭夭母氏劬勞勞必叶音僚我思肥泉思之永嘆嘆必叶他涓切出自北門憂心殷殷門必叶眉貧切四牡有驕朱幩鑣鑣驕必叶音高不思古韻寬緩如字

讀自可叶何必勞脣齒費簡册其論亦頗爲得要至如莊子竊鉤者誅竊國者爲諸侯愼讀誅爲之由切而不知侯之古音胡正與誅爲韻又易林蜘蛛之務不如蠶之綸愼讀務爲蝥綸爲鉤不知綸古音侖正與務爲韻蓋其文由掇拾而成故其說或離或合不及後來顧炎武江永諸人能本末融貫也乾隆四十七年十月恭校上

轉注古音略

臣等謹案轉注古音略五卷明楊愼撰是書前有自序大旨謂毛詩楚辭有叶韻其實不越保氏轉注之義易經疏云賁有七音始發其例宋吴才老作韻補始有成編學者知叶韻自叶韻轉注自轉注是猶知二五而不知十也考叶韻之說始於沈重毛詩音義見經典釋文後顏師古注漢書李善注文選並襲用之後人之稱叶韻自此而誤然與六書之轉注則渺不相涉愼書仍用叶韻之說而移易其名於轉注是朝三暮四改爲朝四暮三也如四江之釭字說文云從金

工聲窻字說文云從穴悤聲則釭讀工窻讀悤皆其本音無所謂轉亦安所用其注乎即姑就愼書論之所注轉音亦多舛誤如二冬之龍字引周禮龍勒雜色謂當轉入三江不知玉人上公用龍鄭司農云龍當爲尨而左傳狐裘尨茸即詩之狐裘蒙戎則尨當從龍轉龍不當作莫江反也又如蒸韻之朋字愼引逸詩翹翹車乘招我以弓豈不欲往畏我友朋謂當轉入一東不知弓古音肱有小戎冞綠閟宮及楚辭九歌諸條可證則弓當從朋轉朋不當讀爲蓬如此之類皆昧於古音之本以其引證頗博亦有足供考證者故顧炎武作唐韻正猶有取焉乾隆四十七年十月恭校上

毛詩古音考

臣等謹案毛詩古音考四卷明陳第撰第字季立連江人以諸生從軍歷官至游擊自顏師古註漢書創爲合音之說後人遂以意屬讀茫無定律至吳棫韻補出而龐雜割裂古音彌失其眞　國朝顧炎武作詩本音江永作古韻標準

以經證經始廓清謬論而開除先路則此書實爲首功大旨以爲古人之音原與今異凡今所稱叶韻皆即古人之本音非隨意改讀輾轉牽就如母必讀米馬必讀姥京必讀疆福必讀偪之類歷考諸篇悉截然不紊又左國易象離騷楚辭秦碑漢賦以至上古歌謠箴銘頌贊往往多與詩合可以通證於是排比經文參以羣籍定爲本證旁證二條本證者詩自相證以探古音之源旁證者他經所載以及秦漢以下去風雅未遠者以竟古音之委鉤稽參驗本末秩然其用力可謂篤至雖其中如素音爲蘇之類不知古無四聲不必又分平仄家又音歌華又音和之類不知爲漢魏以下之轉韻不可以通三百篇皆爲未密然所列四百四十四字言必有徵典必探本視他家執今韻部分妄以通轉古音者相去蓋萬萬矣初第作此書自焦竑以外無人能通其說故刋板旋佚此本及屈宋古音義皆建寧徐時作購得舊刻復爲刋傳云乾隆四十七年三月恭校上

屈宋古音義

臣等謹案屈宋古音義三卷明陳第撰第既撰毛詩古音考復以楚辭去風人未遠亦古音之遺乃取屈原所著離騷等二十五篇除其天問一篇得二十四篇又取宋玉之九辨九篇招魂一篇益以文選所載高唐賦神女賦風賦登徒子好色賦四篇得十四篇共三十八篇其中韻與今殊者二百三十四字各推其本音與毛詩古音考互相發明惟每字列本證其旁證則間附字下不另爲條體例小異以前書已明故也書凡一卷其第二卷三卷則舉三十八篇各爲箋注而音仍分見諸句下蓋以參考古音因及訓詁遂附錄其後兼以音義爲名卷帙相連非別爲一書故不析置集部仍與毛詩古音考同入小學類焉乾隆四十七年五月恭校上

御定音韻闡微

臣等謹案音韻闡微十八卷始輯于康熙五十四年　聖祖仁皇帝指授大學

士臣李光地等承修而告成于雍正四年　世宗憲皇帝製序刋布自來音韻之說至爲糾棼梁沈約撰四聲繼之者隋陸法言撰切韻唐孫愐撰唐韻其書並佚若宋祥符之廣韻景祐之集韻皆奉敕修而禮部韻略獨列于學官毛晃仍而增益之劉淵復因而通併其部分元黃公紹作韻會亦仍劉韻而箋注特詳明洪武中詔宋濂等刋修正韻又以意删併部分要其翻切輕重緩急之間或因或改均未能悉協惟　本朝字書合聲切法至爲簡易實闡從來未發之蘊是書翻切並以上一字生音下一字收韻審辨精微萬古不易矣乾隆四十七年十一月恭校上

欽定同文韻統

臣等謹案同文韻統六卷乾隆十五年　欽定莊親王臣允祿等修纂以天竺西番字母音韻參考同異貫合華梵字有其譜譜有其說大旨悉準　國朝字頭合聲切字之法而收聲引聲陰陽長短之辨又屢于呈　進時仰蒙　聖訓

改正凡向來有音無字者即以所切二字並書合爲一字其合二字三字成音而中有輕重則重者正書輕者細書以合之所譯漢字復分注反切及喉齒脣舌之音于下一展卷而華梵音韻悉備無遺眞發從來未發之祕昭垂永久不易之準矣乾隆四十七年十一月恭校上

欽定叶韻彙輯

臣等謹案欽定叶韻彙輯乾隆十五年　欽定前列今韻悉以佩文詩韻爲準而注釋加詳韻可通用者連類相次而載古音叶音於後其獨用者叶韻即附焉如一東二冬本可通用則並列於前而東冬叶韻次之三江獨用則江叶韻次之支微十一尤之類亦然叶韻每字下博采六經子史及漢魏以來有韻之文以證之俾尋聲考古者一覽而得其原本洵乎致精極博矣韻言肇於古初而編類成書則始於齊梁自後代有删併部分愈繁古音漸昧宋吳棫以四聲互用切響同用二法著爲韻補朱子取之以說詩明楊愼又因六書轉注之流

別足以方音叶音爲轉注古音略其說益備　國朝邵長蘅本吳楊兩家之說而增益之爲古今韻略搜采雖博舛譌亦多未足爲藝林程度是書體例悉稟幾餘指授而徵引考核必精必詳古今音韻之學無出範圍矣原本上平下平上去入聲各分上下帙茲以篇頁頗多謹依次分析每遇叶韻處輒別爲卷凡五十八卷古音部分之槩亦略見於此云乾隆四十七年十一月恭校上

欽定音韻述微

臣等謹案音韻述微三十卷乾隆三十年奉　勅撰其合聲切字一本　御定音韻闡微其稍變者闡微以三十六母爲字紐之次序故東韻首公字之類與部首標目或相應或不相應在所不拘今則部首一字屬何母即以其母爲首其下諸母所領字以次相從使歸于畫一其部仍從　御定佩文詩韻其稍變者從音韻闡微分文殷爲兩部而以殷部附眞部不附文部其字數自佩文詩韻所收一萬二百五十二字外凡所續收每紐之下以據音韻闡微增者在前

據廣韻增者次之據集韻增者又次之或有點畫小異音訓微殊舊韻兩收而實不可複押者則删不錄至于舊韻所無而今所恒用者如阿字舊惟作陵阿之義收入歌韻今爲　國書十二字頭之首則收入麻韻鎗字舊訓爲酒器收入庚韻今則酒器無此名而軍器有此字則增入陽韻又如查本浮木而今訓察核參本稽考而今訓糾彈礮本飛石而今訓火器掃本汜除而今訓楗茭既已萬口同音即屬勢不可廢此如麻韻之字古音皆與魚虞相從自字母入中國始有麻韻一呼遂不能不增此一韻姬本周姓自戰國以後始以爲妾御之名亦遂不能不增此一解蓋從宜從俗義各有當又不可以古法拘也其互注之例凡一字兩部皆收義同者注曰又某韻義異者注曰與某韻義異體例與禮部韻略同其與他韻一同一異者注曰又某韻與某韻義異或字有數訓而僅一解可通者則注曰惟某義與某韻同餘異則較韻略爲加密其詮釋之例凡說文玉篇廣韻集韻所有者書非稀睹無庸贅著篇名其他則一字一句必

著所出以明有據亦諸韻書之所無蓋音韻闡微所重在字音故訓詁不欲求詳此書所重在字義故考證務期核實兩書相輔而並行小學之蘊奧眞毫髮無遺憾矣乾隆四十七年十一月恭校上

音論

臣等謹案音論三卷　國朝顧炎武撰炎武有左傳杜解補正已著錄自陳第作毛詩古音考屈宋古音義而古音之門徑始明然創闢榛蕪猶未及研求邃密至炎武乃探討本原推尋經傳作音學五書以正之此其五書之一也上卷分三篇中卷分六篇下卷分六篇共十五篇皆引據古人之說以相證驗中惟所論入聲變亂舊法未爲甚確餘皆原原本本足以訂俗學之訛蓋五書之綱領也書成於崇禎癸未其時舊本集韻與別本廣韻皆尚未出故不知唐宋部分之異同由於陳彭年丁度又唐封演見聞記其時亦未刊行故亦不知唐人官韻定自許敬宗然全書持論精博百餘年來言韻學者雖愈闡愈密或出於

炎武所論之外而發明古義則陳第之後炎武屹爲正宗陳萬策近道齋集有李光地小傳稱光地音學受之炎武又萬策作光地詩集後序稱光地推炎武音學妙契古先故所註古音不用吳棫韻補而用炎武詩本音則是書之爲善本可概見矣乾隆四十七年九月恭校上

詩本音

臣等謹案詩本音十卷　國朝顧炎武撰音學五書之二也其書主陳第詩無叶韻之說即本經所用之音互相參考證以他書明古音原作是讀非由遷就故曰本音每詩皆全列經文而註其音於句下與今韻合者註曰廣韻某部與今韻異者即註曰古音某大抵密於陳第而疏於江永故永作古韻標準駁正此書者頗多然合者十九不合者十一當以永書輔此書不能以永書廢此書也若毛奇齡之逞博爭勝務與炎武相詰難則文人相輕之習益不可爲定論矣乾隆四十七年四月恭校上

臣等謹案易音三卷　國朝顧炎武撰音學五書之三也其書即周易以求古音上卷爲彖辭爻辭中卷爲彖傳象傳下卷爲繫辭文言説卦雜卦其音往往與詩不同又或往往不韻故炎武所註凡與詩音不同者皆以爲偶用方音而不韻者則闕焉考春秋傳所載繇詞無不有韻説者以爲連山歸藏之文然漢儒所傳不過周易而史記載大横之兆其繇亦然意卜筮家别有其書如焦贛易林之類非易之本書而易之本書則如周秦諸子之書或韻或不韻本無定體其韻或雜方音亦不能盡求其讀故彖辭爻辭不韻者多韻者亦間有十翼則韻者固多而不韻者亦錯出其間非如詩三百篇協詠歌被管絃非韻不可以成章也炎武於不可韻者如乾之九二九四中隔一爻謂義相承則韻相承之類未免穿鑿又如六十四卦彖辭爲四卦有韻殆出偶合標以爲例亦未免附會然其考核精確者則於古音亦多有裨固可存爲旁證焉乾隆四十七年

五月恭校上

唐韻正

臣等謹案唐韻正二十卷　國朝顧炎武撰音學五書之四也其書以古音正唐韻之訛書首有凡例曰凡韻中之字今音與古音同者即不註其不同者乃韻譜相傳之誤則註云古音某並引經傳之文以證之其一韻皆同而中有數字之誤則止就數字註之一東是也一韻皆誤則每字註之四江是也同者半則同者註其略不同者註其詳且明其本二韻而誤併爲一五支是也一韻皆同無誤則不註二冬三鍾是也蓋逐字以求古音當移出者移而出當移入者移而入視他家謬執今韻言古音但知有字之當入而不知有字之當出以至今古糾牽不可究詰者其體例特爲明晰與所作韻補正皆爲善本然韻補誤叶古音可謂之正至唐韻則本爲四聲而設非言古韻之書聲隨世移是變非誤概名曰正于義未協是則炎武泥古之過其偏亦不可不知也乾隆四十七

年四月恭校上

古音表

臣等謹案古音表二卷　國朝顧炎武撰音學五書之五也其書凡分十部以東冬鍾江爲第一支脂之微齊佳皆灰咍爲第二魚虞模侯爲第三眞諄臻文殷元魂痕寒桓删山先仙爲第四蕭宵肴豪幽爲第五歌戈麻爲第六陽唐爲第七耕清青爲第八蒸登爲第九侵覃談鹽添咸銜嚴凡爲第十皆以平聲爲部首而三聲隨之其移入之字與割併之部即附見其中考以古法多相脗合惟入聲割裂分配其說甚辯而論者終不能無異議焉乾隆四十七年十月恭校上

韻補正

臣等謹案韻補正一卷　國朝顧炎武撰案宋志吴棫有毛詩叶韻補音十卷又韻補五卷陳振孫書録解題亦同其叶韻補音惟釋詩三百篇韻補則泛濫

無律所采凡五十家下至歐陽修蘇轍所用亦據爲古音殊不足取今已詳加駁正著之於錄後人不察泛稱朱子作詩集傳尊用其說遂不敢稍議棫書不知朱子所據者乃十卷之叶韻非五卷之韻補又不知朱子語錄有吳才老補音甚詳然亦有推不去者之說也炎武精別古音故獨摘其謬然亦不辨棫有二書世人以此冒彼致誣朱子之誤則尚未及詳檢耳然其考據明確以爲篤信棫書者迷途之導固不爲無助焉乾隆四十七年九月恭校上

古今通韻

臣等謹案古今通韻十二卷　國朝毛奇齡撰奇齡有仲氏易已著錄是書爲排斥顧炎武音學五書而作創爲五部三聲兩界兩合之說五部者東冬江陽庚青蒸爲一部支微齊佳灰爲一部魚虞歌麻蕭肴豪尤爲一部眞文元寒删先爲一部侵覃鹽咸爲一部三聲者平上去三聲相通而與不入通其與入通者謂之叶兩界者以有入聲之東冬江陽庚青蒸眞文元寒删先侵覃鹽咸十

七韻爲一部無入聲之支微齊佳灰魚虞歌麻蕭肴豪尤十三韻爲一部兩不相通其相通者謂之叶兩合者以無入十三韻之去聲與有入十七韻之入聲通用而不與平上通其與平上通者謂之叶案奇齡論例既云所列五部分配五音雖欲增一減一而有所不可乃又分爲兩界則五音之例亂矣既分兩界又以無入十三韻之去聲與有入十七韻之入聲相用則兩界之例又亂矣至三聲之例本云平上去通而不與入通而兩合之例又云去入通而不與平上通則三聲兩合不又自相亂乎蓋其病在不以古音求古音而執今韻部分以求古音又不知古人之音亦隨世變而一槩比而合之故徵引愈博異同愈出不得不多設條例以該之迨至條例彌多矛盾彌甚遂不得不遁辭自解而叶之一說生矣皆逞博好勝之念牽率以至於是也然其援據浩博頗有足資考證者存備一家之說亦無不可故已黜而終存之焉乾隆四十七年四月恭校

上

易韻

臣等謹案易韻四卷　國朝毛奇齡撰古人繇詞多諧音韻周易爻象亦大抵有韻而往往不拘故吳棫作韻補引易絶少至明張獻翼始作讀易韻考七卷然獻翼不知古音或隨口取讀或牽引附會殊龐雜無緒奇齡此書與顧炎武易本音皆置其無韻之文而論其有韻之文故所言皆有條理兩家所撰韻書互有出入故其論易韻亦時有異同大抵引證之博辨析之詳則奇齡過於炎武至于通其可通而闕其所不可通則奇齡之書又不及炎武之詳愼如乾卦上九用九爲一節本奇齡臆説而此併牽古韻以實之則尤爲穿鑿且所謂兩界兩合藁韻者其中皆自申其古今通韻之例亦不及炎武偶雜方言之説爲通達而無弊然炎武書太簡略而奇齡則徵引賅洽亦頗足互證以韻讀易者以炎武書爲主而參之是書以通其變略短取長未始不可相輔而行也乾隆四十七年五月恭校上

孫氏唐韻考

臣等謹案孫氏唐韻考五卷　國朝紀容舒撰容舒字遲叟號竹厓獻縣人康熙癸巳舉人官至姚安府知府初隋陸法言作切韻唐禮部用以試士天寶中孫愐增定其書名曰唐韻後宋陳彭年等重修廣韻丁度等又作禮部韻略爲一代場屋程式而孫氏之書漸佚唐代舊韻遂無復完帙惟雍熙三年徐鉉校定許慎說文在大中祥符重修廣韻以前所用翻切一從廣韻見于鉉等進書表容舒以爲翻切之法其上字必同母其下字必同部謂之音和間有用類隔法者亦僅假借其上字而不假借其下字因其翻切下一字參互鉤稽輾轉相證猶可以得其部分乃取說文所載唐韻翻切排比分析各歸其類以成此書始知廣韻部分仍如唐韻但所收之字不同有唐韻收而廣韻不收者如東部詷字見字㤋字之類是也有唐韻在此部而廣韻在彼部者如賨字廣韻作藏宗切在冬部唐韻作徂紅切則在東部𧯶字廣韻作盧紅切在東部廣韻作力

鍾切則在鍾部之類是也有唐韻兩部兼收而廣韻祇存其一者如虞部扂字廣韻註又子余切與唐韻合而魚部子余切乃不收扂字之類是也有廣韻移其部分而失于改其翻切如諄部麕菌囷䐜四字移入真部而仍用唐韻諄部翻切刪部䰕字移入山部仍用刪部翻切之類是也有唐韻本有重音而徐鉉祇取其一者如規字作居追切宜在脂部而證以隓字作許規切闚字作去隓切知規字當有居隋一切兼入支韻之類是也其推尋考校具有條理唐韻分合之例與宋韻改併之迹均可由是得其大凡亦小學家所當參證者矣乾隆四十七年十月恭校上

古韻標準

臣等謹案古韻標準四卷　國朝江永撰永有周禮疑義舉要已著錄自昔論古音者不一家惟宋吳棫明楊慎陳第　國朝顧炎武柴紹炳毛奇齡之書最行於世其學各有所得而或失於以今韻部分求古韻或失於以漢魏以下隋

陳以前隨時遞變之音均謂之古韻故拘者至格閡而不通泛者至叢脞而無緒永是書惟以詩三百篇爲主謂之詩韻而以周秦以下音之近古者附之謂之補韻視諸家界限較明其韻分平上去聲各十三部入聲八部每部之首先列韻目其一韻岐分兩部者曰分某韻韻本不通而有字當入此部者曰別收某韻四聲異者曰別收某聲某韻較諸家體例亦最善每字下各爲之注而每部末又爲之總論書首復冠以例言及詩韻舉要一卷大旨於明取陳第於國朝取顧炎武而復補正其訛缺吳棫楊愼毛奇齡之書間有駁詰柴紹炳以下則自鄶無譏焉古韻之有條理者當以是編爲最末可以晚出而輕之也乾隆四十七年十一月恭校上

六藝綱目

臣等謹案六藝綱目二卷元舒天民撰天民字執風鄞縣人是書取周禮保氏六藝之文因鄭康成之注標爲條目各以四字韻語括之其子恭爲之註同郡

趙宧中爲之附註均能考證精核於小學皆有發明惟其中論六書轉注一門以爲轉注者乃轉形互用有倒有側有反有背今求其說若云倒𣥖爲㫐反正爲乏雖本傳記然究屬會意字至謂尸爲側人𠂆爲側口不特誤以象形爲轉注即字書中於此二字亦從無側人側口之訓此妄以意爲之者也其九數一門以密術推鄭注則頗爲詳至以之補止賈疏亦考禮之一助云乾隆四十七年十一月恭校上

欽定四庫全書提要卷二十六